U0445042

日本社会学名著译丛

# 家和同族的历史社会学

〔日〕藤井胜 著

王仲涛 译

商务印书馆
2005年·北京

Ie Dozoku no Rekishishakaigaku
Copyright © 1997 by Fujii Masaru
Chinese translation rights in simplified characters
arranged with Tosui Shobo
Through Japan UNI Agency, Inc., Tokyo

藤井勝著
家と同族の歴史社会学
据日本刀水书房1997年1版译出

本丛书承蒙日本国际交流基金资助出版

# 《日本社会学名著译丛》总序

## 周维宏

翻译、出版这套《日本社会学名著译丛》主要有两个方面的缘故。

一个是社会学研究本身的缘故。

社会学诞生于近代的欧洲，在我国是一种"舶来"的学问。自70年代末社会学得以恢复以来，我国社会学界大量学习和引进了欧美的社会学理论和实践，但对邻国日本的社会学很少进行系统的了解。日本和我国同处亚洲的东方，又同属蒙古人种。由于这种地缘和人缘的因素，日本的社会学研究应该是可以直接给我国的社会学研究提供借鉴作用的。实际上，日本社会学者在运用社会学原理探索日本东方式社会结构方面是作出了很大成就的。在农村社会学和家庭社会学上，50年代就出现了福武直和有贺喜左卫门等杰出学者。近年来以富永健一的现代化论为代表，在各个领域都出现了不少新的成果。学习、借鉴日本社会学的这些新成果，无疑对我国的社会学研究是一个事半功倍的举措，这正是我们翻译和出版这套《日本社会学名著译丛》的主要意义之所在。

另一个是日本社会研究的缘故。

日本是我国的一个发达的邻国，日本的发展进程一直是我们关注的对象。古代中国人对日本的关注，可以说主要出于对受中国文明影响的异族的文化人类学式的兴趣,近代中国人对日本的探索,很大程度上是一种试图通过日本的崛起验证东方文化对抗西方文化能力的文化比较,现代中国人对日本的研究,虽然还延续着近代的动力,但随着现实需要增长和学问的发展,开始步入了全方位的学术研究阶段。通过研究日本社会的基本结构、变化过程去理解日本社会现象和日本文化特征,已经被人们当作了认识、理解日本的基本途径。要了解和研究日本社会,当然首先应该参考日本学者对自己社会的研究。但在相当一段时间里,很奇怪,我们更了解其他外国人对日本社会的研究,比如美国学者本尼·迪克特的《菊与刀》、赖肖尔的《日本人》以及中国人自己的《日本国志》(黄遵宪)、《日本论》(戴季陶)等等,几乎全是日本研究者必定读过的,而日本人对自己社会的研究我们知之甚少。其实,战前姑且不论,战后日本的社会自我研究是有了很大发展的,除了已经介绍到我国来的《依赖心理的结构》(土居健郎)和《纵式社会》(中根千枝)等名著之外,还有许多优秀的著作不断问世。尤其是90年代以后,可以说在社会学的各个领域,都出现了一些引起社会反响的研究力作。如果能够及时地把这些最新的研究成果介绍到中国来,对我们认识日本社会也同样会起到事半功倍的推动作用。

出于上述缘故,我们有幸得到日本学术界的协助和国际交流基金的支持,和商务印书馆合作,隆重推出《日本社会学名著译丛》这项大型的学术工程,争取把90年代以后日本社会学领域出版的主要最新学术成果翻译介绍给中国学术界。

此次日本社会学名著的翻译,鉴于人力物力的限制,首先翻译介绍10种日本社会学名著。这些著作的选定,反复征求了日本社会学专家的意见，入选的基本都是90年代以后出版的最新学术著作，在日本学术界均有很好的定评，甚至是学术畅销书。在类别上也涉及了社会学的多个分支，如社会学理论、家庭研究、社会文化研究、社会经济研究、性差研究、城市研究等等。虽然10本书不足以全面网罗日本社会学界的最新成果，但也大致可以反映日本社会学界的最新学术进展。

担任此次《日本社会学名著译丛》学术顾问的分别是日本著名学者、原北京日本学研究中心日方主任教授野村浩一先生和中国著名的社会学学者、清华大学人文学院社会学教授李强先生。担任译丛翻译的译者，都是曾毕业于北京日本学研究中心硕士课程的研究生，他们大都已在国外获得了博士学位或正在攻读博士课程。

我们相信，这一批日本社会学名著的翻译，不仅可以直接帮助我国对日本社会的研究，对我国本国社会学的研究也会有很大的参考作用。

# 《日本社会学名著译丛》

## 编选说明

　　北京日本学研究中心创建（1985）以来，在努力致力于研究生教育的同时，作为研究机构，更重视推动日本学研究的发展。此次出版的"译丛"正是其中成果之一。

　　中心社会研究室一直从事日本社会的研究，也不断跟踪了日本的社会学发展。在这一过程中，考虑到把该领域日本的代表性著作翻译到中国来，具有很大的学术和文化意义，因而策划和准备了此次共10册的《日本社会学名著译丛》。在策划之中，以研究室成员为中心，组织了课题组，和中日学者进行了广泛的意见交流，并选定了合适的原作，委托了合适的译者。

　　过去，关于近现代日本社会的日本人的著作也不是没有介绍过来，但数量十分有限，而且也不系统。鉴于这种情况，课题组着眼于大量的最新成果，同时更从建设"中国的日本学研究"这个根本的原则、方针出发，进行了选编。最终本译丛大致包括了以下三种著作：即1. 属于社会学一般理论的。2. 关于日本社会的社会学理论分析的。3. 用社会学方法研究现代日本社会特质的。

　　本来选择就不可能是绝对的，社会学的领域又从理论到现状分析，非常广泛和多重，应该参考的著述不胜枚举。但是，我们在奉行上述方针原则时深信，我们所选的和现代日本社会分析以及日本的社会学研究理论探索相关的这些著作,每一本都是重要的文献和研究素材。

随着国际化时代的到来,世界各国间的相互交流、相互理解变得越来越不可缺少。中日双方也在进行着各种不同的日本论和中国论的交流。但是,在中国的知识界和文化界,日本人的学术著作以原汁原味的形式被直接利用还是很少的。从这一点看,作为日本人对日本社会的自我分析和自我理解,此次该套研究专著译丛的出版,必定具有十分重大的意义。

我衷心期待,本译丛不仅为日本学研究者和有志青年学生所利用,也为中国的学术界、文化界所接受,在各种形式和各种层次上得到利用。

北京日本学研究中心前主任教授　本丛书顾问
野村浩一(日本立教大学名誉教授)
2002年8月10日

# 目　录

序论 ································································· 1
　一　家-同族研究和社会学 ···································· 1
　二　本书的案例 ················································· 8

## 第一部　理论和课题

第一章　社会学和家-同族理论 ································· 24
　一　考察的视点 ················································· 24
　二　功能的阐明——有贺和喜多野的理论(1) ············ 26
　　　有贺的家业经营论
　　　喜多野的抚养论
　三　结构的解释——有贺和喜多野的理论(2) ············ 30
　　　家-同族和亲属
　　　有贺的主从关系论
　　　喜多野的父系家长制论
　四　家-同族理论的发展——以长谷川理论为中心 ······· 35
　　　作为公的单位的功能
　　　"我们意识"和结构
　结论 ······························································· 40

第二章　日本社会论和家-同族论 ······························ 43

序 ………………………………………………………………… 43

一 日本社会论的发展 ……………………………………… 44
　　"半封建的"社会论
　　"日本的"社会论

二 日本社会论的相位 ……………………………………… 50
　　历史的视点和文化的视点
　　作为"原型"的近世社会

三 近世社会和家-同族 …………………………………… 56
　　主从关系和经营体
　　横向关系的地位
　　株论的意义

结论 ………………………………………………………………… 63

## 第二部　家

第三章　村落社会和家——以上瓦林村和行延村为例 ………… 70
序 ………………………………………………………………… 70

一 家理论和株 ……………………………………………… 71
　　株论和分居论
　　有贺的家理论的变化
　　株论的衰退和再生

二 家的逻辑 ………………………………………………… 80
　　基本特质
　　统治制度和家
　　家和门第

三 上瓦林村和家 …………………………………………… 94

　　　　近世初期
　　　　近世中期以后
　　四　行延村和家 …………………………………………… 114
　　　　近世初期
　　　　近世中期以后
　结论 …………………………………………………………… 140
第四章　家和村落史料——以今井村为例 …………………… 145
　一　考察的视点 ……………………………………………… 145
　二　人别改账和家 …………………………………………… 148
　　　　初期本百姓和"六姓七宅"
　　　　人别改账和宗门改账
　　　　家的作用和实际状态
　三　中期以后的史料和家 …………………………………… 161
　　　　五人组账和宗门人别改账
　　　　宗门人别改账的意义
　结论 …………………………………………………………… 176
第五章　家和父系家长制 ……………………………………… 179
　一　考察的视点 ……………………………………………… 179
　二　家长统治的法的性质 …………………………………… 181
　　　　家长权和亲权等
　　　　家长权和家代表权
　三　对家长统治的约束 ……………………………………… 191
　　　　家长和家的传统
　　　　村落、领主和家长
　四　家的统治和父系家长制概念 …………………………… 197

　　　　亲权等和父系家长制
　　　　对家长的约束和父系家长制
　结论 ················································································ 201

## 第三部　同族

第六章　同族结合和本家分家关系——以上瓦林村为例 …… 206
　一　考察的视点 ································································ 206
　二　从初期到中期 ····························································· 213
　　　　分割继承的实际状况
　　　　役和户主
　　　　本家分家关系的特质
　三　中期以后的发展 ························································· 227
　　　　同族结合及其后
　　　　新分家和同族结合
　　　　同族结合和村落结构
　结论 ················································································ 250
第七章　同族结合和组结合——以今井村为例 ····················· 254
　序 ···················································································· 254
　一　同族结合和亲属/非亲属 ············································· 255
　　　　从家到同族
　　　　中期以后的同族结合
　二　组的发展和同族 ························································· 277
　　　　村落制度和组制度
　　　　组和同族的关系
　　　　家联合的形态

结论 ………………………………………………… 290
第八章　同族的结构和功能——以行延村为例 ………… 295
　一　考察的视点 ……………………………………… 295
　二　同族的结构 ……………………………………… 298
　　　祖先祭祀和同族结合
　　　依附农民和同族
　三　同族的功能 ……………………………………… 308
　　　生活上的各种功能
　　　作为权利/义务共有体的功能
　　结论 ………………………………………………… 317
第九章　同族和亲方子方——以上瓦林村 A 本家为例 …… 319
　一　考察的视点 ……………………………………… 319
　　　同族论和亲方子方论
　　　A 本家和子方阶层
　二　中期的亲方子方 ………………………………… 325
　　　地主经营和子方阶层
　　　亲方子方的结构
　三　后期的亲方子方 ………………………………… 334
　　　地主经营和子方阶层
　　　亲方子方的结构和变质
　四　租佃经营和亲方子方 …………………………… 350
　　　租佃经营和子方阶层
　　　亲方子方的结构
　　结论 ………………………………………………… 365

6 家和同族的历史社会学

后记 ……………………………………………………… 371
参考文献 ………………………………………………… 380

# 图 表 目 录

## 序 论

| | | |
|---|---|---|
| 表 P-1 | 田地率(上瓦林村) | 11 |
| 表 P-2 | 田地率(行延村) | 15 |
| 表 P-3 | 村收获量的变化(今井村) | 18 |
| 表 P-4 | 田地率(今井村) | 20 |

## 第 三 章

| | | |
|---|---|---|
| 图 3-1 | 庆长时期宅基地登记人(庆长十六年)和万治时期的身份(万治二年) | 95 |
| 表 3-1 | 万治二年(1659)"柄在家"的性质 | 96 |
| 表 3-2 | 17世纪中叶的身份和所有财产 | 99 |
| 表 3-3 | 身份构成的变化 | 102 |
| 表 3-4 | 安永十年(1781)日野大明神鸟居前石灯笼捐献者的身份 | 106 |
| 表 3-5 | 从身份中看到的配偶者属性 | 107 |
| 表 3-6 | 近世后期的役钱征收 | 112 |
| 表 3-7 | 庆长期检地账和延宝期书上账的比较 | 117 |

表 3-8　延宝期书上账上的村人属性 ·············· 119
表 3-9　元禄二年(1689)村明细账 ················· 120
表 3-10　贞享三年(1686)"夫役数量调查" ········ 122
表 3-11　身份·户数的变化 ························· 123
表 3-12　享保九年(1724)村申报账署名者的属性 ·········· 125
表 3-13　元文元年(1736)"年贡米银支付账目内容账"
　　　　——山林·水利 ························ 129
表 3-14　村内水池 ································· 130
表 3-15　家臣·谱代系统阶层及无姓阶层的婚姻及养子 ··· 132
表 3-16　享保八年(1723)为和气山公事人的费用
　　　　出钱者的属性 ·························· 135
表 3-17　元文元年(1736)"年贡米银支付账目内容账"
　　　　——足役米 ···························· 136
表 3-18　天明五年(1785)村入用夫钱割赋账与
　　　　宗门人别改账 ·························· 138

## 第 四 章

表 4-1　人别改账与宗门改账的比较 ··············· 153
表 4-2　人别改账和检地账的比较 ················· 156
表 4-3　宽文十一年(1671)人别账中的家的生活
　　　　实际状态 ································ 160
表 4-4　身份·户数·人口的变化 ················· 162
表 4-5　近世后期史料和家 ························· 164
表 4-6　五人组的编成 ······························· 169

表4-7 宗门(人别)改账中成员构成的变化(到中期) …… 173
表4-8 宗门人别改账中成员构成的变化(中期以后) …… 175

## 第 五 章

图5-1 近世村落的家和统治(理念图) …………………… 196
图5-2 父系家长制的类型 …………………………………… 202

## 第 六 章

图6-1 分家的形成过程(B姓) …………………………… 214
图6-2 分家的形成过程(C、E、F姓) …………………… 215
表6-1 万治二年(1659)的"隐居"身份阶层和宅基地 …… 217
图6-3 隐居分家和百姓名 ………………………………… 220
图6-4 元禄二年(1689)村地图的一部分(下瓦林村) …… 226
图6-5 B姓的动向 …………………………………………… 228
图6-6 E姓的动向 …………………………………………… 229
图6-7 D姓的动向 …………………………………………… 229
表6-2 分家后的本家和分家的土地收入 ………………… 235
表6-3 土地收入阶层别的继承人的血缘关系 …………… 236
图6-8 "同家"的动向 ……………………………………… 249

## 第 七 章

表7-1 宽文元年(1661)今井村宗旨御改账 ……………… 258
图7-1 同族的形成过程 …………………………………… 260
表7-2 本家和新分家的土地收入比率 …………………… 268

图 7-2a 同族的发展(A姓) ·················· 270
图 7-2b 同族的发展(B姓) ·················· 272
图 7-2c 同族的发展(C姓) ·················· 273
图 7-2d 同族的发展(D姓) ·················· 274
图 7-2e 同族的发展(E姓) ·················· 275
图 7-2f 同族的发展(F姓) ·················· 276
图 7-2g 同族的发展(G姓) ·················· 276
表 7-3 后期五人组的编成 ·················· 280
表 7-4 组头担当者的变化 ·················· 284
表 7-5 组头和村中四役的关系 ·················· 286
图 7-3 宽保元年(1741)的奠仪账(弥五右卫门家)·········· 288

## 第 八 章

图 8-1 同族的动向(A株内)·················· 301
图 8-2 同族的动向(D株内)·················· 302
图 8-3 A一族的谱代系统的动向·················· 304

## 第 九 章

表 9-1 享保十二年(1727)A本家的地主经营 ·········· 326
表 9-2 租佃米收获量别的佃农人数(万治~享保) ········ 327
表 9-3 宗门(人别)改账中的A本家的奉公人·下人 ······· 327
表 9-4 享保十二年(1727)的尾出嫁时的力工和家的
       关系 ·································· 329
表 9-5 A本家和家持下人的关系(享保~宝历)········ 331

| | | |
|---|---|---|
| 表9-6 | 租佃米收获量别的佃农数(宝历~文化) | 336 |
| 表9-7 | 和A本家的出入关系(宝历~宽政) | 338 |
| 表9-8 | 子方和A本家的关系(宝历~宽政) | 339 |
| 表9-9 | 天明八年(1788)的A本家的地主经营 | 341 |
| 表9-10 | 宅基地的借贷关系者和A本家(安永~宽政) | 343 |
| 表9-11 | 和A本家的出入关系(天明~文化) | 345 |
| 表9-12 | 子方和A本家的关系(天明~文化) | 346 |
| 表9-13 | 宅基地借贷关系者和A本家(宽政~文化) | 348 |
| 表9-14 | 文化时期的租佃关系和出入关系 | 349 |
| 表9-15 | 租佃米收获量别的佃农人数(宽政~安政) | 351 |
| 表9-16 | 嘉永元年(1848)市之进入家时的出入关系 | 355 |
| 表9-17 | 嘉永元年(1848)的佃农和出入关系 | 356 |
| 表9-18 | A本家的奉公人(弘化~安政) | 359 |
| 表9-19 | 文化时期的佃农和子方的动向 | 360 |
| 表9-20 | 嘉永元年出入关系者土地收入的变化 | 364 |

# 序　论

## 一　家-同族研究和社会学

在今天的社会学中,家和同族的研究也许不是个吸引人的领域,但回顾日本的社会学史,它却占有重要的位置。特别是在战后的一段时期,极其兴盛,有为数众多的优秀的研究工作者。其详细情况已在光吉利之、松本通晴、正冈宽司编撰的《传统家庭(领导日本的社会学·3)》(1986)中论述过,这里没有介绍的必要,只是以和本书有关的部分为中心作一简单的总结。

家-同族研究的开端可追溯到1920年代后半期(昭和初年),从那时开始经过第二次世界大战到1940年代末(昭和二十五年左右)是研究的形成期。这一时期,在和社会学研究的同时,民俗学也起了重要的作用。最初着手进行家或同族研究的是柳田国男(1875～1962,日本著名的民俗学家。——译者)和他的小组。据喜多野清一说,1935年(昭和十年),在以东京大学文学部的社会学研究室为中心开始进行分家习惯调查时,"柳田门下对同族就相当关心",在柳田的论文等著作中也散见着"同族这一词汇"(喜多野,1976,257～258页)。实际上,柳田论述家或同族见解的著作

## 2 家和同族的历史社会学

《家闲谈》(1946)或《先祖史话》(1946)就是这一成果的体现,以柳田为中心进行的山村生活调查的成果《山村生活调查报告书》(1935~1936)、《山村生活的研究》(1938)也设定了关于家-同族的调查项目。在这种民俗学的研究中出现了最上时敬的"同族结合"(1938),而和其后的研究发展有联系的应该是有贺喜左卫门。把有贺放在民俗学研究的系统中不是没有问题的,但从有贺的学问形成或和柳田民俗学的关系来看,至少可以认为家-同族研究肇始于民俗学。有贺从"通过弃婴看关东地方生活的今昔"(1932)、"弃婴谈"(1933)起,开始注意到亲方子方(亲方子方有师徒等各种解释,在本书中应为领主或地主与依附农民之义,见第九章。——译者)或奉公人(家仆,江户时代指在一定时期内在主家帮工、帮佣的人。——译者)的习惯,最后完成了"南部二户郡石神村的大家庭制度和名子制度"(1939)(名子相当于隶农。——译者)、《日本家庭制度和佃农制度》(1943)这些关于家-同族的经典之作,或者说,这些著作即使在现在也可视为家-同族研究的最大成果。此外,同样从民俗学领域开始研究的竹内利美以信州为背景,撰述了"检地和分家习惯"(1938)、《中世末村落的形成及其发展》(1944)等,对家-同族进行了历史性的实证研究。

另一方面,在社会学领域,主持分家习惯调查的户田贞三、铃木荣三郎在户田的《家庭构成》(1937)、《家和家庭制度》(1944)、铃木的《日本农村社会学原理》(1940)中分别论述了家-同族。此外,两人主编的《家庭和村落(一、二)》(1939~1942)等中也涉及了一些。进行正规的家-同族研究的则是参加这一调查的及川宏、喜多野清一。及川特别受社会人类学的影响,发表了"论信州诹访塚原村的分家"(1938)、"分家和耕地的分配"(1938)、"同族组织和婚姻及送葬仪式",特别是最后一篇论文,是社会学学者最初提出的家-同族理论。而喜多野则关心历史性的实证研究,他以"信州更级村若宫的同族团"(1937)、"甲州山村的同族组织和亲方子方关系"(1940),以及"新田开发村的同族组织"(1949)等文章,对同族、亲方子方进行了考察。特别是甲州山村(大垣外)的研究至今仍是有关亲方子方研究的经典,而信州若宫的研究也是社会学首次对近世(日本学术界将日本历史分为古代、中世、近世和近代四个时期,近世一般认为是从1600年至1853年。——译者)同族的研究,弥足珍贵。

此后的时期可称之为发展期,大约从1950年代(昭和二十年代后半期)到1970年代前半期(昭和五十年左右)。

这一时期的第一个特点,应当是从战前开始一直从事研究的有贺和喜多野之间围绕着家-同族理论的争论。尽管在战前就已提出了家-同族论的及川由于早逝而不能参加这一争论,但喜多野继承了及川的理论。该争论首先是围绕同族发展的。有贺在战前的研究基础上,在"同族和亲属"(1947)等文章中论述了同族与亲属集团的不同,而且认为规定本家分家关系的是"主从关系"。对此,喜多野基本上站在同族/亲属集团的立场上,在"同族组织和封建遗制"(1951)、"同族的系谱关系的意义"(1961)等文章中和有贺针锋相对,论述了基于本家权威的"系谱关系的重要性"。关于家的问题,有贺也在"家庭和家"(1960)、"家庭理论对家的适用性"(1968)中认为,用社会学的家庭论不能解释家,而喜多野则在"日本的家和家庭"(1965)中主张家是家庭的一个形态,是父系家长制式的存在。

同时,这一争论扩展到周边的社会学学者乃至社会人类学领域的研究者中。中野卓的《商家同族团的研究》(1964)是比照有贺的石神村同族研究中的家-同族的实例研究,在理论上继承、加强了有贺的观点。而研究社会人类学的中根千枝在"日本同族结构的分析"中,阐明了同族是和社会人类学的亲属概念相对立的,从而支持有贺。另一方面支持喜多野观点的,是将家-同族论述为家庭－亲属(出身集团)的喜多野理论的直接传人光吉利之的"亲属的结构"(1971)、"亲属组织和村落结构"(1977),还有正冈宽司(1975)。此外在社会人类学(民族学)领域中有蒲生正男的"亲属"(1958)、江守五夫的"同族共同体的结构分析"(1966)。站在喜多野理论观点上的实证研究有喜多野、正冈编集的《"家"和亲属组织》(1975)。

第二个特点是将家-同族定位于其上位的社会集团,以此而发展的村落结构论的研究方向。有贺在"同族和亲属"(1947)、《村落生活》(1948)中,从家联合论的立场出发,表明了同族和组(村组)的两个家联合形态的存在。而福武直在《日本农村的社会性质》(1949)中将有贺的家联合论和生产力阶段论相交叉,以此提出同族结合占优势地位的村落型和讲(原为佛教的民间讲经组织,后扩展到神道,逐渐演变为民间的宗教和经济共同体组织。在江户时代,讲已经成为纯粹的民众经济组织,如会员凑钱,有困难者可以从中借贷等,有些类似于我国的"会"。——译者)、组结合占优势地位的村落型的村落结构类型论。此后,这种类型论在法社会学或社会人类学领域中讨论得更为活跃,这些讨论在将村落的家-同族的存在相对化的同时,也使人们重新思考家-同族的社会文化地位。

在法社会学中,矶田进以"村落结构的两种型"(1951)和"村落结构的'型'的问题"(1951)提出门第型与无门第型的两种村落结构的类型,而川岛武宜也在其名著《作为意识形态的家庭制度》(1957)中提出家凝聚型和家扩散型的村落类型论。此外,在社会人类学(民族学)中,以冈正雄从战前就一直坚持的日本文化形成论为基础,在《日本民族学的起源》(合著)(1958)等著作中提出同族制村落和年龄阶梯制村落的类型,以此类型论为轴心,蒲生等在《伊豆诸岛》(1975)中,以及蒲生在"日本的家和村"(1979)中又分别加上了世代阶层制村落和当屋制村落。并且这种类型论在家的层次上的研究也发展起来。即以大间知笃三在"家的类型"(1950)、"家庭的结构"(1958)中提出复世代制为开端,出现了竹田旦的《作为民俗习惯的隐居研究》(1964)、《围绕着"家"的民俗研究》(1970)、内藤莞尔的《幼子继承的研究》(1973)、姬冈勤等的《村的家庭》(1973)等著作,考察了和隐居制或幼子继承习惯相结合的传统家庭的实际状况,而家的多样性或非"家"的家庭存在成了一个问题。但同时这种研究也成为重新思考家为何物的一个契机,促进了家-同族研究的发展。

第三个特点是关注家-同族的变动。家-同族的性质随着时代也将发生变化,而且在日本的现代化过程中,与社会传统的侧面淡化相对应,家-同族也在弱化。一些研究即着眼于家-同族随时代变化的问题。比如,有贺自己就在《日本的家庭》(1965)中,遵循这一理论观点考察了从古至今的家的变迁。关于同族,有贺也以在学会研讨会上的发言为基础,和竹内利美等一道在"同族团及其变化"(1962)中谈及近世以后的同族变化。此外,余田博通在"株讲(农村中的一种经济组织。——译者)的成立和变迁"中,也从相同的视点出发,以近畿北部的村落为例分析了近世的同族变化过程,而松本通晴在"同族结合的解体"(1974)中论述了近代以后同族的变化、解体。

与此相对,从1970年代中期(昭和五十年代)至今则为研究的收敛时期。从那时起,社会学的家-同族的研究和时代状况相联系而在实证研究等方面不断弱化,另一方面,产生了从返回研究出发点的视点出发研究家-同族的现象。要勾画这一阶段研究,基本上有两个潮流。

第一是将家-同族与日本社会论相结合进行论述。构成F.L.K.休的《比较文明社会论》(1971)中的宗家社会论之根基的是同族-家理论,村上泰亮等在《作为文明的家社会》中论述了日本社会正是家和家的联合,三户公的《家的逻辑》(1991)、《作为"家"的日本社会》(1994)等,其核心是以家的理论研究企业,试图用家的逻辑说明日本社会本身。而且属于这一研究方法第二阶段研究时期的有川岛武宜的《日本社会的家庭式构成》(1950)、玉城肇的《日本家庭制度论》(1953),这些著作和这一阶段的研究不过是在形式上有所不同而已,因此绝不是这一阶段所独有的,但这一阶段的特征是伴随着日本文化论、日本社会论的兴盛而进行研究的。过去倾向于家-同族是种传统的存在,但现在却被视为对日本社会发展起了肯定作用的看法建立了起来。而把家-同族和日本社会的特点相联系的视点实际上是基于形成期的家-同族研究,特别是有贺的研究。

第二是家-同族的历史性分析的深化。如上所述，第二阶段的研究具有变迁的视角，而这一阶段的研究特点与其说是注意于家-同族的变动，不如说是注重结构上的分析。其代表人物长谷川善计从"有贺社会学的理论构成的诸特征"(1977~1978)开始，到1980~1990年代，全力进行以近世为中心的家-同族研究，发表了"同族理论的发展和问题点"(1979)、"同族团的原初形态和两个家谱"(1982~1983)、"家和宅基地"(1984~1986)等，及至《日本社会的基层结构》(合著)(1991)、"日本的家和宅基地"等。此外，在长谷川的影响下，竹内隆夫也发表了"论同族团分析的集团论视角"(1977)等。而这种历史视角实际上也回到了战前的家-同族研究的出发点。有贺也是从溯及原型的视角出发，重视历史性分析，而喜多野的战前研究则具有近世时期的实证性研究的特点。这是为探索家-同族原本具有的特性而进行历史性分析的研究方向。

并且，长谷川等人的研究目的是通过历史的分析，对家-同族进行再研究。实际上这一时期还有岛越皓之的《家和村子的社会学》(1985)、武笠俊一的"系谱问题和亲方子方关系——有贺、喜多野争论的再掌握"(1982)、古川彰的"关于家-同族的有贺、喜多野理论的透视"(1984)等；中野卓也发表了《商家同族团的研究(第2版)》(1978)，其中添加了补论"家和同族"。学术界继续关注着家-同族的理论，追求新进展的氛围很浓。在社会人类学领域，也出现了作为家-同族理论新进展的清水昭俊的《家·身体·社会》(1987)。长谷川等人的研究就是在这种情况下进行的。

此外，这一时期正当有贺、喜多野的晚年，但有贺发表了"家和奉公人"(1973)，喜多野则写了"山阴农村的子方依附之一例"(1979)、"亲方子方关系论的问题点（上）"(1982)，明确了各自关于同族结合和亲方子方关系的理论立场。这些论稿点明了从同族论进展到家论的二者争论的最后终结，同时又重新表明了家-同族研究的出发点。此外，这一时期关于亲方子方的研究有服部治则的《亲分子分和本分家》(1978)（亲分子分和亲方子方之义大体相同。——译者）和《农村社会的研究》(1980)，展示了和喜多野模式不同的亲方子方的相互性关系，引起人们的注意。

最后，在论述现代农村社会的家的意义上，有细谷昂饶有兴味的著作《农民生活中的个体和集体》。

## 二 本书的案例

本书以以上的研究进展为基础，对家-同族研究进行历史社会学的分析。从研究史上看，属于长谷川、竹内的研究潮流，其特色是实证性地论述近世村落社会的家-同族。关于近世家-同族意义的阐明，将在本书的第一部论述，因此，在这里只想述及作为实证研究对象的案例。这是因为本书的第二部和第三部以摄津国武库郡上瓦林村（今兵库县西宫市瓦木地区的一部分）、美作国胜南郡行延（信）村（今冈山县久米郡栅原町行信）、信浓国佐久郡今井村（今长野县佐久市今井）等三个村落为主要案例进行分析的。

**上瓦林村** 上瓦林村是属于畿内先进地区的村落，位于兵库县东部流入大阪湾的南北流向的武库川的下流。说得明白点，即在阪急电铁神户线"西宫北口"站南面的西宫体育场西面数百米处。今天受周边城市化的影响，几乎失去了往昔村落的面貌，但这一变化是在第二次世界大战以后发生的，这里在大阪和神户之间的地区中是属于都市化较迟的。现在它在某种程度上还有从事农业的家庭，也有农会等组织，从阪急神户县的电车上望去，那密集的住宅地中还留有少许农田。

旧上瓦林村一带也受到1995年1月的阪神大地震的巨大打击。特别是昔日住宅区中有着厚重砖瓦房顶的日本房屋受害尤大。做过近世上瓦林村的庄屋、大庄屋（庄屋相当于村长，但这不光是行政职务，也是村落共同体之长。大庄屋为几个村落之长。——译者）的冈本家也不例外，以被指定为文化财宝的近世以来的建筑为主，全部被毁。笔者在地震后走访冈本家时，漂亮的大庄屋宅第已化为瓦砾之山，惨不忍睹。我想起为借仓库里的史料曾多次去过这座建筑时的光景，心情十分郁闷。但是，这一家的主人和家属并不屈服于这一打击，他们在瓦砾中奋力寻找着应保护的贵重家财、家具、史料等，这一光景至今犹在眼前。衷心祝愿他们能够恢复过去的家园。

对于近世的上瓦林村的研究已有积累。围绕着对该村冈本家文书的分析，已出版有今井林太郎、八木哲浩的《封建社会的农村结构》（1955）、八木哲浩的《近世的商品流通》（1962）、大竹秀男的《封建社会的农村结构》（1962）、《近世雇佣关系史论》（1983）等优秀的实证研究。本书在积极地学习这些先学业绩的同时，论述上瓦林村的家-同族。

该村的起源可以追溯到中世（日本历史上的一段分期，一般认为是从10世纪至16世纪。——译者）开垦武库川泛滥形成的原野,但是,其作为村落在中世尚未独立。近世上瓦林村的村神日野神社本来也是作为中世当地土豪河原林(瓦林)的氏族神神社而建立的。如同这一神社不久就成为整个瓦林庄的神社的经历一样(今井、八木,27页),在包括近世的上瓦林村及邻村的下瓦林村、御代村的范围内,形成了一个中世后期的村落结合的单位,近世的上瓦林村不过是其中的一个小村子而已。其后,这些小的村子社会性自律增强,又经过向幕藩制[即江户幕府时期(1600~1867)的政治经济制度。——译者]的转轨,上瓦林村也作为村落而独立了,不久日野神社也变为仅是上瓦林村的村神(氏族神)神社。

在考虑近世上瓦林村的情况时,首先要看到的是,在这一地区在从中世向近世进展时,当地的新旧势力的交替进行得比较容易。如同日野神社建立经过所展示的那样,中世当地最大的势力是河原林(瓦林)氏,中世的村落结合实际上也是以这一族为中心组成的,但河原林氏本身在近世之初已变为武士而转往他方[1],所以中世的当地势力的主要部分没有保留到近世。确实,上瓦林村的邻村御代村现在还有几家姓"瓦林"的,但据闻在家系上和河原林(瓦林)氏没有直接关系。如上所述,长期担任上瓦林村庄屋或大庄屋的冈本家固然属于中世当地土豪的系谱,但未必是中世以来的土著势力,据闻他们是近世之初移居当地的。

近世这一带的主要农业是利用武库川水系的水稻栽培。根据庆长－明历的检地账(丈量土地的记录簿。——译者),近世较早阶段的耕地状况如表 P-1 所示。在治水技术尚不发达阶段,或许是因为大河周边田地的生产力不高,虽然"下下水田"占水田总面积的 6 至 7 成,但却占全部耕地的 9 成,显示了从近世初期开始,

表 P−1　田地率(上瓦林村)

| | | | | | | | |
|---|---|---|---|---|---|---|---|
| 庆长十六年检地账 | 水田 | 上水田 | 3町 | 7反 | 7亩 | 28步 | 8.3% | 89.5% |
| | | 中水田 | 2 | | 3 | 15 | 4.5 | |
| | | 下水田 | 7 | 1 | | 29 | 15.6 | |
| | | 下下水田 | 32 | 6 | 2 | 23 | 71.6 | |
| | | 小　计 | 45 | 5 | 5 | 5 | 100 | |
| | 旱田 | 宅基地 | | 9 | | 9 | 16.9 | 10.5 |
| | | 上旱田 | | | 4 | 25 | 0.9 | |
| | | 中旱田 | | 2 | 1 | 6 | 4.0 | |
| | | 下旱田 | 4 | 1 | 8 | 10 | 78.2 | |
| | | 小　计 | 5 | 3 | 4 | 20 | 100 | |
| | 合　计 | | 50 | 8 | 9 | 25 | (415石8斗9升4合) | 100 |
| 明历元年检地账 | 水田 | 上水田 | 4 | | 1 | 2 | 8.5 | 88.3 |
| | | 中水田 | 2 | 6 | 9 | 9 | 5.7 | |
| | | 下水田 | 9 | 9 | | 27 | 21.3 | |
| | | 下下水田 | 30 | 2 | 8 | 12 | 64.5 | |
| | | 小　计 | 46 | 9 | 2 | 20 | 100 | |
| | 旱田 | 宅基地 | 1 | 5 | 6 | 1 | 25.2 | 11.7 |
| | | 上旱田 | | | 3 | 14 | 0.5 | |
| | | 中旱田 | | | 4 | 3 | 0.6 | |
| | | 下旱田 | 4 | 5 | 5 | 25 | 73.7 | |
| | | 小　计 | 6 | 1 | 9 | 13 | 100 | |
| | 合　计 | | 53 | 1 | 2 | 3 | (445石6斗9升6合) | 100 |

水稻耕作的比重是如何之高。而且众所周知,在畿内先进地区,商

品作物的栽培十分兴盛,而上瓦林村的畿内典型的商品作物——棉花的生产一直发展至元禄时期(1688～1704),但以后就被菜种栽培取而代之。菜种栽培是水田的二茬作物,没有必要将水田转为棉田,因此,不久水田耕作就成为农民生产的中心。在商品作物方面,由于此地为大阪、尼崎、西宫等城市周边的农村,所以水田栽培本身多具有商品生产的意义(八木,1962,83～86页、115～124页)。

统治着上瓦林村的尼崎藩从宽永十二年(1635)开始,由远州挂川转封而来的青山幸成当了领主,其后,也同样是从挂川转封来的松平正乔从正德元年(1711)开始成了领主,但松平家中途改姓为樱井,直至幕末[即江户幕府(1600—1868)末期,约为1860年代。——译者]。所以,上瓦林村在整个近世基本是谱代大名(江户幕府的亲信诸侯,和本书后文出现的谱代有所不同。后文中的谱代是指地主或领主家的家臣或依附农民。——译者)的统治地。此外,从村落的有职务人员的动向看,庄屋职务一直由兼任大庄屋的冈本家担任,但村落里的两名年寄役(辅佐庄屋的村官。——译者)变动相当大。从近世中期到幕末的平均倾向来看,虽然近世初期建立的家占了在职者的大半,但并不是由特定的某些家来垄断这些职位,而是由收入在10至20石程度的中坚村民层担任。年寄役的在职期间也短,长期的也不过20年左右。此外,各个姓氏的家轮流担任年寄役,所以看不到特定的同族垄断职务的倾向(藤井,1987a,146～147页)。在这个意义上,可以设想当时的村落社会结构是极其平调的,但迄今为止的研究澄清了至少在近世初期,特定的有势力的同族事实上垄断着村落或宫座(进行祭祀的特权集团。——译者)的运作(今井、八木,1955,212页)。

**行延(信)村** 行延(信)村和上瓦林村相比处于相当隔绝的地区。位于从冈山县北部的中心城市津山市经由两岸是山的吉井川往南10公里左右,再往东2公里左右的地方。现在只有一日数次的町营公共汽车,没有其他公共交通工具。以硫化铁闻名的栅原矿山(已封山)要从吉井川再往南行5公里,而美作三汤之一的汤乡温泉在东面10公里左右之处,因此,这里是位于中国(日本的一个地区,包括冈山、广岛、山口、岛根、鸟取五县。——译者)南端的山区。当然,其高山也不过300米左右,绝对海拔并不高,但平地也不开阔,所以这一带的村落沿着这些山分散开来。行延村也不例外,在明治初年写的《美作国胜南郡和气庄行信村志》(矢吹正则执笔)中,在"地势"一项里也写到"地势南高北低,运输不便"(矢吹编,1960,265页)。

或许是由于这样的地理位置,虽然今年以来,有工厂进入周边地区,但行延村现在整体上依然保留了村落的景观。此外,从近世至今,其户数保持在30~40户,所以虽称不上是所谓"极限"的人口过稀的村落,但确实面临着人口减少或老龄化,还有继承等问题。

对近世的行延村不像上瓦林村那样有很深入的先行研究,但近世担任庄屋职务,并兼任这一带的总代庄屋职务的矢吹家的主人矢吹修先生整理、介绍并分析了自家所藏的村落史料。矢吹先生是库拉雷股份公司的专务董事,是个经济界人士,为此,不得不移居关西,但在这样的条件下,他还是进行研究,出版了《近世作南农村史料(1·2)》(1960、1971)、《美作国行延村矢吹家文书目录》(1976)。此外,他还发行了以本家庭及其他亲属为对象的杂志《鸳渊舍通信》(1973年至现在)，其中有关所藏的文书、家或同族、行延村等的记事很多。本书大量借助了他出版的史料。

而行延村成为一个村落是从进入近世开始的，是从宽永十二年(1635)开始将以前的小坂村和行延村合而为一而形成的(矢吹编，1960,1页)。实际上，庆长九年(1604)检地账还是将"小坂"和"行延"分别作为独立的村落。这二者本来分别由两个名字构成，所以不能将"小坂"、"行延"分别视为中世村落。这两个和周边的几个村合在一起成为中世的村落，具体说来，和邻村百百村的大宫神社的氏子(住在共同祭祀村神地区里的人。——译者)地域相重合。近世的行延村包括百百村、周佐村、延坂村、书添村、上间村、松尾村、总田村等[2]。

行延村中世的当地势力一直留存至近世。矢吹家是从近世初期难波氏分出的分家，而难波一族(近世以后由三个姓构成)本来是这一带强大的当地势力。始祖难波九郎左卫门行季在15世纪中叶是赤松氏的武将，为守卫这个地方而从备前迁来，以行季战死为契机，其子宫来和家臣们一道定居此地(近世行延村所在地区)。其后他们作为强大的当地势力服务于此地的领主浦上氏和花房氏，花房氏时代被赐予200石的知行地(江户时代领主分给家臣的土地。——译者)，在津上也建了住宅。到近世难波氏还具有武士的性质，在庆长十九、二十年(1614、1615)的大阪之战时，跟从当时的津山藩主森家，信正、正氏父子都参了战。难波氏完全归农是从正氏的次子三郎右卫门正行继承了亲属矢吹的家名并分家而创立了矢吹家开始的(矢吹编，1960,1~2页,《鸳渊舍通信》45,1980,5~6页)。在中世，像难波氏那样的当地势力成为中心，并围绕它

表 P-2　田地率（行延村）

| | | | | | | | |
|---|---|---|---|---|---|---|---|
| 庆长九年检地账 | 水田 | 上水田 | 3町 | 7反 | 7亩 | 6步 | 32.9% | 66.7% |
| | | 中水田 | 3 | 5 | 1 | 12 | 30.5 | |
| | | 下水田 | 4 | 2 | 1 | | 36.6 | |
| | | 小　计 | 11 | 4 | 9 | 18 | 100 | |
| | 旱田 | 宅基地 | | 1 | 3 | 9 | 2.3 | 33.3 |
| | | 上旱田 | | | 4 | 3 | 3 | 7.5 | |
| | | 中旱田 | 1 | | 9 | 10 | 19.0 | |
| | | 下旱田 | 1 | | 3 | 8 | 18.0 | |
| | | 下下旱田 | 3 | | 4 | 24 | 53.2 | |
| | | 小　计 | 5 | 7 | 3 | 24 | 100 | |
| | 合　　计 | | 17 | 2 | 3 | 12 | （239石8斗8升5合） | 100 |
| 享保九年村差出账 | 水田 | 上水田 | 2 | 4 | 5 | 15 | 24.5 | 66.1 |
| | | 中水田 | 1 | 7 | 9 | 18 | 17.8 | |
| | | 下水田 | 5 | 7 | 6 | 27 | 57.5 | |
| | | 上旱田 | | | 2 | 12 | 0.2 | |
| | | 小　计 | 10 | 4 | | 12 | 100 | |
| | 旱田 | 上旱田 | | 5 | 1 | 21 | 10.5 | 33.9 |
| | | 中旱田 | | 6 | | 18 | 11.7 | |
| | | 下旱田 | | 8 | 7 | 24 | 17.0 | |
| | | 下下旱田 | 1 | 8 | 8 | 19 | 36.6 | |
| | | 宅基地 | 1 | 2 | 5 | | 24.2 | |
| | | 小　计 | 5 | 1 | 3 | 22 | 100 | |
| | 合　　计 | | 15 | 1 | 8 | 4 | （200石4斗5升） | 100 |

（注）庆长九年的数字是行延和小坂合计的。

组成了地区性的社会结合，就是中世村落，大宫神社就是这种结合的象征。

关于近世时期的行延村农业耕作的情况我们知之甚少，不言而喻，由于上述的地理条件，水稻耕作的比重相对要低。比如，像表P-2所示，耕地中水田的比例为66%左右，和上瓦林村相比，是相当低的，因此，其农业在很大程度上依靠旱田耕作。并且，开垦的农田主要是山谷间的坡地，在"地势南高北低"的情况下，日照时间短，所以不一定是良田。此外，也未见到有特别的特产记载，因此，靠农业自给的特点较强。

另外，行延村在近世初期是上述的津山藩森家的领地，而在元禄10年（1697）成为幕府的直辖领地，受仓敷代官所的支配，其间，在若干时期虽有领主变更，但整体上直到幕末一直是幕府的直辖领地（矢吹编，1960，273~274页）。这样的村落中有职务者的情况是，从近世中期开始，行延村的庄屋职务一直由矢吹家垄断，而其他担任年寄役或百姓代（从当地百姓中选出的可以监督名主、组头的村吏。——译者）等在职者的变动也不十分显著，即在职时间长，一般都是30~40年，大约相当于一代人，并且相当固定于特定的家。特别是年寄役，几乎为和庄屋矢吹家同样的中世武士家系的家所垄断（藤井，1987a，146~148页）。和上瓦林村相比，行延村在这方面具有守旧的特点。

**今井村** 今井村所属的佐久市占有长野县东信地方的中心佐久平的中南部。其城市的历史很短，是在战后町村合并时期的昭和三十六年（1961）跨越郡界合并而建立的。佐久市发展成东信地方的经济中心。这一带在长野县也曾是有数的粮仓，但是在农业长期不景气的情况下,靠引进电子电器等内陆型工业而变为工业城市。当然,今天其周边还有广阔的农田,环抱着为数众多的山村,农业所占比重绝不低。

今井村位于佐久市的农村地区。从佐久市区看,是在西面,由市中心的中込区向西走大约3公里处。而从佐久市整体看,是在其西南部,位于蜿蜒曲折的千曲川和其支流滑津川交汇之处。也是南面可以望见八岳、东北可看到浅间山的风景优美的地方。在村落研究史方面,离因大石慎三郎研究而出名的五郎兵卫新田村(大石,1968)或所理喜夫论文中所写的上塚原村(所,1975)不远。户数(或家庭数)现在有50户左右,比行延村稍大。而且,今井村没有所谓的人口过稀化。因为它已被编入佐久市的地区劳动力市场,村民可以采取工厂通勤并兼业的方式就业。年轻人大量返回村落的希望不大,但尚可维持村落社会。而老龄化的确在发展着(长谷川等,1991,250~251页)。

关于近世佐久地方的研究不少,包括上述的大石、所等人的研究,但对今井村的先行研究还是空白。只是担任世袭近世名主(即庄屋。——译者)职务而在笔者调查时当区长的霞田宽治家妥善地藏有近世史料,因此,承蒙主人夫妻的好意,我可以利用这些史料。夫妻二人有信州(今长野县。——译者)人的性格,他们那极爱乡土或信州的态度使我深为感动。

关于今井村的历史形成时期,当地有几种说法,不甚清楚。根据《佐久的历史年表》,天正六年(1578)的史料中有"今井之乡"的名称(菊池、上原编,1980,134页),所以可以认为在近世开始时今井村业已存在。但决定性地建立起来并延续至今的今井村是因为其后的水田开发。根据明治十三年(1880)成书的《今井村志》,在近世开端,这一带"小田井、大井(今岩村田)、根根井、今井之地相连",但"本村(今井)和丑之方根根井村农地相交之间不毛之地多矣"。而到了江户时代,在这"不毛之地建起横和村、三河田村两个村子",才有了现在的今井村和邻近村落的配置关系或相互关系。

这发展的动力是水田开发。这一带虽然邻接千曲川、滑津川,但不能利用其水以耕作水稻,而是保留着自然状态的生产力低下的旱田,并且恐怕还大范围地存在着荒地。而在佐久平开发的第一功臣、也是五郎兵卫新田村名称由来的市川五郎兵卫的领导下,在元和年间完成了以汤川为水源的水利事业,使这一带耕种水稻可以真正发展。由于这一时期的事业而得到水的恩惠的地区是以后叫做猿久保、三河田、今井、横和这一带,三河田村、横和村成为新的村落是拜这水利事业之赐。而为维持、运营新的水利系统,当

表 P-3 村收获量的变化(今井村)

| 年次 | | 产量 | | |
|---|---|---|---|---|
| 天正十四年 | (1586) | 36$^{贯文}$ | | |
| 文禄四 | (1595) | 55 | | |
| 庆长十五 | (1610) | 36 | | |
| 元和三 | (1617) | 61$^{石}$ | 4$^{斗}$ | |
| 元和八 | (1622) | 61 | 4 | |
| 宽永元 | (1624) | 61 | 4 | |
| 宽永十七 | (1640) | 61 | 4 | |
| 正保四 | (1647) | 61 | 4 | |
| 宽文元 | (1661) | 215 | 6 | 4$^{升}$ 9$^{合}$ |

(注)根据"佐久的历史年表"(菊地、上原编,1980)记载的史料。

地组成了叫"原用水"、"四个村用水"等的水利组织,现在则以被吸收进土地改良区的基层组织的形式而继续存在着。

今井村也因这一水利事业才成为水稻村落。如表P-3所示,近世初期,全村的生产量为61石左右,而宽文元年(1661)就变为215石。随着水田耕作的形成、发展,全村的生产量提高了3倍以上。并且,其增长率和周围村落相比也是极高的数字,和正保时期、元禄时期各村落的生产量相比,村生产量增长3~4倍的只有落合村和今井村(高濑小学校编,1975,17页)。从水、旱田的比率看,如表P-4所示,宽文十一年(1671)水田面积与旱田面积的比率是55∶45,水田超过了旱田。同时今井村迁移并定居于现在的位置。据传,原来的位置在现在所在地的北边,为了用水方便而迁移到现在的地方。从这点也可看出现在的今井村肇始于水利事业。此外,仅从史料看,此后水田的比例实际上也在提高,这说明了到近世中期转为水稻村落的变化是如何之大。这样形成的水稻村落的框架基本上一直保持到幕末。

今井村在近世初期是小诸城主的统治地。但是在宽文十年(1670)成为幕府的直辖领地,受设在平贺的阵屋(原为没有城池的小诸侯的宅第,此处指小诸侯。——译者)的支配。其后,在元禄时期的一段时间里成为甲府领地,但除此之外直到享保十一年(1726)的约50年间一直是幕府领地。而从享保十一年开始成为松本城主水野家的四子忠照统治的旗本(武士的一个等级,是幕府的基本军事力量。——译者)领地。这一统治关系一直维持到明治的废藩置县(明治维新后的一项重大举措,即将前近代的诸侯藩废除,改为中央政府直接统治的县。——译者),长约140年。此

表 P-4　田地率（今井村）

| | | | 町 | 反 | 亩 | 步 | % | |
|---|---|---|---|---|---|---|---|---|
| 宽文十一年年贡交付状 | 水田 | 上水田 | 3 | 6 | 5 | 24 | 34.3 | 55.1% |
| | | 中水田 | 4 | 4 | 8 | 7 | 41.9 | |
| | | 下水田 | 2 | 5 | 3 | 22 | 23.8 | |
| | | 下下水田 | | | | | | |
| | | 稗田 | | | | | | |
| | | 小计 | 10 | 6 | 7 | 23 | 100 | |
| | 旱田 | 宅基地 | 1 | 4 | 4 | 1 | 16.5 | 44.9 |
| | | 上旱田 | 1 | 2 | 8 | 10 | 14.7 | |
| | | 中旱田 | 2 | 9 | 4 | 27 | 33.8 | |
| | | 下旱田 | | | 9 | 5 | 22.3 | |
| | | 下下旱田 | 1 | 1 | | 4 | 12.6 | |
| | | 原旱田 | | | | | | |
| | | 小计 | 8 | 7 | 2 | 17 | 100 | |
| | 合　计 | | 19 | 4 | | 10 | | 100 |
| 延宝三年检地账 | 水田 | 上水田 | 3 | 2 | 9 | 2 | 21.6 | 47.7 |
| | | 中水田 | 5 | 1 | 5 | 5 | 33.9 | |
| | | 下水田 | 5 | 3 | 2 | 4 | 35.0 | |
| | | 下下水田 | 1 | | 7 | 7 | 7.0 | |
| | | 稗田 | | 3 | 5 | 18 | 2.5 | |
| | | 小计 | 15 | 1 | 9 | 6 | 100 | |
| | 旱田 | 宅基地 | | 8 | 7 | 27 | 5.2 | 52.3 |
| | | 上旱田 | | 5 | | 16 | 3.1 | |
| | | 中旱田 | 1 | 4 | | 16 | 8.4 | |
| | | 下旱田 | | 8 | 7 | 2 | 5.2 | |
| | | 下下旱田 | | 6 | 2 | 11 | 3.6 | |
| | | 原旱田 | 12 | 4 | 3 | 5 | 74.5 | |
| | | 小计 | 16 | 6 | 6 | 17 | 100 | |
| | 合　计 | | 31 | 8 | 5 | 23 | （252石3升2合） | 100 |

外,从村落的职务体制看,到近世中期是名主、组头(一个村分几个组,组头即组长。——译者)体制,而从享保时期开始向名主、组头、年寄、百姓代大幅度转换[3]。名主没有随体制变化而变化,一直由霞田家担任,这点与上瓦林村、行延村相同。而享保以后的有职务者则有两面性。一方面有由固定的家担任职务的倾向(而且不像行延村那样,一个家担任同一职务,而是交替担当年寄、组头、百姓代),另一方面,担任职务的家有一定的广度,也出现了在职期间20年左右的(长谷川等,1991,323~324页)。即正好处于上瓦林村和行延村的中间程度。

下面是这三个村落的关系。藤田五郎曾把近世的地区结构分为先进地区、中间地区和落后地区,若按这一地区类型论,这三个村落都属中间地区。上瓦林村固然属于畿内的先进地区,但在近世后期也一直保持、发展着地主自耕的形式,地主佃农制度只不过到幕末才变得广泛起来。此外,行延村确有落后的一面,但近世中期以后,不能说形成了"再版的农奴主式的地主关系"。三个村落整体上都有着中间地区的特点,但其中上瓦林村比较先进,而行延村比较落后,今井村处于二者之间。而三个村落的这种经济上的排序也符合上述的村落职务的不同特点。但是,有关家-同族的特点不光为经济上的因素所规定,也受到统治关系的强烈影响,所以按经济标准将三个村落排序是很不充分的。笔者在考察近世这三个村落的动向时,对此感触尤深。

此外,同族的称呼按地方不同而有差异,上瓦林村叫"一家"、"同名"等,行延村叫"株内"、"株",而今井村叫"玛凯"、"库鲁瓦"(均为音译。——译者)。

最后，本书在没有特别指出时，关于上瓦林村的论述使用的是冈本家所藏史料，行延村使用的是矢吹家所藏史料，而今井村使用的则是霞田家所藏史料。

## 注

[1] 当时久留米藩担任有马丰前守（今井、八木，216页）。
[2] 比如请参照"氏神大宫神社更换屋顶"的记事（矢吹编，1960，26页），该史料记述了大宫神社建在庆长年间，而在正保期的史料中，说是在庆长年间更换的屋顶，可见基本上是中世以来的神社。
[3] 详情请参照第七章。

# 第一部 理论和课题

# 第一章  社会学和家-同族理论

## 一  考察的视点

如"序论"所述,社会学中的家-同族研究的历史很久,而本章特以其中有关家-同族理论的特质和发展来探讨今天研究的课题。在这一情况下,有贺、喜多野的理论占有重要的地位是不言而喻的,但也不能忽视其后研究的发展。特别是在1980年代前后,在这一领域积极发言的长谷川善计站在和以前的家-同族理论相当不同的立场上,形成了可谓家-同族争论中的"第三立场"。此外,笔者本身也基本上持有和长谷川的家-同族理论相同的想法。因此,本书将把近年来的研究纳入视野,同时考虑今天家-同族理论所到达的水平及课题。

应该用什么方法来梳理以往的家-同族理论,这绝不是轻而易举的事。在以往的研究中,每个研究者都按各自的方法论进行理论化,很难用共同的标准对其理论进行梳理、研究。因此,本章将用社会学中分析社会集团(宏观的社会体系整体)的最基本的理论框架,即"结构和功能"来进行研究。[1]也就是在集团概念的基础上把握日本的家-同族。

用"结构和功能"的理论框架考察集团时,其前提是集团中有各种结构担负着其必要的功能。所谓结构,应理解为首先是集团的构成,其次是其构成要素(地位)的内部性配置和秩序(或构成要素间的关系性)。即关于集团含有何种成员而得以成立,以及成员在集团内部被赋予什么样的地位,形成何种关系,作为整体集团内部如何有序化等结构性水平的问题。而作为另一方面的功能则应这样来考虑:其意味着集团本身因其存在或活动所产生的社会影响或效果。而这一社会性影响或效果不光影响外部社会,也会影响到内部社会,即集团的构成人员(单位),这点很重要。当然结构和功能不是分开的,是相互关联的集团的两个侧面,因集团担负的社会性功能,而赋予集团结构性特质,同样,也不可忘记集团特定的结构性特质规定着集团的功能性特点。

这种"结构和功能"的理论框架在以往的家或同族研究中不十分清晰。它们确实使用着结构或功能的术语,而且,即使不使用这些术语,在内容上也对结构或功能进行着理论的、实证的研究,但明确"结构和功能"的理论框架,并在此之上进行论述的方式并不明显。特别是在理论方面,这一倾向更强。其理由之一,正如有贺、喜多野争论所揭示的那样,是由于这些研究过于拘泥于家-同族的本质规定方面。不过也有像松本通晴那样论述了同族的结构和功能,以及从结构、功能两个方面论述随着社会变动同族解体的情况。

此外,本章要研究的家和同族作为集团存在形式自然是不同的。家是以个人为单位成立的集团,而同族是家根据本家分家的系谱关系而成立的集团,二者关系很深,但作为集团则迥然不同,所以在一个论稿中同时论述二者可能会招致混乱。但是,像包括有贺或喜多野的研究在内的以往研究所阐明的那样,这二者基本上是建立在共同原理之上的。即家是根本,同族是所谓在家的原理之上而扩大形成的集团。超越关于家-同族理论立场的差异来进行研究,这种认识已为许多论者所共有。本书也继承了这一看法,将家和同族作为一体来论述。

## 二 功能的阐明——有贺和喜多野的理论(1)

将家庭和出身集团的概念相结合论述日本的家和同族的研究为数不少,但家庭或出身集团在社会学的集团类型论中属于基础集团或初级群体(primary group)性质的集团。在有贺和喜多野争论中,喜多野在"日本的家和家庭"(1965)中,批判有贺把家理解为功能集团或联合体(association),主张应把家理解为初级群体(喜多野,1965,《家和同族的基础理论》141页以下),而这种基础集团(包括初级群体)所具有的功能性特征之一是功能的多样性、整体性。功能集团一般是因承担特定的限定功能而形成的,但基础集团本来就没有功能的限定性。并且,在基础集团中,传统性质的东西更具有整体性的功能。在这其中,如何把握家-同族的功能性特征呢?

**有贺的家业经营论** 有贺在战前的《日本家庭制度和佃农制度》等中已论述了家,但使其整体清晰的是以"家的生活"为中心论述家的特质的"日本的家"(1952)。其中,有贺规定"家是基础性的集团",同时关于功能性的问题,他认为"家是生活集团,并且是具有生活上各种功能复合的集团"(有贺,1952,《著作集 VII》268~269页)。这个"基础性的集团"是否指上述的基础集团并不确定,但至少在这一阶段,如喜多野所言,他还没有把家理解为单纯的功能集团。而在各功能的内容上,他列举了"信仰、经济、法律、道德、自治、艺术等"(同上,270页),所以家的功能性特质还是在于多样性和整体性。此外,这一时期他已形成了"家联合论",确立了同族和组(村组)是家联合的两个基本形态,以及根据社会条件,二者可以"相互转换"等见解,从而将同族的功能论述为和家的功能一样。因为同族作为一种家联合,"是一种生活集团,有着种种文化的功能","根据生活条件的变化,一边适应新的生活条件,一边发展、变化其自身在生活上的各种功能"(有贺,1948b,《著作集 VIII》179页)。

但是,有贺在和喜多野争论中开始重视起某种特定的功能。认为正是这种功能构成了日本的家-同族的本质性特征。这种功能自然是经营,特别是家业经营。比如,有贺在喜多野批判他的家理论时为自己辩护,强调指出:"我(有贺——笔者)希望仅仅注意我说的家是夫妻为中心的家业,是家产集团这一论点"(有贺,1968,《著作集 IX》65页)。关于同族,他也在稍后的部分论述道,在家业扩大时,"有时必须在同族团(作为以家为单位的互助组织的一种)的基础上运营"(同上,68页)。在这种表述中,同族中的经营问题不像家那样重要,但老的同族,即在原来的同族中"有比较大的直接经营的耕作地主,形成了在亲属分家之外,包括雇工分家在内的同族团",也还是重视家业经营的(有贺,1962,《著作集 X》74页),而对这种家-同族的家业经营的具体存在方式,在"南部二户郡石神村的大家庭制度和名子制度"(1939)中,有贺以石神村齐藤家及其同族团为例作了详细描述,此外,在城市方面,中野卓的《商家同族团的研究》(1964)以京都的商家为例作了论述。

即使这些案例很明确,但依有贺或中野的理论,同族承担的经营不是现代的,或者说不是纯粹的经济的经营。比如,有贺重视日本的政治的和社会的条件,将其作为使家业经营变得重要的根据。最终,他提出人们是为了"生活保障"而以家业经营为中心来运营家-同族。即和西欧相比,日本的"狭小的国际关系,在这一条件下产生的小规模的经济组织",以及由此产生的雇佣范围的狭小,还有政治统治的强大和重税,社会政策的极度薄弱等社会条件使家"必须成为生活保障的最后据点"。为此,在日本社会中,"就出现了不光以家为生活单位,而且必须靠家业或家产的运营来维持家,使之长期存续的现象"。此外,同族等"家单位的互助组织"的产生也是因为"生活保障"仅靠一个个的家是不行的(有贺,1968,《著作集 XI》64)。

**喜多野的抚养论** 喜多野针对上述有贺的"各功能的复合"及强调其中的特定的功能(即立足于经营的"生活保障"),提出这不过是功能集团式的把握(喜多野,1965,《家和同族的基础理论》143页)。根据喜多野的说法,在基础集团的理论把握上,其集团结合的性质问题是最重要的,因为功能也是根据集团结合的原理而产生的。

在喜多野的理论中,家-同族的性质最终和普通家庭一样,首先是在集团结合原理的水平上来加以论述的。喜多野说:"我不想轻视家(家庭)的生活功能,但家庭结合的本质如小家庭理论所示,应在其中心小结合的内部寻找"(同上,146页)。而从这一视点出发,他主张,在家中存在着家和家庭的二重构造。(1)普遍的小家庭的人格结合和(2)同样是人格的结合,但是因对家的传统或家长权威的服从而组成的人格结合,这两个结合的契机是复合存在的。后者以前者为母体而得以形成,但在逻辑上,二者是有区别的存在,可以认为后者直接形成了家作为家的特质。此外,他对同族是这样认为的:"如果没有作为家的整合性质,就不会结合成同族",所以,同族也不能不是"不同于像有贺先生解释的生活集团的家的联合性质的集团"(同上,158页),他还是将人格结合的原理(同族中基于服从本家权威所形成的结合)放在首位。

而喜多野认为,家-同族的功能必须作为这种结合原理的"和本质联系的固有功能"。具体而言,如果是家,就有"与夫妇的性爱,孩子的爱抚、培育,家庭成员的抚养这些相关的互相服务和连带关系"(同上,147页)。在家庭所能承担的多样功能中,特别是被称作普遍功能的东西在家中也会构成功能的核心。同族的功能也被设定在这一延长线上。以这种理解,和有贺的"各功能的复合"相比,功能的特性确实更被限定了,但在和普通家庭、出身集团不同的家-同族中的固有功能的特质尚不明了。而且,喜多野也和有贺一样,追求其中特定的功能,寻求家-同族功能的固有特质,在对有贺批判户田家庭论的再批判中,喜多野论及了户田提出的家庭中"共产的关系"的意义,在其中表明了对功能固有性的寻求。

所谓"共产的关系"是依据家(或家庭)原理的人格结合构成的共同生活的存在方式。喜多野根据户田本人也倚为典据的马克斯·韦伯的家庭共产主义(Hauskommnismus)来论述这"共产的关系","共产的关系"是在家长式的结合中形成的非计算性的经济共同关系,具体而言,就是家或家长对家成员的"庇护"/"抚养"(同上,133页)。并且,这样的理解也出现在他对同族的论述中,他说:"和作为统一抚养共同体的父系家长制大家庭相比,同族在抚养形式上有所差异,但其实质上可以认为是一种属于同样传统的共同抚养的存在"(喜多野,1958,《家和同族的基础理论》46页)。家是"抚养共同体",同族也是在这一传统上进行"共同抚养"的存在。喜多野认为,在本家进行的分家行为中的家产分配也是抚养行为的一种。喜多野在有贺给予的经营或"生活保障"的位置上设立了与其对立的抚养概念。

## 三 结构的解释——有贺和喜多野的理论(2)

**家-同族和亲属** 如开始时所述,解释结构时,首先必须论述的是集团的成员构成问题。将家庭或出身集团从社会学的或社会人类学的概念来理解时,其构成的特征表现为亲属构成。当然是由什么样范围的亲属构成则因时代或社会而异,比如日本的家一直被认为是采取了理想的直系家庭的构成。无论如何,成员相互间由亲属关系结合是家庭-出身集团最基本的特质。但日本的家-同族不仅是亲属,而且也包括在此之外的人或家。

在战前的研究中已经有了这种见解。比如,在民俗学领域中的早期同族研究者最上时敬在"同族结合"(1938)中,将同族非常慎重地规定为"本来的血缘团体",而其理由之一是非血缘(所以是非亲属)的人实际上属于同族。而关于这种非血缘是由何产生的,他认为是(1)奉公人的分家,(2)继承溃株(户绝)而产生的分家,(3)依靠门第高的家产生的分家(最上,1938,274页以下)。社会学领域的先驱者及川宏也在"同族组织和婚姻及葬仪"(1940)中,认为家或同族基本上是家庭或出身集团,但同时充分承认仆人或仆人独立而产生的分家是一种非血缘的存在。他将家中的非血缘成员规定为"准家庭成员",同族中的非血缘户规定为"准构成户",非血缘"在何种范围内存在,是和该村落的性质、发展过程密切相关的"(及川,1940,《同族组织和村落生活》81页)。恐怕从战前至今,认为家-同族仅由亲属构成的看法是少数派[2]。

当然,有贺、喜多野也认为将非亲属包括在内是家-同族结构上的特点,但在定义上二者有很大的不同。喜多野认为,家-同族虽然包括非亲属,但整体上是受亲属的结合原理支配的。他在晚年编著的《"家"和亲属组织》(1975)中,认为家"是在日本的亲属组织分化过程中,作为其基本的组织单位产生出来的传统的、权威道德家庭的一个历史形态"(喜多野、正冈编,1975,6页),断言"同族组织从其结合的性质而言,当然应作为亲属组织来加以阐明"。喜多野的这一见解,结果是始终把非亲属的存在视作边缘的事实,而把家-同族规定为是家庭/出身(血缘)集团的一种。这和最上或及川是共通的。

而有贺认为,非亲属的存在是核心事实,象征着日本的家-同族的本质。正因为家-同族是超越了亲属原理而组成的集团,如其象征所示,家-同族才有包括非亲属构成成员(户)的事实。他的这种见解从战前期就很明确,在《日本家庭制度和佃农制度》中,他下结论道:"家的成员以血缘为基干绝不是自然发生的",或"血缘也包括非血缘",所以"日本的同族团体未必是血缘团体"(有贺,1943a,《著作集 I》109 页以下)。有贺在二战后也一直坚持这一立场。但继承有贺理论的中野采取了更彻底的表现方式,他说同族是"将可以包括非亲属的分家的性质作为本质的集团"(中野,1964,53 页)。和喜多野从家庭/亲属的构成原理出发,将家-同族的功能特定化相对照,有贺在家或同族的功能中寻求规定了包括非亲属构成特质的要因。他认为,为发挥各种功能,特别是为了维持"生活保障"的经营,家-同族按照需要而包容了超越亲属、非亲属区别的成员。

**有贺的主从关系论** 围绕着结构的第二个问题和集团的秩序有关,即上述的家-同族的构成成员(户)之间形成的关系。家庭论的教材等认为日本的家具有父系家长制的秩序,但有贺认为"家长式家庭的概念可以用于所有的文化,所以,不能成为表示家的特质的概念"(有贺,1968,《著作集 IX》58 页)。有贺采取对内部秩序也必须按日本社会的特质加以阐明的立场,为此而使用了主从关系这一概念。说到主从关系,人们往往会联想到西欧封建时代的契约式主从关系,但有贺使用的主从关系与此毫不相干,而是意味着人格的、非限定的庇护和服务的关系,这是他独立地发展了柳田国男的亲子论而得出的概念(岩本,1990,208~209 页)。此外,就像他把亲分、子分作为"构成日本主从关系的基本内容"一样,他也认为主从关系具有亲分、子分关系的性质(有贺,1959,《著作集 IX》311 页)。主从关系本身不仅是在家-同族中固有地存在着,而且可以在日本社会中存在的种种传统的社会关系(当然是纵向社会关系)中大量见到。即由于这种日本式的纵向关系,而赋予家或同族内部秩序的性质,这是有贺的想法。

而主从关系在家或同族中是怎样存在着的呢?既然是主从关系,就有"主"有"从",而有贺的理论在家中把这分别设定为嫡系和旁系;在同族中则为本家和分家。这嫡系和旁系容易和表示亲属关系的术语直系亲属和旁系亲属相混淆,但二者完全无关。嫡系和旁系是"以在承担使家存续作用上的区别为标准"的术语,嫡系是"担负着家的主要事务,直接为家的存续做贡献的人","成为其中心的家长管理家的生产或消费,是神龛、先祖祭祀的主持者,表现为家的生活的最高负责人,处于为家的存续而统治全体成员的立场"。另一方面,旁系"不光具有不久离开这个家的条件","而且分担着嫡系依据家长指挥权而派给的工作,……所以他们的地位低,只有微弱的权限"(有贺,1960,《著作集 IX》42 页)。而且,旁系中不仅有第一次旁系、第二次旁系的亲属旁系,还包括非亲属旁系,在此意义上,有贺对亲属和非亲属的质的区分是消极的。而关于在同族中被设定为主从关系的本家和分家的关系,他也原封不动地采用嫡系、旁系的观点,即认为分家是家中的旁系成员(包括亲属、非亲属),没有直接继承家的地位,是不久家(或家的嫡系成员)就将其分出而产生的。

**喜多野的父系家长制论** 喜多野根据有贺引进的这种否定式理解的父系家长制或家产制的理论,对其内部秩序进行了阐明。喜多野特别注意的是马克斯·韦伯的理论。抚养的问题也是依据韦伯的理论而发展的,所以他在涉及功能和结构两方面的理解上受到韦伯的影响。韦伯的家长论和业已论述过的基础集团的家庭/亲属论能否衔接,本身就是个大问题,但喜多野的理论框架确实是根据这两个理论做出的。

喜多野认为,家"由传统赋予权威而得以保障。具有行使根据传统所规定的家的各种规范权力的家长和在人格虔信上对其服属的家庭成员的结合/一体化是父系家长制家庭统一的基础",以此解释韦伯的父系家长制概念;在这一基础上,他认为日本家的内部秩序是根据父系家长制的权威和服从关系而建立的(喜多野,1965,《家和同族的基础理论》132页以下)。当然,像常常被指出的那样,喜多野在日本的家的考察中,有强调家长支配的家受到传统约束的倾向,所以,在韦伯的父系家长制概念中共存的"对传统的虔信"的契机和"对家长人格的虔信"的契机中(韦伯,1960,147页),前者在日本家的内部秩序中更强大。在这一意义上,可以说喜多野意识到具有日本社会特质的父系家长制论,但它在整体上始终是韦伯作为理念型所表示的概念的忠实解释和据此产生的对日本家的内部秩序的直接说明。

同族的内部秩序则是把家内部的父系家长制的结构扩大到家和家(本家和分家)之间。按韦伯的理论,同族结构相当于父系家长制的扩大发展形态的家产制(喜多野,1951,《家和同族的基础理论》24页)。而且他对于在同族内部形成的家产制的权威和服从关系,也以韦伯的理论为背景,以日本同族的实际状况为基础来加以说明。因为喜多野依据"系谱关系的相互认知"论,提出以下论点:根据分家承认本家是自己系谱的本源,由此产生本家具有传统权威的观念,本家的权威由此被树立起来,因这权威的正统性形成了分家对本家的服从,或本家对分家的支配。而且喜多野主张,这种本家分家的关系也许可以视为有贺所说的"一种主从关系",但这终究是以系谱关系的认知为前提的主从关系,这点很重要。他强调有贺的主从关系中存在的问题点,或自己与其的差异(同上,43页)。

## 四 家-同族理论的发展——以长谷川理论为中心

**作为公的单位的功能** 相对于有贺、喜多野的理论,1980年代以后的代表性论者长谷川提出了什么新的论点呢?长谷川的家-同族的理论涉及广泛,但首先在功能水平上,他论述了家是株/权利、义务的单位(一户)(长谷川等,1991,77页以下)。

家成为社会制度的单位,对社会发挥公的权利和义务,或者是担负着这一层次的功能。长谷川特别重视历史的、制度的研究,他追溯近代以前的日本社会或日本村落社会的结构,对其在制度论上进行再探讨,通过这一分析他关注到具有以上特质而构成日本社会的基础。而且,这种家的结构以典型的结构建立起来是在近世期,那时形成了家并至今犹存。因为在这个时期,村落(近世村)在幕府或大名的领主制的统治下处于可以说是公的机构的地位,而家是构成这种村落的单位。因此,家所应起的作用是在和领主的统治关系中担负贡租等负担或义务;另一方面,可以获得和维持百姓的身份。此外,作为村落内部的问题,家承担的作用是以各种形式负担村落运营上的义务,在另一方面,家可以有参与村落决策的权限、对共有财产的权利,或者获得参加祭祖组织等的资格。长谷川认为,同样的家的存在方式也存在于近世的武士或町人(江户幕府时,住在城里的工商业者。——译者)中,即使到了现代,这种日本社会的"家的构成"也被重组而保持下来（同上，15页以下）。另外，他也重视家和关于宅基地的特别意识或观念相结合的现象（长谷川，1984～1986、1996）。

他对同族及其功能的把握是对应于家的功能性特质的，它将同族定位为具有权利和义务的集团（长谷川等，1991，139页以下）。在这个意义上，同族也和家一样，不光是生活集团，也是本来就具有公的特质的存在。比如，长谷川受木下礼二等人研究的启发，站在认为同族是以近世初期的本百姓（村落里负担贡租的农民。——译者）株（即初期本百姓的家）为渊源的理解上，认为家-同族都是株。在近畿等地，不光是家，同族也被称作株（株内），而家和同族这样共有一个名称是因为同族是作为株的家的扩大而形成的。此外，长谷川在考虑这一作为具有权利、义务集团的具体作用时，很注意竹内利美在奈良井村的研究中阐述的同族负有贡租的连带责任等。连带责任一般认为是五人组（百姓的邻保组织，以五户为一组，在江户时代有互相监视，负有连带责任的义务。——译者）的事，但五人组本身不单是因地缘原则机械地组成的，也是以同族结合为基础的（长谷川等，1991，329页以下），所以同族成为连带责任的单位也并不奇怪。如果引申下去，那么同族中各单位共有村落中的身份或门第，即使是新的分家也会有同样的身份、同样的门第。

这种视点和以前有贺或喜多野的观点在根本上是相异的。有贺和喜多野在功能问题的理论定位等方面是根本对立的，但在具体表现为生活保障的家业经营和抚养等功能上没有太大的鸿沟，因为所说的这些功能都是关系到家-同族成员（构成户）的生活维持的功能。二者间的区别只是一方是根据基础集团的家庭、亲属论来论述的,而另一方则不受欧美理论框架的约束,按日本社会的逻辑来论述的,因此其关于功能的结论却出乎意料地相似。但是,像长谷川那样将功能作为权利、义务的问题来定位,家-同族就不单单是生活上的集团,而是作为担负公的作用的集团(社会的单位)被理论化了,这就带动了迄今为止的理论中所没有的发展。当然这一研究过去也不是完全没有,像在第三章中将详细阐述的那样,初期有贺的家论等论述中有着相同的视点。此外,关于日本村落的教材中也频繁地论述日本的村落社会是以家为单位构成的。但是,像长谷川这样将家-同族的公的、制度的性质问题作为理论中心来论述,将其意义充分地放在社会结构中来定位,这在以前的研究中几乎没有。

这种不同的功能相互是种什么样的关系呢?清水昭俊进行了在社会人类学领域中来解释家-同族的研究,而其见解认为,家庭或同族集团盖由"家内的领域"和"公的(政治=法的)领域"两个方面构成(清水,1987,229页以下)。据此,家-同族也是由以上的两个方面构成,可以理解为在"家内的领域"中,家-同族作为所谓私的生活共同集团担负着抚养、经营("生活保障")的功能;而在"公的领域"中则作为制度的、政治的单位发挥功能。但是,长谷川的想法是家-同族不是以担负家业经营或抚养等生活功能为前提来担负公的功能的,家或同族的功能本来就被限定于公的层面上。特别是对于家,他的这种认识尤其强。他的理论立场是:家作为生活集团的功能应该说是在基于内部包容性的家庭或亲属关系而得以发挥的。长谷川将这表述为"具有'私的'性质的家庭被输入具有'公的'性质的家中,被包裹进去"(长谷川,1989,28页)。此外,为表示其见解的正当性,他列举了在近世初期的本百姓中,权利、义务的单位和经营的单位实际上错位了(长谷川等,1992,71页以下)。

长谷川也和有贺一样,认为家-同族中存在着非亲属,但这是从家-同族中的被视为公的单位(或株)的功能特质中产生出来的。此外,从这一视点出发,就给予了以前研究中屡屡作为分家来对待的依附农民(下人、名子、被官)和以前不同的定位。这些依附农民不管其和主家的关系是否非亲属、被分为户、甚至本身从事独立的农业经营,但在村落中的权利、义务方面还是不能独立的阶层。因此,依附农民应理解为不是本来的分家,而是被包括在主家的家成员的一部分之中。他认为,依附农民只有在身份上自立,作为一个家在制度上被承认时(当然很多主家在这方面起到了积极作用),才成为本来的分家。

**"我们意识"和结构** 长谷川还在家-同族的结构方面提出与有贺或喜多野不同的视点。有贺、喜多野以主从关系或家长(本家)的权威支配为轴心来论述家-同族的内部秩序,而这些都是具有纵向关系性质的东西。但是,长谷川(包括同时进行研究的竹内隆夫)注意的是同族集团结合中的对等性原理,即横向的关系。长谷川或竹内认为,在同族的结合中,在基于本家分家的上下关系(或主从关系、系谱关系)的结合形成之前就存在着根据集团本身的"我们意识"的逻辑而产生的结合(长谷川,1979,159~160页;竹内,1977,55~56页)。当然,根据"我们意识"的原理产生的集团结合原则上是集团一般性存在的结合方式,其存在不经常直接规定结构的性质。但是，在日本同族的情况中，它强大到规定结构的特质，直接给予同族构成户之间结合的现实形态以影响。按长谷川、竹内的说法，余田博通或松本通晴研究的近畿地方北部的"株讲"、大竹秀男提出的"本分家伙伴型的同族结构"（余田，1970；松本，1990，第二部第五章；大竹，1962）要根据这种逻辑的存在才能解释[3]。而且，不能忽视这种"我们意识"的横向关系不是自立的主体相互之间的横向关系，而是基于成员对同族强烈的归属意识或一体感而形成的。

而长谷川本人未必对此进行了详细的论述，但这一视点不光在同族的结构上，而且在我们思考家的结构时也具有说服力。长谷川在把父系家长制用于家时，述说了应重视家本身的虔信问题（长谷川，1987b，24页），因为近世的村民对家的第一义的结合与其说是对家长的强烈顺从，不如说是对作为株的家（及其传统）的强烈顺从，这一顺从具有连家长也不能例外的性质。根据这种对家本身的顺从形成了基于"我们意识"的结合，而在这一结合的水准上，不管是家长或家的成员都处于对等的立场，这里就产生了家的结合根基。在近世村落，这种结合的逻辑发挥着强大的作用，所以家长的地位有着很强的家的代表者的性质。

而另一方面，长谷川重视家-同族中亲属和非亲属的地位差别，并从这一立场批判了诸如在过去的同族研究中轻视本家分家关系中的亲属分家和非亲属分家差异的倾向（长谷川，1983，49页）。实际上，在基于主从关系论的有贺的解释中，以非亲属分家作为模式说明本家分家关系的倾向很强，为此，亲属分家固有的特质就不明确；与此相对照，喜多野则着重从亲属分家的角度来论述本家分家关系,因此,非亲属分家的固有地位或立场就模糊了。但就是有贺也在石神村的研究中报告道,亲属成员从本家继承宅基地或土地,而非亲属成员则不能接受这样的转让。长谷川注意到这一差异,主张亲属分家和非亲属分家在从本家得到财产的方式上有根本的差异,对非亲属只是"恩给制"(镰仓时代建立起的主人给仆从赏赐,仆从报效主人的制度。——译者)(同上,68页)。同族中的这种差异结果和家中的亲属和非亲属的差异是表里一致的,所以在讨论家的结构时也必须要有对亲属和非亲属差异的认识[4]。长谷川认为,家-同族本身不是根据亲属原理组织而形成的集团,但在其内部,亲属、非亲属的差异有重要的意义,社会关系的存在方式在二者间是不同的。

强调亲属、非亲属的差异,乍一看来,和上述主张的"我们意识"的存在是互相矛盾的,但在理论上绝非如此。应当理解为"我们意识"或横向关系表示了家-同族成员不是以同样的形态出现的。在接受财产分配的亲属的场合,"我们意识"或横向关系因此是牢固且具实质性的,但对于非亲属却大多采取理念的意识形态的形式。而且在同族的亲属分家的场合,实际上,如果说财产的分配等巩固了亲属的社会经济基础的话,那么,横向关系将因此作为自立性强的家相互之间的关系而发展。

## 结 论

昭和初期开始的家-同族的研究是以有贺、喜多野为轴心发展起来的,而经过上述的长谷川的有意识的论述而达到一个新的阶段。但长谷川的论述也可以说尚未完成。

长谷川的论述包含着许多新的想法,但这些想法之间的关系未被充分论述也是其缺点之一。在作为功能特质被理解的公的单位(株)的原理和结构的特质方面,根据重要的"我们意识"产生的集团结合的关系应作如何理解?或者根据"我们意识"产生的集团结合和亲属、非亲属的差异问题之间有什么样的关联?在本论述中,笔者对此用自己的视点已作了解释,但也存在是否妥当的问题。

此外,长谷川通过强调自己和有贺或喜多野见解的差异而提出自己的理论,但仅仅朝着这个方向是否正确,也是有疑问的。作为下一阶段的问题,将有贺、喜多野的理论在长谷川的家-同族理论中进行重新定位是很重要的。

而为使长谷川的家-同族理论超越这些问题点,在真正的意义上到达新的阶段,还必须深化实证的研究。长谷川本身也是在以长野县地方为中心的实证研究基础上提出其理论的,但作为整体来看,实证性研究的积累尚不充分。人们正期待着它今后的发展,本书也站在这一立场上,以实证性研究的发展为目标[5]。

**注**

[1] 本稿以 A.R.拉德克利夫·布朗等人的从人类学功能主义出发的想法为基点。关于其特点,请参见如富永健一的著作等。
[2] 有一种见解认为根据亲属概念的扩大,以前作为非亲属(非血缘)被对待的家成员或分家也应视为亲属的一个形态。本来站在有贺、中野的理论系谱上的鸟越皓之也在今年的论稿中表述了这样的见解:应扩大

亲属的范围,并且根据阶段性的理解,将非亲属成员(分家)也作为一种亲属来理解,使家或同族的共通的文化定位变得容易(鸟越,1991,166页)。继承喜多野理论的正冈宽司和光吉利之也采取近似的立场(喜多野、正冈,1975,9页以下;光吉,1971)。

［3］ 对以前研究的整理详见竹内的论文(竹内,1977)。

［4］ 比如,在近世初期的家中,作为依附农民而被包容的亲属已经处于或接受财产的继承,或以后继承的地位,所以不能把它等同于非亲属的依附农民(长谷川等,1991,96页)。

［5］ 在这一点上,最近出版的上村正名的《村落社会的历史研究》(1996)、大藤修的《近世农民和家·村·国家》(1996)受到注意。特别是上村的著作和本书有不少相同的视点,但因和本书的原稿完成和出版时间相近,而没能充分地利用,甚感遗憾。

# 第二章 日本社会论和家-同族论

## 序

如"序论"所述,在社会学,还有在社会人类学(民族学)、民俗学、法社会学等领域中,在广泛开展家-同族研究的背景中,有着这样一种认识,即认为家-同族作为传统的社会性基础集团不仅重要,而且日本社会本身即以家-同族的原理作为社会构成的基础。即认为在日本的家-同族及与此密切相关的村落特质中是能够接触到被作为日本社会特质的东西的。因此,另一方面,在日本社会论或日本社会分析中包含着家-同族论或者以家-同族论为基础的东西极多。如果是这样,那么家-同族论必须将这种日本社会论纳入研讨范围。

本章站在这一认识之上,对迄今为止的日本社会论和在这日本社会论中的家-同族的特质进行再探讨,由此触及今天的家-同族论的课题。而特别是从日本社会论的发展来看,应该明白以新视点阐明近世的家-同族是极其重要的。

回顾以前的日本社会论,其经历了从可以称作"半封建的"社会论向可称为"日本的"社会论的大幅度转换。因此,本章将探讨这一发展的动向,并在这一基础上进入家-同族论的课题。

## 一　日本社会论的发展

**"半封建的"社会论**　"半封建的"社会论是从日本资本主义论争开始的。这一论争是讲座派和劳农派(讲座派是在野吕荣太郎领导下的,以1932～1933年出版的《日本资本主义发达史讲座》为中心的史学派别。劳农派是以1927年创刊的杂志《劳农》为核心的史学派别。——译者)的论争。一般而言,这一论争是围绕近代日本社会结构的特质和资本主义、寄生地主制、天皇制的关系,并围绕着如何规定其性质来发展论争的。劳农派将近代日本定为基本上是资本主义生产方式支配的社会,天皇制、地主制也基本上是在这资本主义的/近代的结构上建立的。而讲座派则认为在天皇制、地主制中保持着前近代的性质,即"半封建的"性质,同时强调这一"半封建的"性质规定了日本社会本身的性质,由此论述了日本资本主义社会的不成熟。在这里,将日本社会,特别是近代的日本社会以"半封建的"来规定的社会论正式出场了。

而且,这论争本身并没有直接涉及家-同族的问题。受到马克思主义理论影响的这一论争是在经济学、政治学的领域发展的,从地租论、再生产论、国家论、主权论开始进行研究。此外,在这一论争中,对农业的评价成为很大的争论点,为阐明农业的特质而论及了家-同族或村落,但没有将分析深入下去。讲座派的代表人物山田盛太郎的《日本资本主义分析》(1934)也认为"半封建的土地所有制/半农奴制的零散农耕是军事的半农奴制的日本资本主义的基本规定"[山田，1934,（岩波文库版）225页]，但他没有触及作为这"零散农耕"土壤的社会条件。他虽然确实论及名子、被官，但不过是将其定位为采取劳动地租形态的隶农[1]。在农业分析中发现家-同族重要性的是置身论争之外进行研究的有贺喜左卫门。有贺在他的著作《日本家庭制度和佃农制度》（1943）中写道，山田分析中作为隶农制的名子制、被官制是日本家-同族制度（习惯）的一个方面；同时这隶属形态（或者是特殊的佃农习惯）是近代一般化的佃农习惯的原型，近代的地主佃农关系不单纯是经济关系，而是以家-同族这一社会制度为土壤而成长起来的（有贺，1943）。

山田的"被军事的半农奴制的日本资本主义""基本规定"的日本农业（特别是生产关系）是被家-同族原理支配的，或者说是基于同族的社会关系而运作的，这一观点是有贺首次阐明的。因此，将这种农业作为"基本规定"的近代日本社会本身也是由家-同族原理支配的。有贺以这一见解站在了日本资本主义论争中的"第三立场"上（河村，1973，11～13页；同，1975，187页以下）。三户公这样论述当时的情况，即讲座派和劳农派"在将构成日本资本主义基础的地主佃农制度理解为资本制的要素和封建遗制的合体上是没有不同的"，而有贺在这地主佃农制度中，"把因超经济强制发生作用而因此理解为封建遗制的观点作为日本独特的家庭制度/家的问题而实证地、理论性地构筑了家论"，在这一点上有其特色（三户，1994，93页）。

二战后，对社会科学的统制被消灭了，"半封建的"社会论兴盛起来，同时它和家-同族论的结合也更强韧了。战后的社会科学不论是否是马克思主义的立场，对日本的后进性的关注都很强烈，并开始关注日本社会的"半封建的"特质,也积极地认为家-同族是和其特质相联系的。比如,人文科学会编集的《封建遗制》(1951)就很好地传达了当时的气氛。而代表这一时期的川岛武宜的《日本社会的家庭构成》(1950)认为,在近代的家庭制度中有两个类型,一是继承了德川时代武士家庭习惯的法的类型和存在于民众生活中的类型,而包括在其中的社会关系都不是"民主的/近代的"。并且,这些"家庭的生活原理不光是在家庭内部,而且也在家庭外部反射着自身","使家庭生活外部中的非近代的/非民主的社会关系成为必然"(川岛,1950,16页)。此外,这"家庭生活的外部"不光是社会传统的部分,也包括企业、政府机关、学校等内部的社会关系,最终扩大到国家和国民的关系。即家中的社会关系的特质不是停留在其内部,而是扩大到外部各种层面上的社会关系,以至日本社会整体都带有家庭的或家的特征[2]。

直接继承战前论争的问题意识的玉城肇通过《家庭制度论》(1953)等,论述了近代日本中的资本主义或国家是如何以家-同族及村落为基础建立的。他特别重视作为家的联合的同族,强调"社会整体的结构"采用了"同族的结构",而所谓"同族的结构"和家内部的父系家长制的亲子关系是同质的。因此,"日本的社会及国家"是"由下级到上级的这种(同族的构成。——笔者)同质结合体的阶段性积累构成的。正因为如此,才是'家庭国家',所以同质的结构才从'家庭'到达'国家'"(玉城,1971,(新版)87~88页)。此外,玉城将这由"同族的结构"建立起来的日本社会作为整体理解为"半封建的社会"[3]。

**"日本的"社会论** 关于"半封建的"社会论的日本社会论在随

着高速经济增长发生的社会变动中失去了某种真实感,1970年前后,以"日本的"事物或"日本式"为主题的新日本社会论出场了。即"日本的"社会论。这一日本社会论的特征是以日本社会和欧美社会同样是现代化、工业化的社会为前提,进而寻求使现代化、工业化成为可能的"日本的"条件[4]。在这一日本社会论中,家-同族还在日本是占有重要的地位。

比如,在初期的中根千枝的《纵式社会的人际关系》(1967)中,首次发展了以"场"的理论为基底的纵向社会论,其中也包括家、同族的问题。中根认为,在日本有着这种倾向,即相比于同质者以横的关系结合的集团组成原理,日本社会更重视异质者基于"场"的共有而以纵的关系结合的集团原理,作为贯彻着这"场"的逻辑的集团典型,中根注意到了家(中根,1967,31~32页)。而且在随后的论文中,她认为在现代社会中,家这种事物也许解体了,但"'家的''集团'的存在方式脱离了家庭,再现于现代社会的各种集团中",进而,她得出这样的结论:"'家'是在一定的政治、经济条件下本质性地体现日本人文化的制度,可以说,产生与'家'同样的社会学思想限制着日本现代的各种社会集团的结构及存在方式"(中根,1968,26~27页)[5]。

到1970年代,出现了给社会学的日本社会论以很大影响的F.L.K.休的《比较文明社会论》[6],其中也重视家-同族。按休的理论,在日本社会的分析中,"缘"约(kin-contract)或宗家的概念占有重要地位。所谓"缘"约是"社会的连带原理"的日本式的存在方式,这"社会的连带原理"不是欧美社会的契约原理,也不是像中国那样的血缘原理,而具有其中间的特质。其中个人的选择意志起着作用,在这个意义上,社会的连带范围成为包容性的,并且其连带的实质不像契约原理那样是表面性的,而是像血缘一样深厚。日本社会众多的次级群体就是根据"缘"约的连带成立的,而以这社会的连带为基础形成宗家式的组织(集团)结构。休强调在这一意义上的"宗家"是原理性的,在不被称为宗家的日本社会的各集团或各组织(武士集团、宗教的宗派、企业组织等)中也可以看到,这对近代以后的日本工业化是极其适合的(休,1971,308页、318~319页)。而休认为产生这种"宗家"组织的母体集团正是家-同族。因为"宗家制度是从在家中所见到的日本式方式开始,随着其构成要素的某些部分的变化,经由同族而产生的"(同上,314页)。就是说,在"宗家"中看到的组织结构或社会性连带特质这些基本事物本来就存在于家中,它在次级群体的水平上实现的只有"宗家"。此外,"宗家"论由滨口惠俊所继承,与"间人"(日本文化论中的一个术语,是针对西方的个人主义而言的,即日本人在任何时候都处于一种人际关系之中,所以日本的传统是"间人主义"。——译者)、"亲属关系"等概念相结合,形成所谓"间人主义"的日本社会论(滨口,1978,1982)。

另一方面,村上泰亮、公文俊平、佐藤诚三郎共著的《作为文明的家社会》(1979)从"集团形成原则"的视点出发理解文明,将日本社会规定为采取了"家型"的"集团形成原则"的"家社会"。日本社会论正是以"家"为核心构成的。而对从这"家(型)原则"衍生出来的各种集团,则用"原家"、"原家联合"、"大家"、"小家"、"大家联合"、"准家"、"模拟家"的术语来进行论述,同时历史性地考察了日本社会的集团组成的结构和发展。他们将作为"家社会"起点的

"原家"的出现追溯到历史上的平安末期的东国(日本的关东地区。——译者)的"开发领主"的形成;而镰仓幕府是"原家"的联合组织,即"原家联合"。室町时代(公元1333~1573年。——译者)形成的大名被视为"大家",特别是在近世,这"大家"之间形成了"大家联合",构筑了幕藩体制。而且,在近世,在这"大家"下形成了家臣的"小家"、大商人、豪农等富裕阶层中的"准家",而这一体系被明治国家所瓦解。但是,近代将国家的构成单位作为以"四民平等"为前提的家,成立了"模拟家"。近代是以涉及一般民众的"模拟家"和近世出现的在资本主义经济下发展出的"准家"所构成的社会。而特别强调"准家"式存在的企业发挥"家(型)原则",同时作为大企业或财阀而成长起来,因此,日本的现代化、工业化才得以成功(村上等,1979)。

1990年代的"日本的"社会论以日本式经营论者三户公为代表(三户,1981,1987,1991,1994),他认为在经营论中家所具有的意义也很大。三户将韦伯说的"家共同体"的日本式形态的家(作为历史性实体的家)和作为贯穿着这种家的组织原理的"家的逻辑"相区别,进而认为作为"家共同体"的家近代以后逐渐衰退,但"家的逻辑"却一直被维持着。他还确立了这样的认识,即"家的逻辑"成为包括采取日本式经营的企业在内的日本各种中间集团的组织原理,进而"家的逻辑"支配了日本社会本身[7]。就是说,"家的阶层构成至少有三个阶层的阶段",它们分别是"以家庭为中心的家,作为其上位的家的公司或学校等自治体和作为最上位的家的国家"。并且,在各个上位和下位的家之间存在着包括在"家的逻辑"之中的"亲"和"子"的关系(主从关系)。因为日本社会形成了上位的家对下位的家是"大的家"/"公"、下位的家对上位的家是"尽己之力的存在"/"私"的关系(三户,1991,〈1〉43、53页)。

## 二 日本社会论的相位

**历史的视点和文化的视点** 根据以上的从"半封建的"社会论到"日本的"社会论的进展,可以清楚地看出:对成为主题的日本社会特质的视点因各个社会论的不同而异。相对于"半封建的"社会论重视历史的视点而言,"日本的"社会论则重视文化论。

"半封建的"社会论从二战前的日本资本主义论争开始一贯持续下来,但日本社会不像欧美那样,资本主义化、现代化进行得很彻底,它继承了近代以前的社会特质,或使之残存下来的意识是其观点的基础。比如,在战前的日本资本主义论争中,论者主要继承了马克思主义的历史认识,从生产方式、生产关系的发展出发,设想出古代的、封建的、资本制的历史发展,近代日本的"半封建的"特质是前阶段的封建制社会的生产方式、生产关系的遗制。论者几乎都认为这封建社会是近世的幕藩体制社会,山田的《日本资本主义分析》一书在分析"半封建的"时,也往往论及"德川封建制",并且认为"德川封建制"是"纯粹封建的"。将近代日本赋予"半封建的"形式是起源于近世封建社会的结构,并且认为这一特质对日本社会的发展来说,是不应保持的,或者是必须历史性地予以克服的。因为在日本资本主义论争中的分析最终是和社会主义革命的战略相结合的,所以,特别强调"半封建的"存在的讲座派采取了革命应首先消灭"半封建的"因素的战略立场。

二战后的"半封建的"社会论,在用马克思主义方法的同时,加进了 M. 韦伯的社会科学的方法。虽然没有直接介入日本社会论,但大塚久雄的社会科学代表了这一理论立场(大塚,1955 等),影响了当时的日本社会论。因而当时较之资本主义的概念更重视近代的概念,与近代相对立的是前近代的或非近代的,并将"半封建的"定位于其上。比如,川岛也认为采用"家庭式构成"的日本社会的特质是"非近代的/非民主的社会关系",但他强调这种"非近代的/非民主的"生活原理是因"封建主义或绝对主义"而产生的(川岛,1950,23 页)。此外,按照韦伯式的方法,"半封建的"特质本来不属于马克思主义理论方法中的历史阶段,而是属于社会类型的问题。但是,当时用韦伯方法的论者也认为"半封建的"特质是日本社会的历史性遗物,必须予以历史地克服。对"半封建的"评价在超越科学方法论的意义上是共同的。比如,川岛也提倡,"要使民主式的家庭成为现实的客观条件"就"要排除作为封建的、儒教的家庭基础的各阶层","要废除农村的封建的、停滞的生产方式"(同上,24 页)。

但是,"半封建的"社会论对"日本的"特质的个性认识在整体上是软弱的。确实,这一理论根据"半封建的"定义对日本社会进行了历史性定位,但对日本社会包含的个性特质未必给予了重视。既然各个社会的社会文化条件不同,那么,虽然同是封建社会,但日本和欧洲或者和其他社会应该不同,但当时的论者没有根据这一认识深入到封建社会的日本特质的领域进行日本社会分析。其理由之一是,"半封建的"日本社会论的历史认识基本上被普遍化了。特别是日本资本主义论争等将日本社会的进展定位于普遍的发展阶段论中的理论方向在强烈地起着作用,其结果就产生了在日本的社会制度或习惯中只选取和普遍的封建制概念相符的方面,并对其加以强调的倾向[8]。而动辄就把日本社会的特质定义为"(半)封建的"或"前(非)近代的",这成了最终的目的。

对此,"日本的"社会论对于寻求"日本的"事物是很热心的,但对"日本的"事物的历史定位却很模糊。这种"日本的"社会论的特质从有贺业已开始。前面已经说过有贺在日本资本主义论争中采取"第三立场",而有贺的方法论立场和讲座派或劳农派是相当不同的,他的最终目的是通过对佃农制度的分析解开日本社会的个性。有贺将地主制度下的地主—佃农关系和家-同族的日本社会制度相结合进行论述。而因为关注这种家-同族的习惯或制度最终要与"民族的性格"相结合,这就使日本社会论的历史认识方面淡化了,而加强了其文化的性质[9]。于是,他认为在这家-同族中的"民族的性格"从古代就已经存在,并尝试着以这样的视点论述从古代到近现代的社会(有贺,1943b、1965)。

休的"宗家"论基本上也具有相同的性质。他或是认为"宗家制度"是在城市生活的发展中逐渐发达起来的(休,1971,315页、318~319页),或是主张"佛教中的日本方式被几重复制的结果就是宗家制度"(休,1971,313页,315页)。从这片断的记述中可以推论他认为"宗家"的原型在中世的寺院制度中,并在近世的城市社会中逐渐发展起来。但是,他对"宗家"的社会构成的历史性成立或发展未必十分清楚,何况也没有如何将其前提的家-同族予以历史性定位的问题意识,不如说他关心的中心是给"宗家"以日本式的定义,再与印度的"卡斯特"社会、中国的"宗族"社会、美国的

"俱乐部"社会进行比较。像继承了"宗家"论的滨口惠俊那样的日本研究者在历史性视点方面也比较弱,可以说比休还要退步。

在同样的"日本的"社会论中,村上等的《作为文明的家社会》的基本认识是认为日本社会是从"氏(氏为血缘支配的同族集团。——译者)社会"向"家社会"变迁,所以历史的视点是很充分的。但是,作者们采取自己的"多系发展论"的社会发展论,将"氏社会"和"家社会"分别定位为独立的文明,而没有认识到"氏社会"和"家社会"历史性的前后关系或发展阶段的差异。他们强调两种社会在日本历史中重合了 500 年,各自都是一个具有"集团形成原则"的自成一体的文明,正是因为二者各有其内部的变化或进化,两种社会之间才不存在有机的、历史的联系。正像村上等人自己也明言的那样,他们"采用了作为集团形成原则的交替和重复的过程来解释日本历史的观点"(村上等,1979,182 页)。因此,"家社会"在日本列岛有着和"氏社会"不同的"集团形成原理",它是家型组织原理的社会,是从平安期(日本历史的一个分期,年代为794~1192。——译者)开始直至近代、现代具有一定范围的文明。他们将"家"的起源追究到东国(大体相当于日本的关东地区。——译者)的开发领主的家,乍一看是种重视历史性的研究,但结果却使"家社会"的历史性特质或定位模糊了。

**作为"原型"的近世社会** 统一日本社会论的两个视点的是在正统的日本社会论的外围进行研究的水林彪。水林的《封建制的重组和日本社会的确立》(1987)是部对近世社会进行历史分析的著作,他在其中表述了一种综合的视点。水林认为,作为现代社会的"日本的"特质有:1. 对中间集团或中间团体(家庭、村落、企业等)的人们的强有力的包容;2.以这些集团或团体为媒介的严密的国家统一等。这些特质不是超历史的存在,而是历史形成的,其起源可以追溯到近世社会。即"在高度发达的资本主义各国中,追寻显示出特殊特征的日本社会特质的历史性起源时,我们就会遭遇幕藩体制社会"(水林,1987,6页)。并且,他认为幕藩体制社会是以家作为最重要的社会单位而成立的社会。也就是说,社会的基底首先是家,这家被各种中间集团(团体)所整合,这些中间集团由于被编入以家的原理为基础的统治秩序(特别是宗家的统治秩序)中,进而产生了国家整体的形式[10]。而这种幕藩体制社会是"日本的"社会的原型,近世社会是"日本式社会的确立"期,而从日本史整体的潮流来看,这同时也是"封建制的重组"期。即在今天的社会中被当作问题的日本社会的特质不是超时代地存续于日本社会中的,而是在被叫作幕藩体制社会的近世社会形成和确立的,这个时代被他定义为后期封建制或封建制的重组期,它归根到底是相应于这一时代的社会条件而成立的,其中形成了被称作今天的"日本的"事物的原理或逻辑。

我不想断定在以前的日本社会论中完全没有这种研究。在战后的"封建的"社会论中已有其萌芽,因为战后的社会科学对家或村进行了理论的、实证的研究。从这家-村论出发,研究者更加关注"日本的"特质;即不只是将其定义为"(半)封建的"、"前(非)近代"的,而是在其中寻求"日本的"事物的倾向较强。但是,当时没有达到在近世社会的结构中寻找"日本的"事物的"原型",并予以阐明的程度。比如,福武直在晚年的《日本社会的结构》(1981)的概论性著作中认为,在考虑近代日本的人或社会时,"家"和"村"是重要的,并且这"家"或"村"是从德川社会继承下来的"封建的"东西。但是,他没有明确地论述在封建社会本身中的"家"和"村"的结构及由此而建立的近世社会的"日本的"结构(福武,1981,11~69页),而只是将其放进"封建的家庭主义"或"共同体"的普遍概念之中。当然可以为他辩护说,福武这部著作的目的是论述近代以后的日本社会的,但在福武的其他著作或论文中,也看不到他详细地论述过这一点。

而且,最近的"日本的"社会论者三户也许在某种程度上也具有水林的视点。关于"家的逻辑"存在至现代的理由,三户认为:"家果真只能理解为前近代的、封建的东西吗?"(三户,1991,〈2〉29页)在这点上他确实倾向于文化论的视点,但他不是在文化论的集团主义中寻找日本式经营的根据,而是在历史上存在的近世的家或家社会中寻找。而且,近世社会是以家为构成单位而建立的社会,但这个家不光是在农民或町人中形成的,武士或大名,进而藩或幕府本身也有家。在近世已经存在着"入赘"结构的家的阶层秩序。三户认为,这种体系被担负起明治维新的下级武士阶层有意识地带进明治国家,近代社会也成了基于"家的逻辑"之上的社会。即下级武士阶层以自己的藩社会为模式将"各个藩为单位的国以家的结构"原封不动地扩展到整个日本,"形成了以日本整体为国,并以此为家的国家"[11]。于是,根据(家的逻辑)结构的近现代"日本的"社会基本上可以在近世的藩/家社会中寻到其起源。

## 三　近世社会和家-同族

**主从关系和经营体**　如果上述的整合历史的、文化的视点是必要的话,那么,对日本社会论来说,近世社会作为"日本的"社会的"原型"就极其重要了。并且,在近世社会规定社会结构特质的是家-同族,所以,对日本社会论来说,必须把对近世的家-同族的把握放在所有议论的出发点上。

近世的家或同族,一般都重视主从关系或经营体(与其说是以追求利润为目的的合理性组织,不如说是旨在保障成员生活的共同体组织)的原理。水林的近世社会论在考虑家时,也认为家业、家产、家的名声是重要的,他的定义是"所谓家,首先是由夫妻和其血缘集团为核心的人的集团来担负的、由以父子(养父子)相传为基本的血缘(模拟血缘)系统继承下去的经营体"(水林,1987,22页)。此外,水林在家原理中寻求武士阶层的主君、家臣间的主从制,因为这种主从制和家原理结合根本上体现了这样一种观念,即"统括家内部的父系家长的权力对所有人来说,像空气或水一样自然"(同上,312页)。即他虽然承认在身份或地域方面家的多样性,但在主从关系中寻求家内部关系的根本。

这种认识在以前的日本社会论中也是共识,特别是不限定时代地将家-同族的特质归结到经营体和主从关系中。不管是"封建的"社会论,还是"日本的"社会论在这一点上都没有区别。在主从关系上,比如,玉城的术语"同族的构成"重视本家、分家间的主从关系方面,而在川岛的"家庭的构成论"中,首先强调户主或双亲对家成员或子女的权威性支配的方面,即上下关系的方面。另一方面,中根的"纵式社会"论是根据"场"的理论汇集的人们以纵向人际关系为轴心而结合起来的,而对这"纵式社会"的论述正是将其作为在家-同族中的纵向人际关系的扩张来进行的。而且休也以川岛的宗家分析(川岛,1957)为基础,将"宗家"结构的特质分为(1)主从的关系,(2)以顶点为核心连接的金字塔,(3)顶点权威的强大,(4)家庭制度的模拟等,以主从关系方面为中心来理解"宗家",而使这些特质发展到家-同族所具有的集团原理。在经营体上,村上等的"家社会"认为:"'家'这个词是为泛指共同生活经营体的某种独特类型而使用的",家和经营体在逻辑上是一体的(村上等,1979,212页)。此外,三户认为,"家的逻辑"的第一特征是"家是组织体、经营体,维持其存在、繁荣是其本身的目的"(三户,1991,〈1〉257页)。

在主从关系或经营体中去寻求家或同族的特质是有其自身理由的。如上所述,家-同族的理论是从有贺、喜多野争论中发展起来的,但因为喜多野的理论是亲属性、出身论的研究,因此很难由此发展日本社会论的议论;而在这方面,有贺的理论超越了亲属性、出身性的制约来理解家-同族的特质形成,因而其逻辑容易扩大到适用于整个日本社会。而有贺的理论中心放在重视作为集团逻辑的经营体及内部社会关系(家长和家成员,本家和分家)中的主从关系上。像第一章所谈及的,有贺的想法与其说是他的独创,不如说其根源在于柳田国男的大家庭论。柳田认为,寻求亲子意义的原型,就会触及大家庭的劳动组织,亲子是其内部的族长和族人的关系[柳田,1946,(《定本》15)243页]。继承这亲子集团/劳动组织的理论立场,并正式发展家-同族论的是有贺,有贺将劳动组织置换为经营体(以保障成员生活为目的的经营),家-同族以这一原理来运营。另一方面,将亲子关系再定义为主从关系,将其作为以经营原理运营的家-同族内部的社会关系的根本,或者作为内部整合的轴心来定位主从关系。

迄今为止的日本社会论都在不同程度上继承了柳田、有贺的理论,水林也是在这种认识之上论述了近世社会。但是,从这一认识出发能够充分解开近世社会的特质吗?像长谷川善计说的那样,仅仅原封不动地继承以前的同族论,是不能准确地理解近世社会的特质的(长谷川等,1991,24页)。

**横向关系的地位** 笠谷和比古的《主君"强制"的结构》(1988)实证性地论述了近世大名的家或家的结构,清楚地说明了近世大名不是按照自己的意志支配、统制家的。其根据是家臣对主君"强制"这一幕府也承认的习惯。在武士阶层中主从制的确是基本的,但是,与其说是和作为主君的大名个人结成主从关系,不如说最重要的是对大名的家尽忠。而且,这样的家臣和大名家的关系构成了作为大名家中团结的根源。为此,对大名家的维持、存续不适合的大名个人,可以根据家臣的意志让他采取隐居等形式,对其进行"强制",甚至可以使其丧失大名的地位。即大名的家或家中按超越了大名个人意志支配的逻辑来进行运营,甚至形成了家中或藩是公共的这一意识。极而言之,大名、家臣在守护、维持家中这一点上是居于同一立场的。根据这一见解,笠谷提出新的以主从关系为中心的大名-家臣关系论(笠谷,1988,267~268页),这一观点在水林那儿也能见到。

大名的家或家中的逻辑也可以认为在不同程度上存在于作为被统治者的农民的家-同族中。这虽然不是要否定近世统治者武士阶层和被统治者农民或町人各自有着规范的价值独自性,但正是因为他们在基本的面上有着共同性,近世的社会才能作为整体产生出一个"日本的"社会。因而,比如在近世的村落里,主家和依附农民的关系因宅基地的出借而具有特征,因此和家的支配形成相同的情况也存在于大名或将军家里。即尽管是武士阶层的家臣的宅基地也不是家臣自己的所有地,是主君的大名家借给的,这一事实象征着家臣被编进大名家的支配内部。并且连这大名、谱代、外样(谱代是德川幕府在1600年关原之战前的家臣;外样是其后归顺的大名。——译者)的家,由于参觐交代而在江户的住所宅基地的所有权都不属于大名自己,而不过是从幕府(即将军家)借来的。幕府以这种方式体现出各大名和幕府(将军家)之间的家支配原理。[12]

同样,在整个近世社会,存在着全部成员(主人或本家也包括在内)对家-同族的顺从,并且贯彻着成员基本上在相互对等的立场上顺从的结合原理,这是集团团结的根本。在日本社会论中,很多论述是在纵向社会结合的同时论述集团主义,而这种特质也要根据家-同族中的上述结合原理的存在来加以说明。即从笔者的视点看,在家-同族和其成员的关系上形成了一种纵向关系(对家-同族本身的顺从),但在包括家长(本家)在内的成员之间,以前的纵向社会论不能充分说明包含着以理念上的对等性为前提的原理[13]。如第一章所述,长谷川善计、竹内隆夫强调在家-同族的结合中,"我们意识"或根据它产生的横向关系的形成是很重要的(长谷川，1979，159~160页；竹内，1977，55~56页）。而正是这种"我们意识"或横向关系的问题最终也是和上述的机制（基于顺从于集团本身的结合原理的存在）相关联而产生的。

当然，这个结合原理不是对社会所有水平上的家-同族起同等作用，其表现方式有一定的多样性。而即使像大名的家中那样，主从制成为基本机制的情况下，如笠谷所述，如果以家中本身为基底的结合强烈地作用于集团运营的话，那么不仅是在主从制而且在亲属关系的作用也很大的农民或庶民的家-同族中，对等性的原理应该更为显著。比如，川岛武宜也在《日本社会的家庭构成》中，认为日本社会整体都被模拟为家的内部亲子关系而组成纵式社会，另一方面，近世的庶民家庭和武士家庭相比，家长支配的特质较弱，以家的权威（按川岛的表达，则是只有家庭整体的"秩序"才对全体具有"权威"）为前提，注重成员间的"横向的协作关系的存在"（川岛，1950，12~13页）。大竹秀男继承了这一看法，他一方面强调农民家庭中家长权的脆弱，一方面对农民家庭做出这样的结论："不是绝对的权威和顺从，而是更为协作的气氛支配着他们"，因此，"伴随着包括主人在内的全家庭的连带意识的伙伴式关系使父系家长制变得薄弱了"（大竹，1982，330~333页）。而且农民阶层或庶民阶层的这种存在方式被一些学者定位为和本来的家的特质相对立的存在，甚至有这样的倾向，即将此作为说明在庶民阶层中被称作家的事物尚未发达的根据；但也像川岛指出的那样，庶民家庭也是以家的权威为前提的，因此，必须按家的逻辑去理解"横向的协作关系"或"伙伴式关系"的发生[14]。

**株论的意义** 此外，从经营体原理理解家-同族也有商讨的余地。从柳田到有贺的家-同族论的形成过程来说,必须将主从关系和经营体看作表里一体的关系。如果仅用过去的主从关系论不能说明家-同族的话,那么,最终构成表里一体的经营体原理也不能成立。并且,不能充分认识家-同族作为经营体的倾向已经散见于站在经营体论立场上的论者的议论之中。比如,三户在论及家的经营原则时,曾问道:"家的经营目的是什么?"他的结论是追求"家的存续、繁荣"(三户,1994,36页)。即在家里经营是重要的,但其经营是为了什么,则是家的存续、繁荣。也就是说,经营对于家所具有的意义固然是重大的,但归根结底不过是为"家的存续、繁荣"的手段,这意味着不是经营即家。至少在逻辑上不得不这样理解。以经营这样的原理是说明不了家本身的,而成为这一经营体论前提的必须存续、繁荣的家才是问题所在。应当认为在这种意义上的家以超越主从关系的原理将成员结合进家内,形成集团性整合的基础。

这时变得重要起来的概念是长谷川所说的株。日本社会中的株意味着在一个集团(或社会单位)里人(或户)的地位。即集团一般是由各个成员构成的,而在日本社会,其成员资格往往是被限制或被规定的,对外往往是以封闭的原理构成的。这样的成员地位成为株,而且其成员根据所保有的株被要求承担各种权利及义务。在日本的村落中,家是村落的构成单位,这一点连教科书也提到过,而这种家成为构成村落的单位最终意味着家是株,而株构成村落。并且,在近世社会,村落在统治结构中被定位为公的,村落的构成单位家也直接与百姓身份的地位相关联。在近世的武士社会中,似乎很难从这一视点来理解家,可以认为正是在大名家之下形成的家相当于在作为村落单位家的前提中的村落。家对大名来说是家,而对作为家臣的武家(即武士附层。——译者)来说,则和村落相似。而且如前所述,武家和大名家因主从制而直接联系起来,所以,将大名家和村落等而视之是有矛盾的,但在武士由于是这家中的一员而取得本来的武士身份,即武家地位这点上,大名家和村落具有相同的性质。笠谷也指出,在近世的武士社会中,武士"都要成为大名家的家臣,作为该大名家的'臣下'而被包容,这才会得到作为武士身份者的社会的认同",因此,"没有主人的武士以至因各种情况而脱离大名家的武士被作为'牢人'来对待,意味着其武士身份处于不充分乃至终止的状态"。于是,"对于武士来说,首先要求他成为某个大名的家臣"(笠谷,1988,178~179页)。即大名家由武家构成,而武家保持着家中的正式成员的权力、义务(对主家的服务等),而且能取得武士身份的地位。此外,武家地位作为株而实际存在就表示有武士株(或侍株),并且,如果通过买卖等可以得到的话(还有采用武家养子的形式),那么百姓、町人也能成为武家[15]。

这种株的视点并不能说在以前的日本社会论中完全没有。特别是提倡纵式社会论的代表人物中根千枝在从其1980年代后半期开始的日本社会分析中很重视株的概念。如前文所述,在中根的理论中心里有"场"的逻辑,而在注意这种集团所具有的排他性时,她认为其源流"需要上溯到日本传统的村落特质形成的江户时代",并得出"关于当时的村落集团的组织,全国都普遍存在的一个特点是百姓株很发达"的结论。就是说,根据这一株组成的集团所具有的排他性原理是今天集团排他性的源泉。因为株按每一村落决定数量,"只有有株的家才是村落的正式成员"。换言之,这意味着家是承担株的单位。而且,中根认为株是附属于家的,而不是附属于个人,所以其继承者不必是儿子等亲属,家的继承就是以这种株的继承为基础而建立的系统(中根,1989,393~394页)。

## 结　　论

如上所述,近世的家-同族的特质不应该从主从关系和经营体中去寻找,而必须在横向的关系(或许应叫作对等的共同关系)和株中去寻求。而这横的关系和株的结合有其本身的理由。即株的家-同族是关乎人们的社会生活或社会性归属的根本单位。特别是在传统的社会,人为了在社会中生存,其自身所归属的社会地位具有重要的意义,而在日本的传统社会中,株首先规定了人的社会性归属。而通过对株的归属,人们在获得社会生活上的各种权利的同时,也成为应当完成的义务的承担者。其结果是人们最重视维持作为株的家-同族本身,在此点上将团结一致作为最高的价值。家-同族内部即使有家长或本家,但并非为此而形成牢固的结合,而是为家或同族本身而团结、联系。因为家或同族首先是全体成员的。

基于这种家-同族原理组成各种社会层次或社会整体,会出现和以前怎样不同的社会结构而成为"日本式"社会的"原型"呢?这确实是个发人深省的问题。它和立足于主从关系或经营体以前的家(或同族)的社会结构性质自然会不同。但详细论述这一点,现在对笔者来说还是个棘手的课题。

此外，本章将家和同族并列论述，但必须认识到它们各有其固有的特质。比如在集团结合的牢固性这一点上，我们看到的形态也各自相异。家当然比同族作为集团的一体性更强，在此意义上，在成员间的横向关系中的共同关系（或共同性）方面也更强。与此相对，同族作为自立性较强的家的关系的扩展，就带有自立性单位相互间的横向关系的性质。而且，在株的方面，因为同族具有株的分有体（共有体）的性质（长谷川等，1991，139~140页），所以和家相比，同族的功能性就减弱了。但即使如此，二者共同的逻辑在结构、功能上当然是相通的。

## 注

[1] 长冈新吉认为，虽然也属于劳农派但对农业问题造诣很深的猪俣津南雄对共同体论是很关心的，他对于日本农业的停滞性的特质进行过村落共同体论的研究。在这一意义上猪俣开拓了注意家、同族、村落的道路，但猪俣根据村落共同体论想论述的与其说是日本的特质，不如说是所谓的亚洲的停滞性问题（长冈，1984，256~259页）。

[2] 有的研究者认为"家"和"家庭"本来就是不同的存在（长谷川等，参见1991），但根据研究者不同，对二者的处理是各种各样的。在本书中用"家庭"的术语发展论述，但在论述"家"的方面的内容时也使用。

[3] 这一时期的日本社会论中"家庭国家观"或"家国家观"是其背景。玉城与川岛也受到这一影响。这个国家观在政治学或政治思想史的领域中一直被特别论述，而其作为日本社会论也占有重要的地位。但是在本书中是以社会学的事物为中心的，对其不打算发展论述，详细研究请参照石田雄或松本三之介的论稿（石田，1954；松本，1974）

[4] 在此之外，"日本的"社会论的视点在二战后不久就有了，比如本尼迪克特的《菊与刀》，在文化人类学的"文化类型"的基础上发展比较文化论，

特别论述了与欧美文化相比较的日本文化的特质(本尼迪克特,1948)。在这个意义上,这一研究方式在"半封建的"社会论盛行时代也存在着,但1970年代以后的日本社会论的特色是将日本现代化-产业化的完成作为其前提的。

[5] 中根从相同的视点撰写了《纵式社会的力学》一书(中根,1978)。此外,近年来像后述的那样更发展为日本社会论,而在这些近年来的日本社会论中,家-同族所占据的地位更重要了(中根,1987及1989)。

[6] 关于本书出版的来龙去脉,《比较文明论》的译者在解说中已经作了详尽说明(休,1971,366页以下)。根据解说,本书的基础是1963年以英语出版的《宗族、卡斯特和俱乐部》。这本书的内容停留在中国、印度及美国的社会比较上(Hsu,1963),而在翻译成日语时,添加了日本社会分析,由此获得了一个日本社会论的地位。此外,进一步扩充了日本分析的内容,休用英语出版了《宗家》(Hsu,1975),在日本是由于《比较文明社会论》而知道休的见解的。

[7] 三户的日本式经营或日本社会论是在本书也采纳的休的"宗家"论或村上等人的"家社会"的研究基础上提出的。在这一意义上这可能是今天日本社会论中最新的并且是综合性的研究。

[8] 此外,在这些研究中作为问题的封建社会,从今天来看大部分确实是以欧美的封建社会为模式的。

[9] 有贺绝没有否定历史性研究本身,应该说他主张历史性研究的必要性,他将其目标放在,比如作为佃农习惯的"以弄清从一个形态向另一个形态在发展的契机上发生的社会条件而了解各形态的社会的历史的关联"上(有贺,1943a,《著作集I》20~21页)。但是通过寻求各形态的"社会的历史关联"的研究,有贺最终指向的是"理解民族的性格"(同上,30页),结果就变为强调贯穿于各形态的"民族的性格"。同时各形态的历史性格就模糊了。

[10] 水林认为近世史的"400年一以贯之的是民众世界中家和村子这种基层社会结构的存在"(水林,1987,4页),所以在论述近世社会时,村落(村子)的方面也是很重要的,但水林的分析主要是以家(宗家)的逻辑为中心发展的。

[11] 三户将这种结构的发展借用"作为文明的家社会"中的概念而予以"模仿扩大"(三户,1991,〈2〉38页),但他对"作为文明的家社会"本身的批判却是相当严厉的,这并不是同一的方法论。

[12] 在这点上正如长谷川业已指出的那样(长谷川等,1991,16页;长谷川,1996,47~48页)。

[13] 笠谷也论述了主君"强制"的研究是再次探讨、重新看待"通常被认为是纵向的秩序,或者对主君、地位高的人的服从的体制"(笠谷,1988,273~275页)。此外,在最近的论文中,笠谷强调将休的"宗家"论作为日本社会论的一个模式来理解,主张近世武家社会的结构没有采用"宗家"的结构(笠谷,1993,278~280页),即论述了以前的纵式社会论的视点不能完全理解的日本社会,特别是近世日本社会的侧面。这种家-同族的特质有着和以往被认为是近世的村落(村子)的特质的很多共同点。因为在近世的村子中,领主支配的单位是村和在这个村的构成单位之间形成纵式社会的特质(即村的维持或秩序是最高的价值,村子里是靠这来统制的),同时内部的构成单位相互在原则上是对等的关系。

而这种看法也是将家-同族的原理和村的原理理解为对立倾向的反命题。以往认为家-同族是主从关系中心,村具有基于横向结合的集团主义的特质,所以强调家-同族原理相反地会减弱村的原理,这样的案例不少。比如在《作为文明的家社会》中,作者注意到战国时期(日本历史上的一个时期,起止年代约为1483—1573。——译者)出现的以"总村"或"土一揆"(相当于农民起义。——译者)为起源的"村子"型集团形成原理的存在,但因为将其规定为是站在和"村子"迥然不同的原理上的,所以将"村子"只是消极地定位于"家社会"中(村上等,1979,357页等)。

[14] 有将这种"横向的协作关系"或"伙伴关系"理解为"家成员间的亲和"的见解。清水昭俊认为:作为家的意识形态有着"一家和合/归一"的原则和对亲(家长)的"孝/恭顺"的原则,以此在家的内部构成"既有亲和又是权威主义的支配体制",此外,还期以"靠这相同原则的扩张实现与天皇制"的"连接"。这"亲和"或"一家和合/归一"的原则在本章

中可以说是作为问题的家的基层结合带来的一个侧面。

[15]　买了武士株(侍株)而成为武士的案例很多。众所周知,胜海舟(1823—1899,政治家,原为幕府的官员,后历任明治政府的海军卿、枢密顾问官等职。——译者)的家也是其中之一。此外,根据司马辽太郎和德纳尔多·金的谈话录,松尾芭蕉(1644—1694,江户时代的著名俳句、散文作家。——译者)和樋口一叶(1872—1896,明治时期著名小说家。——译者)家也是这样获得武士身份的。此外,在近世,富裕的百姓或町人经常会像这样让子弟中的一人当上武家(司马和金,1992)。

# 第二部　家

# 第三章 村落社会和家
## ——以上瓦林村和行延村为例

### 序

如第一部所论，家，特别是近世的家的功能性特质具有株（权利、义务的单位）的性质。这种作为株的家到底为何物？从村落社会特别是近世的村落社会来对此进行具体论述是本章的目的。

为此，本章中首先根据再次探讨已论及的社会学的家理论和家/株论的关系，探求社会学的家理论中的株论的契机，说明家/株论在家理论方面绝不是特异的事物。其次，在此基础上，在村落社会方面一般性地论述作为株的家为何物。当然主要论述的是近世时期的问题，但为理解近世期的存在方式，前一阶段的中世也很重要，所以对中世进行纵观地考察。此外，也要论及家和统治制度或门第制度的关联。最后，在以上论述的几点的基础上，以上瓦林村和行延村为例，考察家的具体存在方式。

## 第三章　村落社会和家——以上瓦林村和行延村为例

### 一　家理论和株

**株论和分居论**　社会学的家理论以有贺喜左卫门、喜多野清一为代表,但通观整个研究史,有贺、喜多野的家理论并非全部。在"序论"和第一章中我已言及喜多野理论的重要来源之一是户田贞三的见解(户田,1937、1944),他的理论就是在今天的家庭社会学中也得到了很大的支持[1]。但是,从株的视点考察家理论时,更应注意铃木荣太郎。

铃木能在社会学史上留下巨大的影响,毋庸置疑是由于他的村落理论。铃木发展了日本的"自然村"论。他首先从"次级社会地域"中的集团积累的观点来理解"自然村",但"自然村"具有的"自然村"的意义是不能以此来说明的,他便重视将自然村作为"精神"来理解。即认为作为"精神"的"自然村"具有不能还原于集团积累这一事实的固有实在性(铃木,1940,《著作集Ⅰ》118~119页)。铃木的"自然村"论在理解日本村落时是有效的,迄今已成为社会学的共同财产;而他在确立这一理论的《日本农村社会学原理》(1940)一书中也同时发展了家理论。因为如果从铃木的村落认识出发,家在村落社会中占据着不次于村的重要地位。因为"在我国的农村领域中社会化的单位主要是家",所以,可以断言,"我国的农村社会研究应该主要是家和村的研究"(同上,《著作集Ⅰ》53页)。

《日本农村社会学原理》中对家的论述主要在其第四章"关于农村中家庭及家庭本位制",而其论述中更强调的是家是"社会形象"。所谓"社会形象"大体是和作为理解自然村的基本概念的精神为同一水平的概念,因而,最终将村落和家在理论上给予相同的定位。如同村落不是集团或集团的积累一样,家也不能还原为集团的存在。而从这一立场出发,铃木也重视家和家庭在原理上的不同,"如果从着眼于家庭团体的集团性的角度来思考,家庭一词是个恰当的词汇",但"我认为,在我国作为社会形象的家的本质要在其集团性之外来加以认识,如果按照这种想法,家和家庭就必须分开考虑"(同上,《著作集 I》165 页)。

把家当作"社会形象"和把"自然村"理解为"精神"一样,是相当抽象的,并且是相当观念上的理解,如果换为今天的社会学,这相当于家观念或家规范(永久存在的希望等)。但是,铃木没有把家的理解限定在观念的水平上,而是在村落社会的逻辑中寻求作为"社会形象"的家形成的客观条件,从这个视点发展家理论。铃木认为"作为一个整体的家庭协同体和外部的关系有更多的问题",故"特定的家庭是否被社会认可为家庭是重大的现实问题"(同上,《著作集 I》116 页),这样的对家庭给予承认的外部社会是村落社会,即"自然村"。

"自然村"通过"精神"形成社会的统一,而这反而意味着村落是由这一"精神"支撑的一个集团。当然这是包容村落内部种种下位集团的集团。这和铃木明确阐述的恐怕有些偏差,但我们可以这样认为。因此,家就成为被这种"自然村"承认为其成员的事物。在关于"自然村"的地位问题上,铃木本人采用了在《山村生活的研究》(1938)中的宫本棠吉的报告(宫本,1938),从入村、入氏子、入株三个方面进行了研讨,认为本来近邻集团、氏子集团、共有财产集团等所属的村落中的基本下位集团分别具有各自的权限(铃木，1940，《著作集 II》462 页)。而基于这种见解，铃木认为"家是株，株是权利"，此外，"家的继承的社会性意义是对外的株的继承，……是在这个意义上的株的社会性位置"(同上，《著作集 I》168～169 页)。当然这里的株不是宫本报告中的"入株"所意味的狭义的株，即作为特权的株，而是在这前提下作为保持正式的全体成员权利的株。

铃木的《日本农村社会学原理》刊行于昭和十五年(1940)，这也是给二战前的家-同族论以很大贡献的"同族组织和婚姻及送葬的仪式"(及川)发表的一年。

及川也和铃木一样，是从必须得到外部社会的承认家才能作为家而成立的认识开始的。但是，其承认的主体不是单一的，在这个意义上被理解的家是多元的存在。首先，有"封建制"方面承认而产生的家的问题。即家成为幕藩体制支配的单位，提供年贡或夫役(农民服的劳役。——译者)。及川把这作为"公法性"的家，认为为获得这个地位必须要有"高请(年贡负担。——译者)或持有宅基地"。其次是同族承认而产生的家的问题。得到这一承认的家是形成本家、分家关系的单位，同时也意味着是一个生活单位。及川认为，这个家是"事实上的家"，和"公法性"的家不同，"分居"成为家成立的条件。当然不是单纯意义上的"分居"，必须是预定"其本身的超时代的存续"，"祭祀自己的祖先，设定自己的继承人"的分居(及川，同上，《同族组织和村落生活》78 页)。

但在及川的家理论里，对第一种意义上的家，即"公法性的家"没有积极地进行探讨，他最终认为由同族承认而产生的家是相对于村落的家。因为他在论述了"村落给'家'的承认,在多数场合易与封建制自身的承认混为一体"后,认为"事实上的分家并没有仅仅停留在自己的同族组织内被承认的'家'上。也可以由其他的整个同族组织或构成它的各个家互相承认为家"(同上,78～79页)。即及川只把村落理解为复数的同族联合,且他没有像铃木那样具有明确的村落理论,所以对"公法性"的家没有进行充分的斟酌。社会学的村落理论在铃木的《日本农村社会学原理》中才得以体系化,因此及川的认识不成熟也在情理之中。

**有贺的家理论的变化** 有贺在及川的论文出现之前就在进行着家-同族的研究,甚至有其独特的家理论,但一接触及川的见解,他的家理论性质就发生了很大改变。

初期的有贺在对家的认识上是和铃木共通的。有贺在作为《日本家庭制度和佃农制度》(1934)的最初文稿的"名子的夫役"(1933年4月)发表前,在《路原》杂志上刊登了"村的家"(1932)一文。这是一篇经过整理的广播稿文章,因而其构想也许要追溯到稍前的时期,但不管怎么说,这展现了在"名子的夫役"时代背景中的有贺的家理论。在这"村的家"中强调的是和在近代民法中的家不同水平上的、按村落习惯的家的存在,即"习惯上考虑的家和民法上考虑的家多少有些距离"。在此论点之上,将村落水平的家和在村落中"有公民资格"或"作为村里人真正地受到成人对待"相关联地进行论述(有贺,1935年左右,《著作集Ⅸ》78～79页)。这和铃木把家理解为株或村落的权利主体是一致的。

而且,有贺也重视村落中的家作为家能够存在的条件,即拥有"宅基地",而这是基于他和及川有些不同的关于封建制支配的理解之上的。有贺认为,领主对农民进行的赋课有以田地为主的年贡和"称之为栋役的对家的赋役",后者由有"宅基地"的人负担。而负担后者的是接受了"在村里也有公民资格"的"立户"的待遇,并被赋予各种权利、义务的人(同上,80页)。当然在近代这种封建时代的支配本身消失了,但在此意义上的家作为村落社会的传统习惯在此后仍被维持、继承。

但是,这一家理论在《日本家庭制度和佃农制度》发表以后发生了很大的变化,一般称之为有贺的家理论的也是指《日本家庭制度和佃农制度》之后的理论。他初期的名子分析和上述的家理论密切相联而被视为大家庭制度论的理论,到《日本家庭制度和佃农制度》的阶段,在住居不同但持有住居,特别是持有"宅基地"方面,他将未分化的"分居大家庭制"内部的分居单位也视为家,站在了"分居大家庭制"是这种以家为单位的同族的理论立场上来了(有贺,1943a,《著作集Ⅰ》117~118页)。产生这一转变的原因是有贺接受了及川的见解(以"分居"为契机的"事实上的家"或同族或以此为媒介被村落承认的家)。但和及川同样,有贺也不认为分居单位的形成就是家的形成。比如他设定了从大家庭到分居大家庭及同族这样的发展阶段,承认存在着虽然分居但尚未进展到同族的大家庭(复合家庭),尽管这是过渡性的(同上,103~107页)。但有贺自身对于从分居大家庭演化到同族的客观条件并未表达明确的见解,所以大家庭的性质仍模糊不清。

有贺的家理论有了这样的转变,当然其后不会作为分居论得以发展。有贺的家理论在延续这一转变的二战后发表的文章中是很明确的。如第一章所述,在"日本的家"(1952)中作为"家生活"

论,在采取和喜多野争论的形式发表的"家庭和家"(1960)、"家庭理论对家的适用"(1968)中作为"家业经营"论,而发展。即认为家是一个相对自立的生活集团,"家生活"、"家业经营"被定位于可称之为家的组织化原理的地位上。不单是亲属,甚至非亲属也可成为家的成员,这也是按照这一原理来考虑的。但是在村落和家的关系这一点上,这种家理论最终意味着和分居论相同,因为作为家的原理的"家生活"或"家业经营"是以和村落的结构毫无关联的形式加以论述的。有贺的家理论的出发点,即对作为村落"公民"的家的理解,也就是村落和家是统一的这一理解没有得到新的发展。

有贺确实有着从家联合论来界定村落的想法,所以,有贺可能更加无视村落和家的关联。这个家联合论在"同族和亲属"(1947)中以作为同族的家联合和作为村组的家联合的相互转换问题为开端,在《村落生活》(1948)、"城市社会学问题"(1948)、"村落协同体和家"(1951)中得以发展,所以可以说具有《日本家庭制度和佃农制度》以后的村落理论的性质。

有贺认为,日本的村落社会是通过家进行种种联合而形成的。村组是地缘性家联合的总称。其中有葬仪组、讲、游一(插秧或筑路时农民的互助组织。——译者)、修缮房屋伙伴、无尽成员(一种民间的经济互助组织。——译者)、水利组合等,另一方面,同族也包含亲分、子分等家联合(有贺,1947,《著作集 X》46 页;同,1956,《著作集 X》122 页)。而家是同时参加这种多样化的家联合,而有贺认为,这种家联合本身绝不是村落。各个家联合没有将村落所有的家编成一个集团。此外,即使有包容村落里所有家的家联合,其功能也是有限的。而由于村落内各种"家联合以形形色色的形态互相影响而形成村落的社会机构",即由于家联合之间相互的有机关联,才成为村落这一社会单位(有贺,1956,《著作集X》142页)。

像有贺自己指出的那样(同上,《著作集X》122页),对家联合和村落关系的这种研究和铃木的方法有共通之处;后者将村落首先作为集团的累积来理解,在此之上将其作为"精神"("社会形象")来规定,不管是有意识或无意识的,有贺是受到了铃木的这一影响。但在其村落理论本身里完全欠缺了铃木在"自然村"中同时发展的家/株论,或有贺初期所持有的家/村落的"公民"的视点。因为"各个家单独地不能起到其作用,为保护自己必须结成各种家联合"(同上,《著作集X》141页),不过他是以家的情况为中心来理解家联合或村落。这是和主张村落规定家的性质的铃木或初期的有贺的研究截然相反的立论。家联合或村落不过是立足于"家业经营"的家的补充而已。

**株论的衰退和再生** 和有贺一道代表社会学的家理论的喜多野更进一步推进了有贺所表露的倾向。

喜多野的家理论的大要已在二战后不久发表的"同族组织和封建遗制"中显露出来,其后也无太大的变化,而在以批判有贺的家理论为焦点的论文"日本的家和家庭"(1965)中得以详细地发展。其第一章也曾说过,他的家理论是依据 M.韦伯的父系家长制论的"父系家长制家庭"论。有贺将"家生活"或"家业经营"原理作为基本来理解家,也是因为他重视阐明日本的家的民族性质,而且如第五章所述,从这一观点出发,有贺对普遍文化的父系家长制概念是否适用于日本的家是持否定态度的;而喜多野反而从普遍文化的立场来把握家,认为"日本的家也属于父系家长制家庭的传统"(喜多野,1965,《家和同族的基础理论》133页)。家是日本家庭的一个历史性形态,具有按韦伯的父系家长制的家共同体发展的家庭类型的性质。因此,喜多野所提出的作为家的组织原理的"抚养"是和韦伯的"家庭共产主义"处于同等水平的概念,意味着非功利的共同性,其结果是支持作为初级群体的家的特质(同上,《家和同族的基础理论》143~148页)。

喜多野的这一家理论作为户田、及川的理论的发展是有意义的。户田也有"家长的家庭"的认识,但他是把"家长的家庭"作为纯粹由亲属组成的集团来论述的(户田,1938,"复刻版"243~245页),虽然及川也认为由分居而产生的家也包含着非亲属,但其本来的成员是亲属,非亲属不过是"准成员"(及川,1940,《同族组织和村落生活》81页),二者都有很强的用亲属论来分割家的倾向。而喜多野,不论其理论正确与否,虽然重视家中的亲属问题,但试图引进韦伯的理论而超越亲属论的研究界限[2]。但是,将村落收进视野的家理论的立场到喜多野这里发生了决定性的后退。当然,韦伯的父系家长制论和村落理论的结合总体上说是很薄弱的,所以要说是因为这个原因也未尝不可,但我认为还有其他原因。

比如,喜多野很早就注意到铃木的《日本农村社会学原理》中关于家和村落的理论,而且一生都对其予以很高的评价。在他的"关于村落共同体的备忘录"中,他采用了中村吉治的烟山研究和铃木的研究,后来当《日本农村社会学原理》作为铃木的著作集再版时,他在卷末撰写了解说文章"铃木农村社会学中的村和家"(1968),而且将其中的家、家庭理论单独抽出,撰写了"铃木荣太郎博士的家庭论"(1971)。但是这些论文都是以对铃木将村落或家作为"精神"或"社会形象"理论化的方面为中心的评价,几乎没有注意到铃木的家/株论,不如说是他舍弃了铃木的这一理论。他在"关于村落共同体的备忘录"中,轻描淡写地触及了入村、入氏子、入株的问题,虽然是以一般的形式但也强调了作为共同体村落的单位是家,而在"铃木农村社会学中的村和家"里,为了将村落、家收敛为"精神"或"社会形象"的问题,喜多野完全没有论及二者的联系。而且在"铃木荣太郎博士的家庭论"中,喜多野主要将铃木对家和家庭所作的区别作为喜多野自己的"家和家庭的二重结构"论的先驱而予以评价,还是仅仅强调家的"社会形象"的一面。

这一事实表明喜多野本来就缺乏将村落和家统一把握的视点。喜多野虽然对村落的家或同族表现出深切的关注,但对村落本身却未表现出关注或洞察。事实上喜多野在有关村落理论的论文中值得注意的只有上述的"关于村落共同体的备忘录",住谷一彦认为,这个论文也只达到"纹理尚粗的素描"的程度(住谷,1963,363页)。此外,在他的将早稻田大学退休讲演汇编成的"日本的家和村"(1971)中,论述了他在研究的初始阶段即关注村落,但其关注的中心不是村落的结构,而是其内部的"上下支配关系",特别是子方依附和农民间的依附关系的问题(喜多野,1971b,9页)。

有贺、喜多野之后的家理论像"序论"中曾论及的那样,大体可分为继承有贺理论的和继承喜多野理论的两个派别。但不管哪一方都基本上没有回顾家/株论。比如,中野卓把以商家为中心的家-同族作为问题,发展了"家业经营"论,但却基本上没有统一地把握村落和家(中野,1964)。当然这不仅是中野一个人的倾向,正是因为要发展喜多野的家理论的蒲生正男、光吉利之、正冈宽司等热心于运用人类学的亲属理论，而丢掉了家和村落的关系。

在这种境况中，长谷川善计的家/株论出场了，但其理论立场也并非完全孤立。在社会人类学中继承了有贺理论立场的中根千枝表现出接近长谷川的认识。中根于1970年左右就认为家不光是同族的单位，也是村落的"基本的社会-经济的单位"（中根，1967，10页；同，1970，451页），所以，她已经与多数学者不同，注意到村落和家的关系。但她所说的家是由"居住、经济的要素决定其框架"，这个定义还是抽象且暧昧的（中根，1970，431页），可是到1980年代，她注意到村落，特别是近世村落中百姓株的存在，确立了这关系到村落的成员权，而且这种株还是家的附属物的认识。即不只是提出"居住、经济的要素"这样的抽象且暧昧的定义，而是明确地展示了以株来理解家的方向（中根，1987，89页）。正在彻底消失的家/株论就这样从1980年代以后因长谷川或中根而被人们重新审视。

## 二　家的逻辑

**基本特质**　那么，作为株（权利、义务的单位）的家到底为何物？在这一意义上的家基本上和二战前社会学中出现的"公法的家"，或作为"公民"的家的规定是相联系的，而关于其内容本书将以作为论述对象的近世的村落社会为焦点发展论述。

日本的村落仅从家或家联合的方面来论述是绝不能得到完整的说明的，村落有着不能还原于其内部的每个家或家联合的特质。

## 第三章 村落社会和家——以上瓦林村和行延村为例

村落是一个具有整体性的集团,如二战后的村落研究所指明的那样,是以作为共同体的性质为核心建立的。关于这个共同体的理论,农学、经济学、法学、社会学等诸学科之间,或相同的学科内部也有分歧(岛崎,1957)。日本的村落在共有地、用水(水源)的持有、管理、利用等方面起着重要的作用,并在此基础上实行村落内部的社会统制。也许不像欧洲的村落那样,日本的村落在很多场合将山林、原野、耕地作为共有地。这在村落生活中是人们不可或缺的,为此,村落为维持其使用的秩序而加以种种统制和限制。而且在一般都经营水田的日本村落,用水作为生产手段比山林等共有地更具重要的意义,许多论者甚至想用用水来阐明日本村落的共同体性质(余田,1961;住谷,1963)。像村落社会中自古就频频发生争水现象所显示的那样,因为水不能够被大量使用,所以村落还是用水管理的主体,统制着内部的个体性经营。

当然,虽然共有地或用水是村落进行集团性统制的基本侧面,但绝非其全部。以这些为重要的基础,村落作为包括政治、宗教等社会的总体集团而得以建立。即使在今天村落内也有带着区、村寄合(村子里的农民自治的集会。——译者)、自治会等名称的村落运营组织,或者还有其最基层组织的近邻组织,以及村神的祭祀组织等。像中村吉治等在烟山研究中所阐明的那样,现实的村落未必自我完结地在其内部包容所有这一切,不少是和近邻的村落共同合作才能发挥其功能(中村编,1956)。但是村落在理念上是作为包括村人的生活领域的整体而存在的,通过对其内部的各种生活领域行使社会性统制,来保持村落的生产力或维持村落的社会秩序,保障村民的经济生活的稳定,对维持生活作出贡献。

家是村落中具有正式成员资格的主体，或者是单位。村落不单是作为地域的领域，而且是作为社会性的集团而存在，并且如果村落对其成员的生活起着整体性作用的话，村落的成员资格就是个绝不能含糊不清的问题。铃木所论述的入村、入氏子、入株等习惯也是因为这种村落的逻辑而产生的。使用共有地、使用水，或者农业作业上的合作、婚冠葬祭的交往、参加村落祭祀等，这些在村落中为了生活而必须有的各种权利不是出于居住在村落中的事实本身，而是由于被承认为作为社会集团的村落成员才产生的。为此，不光是在移居村落内的场合，而且甚至在从村内的家分家而建立新家时，这都成为被承认为村落成员的必要手续。象征着日本村落的集团性特质的"村八分"（村民对违反村规的人采取的断绝往来的惩罚方式。——译者）等习惯也是关乎其成员资格问题的。

并且，村落的生产、生活的基础并非是无限的，它在自然的威胁下是不稳定的，所以为了成为维持居民生活、稳定村落生活之场，扩大成员未必是易事。为此，许多村落进行成员资格即家的限制、固定化也并非罕事。比如，福田阿焦（音译。——译者）认为，在千叶县安房郡的山名地区，直到近代在原则上都完全不承认分家或转入的家的创立，只有在重新接续村内户绝时，并且以村落集会的承认为前提，才是唯一可能的（福田，1984，52～53页）。在这种情况下，家关系到村落成员权这一问题就更清楚了[3]。在村落形成史上可以用家逐渐聚集形成所谓村落的集团来说明，但一旦建立的村落从作为固有集团的逻辑出发，反而会依据限制或统制其内部来加以约束，其结果在村落里才形成固有的家的性质。

而且家作为担负村落成员资格的主体并不意味着家在村落生

活上仅仅是保持各种必要的权利。家在享有这种种权利的同时，也被课以种种义务，村落即使在共有地或水利方面有所限制，也是为其能持续使用而必须保证的。山林的割荒草、树木的打枝、去除水渠的杂草或障碍物等等，必须分派或管理的事是很多的，而为了保全它们的必要劳动自然就由因使用它们而受惠的村落成员（家）来负担。村落作为一个共同社会要发挥功能就会产生种种义务。道路和桥的保全、对作为村落集团性象征的村神（氏神）的管理也很重要。村落成员的家就这样必须在村落生活必需的权利、义务两方面承担其责任。于是，家就可以定义为村落里权利、义务的单位。特别是在近世社会，村落不单是"自然村"，而且也是在村请制（江户时代，通过村里的役人以全村负连带责任来缴纳年贡，负担各种赋役的制度。——译者）下统治制度的最基层单位，所以在家应具有的权利、义务中，同时也包含着对领主意义上的权利、义务的侧面。

而这样的成员地位不少被给予了株的名称。在村落内部，成为成员资格内容的权利、义务的总体被作为一个株或作为株来对待。铃木居然用家用株这一术语来表现，大概也是因为有这样的背景，而在近世社会株（或叫百姓株）的名称中这一点尤其明显。在日本史学领域已经有关于近世百姓株的先驱性研究，如内藤二郎的《本百姓体制的研究》(1968)等。而根据京都大学人文研究所进行的备前国津高郡加茂乡的研究，破产百姓的产生与其说是家本身的消灭，不如说是意味着以前成为家的集团不能维持、继承家，家本身作为株以后也存在。而且要有新的分家的话，就要买取株使之能分家（清水、前田编，1963，52~53页）。柴田说，在此地的分家中，有把破产百姓持有的宅基地、田地作为一体来继承的"株继别家"和仅限于百姓株的"一打株别家"两种形态，本来只允许前者存在，但后者的形态后来逐渐增加[4]。而且在虽然不一定有株这一术语存在的村落里，也在户绝再兴的习惯中存在着家的株化的实际状况。在前面举的千叶县安房郡山名地区的例子中，像户绝的家的所有社会关系都被继承一样（福田，1984，53页），户绝再兴不止于继承家名，而且也继承其家整体的社会地位。铃木认为一个家庭承担两个家的情况也是可能的（铃木，1940，《著作集 I》167页），这也正是因为家的株化才使其成为可能。把家作为集团来理解对社会学是必要的，把作为权利、义务的单位/株的家的存在方式按村落社会的实际状态加以深究，就到达了这种超集团性的结构，这也构成日本家特质的一部分。

**统治制度和家** 家就这样从和村落的关系中作为株（权利、义务的单位）而成立，同时家为了作为家也确实有统治方面的影响。即在以和村落社会的关系决定家的情况下，就有下面的问题，即将村落内部中的何种社会单位作为家呢？在这一点上强烈地反映出统治的逻辑。如果从以前的历史学研究出发，那么这个问题必须上溯到中世。

中世的领主统治大体上可分为"对土地的统治"和"对人的统治"（永岛，1954；河音，1971，125~145页），而在关于家的问题上，后者特别重要。"对人的统治"是从宅基地所有这一点上来掌握居住在统治地区内的居民，每一宅基地单位被课以劳役或军役（当然也有布或粮食产品等实物交纳）。而这种统治单位是"在家"，对在家课赋的负担叫"在家役"（饭沼，1981）。中世的"名主"是耕地被课赋贡租（地租子等）的征收单位的名（农民在自己耕作的土地上冠以名字等，以示私有权，这种田被称作名田，名即名田之义。——译者）的代表，所以和人的统治没有直接关系，但出现在史料中的名主不问是否有在家役的名称，也承担其宅基地的赋役，所以可以认为是受着和在家农民一样的统治[5]。在家和名主绝不是互相对立的，而是根据情况构成一个实际状况的两个侧面。

在中世领主的人的统治单位的在家或名主成为村落成员。比如，黑田俊雄和石田善人把"座"（日本中世纪时，享有专卖权的工商业行会。——译者）或"结众"（一种农村的生产互助组织，以交换劳动力为主。——译者）作为集团结合的核心来把握中世村落，而把村落的基本构成主体设想为名主（黑田，1961，80页；石田，1963，42页）。此外，据中村的研究，在近江国今堀村人资格的标准也是在宅基地所有这一点上，以此可知中世后期的总村也存在着这一原理（中村，1984，160页）。当然在中世尚未像近世那样确立起以村落为单位的地域性统治，特别是前期村落中的社会性结合的地域范围和今天的村落不同，而且以在地领主或庄官为中心组成的村落大半是政治性质很强的，和近世以后村落的状况相异（黑田，1961，35页；大山，1978，56~63页），这绝非否定村落存在的特质，而归根到底应该认为这是中世村落的特质[6]。这种以宅基地为单位进行的对人的统治，其单位同时成为村落的构成单位不单是领主恣意所为，而是有其本身理由的。即因为中世农民新的自立生活单位正是以宅基地所有为核心发展起来的。户田芳美认为，在从古代国家公有制中发展为私的土地所有以及中世基本的农民阶层成长的过程中，从律令制时期就承认的"宅"，即宅基地私有的逻辑起了很大作用(户田,1963,221~224页)。农民作为具有强有力的私有权的"宅"的一部分来扩大私有土地,以"宅"为基点构筑生活基础。即正是因为中世的基干农民是以"宅"为基点的阶层,所以领主对人的统治也采用了在家统治的形态。

近世初期,这种中世的统治形态在相当大的程度上被继承下来。近世初期,像在历史学中作为役屋(服劳役的农民的总称。——译者)体制论而发展的那样(后藤,1982,124~138页),中世的农民统治的原理即使经历了近世村落领域的变化也仍被维持着。近世初期检地时,登记宅基地的是役人(屋)/初期本百姓,像对中世的在家(名主)一样,领主方面要求宅基地登记人承担赋役。领主以此对农民行使人的统治。当时的"人别改账"(人的登记簿。——译者)、"家数改账"(户的登记簿。——译者)等以役人(屋)为标准进行记载也是为此。而且在近世初期,宅基地登记人不光是负担役的单位,而且也是实际的负担年贡的单位,因为这些"人别改账"或"家数改账"中连土地收入(原文为持高,是农民拥有的耕地和宅基地等财产,这些财产按收获量的"高"来计算。——译者)都不少是以宅基地登记人的初期本百姓为单位记载的。本书第四章的今井村的"人别改账"等正是采用这样的记载式样,每个宅基地登记人的初期本百姓都记载着土地收入。因此,在检地账等土地账中不以宅基地登记人而是以耕地登记人(原文为名请人,指在江户时代,领主承认的土地所有者,并在检地账中登记名字,对领主直接负担年贡,有耕作土地的权利和义务。——译者)登记的农民阶层在对耕地课收的年贡负担等方面不是直接对领主或村落负责,而是对他们身为成员的家,即初期本百姓负其责任。

## 第三章 村落社会和家——以上瓦林村和行延村为例

这样初期本百姓不仅是承担宅基地课役的单位,而且也承担和年贡等"对土地的统治"有关的各种负担的责任,是完全的承担权利、义务的总体性存在。

历史学认为这样的初期统治体系到了中期发生了很大变化。一般认为统治收敛为"石高制"(石高是中世末期日本全国实行的公定土地生产量的单位。石是计量单位,高是收获量。江户时代以此来决定农民的年贡和诸役负担的量。——译者),即"对人的统治"的消失(役的消失)和向年贡制的一揽子化。其中实行"对土地统治"手段的是"名寄账"(为了计算租子,记录每个百姓的所有地、收获量的文簿。——译者),另一方面,"对人统治"作用的手段从"人别改账"转到"宗门人别改账"(个人信仰何种宗教的记录册。——译者),不是在此之上课以赋役,而是进行所谓对人或家的人事管理。但是,近世初期的家即使是根据以领主的宅基地为媒介的"对人的统治"设定的,但如果考虑到其实质上是关联着"对人的统治"和"对土地的统治"两个方面的话,那么朝着近世中期的变化应该是越来越推进二者的一体化。确实,由于向石高制的转移,土地支配十分突出,但石高制是以人的统治,即以对家的统治为前提的土地统治。实际上,近世中期以后役本身也被课以各种形态(而且不限于劳动力的供给),绝不是仅仅归结于年贡负担上[7]。在这一意义上,应该认为被作为中期领主统治的基础单位的近世本百姓也不光是负担年贡,在理念上他们是役的负担者,及作为其前提的宅基地所有者[8]。

也有种意见认为,近世为了用村请(江户时代,通过村役人将年贡等税费由一村的总百姓以连带形式缴纳的一种形式。——译者)制度等来完善、加强统治制度上的村落地位,使得领主统治对村落内部的直接影响弱化了(大石,1976,402页),而上述的统治逻辑影响到村落内部的家的问题。即在近世初期的村落,部分继承了中世性质的初期本百姓成为村落本来的成员,即家。比如,古岛敏雄认为,近世初期的"村是御役人(村子里有职务的人的总称。——译者)的集合,决不单单是居住着的集合体",而在作为例子的信州富田村和虎吉村,两村之间的"原田借贷契约"也仅在两村的役人/初期本百姓之间缔结(古岛,1974,39~45页)。此外,为对应于中期统治体制的变化,"百姓"、"贫农"的身份区别固定了(大藤,1980),在其统治中的基础单位"百姓",即近世本百姓的存在方式和村落中家的形态结合起来。而且中期本百姓和初期本百姓的社会属性根本上是相同的,但事实上其数量和范围却有很大差异。在此期间,符合因分割继承而产生的"百姓"的农民阶层是新生长起来的,而在中期网罗了这些阶层,形成新的村落秩序,村落的各种权利、义务被赋予这一阶层。

为什么领主统治的影响强烈地存在于家的性质之中呢?因为在对领主的关系中,事实上,家是可以完成成人权利、义务的存在,即能够成为领主统治的单位这一事实,使村落也不得不把这样的单位作为成人(立户)来对待。像近世那样,村落由于村请制而被编进统治体制中时,村落和统治的关系就不得不更加一体化,所以村落的家秩序就受到领主统治的影响。当然领主统治强并不意味着对家秩序的形成、维持的逻辑就弱。因为,如果从和统治制度的关系出发,宅基地或耕地的赋役对家的设定有决定性意义的话,那么村落统治中这种赋役行为就能维持具有村落主体性的家秩序。

即这些行为也许本来属于各个村民私人决定的事项，但由于村落介入到这一领域（靠承认或拒绝），就成了公的事项。通过这种介入，村落本身就有可能对家或家秩序加以统制。

**家和门第** 围绕着家的理论的最后问题是，家在作为村落成员的地位的同时也内含着门第。历史的各个时期都形成了其特有的家秩序，而旧的家秩序在重组为新的家秩序时，实际上会发生村落成员资格的决定性的扩大和变更。而且像从中世向近世大规模迈进一样，这扩大、变更也曾给村落结合领域本身带来分割和重组。但是在发生家秩序重组时，不一定就可以设想在旧的家秩序下保持村落成员地位的阶层和在新的家秩序下才获得村落成员地位而得以成立的阶层享有完全相同的权利、义务。旧有的阶层在新的村落秩序中也要保持已有的权限，即维护自己的既得权利。为此，新的家秩序的形成不是建立在旧的家秩序完全消除之上的，而多数是将旧的家秩序容进自身的内部而重组的。其结果就发生了在一个村落内家之间的权利、义务的差别，即门第问题，由此发展为村落内的身份（阶层）制。

中世的村落里的"本名主"（即名主。——译者）、"胁名主"（比名主低一级的自耕农。——译者）或"本在家"（被征课房屋、园田地、宅基地赋税的农民。——译者）、"胁在家"（比在家低一级的在家。——译者）的关系就是如此。和中世前期的村落由本名主、本在家的本来成员而构成相对，后期则组成了包含胁名主、胁在家的村落秩序。特别是在畿内，其发展的结果是形成总村（中世后期有一定自治权的村落。——译者）。比如，据河音说，在镰仓时代后期的近江国明王院领葛川的村落有"根本住人"、"住人一类"、"浪人"等三种村人,而只有本名主身份的"根本住人"是村落的正式成员,和其处于一类关系中的"住人一类",即胁名主的存在被称为"脓","村落中的生产组织、庄园领主都不将其视为村落成员"(河音,1971,162~165页)。这种胁名主或胁在家中世以后成为村落成员时,就形成了中世后期村落中的门第制。根据萩原龙夫的研究,中世后期的总村中,常常显露名字的"村人"不是村落的成员,而是意味着其中特定的阶层。即"'村人'是指起初是村子形成的主体,但后来坚守在村子内部的特权地位的保守势力"(萩原,1975,279~309页),这清楚地表明了中世前期村落成员的本名主或本在家在中世后期形成了门第。

近世村落中这样的例子也广为人知,喜多野等也在"身份和门第"(1959)中考察了这个问题。比如喜多野列举的在阿波藩内村落里的"壹家"、"小家"等就是其典型(喜多野,1959,22~24页)。笔者也曾分析过该藩内的淡路岛凑里村的史料,近世初期的本百姓直到近世末期也具有"壹家"的身份,此外的人作为"小家"的身份依附于"壹家"。也有"去除小家"加入"壹家"的例子,但从整体上看绝不为多。即仅以"壹家"为村落成员的家秩序在中期瓦解了,但近世初期本百姓的家(等于壹家)在近世以后的村落里也保持着高的门第而继续存在。大石慎三郎所举的信州佐久郡五郎兵卫新田村的"本百姓"和"抱"(从属农民。——译者)的关系,近世对马村落中的"百姓"和"名子"的身份关系,原田敏丸揭示的近江国宫川藩领村近村的"一八轩方"和"一七轩方"的关系等也是与此相同的形态[9]。

而且门第制的组成也有和上述不同的形态。因为在门第制的形成中有许多家系理论逻辑在起作用。即使是新家,和旧家的分家层相对,也允许有和其本家相同的门第,关于这种门第制的存在方式,一直进行近世村落门第制研究的大岛真理夫也曾论及过。即门第制有两大类型:旧家维土地收入的门第,分家等新家保持低门第的"横向式的阶层型",以及分家也可和本家一样得到同样的门第,而在同族间设立门第高低的"纵向式的阶层型"(大岛,1991,130~134页)。"横向式的阶层型"和适才所述的门第制相对,"纵向式的阶层型"则相当于家系理论逻辑起作用的形态。

"纵向式阶层型"的门第制的例子有奈良县吉野郡中庄村樫尾。樫尾到明治中期存在着"公事家"、"半公事家"、"平方"的身份制,而"公事家"并非近世初期的役人(役屋),而是近世中期将新分家等作为成员而重组的(井田,1984,397页)。此外,也有中世势力大的名主阶层的家系在近世中期以后还维持着特殊门第的情况。丹波村落中的被称作"五苗"或"两苗"的阶层,近江村落中的"侍分",还有备前加茂乡的"古庄官"、"平百姓"等均为这类很好的例子(井田,1984,第一、三章;原田,1930,3页;清水、前田编,1963等)。归根结底,在这种"纵向式的阶层型"门第制下,第一部中业已论述过的同族权利、义务的分有体的特质表现得更为鲜明。

此外,严密地看,旧家(家系)的门第不一定为其一族直接继承。比如,在五郎兵卫新田村,"抱"的阶层通过申请"本百姓"株(当地叫"本百姓名"),可以得到"本百姓"身份(大石,1976,126~128页)。而在备前国的加茂乡,中世的土豪家系在中世称为"古庄官",以允许穿着上下身礼服的特权性身份而区别于一般的"平百姓",而继承这"古庄官"家株的即使其实际的出身阶层是平百姓,也可以得到"古庄官"的地位(清水、前田编,1963,38页、58页等)。作为权利、义务单位的株用金钱等是可以转让的,所以,带有门第性质的株当然也可以转让。在日本的村落可以广泛地看到新兴的家随着其经济的增长,用这种手段买断旧家的株,使自家的门第得以提升。

而对于门第的权利、义务的差异,共有地(林)或氏神的祭祀组织(宫座)等有着特别重要的意义。如在归属村落时,入村、入氏子、入株的三个习惯(铃木将此作为研究对象)中可以展示其一端。成为村落成员本来就包含或是成为村的氏神的氏子,或是具有对共有地的权限,所以入村、入氏子的习惯没有必要独立于入村的习惯,但共有地或祭祀组织中的一部分(共有地的一部分或者祭祀权的一部分)为保持旧势力的既得权而变为特权,这就产生了以上习惯的分化。

这种倾向已从中世开始出现。比如中世的宫座本来是由村落成员的在家或名主构成的(田中,1986,139~141页;黑田,1961,79~80页),但不久由于内部新农民阶层的成长,在必须将这些新阶层也承认为村的成员即家而重组村落时,就相应地孕育了成员权的限制或权利的等级化之类。原田就这一发展说:"座逐渐形成应称为株座的特权阶级"(原田,1976,267~268页)。另据宫本常一的报告,在冈山县御津郡加茂川町圆城仅由名主组成的中世的宫座组织近世以至近代以后虽然徒有虚表,但仍继续存在(宫本,1954)。而且也有认为近世的宫座不具有中世那样的"株座"性特质,而是"村座"性的,实际上,可以说有不少场合是组合进门第制而在内部形成权利、义务性的差别。比如在刚才的奈良县的樫尾,

## 第三章 村落社会和家——以上瓦林村和行延村为例

在"公事家"、"半公事家"、"平方"中，构成本来宫座的只是"公事家"阶层（井田，1981，397～398页）。此外，在共有地方面，也有像古岛那样对中世共有地的存在持否定看法的（古岛，1978，144～151页），而中世村落的结合和宫座形成的同时，山川薮泽的共同利用也是重要的契机[10]，所以没有必要否定农民个人所有的山林的存在，而与此同时共有的山林也还是存在的。既然存在，就会和中世的宫座采取同样的发展，近世也不外乎此。同样，在樫尾，"公事家"对村落共有林的大部分有共有、利用的特权，"半公事家"只被给予一部分"村中平等的入会山"的利用权（同上）。

宫座或共有地（林）的权限特权化有特别明显的原因。共有地（林）归根结底是经济生活中不可欠缺的。它不仅是生活上的燃料或农业肥料的供给源，而且其作为各个家进行林业经营的基础，意义更为显著。上述的樫尾等是属于奈良县南部林业地区的村落。在这种情况下，旧有的家对共有林的共有、利用权的扩大之事是很难轻易让步的。在宫座方面，如中世的宫座所示，它是村落组织的中心，不光进行祭祀，而且作为运营村落整体的政治、经济的场而占有重要的位置[11]，宗教在传统社会是最重要的社会生活的领域。在这个时代，人的生活处于对自然极其无力的状态，所以人们认为生活只有在神的守护下才能得以安康。因此，在村落中为保持影响力，成为这一祭祀组织的成员是头等必要的。

门第产生的权利、义务的差别不仅反映在这些事中。从可否保有姓、可否穿着特别的衣服（比如，像刚才所举的能否穿着上下身礼服的例子），或者房屋建筑样式的区别等，确实是地位象征的事物，它可以延伸到任命村落官职的权利或选举它的权利，用水的管理、有关村落运营基础的问题等，多种多样[12]。而对每个村落来说，有时，这些比祭祀组织或共有地（林）更能成为门第化的重要契机或内容，而且探究这种门第化的形态或特质可以了解每个村落结构的性质。

下面以近世上瓦林村和行延村为例，验证一下本章对家或门第认识的妥当性。

## 三　上瓦林村和家

**近世初期**　将近世初期的家从村落的社会生活中来具体把握是很困难的，史料上的有限是其重要原因之一，但上瓦林村有关身份制的事实从近世比较早的时期就可以得知。在该村现存的最老的万治二年（1659）的宗门改账中就有"本役人"（全职的村官。——译者）、"半役人"（低于本役人的村官。——译者）、"隐居"（将家产让给继承人，不再管理家庭的家长。——译者）、"柄在家"（比本百姓身份低的农民。——译者）、"下人"（仆人。——译者）的身份差别，其经几度变迁一直维持到近世末。在以前的上瓦林村的研究中，身份制问题也占有重要地位，我在这里也以身份制为轴心思考近世初期该村家的存在方式。

首先引人注目的是万治二年宗门改账的有职务人数和最古老的庆长十六年（1611）检地账的宅基地登记人数几乎一致。因为如图3-1所示，本来的有职务身份的"本役人"、"半役人"加上"庄屋"合计25户，而宅基地登记人数是26名。当然万治二年的有职务的人和庆长十六年的宅基地登记人不完全是同样的家或人。第

## 第三章 村落社会和家——以上瓦林村和行延村为例

**图 3-1 庆长时期宅基地登记人(庆长十六年)和万治时期的身份(万治二年)**

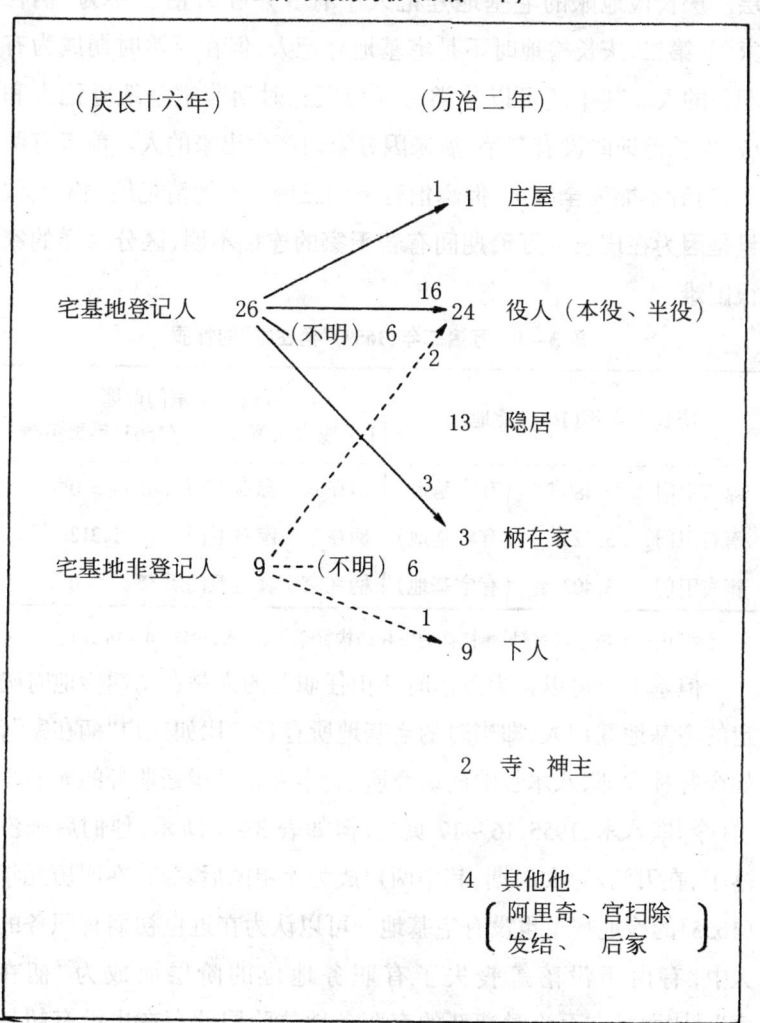

```
(庆长十六年)              (万治二年)

                           1    1  庄屋

                          16
宅基地登记人  26─────────→ 24  役人(本役、半役)
              (不明) 6     2

                          13   隐居

                           3
                          ─→   3  柄在家
宅基地非登记人 9---(不明) 6
                           1
                          ─→   9  下人

                           2   寺、神主

                           4   其他
                               ⎧ 阿里奇、宫扫除 ⎫
                               ⎨ 发结、  后家  ⎬
                               ⎩              ⎭
```

(注)庆长期的数字根据《封建社会的农村结构》(今井、八木,1955,14~16页)。

一,存在着在庆长检地中即使登记了宅基地但没能担任职务的阶层。庆长检地账的宅基地登记人中有 3 户在万治二年为"柄在家"。第二,庆长检地时不是宅基地登记人,但在万治时期成为有职务的人。其中还可以分类为:(1)庆长时期非宅基地登记人和(2)庆长检地时没有名字,后来因分家而产生出来的人。前者有两例,后者不能完全确定,但恐怕有两到三例。不能清楚地确定其数量是因为在庆长～万治期间有若干家的连接不明,区分这样的家很困难。

表 3-1 万治二年(1659)"柄在家"的性质

| 庆长十六年(1611)检地账 | | | 万治二年宗门改账<br>[土地收入宽文三年(1663)年贡免摊] | | |
|---|---|---|---|---|---|
| 源右卫门 | 480 合 | (有宅基地) | 柄在家 | 源右卫门后家 | 0 合 |
| 南右卫门 | 3,323 | (有宅基地) | 柄在家 | 南右卫门 | 1,212 |
| 藤右卫门 | 3,402 | (有宅基地) | 柄在家 | 藤右卫门后家 | 0 |

(注)庆长的数字根据《封建社会的农村结构》(今井、八木,1955,14~16 页)。

但基本上可以认为万治时期担任职务的人是在初期检地时确定的宅基地登记人,即当时的宅基地所有者。比如三户"柄在家",如今井林太郎、八木哲浩的研究所示,本来就是担任职务的人的身份(今井、八木,1955,16~17 页)。但如表 3-1 所示,他们后来没落了,在万治/宽文时期,其中两户成为无租的后家户,在明历元年(1655)的检地账里也没有宅基地。可以认为在近世初期有职务的人中,有由于没落等丧失了有职务地位的阶层而成为"柄在家"。[13]而且在万治时期新的有职务地位阶层的存在也没有超越近世初期检地的宅基地登记人/有职务人的秩序框架。因为可以认为这些阶层以继承因庆长检地确定的宅基地登记人的没落或户绝而丧失了主体的役人株或迹式(财产。——译者)的方式,获得了有职务人的地位(当然从另一方面说,丧失了役人株的就成为了"柄在家"等)。实际上庆长检地的 26 名宅基地登记人和万治二年合计的 25 名役人数(含庄屋)大体一致(如包括准役人在内的"神主"则完全一致),很清楚,上瓦林村的役人总数在此期间是固定的。因此,以前不是役人的要成为役人,或新分家要成为役人必须获得既有的役人株。

比如在邻近上瓦林村的下瓦林村现存有显示近世初期役人地位转让的以下文书史料。

### 史料 3-1　又兵卫迹一件(鸟饲)
为保证的一份材料

此次经多方查询,无又兵卫迹之御百姓,但承你(喜右卫门)承诺,我等现在业已满意。即又兵卫继承的迹式的田地、宅基地让与你,确定你为永久之百姓已为不争之事实,如又兵卫之一族及支配下者今后不论有任何要求,均可按此证明。不管是替换之时,或是任何时候,如果对这迹式有不满,那么因为这是让渡给喜右卫门子孙的,因此这个文件的署名者必须主动出来,按这保证书进行说明。为今后事,特此记录以上事情。

宽文八年(原文如此,应为宽永八年。——译者)未之卯月二十二日
　　　　　(以下 19 人的签名略去。——译者)

这一史料是宽永八年(1631)关于又兵卫的迹式所做的决定。因又兵卫直到数年前还是下瓦林村的庄户(同上,207 页),所以也许这迹式的转让是特别情况,而即使从这里看,也可知道普通的初期本百姓的绝灭是绝对有可能的。而这时"又兵卫继承的迹式的

田地、宅基地"在村人的协议和共识下让给了喜右卫门。我们没有直接得知喜右卫门身份的线索,但他恐怕是村里役人阶层的一员。无论如何,喜右卫门以迹式的转让进入了役人阶层。而且如果考虑到上瓦林村和下瓦林村是规模相近的村落,那么关于迹式转让所做的协议和共识,并在文件后签名的19名村人大概是上瓦林村初期检地时的宅基地登记人,即役人阶层,所以这意味着役人阶层对村内迹式(役人株)的处理有着决定权,并清楚地显示了作为权利、义务单位的家的作用。还有,在这时又记载着"又兵卫一族"的字样,即即使又兵卫的同族对这一决定不平或不满也可以不加理睬,而暗示着其前提是经"一族"(同族)的同意才决定此次转让的。

就是说,在近世的上瓦林村庆长检地的26名宅基地登记人构成了役人阶层,只有这役人阶层才是村落原来的家,可以认为存在着村落正式成员的结构。如下瓦林村案例所示,上瓦林村也是由役人阶层协议决定村落的各种决策。而没落、户绝的役人/家的株(迹式)在村落达成协议的前提下可转让给想新建立家的村人。身份制在这种情况下一直维持到万治时期。而且,与此同时,维持这种家秩序的前提已经在17世纪中叶逐渐崩溃也是事实。因为,在万治时期役人以外的身份中,和役人阶层同样有着一个家的客观特征的家在不断增加。

近世初期家的存在方式一般典型地显示在如直到17世纪中叶仍存在的家数改账或人别改账上,在那里负担役的初期本百姓之外的阶层被赋予各种依附性的名称(名子、抱、门屋、添屋等),并被囊括进初期本百姓家的内部。比如在长谷川善计所取材的信浓国佐久郡本间村宽永三年(1626)的人别改账中,记载着的本百姓/

第三章　村落社会和家——以上瓦林村和行延村为例

表3-2　17世纪中叶的身份和所有财产

| 明历元年检地账(1655) | | | 万治二年宗门改账(1659) | | 明历元年检地账(1655) | | | 万治二年宗门改账(1659) | |
|---|---|---|---|---|---|---|---|---|---|
| 氏名 | 土地收入 | 宅基地 | 身份 | 氏名 | 氏名 | 土地收入 | 宅基地 | 身份 | 氏名 |
| | 合 | | | | | 合 | | | |
| 市兵卫 | 30,423 | ○ | 庄* | 市兵卫 | 九兵卫 | 1,906 | | | |
| 孙右卫门 | 27,105 | ○ | 本* | 孙右卫门 | 忠左卫门 | 1,867 | | (半 | 宗权) |
| 四郎右卫门 | 22,281 | ○ | 本* | 四郎右卫门 | 善四郎 | 1,863 | | | |
| 二郎左卫门 | 22,225 | ○ | {本 隐 | 吉右卫门 宗仁 | 次郎左卫门 吉右卫门 | 1,521 1,476 | | }({本 隐 | 吉右卫门 宗仁) |
| 与右卫门 | 20,804 | ○ | {本 隐* | 六兵卫 道春 | 南右卫门 | 1,074 | ○ | 柄 | 南右卫门 |
| 孙左卫门 | 20,774 | ○ | 本* | 孙左卫门 | 六兵卫 | 1,027 | ○ | {本 隐* | 六兵卫 道春) |
| 七右卫门 | 16,382 | ○ | 本 | 八右卫门 | 嘉兵卫 | 696 | | | |
| 助左卫门 | 15,844 | ○ | 本 | 助左卫门 | 新兵卫 | 690 | | | |
| 三郎右卫门 | 15,127 | ○ | 本 | 三郎右卫门 | 德兵卫 | 534 | | 阿里奇 | 德兵卫 |
| 太郎右卫门 | 15,033 | ○ | 本 | 太郎右卫门 | 忠三郎 | 490 | | (本* | 忠三郎) |
| 六郎右卫门 | 14,732 | ○ | 本 | 六郎右卫门 | 总左卫门 | 457 | | | |
| 次郎兵卫 | 14,528 | ○ | 本 | 次郎兵卫 | 市右卫门 | 440 | ○ | 下 | 市右卫门后家 |
| 新右卫门 | 14,324 | ○ | 本* | 新右卫门 | 治郎兵卫 | 373 | | | |
| 九右卫门 | 14,277 | ○ | 本* | 喜兵卫 | 清右卫门 | 303 | | | |
| 彦左卫门 | 13,061 | ○ | 神 | 彦左卫门 | 总兵卫 | 297 | | | |
| 作右卫门 | 12,875 | ○ | 本* | 忠三郎 | 嘉右卫门 | 236 | | | |
| 助右卫门 | 11,214 | ○ | 本 | 助右卫门 | 八兵卫 | 203 | | 柄 | 源右卫门后家 |
| 彦右卫门 | 9,654 | | | | (因为是个人之外的,从略) | | | | |
| 小右卫门 | 9,590 | | 隐 | 助五郎 | | | | | |
| 仁兵卫 | 9,569 | ○ | 神职 | 仁兵卫 | | | | 隐 | 净云 |
| 弥兵卫 | 9,338 | ○ | {半 隐 | 次郎介 弥兵卫 | | | | 隐 隐 | 正清 喜兵卫后家 |
| 太郎兵卫 | 9,097 | ○ | | | | | | 隐 | 宗白 |
| 又右卫门 | 8,492 | ○ | | | | | | 隐 | 净林 |
| 与总左卫门 | 8,170 | ○ | 本 | 助市郎 | | | | 隐 | 与左卫门 |
| 若右卫门 | 7,300 | ○ | 本 | 善右卫门 | | | | 隐 | 庆春 |
| 久左卫门 | 6,733 | ○ | 下 | 久左卫门 | | | | 隐 | 道顺 |

(续表)

| | | | | | | | |
|---|---|---|---|---|---|---|---|
| 助兵卫 | 6,541 | ○ | 下 | 助兵卫 | | ? | 善右卫门后家 |
| 总右卫门 | 6,153 | ○ | 隐 | 总右卫门 | | 下 | 甚四郎 |
| 久右卫门 | 5,907 | ○ | 本* | 久右卫门 | | 下 | 净心后家 |
| 仁右卫门 | 5,368 | | 下 | 仁右卫门 | | 下 | 与介 |
| 与兵卫 | 5,178 | ○ | 本 | 彦兵卫 | | 下 | 六右卫门 |
| 长左卫门 | 4,489 | | 本 | 长左卫门 | | 下 | 久次郎 |
| 彦兵卫 | 3,649 | | (本 | 彦兵卫) | | 柄 | 藤右卫门后家 |
| 次郎兵卫 | 3,270 | | | | | 半 | 甚六 |
| 孙兵卫 | 2,440 | | | | | 本* | 平右行门 |
| 忠兵卫 | 2,413 | | 半 | 宗权 | | 清扫夫 | 尧善 |
| 九郎右卫门 | 2,288 | ○ | | | | | |

(注)关于明历元年检地账,使用了《西宫市史》第4卷,494~495页的集中计算表。
〔*〕表示在其中包含下人。()表示已经使用过一次名字。关于身份,省略方式如下,而本章及本书图表对于上瓦林村原则上采用这种省略方法。

庄=庄屋、本=本役人、半=半役人、隐=隐居、柄=柄在家、下=下人、神=神主。

役人之外的"添屋"或"下人"是存在于本百姓内部的,田地的名请也被囊括进本百姓单位中(长谷川,1983)。此外,竹内隆夫列举了接近上瓦林村信浓国佐久郡原村万治二年的承应三年(1654)的人别改账,那里也基本上和本间村同样(竹内,1983)。但在上瓦林村万治二年的宗门改账中,依附名称中的相当大的部分和役人阶层同样被记载为"一打"。役人阶层和亲属关系中的"隐居"均处于这一状态,一部分的"下人"在记载上也是独立的(在先行研究中记为"家持下人")。当然家数改账、人别改账和宗门改账的史料性质不同(大石,1976,385~409页),宗门改账虽不是直接显示家的存在方式的,但尽管如此,"一打"记载的范围也很广。而且,"隐居"、"下人"和役人阶层当然同样可以登记田地,而且还连宅基地都可登记(缴纳赋税)。像表3-2所示,13户"隐居"身份中的4户[14],

连9户"一打"的"下人"身份中也有3户，相当于此。在"隐居"身份中登记宅基地的4户都采取夫妇及其已婚子女同居的隐居分家形态，土地收入也不次于役人阶层（藤井，1984，105页）。17世纪中叶产生这种发展的和这一地区属于畿内先进地带不无关系。

**近世中期以后** 上瓦林村的近世村落秩序，即近世本百姓体制是从17世纪末到18世纪初，即元禄至享保年间确立的。其中，重组了近世初期的家或身份的秩序。对其身份制的重组已有先行的详细研究，没有必要再次考察。所以这里只论述其基本的动向。作为整体的动向，近世初期以房屋税为基准创立的身份制在中期以土地收入为基准被重组，而且中期以后无论土地收入的增减，中期设定的身份都被固定化了（今井、八木，1955，46～890页；大竹，1982，18～38页）。

所谓以中期的土地收入为基准的身份秩序的重组是一边扩大以前固定的役人范围，一边将在此期间成长的阶层吸收进内部，相反，没落下去的初期本百姓被放逐到外部。如表3-3所示，在这一过程中，首先延宝二年（1674）大幅度扩大役人范围是个重要的转机。这时，采用隐居分家形态的7户"隐居"身份阶层和在"下人"身份阶层中经济能力特高的1户一举进入役人身份中。如已经论述过的那样，为解决万治二年役人体制中包含的问题，这也是必要的，此外这也是为了应对藩或幕府的政策（今井、八木，1955，28页）。其后役人范围的扩大不很快，随着年寄役的增设而有所增加。而一方面，把没落的役人阶层作为"柄在家"，另一方面将"柄在家"、"下人"阶层成长的部分编入役人，以这种形式逐渐替换。而且虽说以土地收入基准设定役人身份，但从万治二年的状况可以清楚地看到这种新兴农民阶层持有宅基地，在理念上可以说，不但能登记土地而且可以登记宅基地的农民阶层成为了新的役人[15]。

表3-3 身份构成的变化

| | 万治二(1659) | 宽文十三(1673) | 延宝二(1674) | 元禄二(1689) | 元禄十五(1702) | 享保二(1737) | 享保十七(1732) | 元文三(1738) | 宽延三(1750) | 宝历七(1757) |
|---|---|---|---|---|---|---|---|---|---|---|
| 庄屋 | 1 | 1 | 1 | 1 | 1 | 1 | 1 | 2* | 2* | 1 |
| 年寄 | | | 2 | 2 | 2 | 2 | 2 | 2 | 2 | 2 |
| 本役人 | 21 | 22 | 28 | 28 | 27 | 26 | 23 | 22 | 22 | 20 |
| 半役人 | 3 | 3 | 5 | 6 | 7 | 8 | 13 | 13 | 18 | 21 |
| 隐居 | 13 | 19 | 12 | 10 | 11 | 7 | 3 | | | |
| 柄在家 | 3 | 4 | 3 | 4 | 7 | 14 | 14 | 12 | 7 | 9 |
| 下人 | 9 | 5 | 4 | 5 | 10 | 16 | 14 | 14 | 11 | 11 |
| 阿里奇 | 1 | | | | | 1 | | | | |
| 寺宫 | 2 | 2 | 2 | 2 | 2 | 2 | 2 | 2 | 2 | 2 |
| 医师 | | | | | | | | 1 | 1 | |
| 其他 | 3 | 3 | 4 | 3 | 3 | 1 | | 1 | 2 | 2 |
| 合计 | 56 | 59 | 59 | 61 | 70 | 77 | 74 | 71 | 67 | 67 |

史料为各年次的宗门(人别)改账。*表示当时庄屋和大庄屋分开了。

第二，所谓近世村落体制建立以后的身份固定化，即到享保时期为止每个村人获得的在村落中的身份没有改变，不承认像在近世中期那样从低身份向高身份或者高身份向低身份的变动。当然"半役人"和"本役人"或"下人"和"柄在家"之间的变动是存在着的，但从非役人身份向役人身份、役人身份向非役人身份的变动原则上不被承认。而在建立新的分家时，分家和其本家具有相同的身份。役人身份的家产生的分家和"柄在家"或"下人"家产生的分家还分别是役人和非役人身份。当然建立分家并不是由当事人决

## 第三章 村落社会和家——以上瓦林村和行延村为例

定,特别是役人层中的分家必须要得到村落的承认。因为近世中期以后在上瓦林村关于家还存在着株或迹式的观念[16]。无论如何,从元文时期开始,役人阶层再度增加,高峰时包括庄屋、年寄,为48人,比近世中期的37人增加了10人左右,这是身份制变化所致。这种变化以和初期不同的形式将身份再度固定于家系。下面将以身份固定化的中期以后为中心探讨家和村落的关系。

首先,我注意的是元禄时期选出新设置的年寄役的问题。年寄役是仅次于庄屋的重要村落职务,能否参与其选举在村落内也具有重要的意义。在像上瓦林村那样,庄屋一职为特定的家所世袭的情况下,这一点就尤为重要。以下的史料清楚地记述了其方式。

**史料3-2 年寄役的选出**(公事账)

本人十五年前担当年寄役,而现在老迈,行走不便,难胜其职,颇感不安,请谅解我的情况,特申请免去吾职为幸。

　　　　　宝永三年戌年二月廿一日
　　　　　　　上瓦林村年寄
　　　　　　　　　　孙左卫门

御代官阁下
此申请情况属实,请批准为盼
　　　　　　　　郡右卫门　生津(地名。——译者)
　　　　　　　　利右卫门

以上孙左卫门年寄役之陈请通过,三月八日夜在村中评议后,候选人票数如下:
　　　　十二　久左卫门　　　六　与右卫门

二　三郎兵卫　　　二　与次兵卫
一　市郎右卫门　　一　德左卫门
四　四郎兵卫
　　共二十八票

关于以上久左卫门继任一事,三月九日向御代官阁下进言,代官也已按申请批示。

### 史料3-3　年寄役的选出(公事账)

年寄六兵卫辞去职务,村中对候选人投票如下

一、九票　　　　　　　　　吉右卫门
二、九票　其中二张重合票　作左卫门
三、四票　其中一张重合票　六左卫门
四、四票　其中二张重合票　忠兵卫
五、二票　　　　　　　　　治左卫门
六、一票　　　　　　　　　喜平次
七、一票　　　　　　　　　白票
　共　三十票
　但　票数仅二十七票

按以上结果确定为吉右卫门,特记如此
　　以记述件申请

上瓦林村年寄六郎兵卫□年前担当此役,现有病在身难以恪尽其职,如承蒙慈悲免其职务,则感激万分。村中全体百姓希望接任者被定为吉右卫门。如按所愿任命,则不胜感激。

　　　　享保六丑年十月十四日
　　　　　　　　申请人　六郎兵卫
　　　　　　　　庄屋　　宇兵卫
　　　　　　　　年寄　　三右卫门
　　　　　　　　　　　　全体百姓

从这两份史料来看，似乎年寄役的选出原则上由"本役人"阶层所垄断。宝永三年(1706)的久左卫门和享保六年(1721)的吉右卫门分别由村人"投票"选为年寄役，而宝永三年的票数为28票，同年"本役人"人数为28人，享保六年的票数为27，而同年"本役人"人数为27人，完全符合。得票者的人数都是6～7名，并且当选者以外的人的得票数也很多，享保六年时，吉右卫门和作左卫门竞争，以"重合票二张"当选。年寄役的选出不是信任投票，而是采用实际的选举形式，这也可以看出上瓦林村的村落运作的特质，但能够"投票"的只是村落里的"本役人"阶层，此为不争之事实。即使是同样的役人阶层，"半役人"也绝没有选举权。当然就任年寄役的也是"本役人"身份，所以候选人也被限定于本役人。总之，关于年寄役选出权限的存在方式是相当具有特权性的。但在记载这两个案例的"公事账"中，其后没有这种役人选举的记载，所以还不清楚在身份固定的元文时期以后是否也保持相同的形态。从18世纪后半叶开始有一些"半役人"成为年寄役的案例，所以可以认为至少到这时村落有职务者的选举权范围还没有扩大到"半役人"。

另一方面，上瓦林村的氏神日野神社的宫座由全体役人阶层构成。关于这一点，今井、八木研究得很详细(今井、八木，1955，217～218页)，而根据安永十年(1781)的"日野大明神鸟居前石灯笼建立入用银账"，则如表3-4所示。列名者都是"本役人"、"半役人"，没有出现"柄在家"或"下人"。而且当时村落的役人阶层不全是在这时捐献的，有10户左右在捐献者的名字中被遗漏了，他们绝不是被排除在宫座之外，而很多是当时经济上困窘的人。担任日野神社宫座的"御头"(管理神社者。——译者)的当屋性质从时间系列来看，"御头"的当屋也是被限定在"柄在家"、"下人"以外的役人阶层，并且每年2人担当"御头"的当屋，大约是以20年为一周期轮流担任，所以和当时的40~45名役人数量大致相等（藤井，1987，160页）(表3-4)。而且，在上瓦林村宫座内部没有更进一步阶层化，这可以从轮流担任"御头"中看出其一端，此外，这点

表3-4 安永十年(1781)日野大明神鸟居前石灯笼捐献者的身份

| 捐献额 | | | 捐献者 | 身份 | 捐献额 | | 捐献者 | 身份 |
|---|---|---|---|---|---|---|---|---|
| 3两 | 3分 | A | 市兵卫 | 庄 | 2两 | F | 泰仙 | 医师 |
| 2 | 5 | A | 市兵卫 | 庄 | 3两 | F | 南右卫门 | 半 |
| 2 | 5 | A | 忠三郎 | 半 | 2 | 5分 | D | 忠兵卫 | 本 |
| 2 | 5 | B | 小兵卫 | 本 | 3 | 5 | C | 弥右卫门 | 年寄 |
| 3 | | B | 孙左卫门 | 本 | 3 | | C | 伊左卫门 | 本 |
| 2 | 5 | B | 长兵卫 | 本 | 3 | | E | 安右卫门 | 本 |
| 2 | 5 | B | 太兵卫 | 本 | 3 | | E | 清右卫门 | 半 |
| 3 | | B | 作左卫门 | 本 | 3 | | E | 小右卫门 | 半 |
| 3 | | B | 孙右卫门 | 半 | 3 | | E | 久左卫门 | 本 |
| 3 | | C | 市郎兵卫 | 半 | 3 | | C | 甚左卫门 | 本 |
| 3 | | A | 三郎兵卫 | 本 | 3 | | C | 次郎兵卫 | 本 |
| 3 | | C | 弥右卫门 | 本 | 3 | | D | 庄左卫门 | 半 |
| 3 | | C | 次左卫门 | 半 | 3 | | | 太右卫门 | 本 |
| 2 | 5 | D | 平兵卫 | 年寄 | 4 | 1 | 荒木新田·X | 吉次郎 |
| 3 | | C | 庄右卫门 | 本 | 2 | 7 | 中新田氏子中 | |
| 2 | 5 | E | 传兵卫 | 半 | 93两4分 | | | |
| 1 | 5 | F | 吉兵卫 | 半 | | | | |
| 2 | 1 | F | 九右卫门 | 半 | | | | |

(注)捐献者的名字前的A、B、C、……是姓的简化。

在表 3-4 的捐献额中也显示出来。这时，捐献额一户以二两五分和三两为基准，但并不区分"本役人"三两、"半役人"二两五分。"半役人"中也有 7 户捐献三两，而"本役人"捐献二两五分的有 4 户。捐献额的差别在很大程度上是因各家的经济情况不同。

役人、非役人的身份差异更给婚姻等带来影响。近世中期时的宗门人别改账很少记录妻子或养子本来的家，所以对正德二年（1712）、元文三年（1738）、宝历七年（1757）以表 3-5 来比较配偶者之间的出身身份。即每一年度村外婚的比重极其大，而在村内男女间的婚姻范围内，一般是役人阶层和役人阶层、非役人阶层和非役人阶层缔结婚姻，而役人阶层和非役人阶层之间的婚姻几乎没

表 3-5 从身份中看到的配偶者属性

| 正德二年 (1712) | | 妻 | | | | | | | | |
|---|---|---|---|---|---|---|---|---|---|---|
| | | 村　内 | | | | | | 村外 | 不明 |
| | | 本 | 半 | 柄 | 阿里奇 | 下 | 隐 | 其他 | | |
| 夫 | 村内 | 本役人 | 13 | | | | | | | 12 | |
| | | 半役人 | 1 | | | | | | | 8 | |
| | | 柄在家 | | | | 2 | | | | 7 | |
| | | 阿里奇 | | | | | | | | 1 | |
| | | 下　人 | | 1 | | 2 | | | | 10 | |
| | | 隐　居 | 1 | | | | | | | 1 | 2 |
| | | 其　他 | | | | | | | | 1 | |
| | 村外 不明 | | 1 | 3 | | | 1 | | | | |

（续表）

| 元文三年<br>(1738) | | 妻 | | | | | | | 村外 | 不明 |
|---|---|---|---|---|---|---|---|---|---|---|
| | | 村内 | | | | | | | | |
| | | 本 | 半 | 柄 | 阿里奇 | 下 | 隐 | 其他 | | |
| 夫 | 本役人 | 8 | 3 | | | | | | 11 | |
| | 半役人 | 1 | | | | | | | 7 | 1 |
| | 柄在家 | | | | | | | | | 8 |
| | 阿里奇 | | | | | | | | | |
| | 下人 | | | 1 | | 1 | | | 7 | 1 |
| | 隐居 | | | | | | | | | |
| | 其他 | | | | | | | | 1 | |
| 村外<br>不明 | | | | | 2 | | | | | |

| 宝历七年<br>(1757) | | 妻 | | | | | | | 村外 | 不明 |
|---|---|---|---|---|---|---|---|---|---|---|
| | | 村内 | | | | | | | | |
| | | 本 | 半 | 柄 | 阿里奇 | 下 | 隐 | 其他 | | |
| 夫 | 本役人 | 3 | | | | 1 | | | 7 | 6 |
| | 半役人 | | 1 | | | | | | 14 | |
| | 柄在家 | | | | | | | | 6 | |
| | 阿里奇 | | | | | | | | 1 | |
| | 下人 | | | | | | | | 4 | 2 |
| | 隐居 | | | | | | | | | |
| | 其他 | | | | | | | | | |
| 村外<br>不明 | | 1 | 2 | 1 | | 2 | | | | |

（注）史料是各年次的宗门人别改账。

有。例外的案例只有宝历七年的一件，而这一例中的"本役人"在稍前的时候就明显地没落了，不久就成为别人家的子方，这就是史

## 第三章 村落社会和家——以上瓦林村和行延村为例

料中出现的小兵卫家,所以这也许是因特别情况而产生出这样的婚姻。总之,役人和非役人之间原则上不存在婚姻关系意味着二者之间的差别是很严格的。

很清楚,役人的地位有各种权利、义务。比如,从登载在《西宫市史》上的上瓦林村邻村的御代村在近世即将终结的文政十二年(1829)的株转让案例,可以窥其一端。

**史料3-4　清右卫门株一件**(上瓦林村家书)(西宫市编 1963,78~79页)

　　此次请求村里的武兵卫阁下、治兵卫阁下、甚右卫门阁下、宇兵卫阁下等四人,请将清右卫门的株让我(茂兵卫)的儿子岩造予以名迹继承,对于(清右卫门)名迹(或者株)的继承村中也尽已知晓,子孙都感到荣幸。在此之上将会对这名迹(或者株)尽职尽责。

　　对于附随这名迹株的宫番(为氏族神轮流当值。——译者)和讲的事我也同意,将此记录如下。

　　关于氏族神的宫番,自古以来宫座的人一年一次轮流当值已为惯例,此次我同意做宫番,以后也请命令岩藏做,我对此不胜荣幸。

　　关于"御塔株"(参加讲的资格。——译者)也承蒙讲的诸位承认,得以加入不胜荣幸。

　　关于"伊势讲"(信仰、参拜伊势神社的讲。——译者)也承蒙讲中的诸位认可,能奉命做事,我不胜荣幸。

　　最后,既然全部承认了我以上的名迹、讲、株,那么关于清右卫门株的役地(附随于株的土地。——译者),我向村里献出御代村叫"水口"的一片田地,面积一反八亩(约0.18公顷。——译者)。而且如果不发生继承这个名迹的事情,此次献出的役地和株(清右卫门)由村子方面收走,可以自行处置。其时我不会发一句牢骚。为后日作证,特写文件一份。

　　文政十二丑年二月日

　　　　清右卫门株的继承人

110 家和同族的历史社会学

|  | 御代村 | 岩造 |
|---|---|---|
|  | 同村之亲 | 茂兵卫 |
| 照顾人 | 同村 | 武兵卫 |
|  | 同 | 治兵卫 |
|  | 同 | 甚左卫门 |
|  | 同 | 宇兵卫 |

并送同村诸位村役职者
及村里的诸位

**史料 3-5 清右卫门家株一封**（瓦林家文书）
　　此次承认将清右卫门的株给我儿子岩造名迹继承，我儿岩造一定会非常珍视这一继承的。既然如此，我们首先会珍视从我先祖继承下来的茂兵卫株的，这是继承家名所存。万一不能继承这株的话，村里可收回我儿岩造所持有的株，诸位可随意处置。其时不会发一句牢骚。关于上述岩造的株我们不会争闹，为作为以后的证据起见，现写下保证书一份。
　　　文政十二丑年二月日

|  | 御代村 | 茂兵卫 |
|---|---|---|
| 证人 | 下瓦林村 | 弟 |
|  |  | 吉右卫门 |

并送同村诸位村役职者
及村里的诸位

　　这一史料展示了御代村茂兵卫的儿子岩藏（岩造）得到"村里的诸位"的承认，继承"清右卫门株"。根据此时父亲茂兵卫另向村方提出名为"一封"的后面的证明，茂兵卫持有从其先祖继承下来的"茂兵卫株"，所以"清右卫门株"是和茂兵卫方面没有直接关系的株，以自己的儿子继承户绝家的株的方式使其分家。而在继承这一株时，根据提出的"关于清右卫门株的役地，我向村里献出御代村叫'水口'的一片田地，面积一反八亩"，可知这个株是役人株，而这种株同时包含着关于"氏神宫守"、"御株"、"伊势讲"等。"氏神宫守"相当于上瓦林村宫座的当屋,"御株"被记作"讲中",所以可能是某种讲的成员权。此外,"伊势讲"如第六章所举的那样,是直接为伊势信仰创立的,但其更广泛的作用在于亲睦、娱乐和互相帮助。上瓦林村也有几个讲,多数是由役人阶层编组的。中期以后的上瓦林村,役人的分家基本上成为役人,所以如上述御代村的案例所示,也许新的分家最终不必继承别人家的役人株,但事实上至少役人的地位被这样株化了,包括各种权利、义务。

但是,基于这样的事实就做出近世中期以后上瓦林村本来的成员限定于役人阶层,即只有役人形成本来的家的结论未免过早。进入19世纪更是如此。因为更进一步追究家应承担的权利、义务问题,就会明白不一定光是役人阶层行使村落的权利、义务。比如,将"文政元年(1818)长吏劝进布施集账"及"文政元年御忌钱并山番仕着料割赋集账"和文化十四年(1817)的宗门人别账相比较,看看人们实际上尽什么义务,就会如表3-6所显示的那样。

这两种役钱征收的性质不是出自对领主的关系,而是从村落的生活习惯中产生的,所以它显示了接近于村落家的实际状态。从表上看,前者的"布施集账"是每家摊派(一律7分3厘)和数量摊派相组合征收,而这里不光是"本役人"、"半役人"那样的役人阶层,连"柄在家"或"下人"也担负着役钱的义务。而能逃役的原则上是无土地收入阶层。瓦萨(音译)、石松、善三郎、元治郎等5户明显是无土地收入的,此外,发有一个孩子,所以是准无高阶层,新兵卫方在文政元年已户绝。市兵卫不付钱是因为他是庄屋,被特别免除。此外,新五郎虽是无土地收入,但也负担了,可能是因为

表3-6 近世后期的役钱征收

| 文化十四年(1817)宗门人别账 | 文化十四年年贡免摊账 | 文政元年(1818)长吏劝进布施集账 | | 文政元年(注)参照 | 文化十四年(1817)宗门人别账 | 文化十四年年贡免摊账 | 文政元年(1818)长吏劝进布施集账 | | 文政元年(注)参照 |
|---|---|---|---|---|---|---|---|---|---|
| 身份·氏名 | 原初收获量(合) | 数量摊派 | (每家摊派)7分3厘 | (每家摊派)18文 | 身份·氏名 | 原初收获量(合) | 数量摊派 | (每家摊派)7分3厘 | (每家摊派)18文 |
| 本·久右卫门 | 2,938 | 2分4厘 | ○ | ○ | 本·又卫卫 | 7,126 | 5分7厘 | ○ | ○ |
| 本·政五郎 | 14,738 | 1两1分8厘 | ○ | ○ | 柄·武卫 | 3,181 | 2分5厘 | ○ | ○ |
| 本·仁左卫门 | 4,063 | 3分3厘 | ○ | ○ | 本·定右卫 | 4,743 | 3分8厘 | ○ | ○ |
| 本·九兵卫 | 2,446 | 2分 | ○ | ○ | 半·利八 | 944 | 8厘 | ○ | ○ |
| 本·孙八 | 931 | 7厘 | ○ | ○ | 半·喜十郎 | 6,366 | 5分 | ○ | ○ |
| 本·长兵卫 | 3,544 | 5分 | ○ | ○ | 半·伊右卫门 | 7,404 | 5分7厘 | ○ | ○ |
| 本·孙左卫门 | 8,225 | 7分5厘 | ○ | ○ | 本·善三郎 | 无土地收入 | | × | ○ |
| 半·市郎右卫门 | 4,647 | 1分7厘 | ○ | × | 柄·喜助 | 无土地收入 | | × | × |
| 本·作左卫门 | 14,243 | 1两1分4厘 | ○ | ○ | 年·久左卫门 | 15,588 | 1两2分5厘 | ○ | ○ |
| 柄·瓦萨(音译) | 无土地收入 | × | × | ○ | 本·庄左卫门 | 12,973 | 1两2分1厘 | ○ | ○ |
| 本·九右卫门 | 9,980 | 8分 | ○ | ○ | 本·六右卫门 | 10,722 | 8分6厘 | ○ | ○ |
| 庄·市兵卫 | 90,144 | × | × | ○ | 半·彦兵卫 | 8,994 | 7分2厘 | ○ | ○ |
| 半·吉兵卫 | 2,542 | 2分1厘 | ○ | ○ | 本·甚卫门 | 12,427 | 9分9厘 | ○ | ○ |
| 半·弥十郎 | 4,045 | 4分1厘 | ○ | ○ | 半·小右卫门 | 3,437 | 2分7厘 | ○ | ○ |
| 半·新右卫门 | 2,909 | 2分3厘 | ○ | ○ | 半·万五郎 | 11,512 | 9分2厘 | ○ | ○ |
| 柄·源五郎 | 5,744 | 4分6厘 | ○ | ○ | 本·兵右卫门 | 7,735 | 6分2厘 | ○ | ○ |
| 本·五兵卫 | 4,372 | 2分7厘 | ○ | ○ | 柄·元治郎 | 无土地收入 | | ○ | ○ |
| 半·胜 | 305 | 3厘 | ○ | ○ | 柄·新六 | 1,085 | 8厘 | ○ | ○ |
| 本·新五郎 | 无土地收入 | | 3厘 | ○ | ○ | 下·彦三郎 | 1,164 | 9厘 | ○ | ○ |
| 半·六兵卫 | 4,548 | 3分6厘 | ○ | ○ | 半·兵卫 | 1,182 | × | × | ○ |
| 本·善右卫门 | 6,461 | 5分1厘 | ○ | ○ | 安左卫门 | 144 | 1分1厘 (新右卫门支付) | × | × |
| 半·发 | 1,161 | × | × | × | 伊兵卫 | 818 | 7厘 (长兵卫支付) | × | ○ |
| 本·平兵卫 | 6,965 | 8分2厘 | ○ | ○ | 佐次兵卫 | 679 | | | |
| 柄·市十郎 | 4,914 | 3分9厘 | ○ | ○ | 喜兵卫 | 1,859 | (孙市)1分5厘 | ○ | ○ |
| 柄·新助 | 1,566 | 1分3厘 | ○ | ○ | | | (市左卫门)9厘 | ○ | × |

第三章 村落社会和家——以上瓦林村和行延村为例　113

(续表)

| | | | | | | | |
|---|---|---|---|---|---|---|---|
| 本·庄右卫门 | 21,311 | 1两7分7厘 | ○ | ○ | | | |
| 柄·清七 | 4,497 | 3分6厘 | ○ | ○ | | | ○(勘五郎) |
| 本·吉右卫门 | 1,612 | 1分3厘 | ○ | ○ | | | ○(庄二郎) |
| 柄·石松 | 无土地收入 | | × | × | × | | |
| 半·利兵卫 | 7,054 | 5分6厘 | ○ | ○ | | | |
| 年·忠兵卫 | 17,985 | 9分1厘 | ○ | ○ | | | |
| 本·忠右卫门 | 13,295 | 1两 6厘 | ○ | ○ | | | |
| 半·先 | 2,621 | 2分1厘 | ○ | ○ | | | |
| 柄·筱 | 959 | 7厘 | ○ | ○ | | | |
| 本·孙三郎 | 10,915 | 8分7厘 | ○ | ○ | | | |

(注)文政元年的"每家摊派(18文)"根据"御忌钱及山番费用集账"。

文政元年他得到了土地收入。即赋税采取的方式是不问役人、非役人都要负担，这是原则，另一方面对无土地收入等经济上穷困的村人常应时免除。因此，被免除者不光是"下人"或"柄在家"，也有"半役人"或"本役人"。上述的"本役人"善三郎、"半役人"发或新兵卫即为此例。

就是说，到了这个时期，役人和非役人的区别基本是门第制的问题，并不仅是役人身份作为村落社会的家而存在。家秩序的确立包括非役人阶层，役人阶层保持的权利、义务不是作为家的权利、义务，而成为在特权意义上的权利、义务。这种役钱负担的结构确实影响到从近世中期开始的以土地收入为中心的统治逻辑，而上瓦林村产生这一方式的直接契机是以明和时期(1764～1772)为界出现的非役人阶层负担役的制度。以前，上瓦林村对藩的夫役征收采用的是应称为"役人家别分摊方式"的方式，只是役人阶层负担役，而到了明和时期，非役人的"柄在家"、"下人"等身份的阶层也根据土地收入被课以夫役(今井、八木，1955，313～315页)。

今井、八木认为这一事态是"一面阻止柄在家或下人上升到役人身份,一面使之只是负担根据数量的负担的役人阶层意志的表现"(同上,316页),但从家的视点看时,这是役人阶层重大的让步,也影响到村落中的家秩序。即在对领主方面,如果非役人阶层负担役的话,那么,在村落内部的运作或社会关系上也必须给非役人阶层以相应的待遇。这样,在进入19世纪的文化(1804—1817)、文政时期(1818～1829),如以上所考察的村落中的负担也扩大到非役人阶层,而形成了包括这些非役人阶层的家秩序。村役人的选出、宫座的构成或身份间的婚姻等或许也会产生变化。总之,在这中间,上瓦林村的役人、非役人的身份制,从表示家秩序本身的阶段向意味着门第制的阶段演变。

## 四 行延村和家

**近世初期** 作为了解行延村近世初期状况的线索,将时期稍微下延,即下面的延宝七年(1679)的"五人组并名子家臣与下等人书上账"[17]。延宝年间((1673～1680)是上瓦林村向初期家秩序解体方向前进的时期,这一史料显示同一时期的行延村还牢固地保持着初期的结构。

**史料3-6 延宝七年"未岁五人组并名子家臣与下等人书上账"**
  百百村花藏寺旦那六人组头
  真言宗　　　　　　　　　　　　庄屋　B孙左卫门
  同　御给人森所左卫门样奉公人　　　　二郎右卫门
  百百村观音寺旦那

## 第三章 村落社会和家——以上瓦林村和行延村为例

| 同 | | | 助十郎 |
| 同 | | 半役 | 五郎左卫门 |
| 同 | | | 五郎兵卫 |
| 同 | | | 久右卫门 |

以上六人组

百百村观音寺

| 同宗 | | | 六兵卫 |
| 同 | 御给人浅田十郎兵卫样御百姓 | | 四郎兵卫 |
| 同 | | | 总四郎 |
| 同 | | | 市郎兵卫 |
| 同 | | 半役 | 右兵卫 |
| 同 | 御给人森所左卫门样御内仪样 | 半役 | 又右卫门 |

以上六人组

两组共十二人

百百村花藏寺

| 真言宗 | 无缘 | 孙左卫门与下谱代 | 小三郎 |
| 同 | 无缘 | 孙左卫门与下家来 | 七兵卫 |
| 同 | | 二郎右卫门名子 | 九右卫门 |

百百村观音寺旦那

| 同 | | 六兵卫名子 | 六郎右卫门 |
| 同 | | 同人奉公人头 | 总七 |
| 同 | | 一郎兵卫名子 | 四郎右卫门 |
| 同 | | 同人名子奉公人 | 孙兵卫 |
| 同 | | 同人名子奉公人 | 七兵卫 |
| 同 | | 四郎兵卫名子 | 仁兵卫 |
| 同 | | 同人名子奉公人 | 彦兵卫 |
| 同 | 无缘 | 又右卫门与下奉公人 | 助市 |
| 同 | 无缘 | | 五郎助 |

以上十二人

除此以外并无一人，如果漏写分家或一个人，那是我的失误。完。

未年正月十二日

正义（印）

如史料所示，当时行延村有 6 个百姓组成的两个六人组，一个由"庄屋"孙左卫门兼任"组头"，另一组的"组头"不清楚，但还是以中世武士家系的株内本家的主人六兵卫打头。恐怕这是分别由旧"小坂"、旧"行延"相当重合地组成的。而属于这两个组的可以认为是当时的本百姓，和近世初期的上瓦林村一样，其内部分为"本役人"和"半役人"。特别是有 8 名没有职位的（除去庄屋）和 3 名记为"半役"的，总之，没有职位的 8 名都是"本役"。

这些役人当然都是和近世初期检地的宅基地登记人有关。在行延村最古老的庆长九年（1604）的检地账中的宅基地登记人中，"行延"有 7 名，"小坂"有 3 名，其总数共 10 名，几近于延宝七年书上账的 12 名役人数。当然，仔细研究其内容，不能明确地看出两个时间点之间家系上是完全一致的。如表 3-7 所示，在宅基地登记人中能够确认和延宝时期的役人在家系上有联系的在"行延"的 7 名中约有半数，"小坂"的 3 名中有 2 名。而且延宝时期"小坂"组中的二郎右卫门的家在庆长时期（1596—1615）被包括在"行延"中。但基本上庆长时期的宅基地登记人成为延宝时期（1673—1681）役人阶层的基干，这些都是近世株内（同族）本家的家。近世的行延村里有姓的株内 A（包括 B 姓、C 姓）、D、E、F、G 和没有姓的株内 x、y、z，而且存在着 A 一族的家臣、谱代（谱代也为家臣。——译者）系统等几个家系（其中也有像 G 姓那样被承认为姓而独自形成株内的），而其中先祖家系追溯到庆长时期的 A、D、

第三章 村落社会和家——以上瓦林村和行延村为例

E、F、x、y、z 的本家系统的几乎都是庆长检地时的宅基地登记人。

表 3-7 庆长期检地账和延宝期书上账的比较

| 庆长九年检地账(行延)(1604) | | | | 延宝七年书上账(1679) | | | 庆长九年检地账(小坂)(1604) | | | 延宝七年书上账(1679) | |
| --- | --- | --- | --- | --- | --- | --- | --- | --- | --- | --- | --- |
| 氏名 | 土地收入(合) | 宅基地 | 役人 | 属性 | 氏名 | 土地收入(合) | 宅基地 | 役人 | 属性 |
| 总右卫门 | 31,336 | ○ | 六兵卫 | E姓本家 | 孙右(左)卫门 | 24,815 | ○ | 助十郎 | A姓本家 |
| 次郎兵卫 | 18,021 | ○ | | | 九郎右(左)卫门 | 21,387 | | | |
| 次郎右卫门 | 8,602 | ○ | 二郎右卫门 | x系本家 | 助右卫门 | 20,293 | | | |
| 与五郎 | 6,650 | ○ | ?市郎兵卫 | y系本家 | 新二郎 | 11,509 | ○ | 久右卫门 | D姓本家 |
| 新五郎 | 5,402 | ○ | 又兵卫 | z系本家 | 二郎三郎 | 7,433 | ○ | | |
| 与三兵卫 | 5,392 | (他村) | | | 九郎兵卫 | 6,055 | (他村) | | |
| 孙右卫门 | 4,889 | (小坂) | | | 总(宗)右卫门 | 5,403 | (行延) | | |
| 新右(左)卫门 | 4,474 | ○ | | | 彦兵卫 | 5,214 | | | |
| 又二郎 | 3,881 | ○ | 又右卫门 | F姓本家 | 彦二郎 | 3,960 | (他村) | | |
| 二郎右卫门 | 3,083 | (他村) | | | 又七郎 | 2,600 | (他村?) | | |
| 三郎兵卫 | 1,981 | (他村) | | | 冈之坊 | 1,970 | | | |
| 与三二郎 | 1,306 | (他村) | | | 宗三郎 | 1,704 | (他村) | | |
| 与三兵卫 | 1,096 | (他村) | | | 形市 | 1,265 | | | |
| 千菊 | 910 | | | | 千之代 | 1,235 | (他村) | | |
| 五郎兵卫 | 883 | | | | 宗二郎 | 1,216 | (他村) | | |
| 专门 | 768 | | | | 次郎右卫门 | 1,196 | (行延) | | |
| 喜作 | 546 | | | | 宫座 | 1,183 | | | |
| 冈之坊 | 536 | | | | 又右卫门 | 1,126 | (他村) | | |
| 与右卫门 | 300 | | | | 次郎兵卫 | 1,083 | (行延) | | |
| 四郎兵卫 | 260 | | 四郎兵卫 | F姓分家 | 助市郎 | 1,065 | | | |
| 四郎兵卫 | 173 | (他村) | | | 三郎兵卫 | 1,040 | (他村) | | |
| 三郎二郎 | 165 | | | | 六郎二郎 | 930 | (他村) | | |
| 又七 | 120 | | | | 新五郎 | 879 | (行延) | | |
| | | | 总四郎 | ? | 四郎二郎 | 863 | (他村) | | |
| | | | | | 又七 | 593 | | | |
| | | | | | 助二郎 | 270 | | | |
| | | | | | 六郎右卫门 | 120 | | | |
| | | | | | 与三郎 | 40 | | | |
| | | | | | 锻治 | 90 | | | |
| | | | | | 无主 | 360 | | | |

| | | | | | | | (续表) |
|---|---|---|---|---|---|---|---|
| | | | | | | 孙左卫门 | A姓分家(B姓) |
| | | | | | | 五郎兵卫 | A姓分家 |
| | | | | | | 五郎右卫门 | A(B)氏的谱代系统 |

(注)宅基地栏中的 { "○",为宅基地所有者
(小坂),(行延)各为小坂,行延的居民
(他村),为小坂,行延以外的村的居民 }

延宝时期属于组的役人以这种本家系统的家为基本,再加上以后新独立的若干新家。比如,旧"行延"的F姓的分家四郎兵卫、A姓分家的孙左卫门(但姓是B)或五郎兵卫,还有A(B)姓的谱代获得独立的五郎左卫门等相当于新出现的役人。因为将这些人作为新的役人,村落的役人人数也会有一些扩大,但新加入役人的家的数量比扩大的数量更多,因此,其中也会有继承户绝的家。

但是,整体上这一期间严格地限制着新加入的役人。因为延宝七年的"书上账"中不能属于组的村人相当多,其中也包含着很多这些役人的亲属。这点如表3-8所示。当时成不了役人的阶层用"名子"、"家来"、"谱代"、"奉公人"的名称来表示,"名子"意味着役人阶层的亲属,此外是非亲属(根据各自的性质分别使用三个名称),而"名子"身份的九右卫门、六郎右卫门、四郎右卫门、仁兵卫分别相当于役人x系二郎右卫门、E姓六兵卫、y系市郎兵卫、F姓又右卫门的亲属系统。并且,其中四郎右卫门和仁兵卫虽然自己拥有"奉公人",但却处于"名子"的地位。即亲属中成为役人的大约只有一半,并且主要是限定在和A姓有关的人身上。从整体上看,庆长检地的宅基地登记人的旁系亲属或非亲属的依附阶层还有很多被排除在役人之外。这一期间役人身份的扩大绝非明

显。而且，上瓦林村在延宝初年"隐居"身份者的役人化猛然增多，而同一时期的行延村却没有类似的发展，后者还牢固地保持着以近世初期宅基地登记人为基础的家秩序。

表3-8 延宝期书上账上的村人属性

| 组外 | | | | | | | 六人组 | | | | | 六人组 | | | | | 役职·身份 |
|---|---|---|---|---|---|---|---|---|---|---|---|---|---|---|---|---|---|
| 又右卫门？与下奉公人 | 同右卫门名子奉公人 | 四郎兵卫名子奉公人 | 同兵卫名子奉公人 | 一郎兵卫名子奉公人 | 同奉公人头 | 二郎右卫门名子 | 六兵卫名子 | 孙左卫门与下家臣 | | | 半役 | 半役 | | | | 庄屋·组头 | |
| 观 | 观 | 观 | 观 | 观 | 观 | 花 | 花 | 花 | 观 | 观 | 观 | 观 | 观 | 观 | 花 | 花 | 寺 |
| 五郎助 | 助市 | 彦市 | 仁兵卫 | 七兵卫 | 孙兵卫 | 总七 | 四郎右卫门 | 六郎右卫门 | 九郎右卫门 | 小三郎 | 又兵卫 | 市郎兵卫 | 总四郎 | 四郎兵卫 | 六兵卫 | 久右卫门 | 五郎兵卫 | 五郎左卫门 | 二郎十郎 | 助右卫门 | 孙左卫门 | 氏名 |
| F姓本家的奉公人？ | F姓亲属右的奉公人 | y姓亲属右的奉公人 | E姓本家的奉公人头 | E姓亲属 | x系亲属 | A（B）姓家臣系统 | A（B）姓谱代系统 | F姓本属 | z系分家 | y系分家？ | F姓本家 | E姓本家 | D姓本家 | A（B）姓谱代系统 | A姓本家 | x系亲属 | A姓分家（但为B姓） | |

（注）寺→花＝花藏寺　观＝观音寺

并且这个家秩序直到元禄时期（1688～1704）还在这一带维持着。根据元禄二年（1689）的村明细账，如表3-9所示，村落的身份依然根据"本百姓"和"名子家臣"来区分。并且本百姓的比率平均为五成左右，少的只有三成左右，显示了身份的固定维持了相当长的时期。行延村也绝非例外，有13名"本百姓"和13名"名子家臣"，大体上是这个地方的平均数，此外，和延宝七年相比，"本百姓"和"名子家臣"不过分别增加了1名。

表3-9 元禄二年(1689)村明细账

| | 户数(实数) | | | | 户数(%) | | | |
|---|---|---|---|---|---|---|---|---|
| | 本百姓 | 名子家臣 | 其他 | 合计 | 本 | 名 | 其他 | 计 |
| 长内村 | 16 | 9 | 佛寺家2 | 27 | 59.3 | 33.3 | 7.4 | 100.0 |
| 野竹村 | 3 | 1 | | 4 | 75.0 | 25.0 | | 100.0 |
| 则平村 | 4 | 4 | | 8 | 50.0 | 50.0 | | 100.0 |
| 稻穗村 | 6 | 8 | | 14 | 42.9 | 57.1 | | 100.0 |
| 盐气村 | 8 | 10 | 神社家2 | 20 | 40.0 | 50.0 | 10.0 | 100.0 |
| 重藤村 | 9 | 7 | | 16 | 56.3 | 43.7 | | 100.0 |
| 上间村 | {10 | 17 | | 27 | 37.0 | 63.0 | | 100.0 |
| | 1 | 5 | | 6 | 16.7 | 83.3 | | 100.0 |
| 周佐村 | {北村12 | 16 | | 28 | 42.9 | 57.1 | | 100.0 |
| | 延坂3 | 5 | | 8 | 37.5 | 62.5 | | 100.0 |
| 书添村 | 11 | 19 | 佛寺家1 | 31 | 35.5 | 61.3 | 3.2 | 100.0 |
| 羽仁村 | 9 | 13 | | 22 | 40.9 | 59.1 | | 100.0 |
| 百々村 | 23 | 39 | 佛寺家2/神社家1/石屋3 | 68 | 33.8 | 57.4 | 8.8 | 100.0 |
| 安井村 | 14 | 28 | | 42 | 33.3 | 66.7 | | 100.0 |
| 仓见村 | 6 | 6 | | 12 | 50.0 | 50.0 | | 100.0 |
| 行延村 | 13 | 13 | | 26 | 50.0 | 50.0 | | 100.0 |
| 松尾村 | 8 | 9 | | 17 | 47.1 | 52.9 | | 100.0 |
| 下藤田村 | {本村6 | 10 | | 16 | 37.5 | 62.5 | | 100.0 |
| | 枝村4 | 8 | | 12 | 33.3 | 66.7 | | 100.0 |
| 上藤田村 | {本村19 | 11 | 神社人1 | 31 | 61.3 | 35.5 | 3.2 | 100.0 |
| | 枝村5 | 10 | | 15 | 33.3 | 66.7 | | 100.0 |

(注)据《近世作南农村史料〈1〉》(矢吹编、1960)的42~45页记载的史料整理。

## 第三章 村落社会和家——以上瓦林村和行延村为例

从家的观点来看，应该如何把握这些"本百姓"，即役人和"名子家臣"的关系呢？确实"名子家臣"并非完全没有权利、义务。在约10年后的贞享三年（1686）的"矢吹录"中，虽不包括行延村本身，但记载着有关附近村落夫役征收的记录。现将它整理成表3-10，可以从中得知"本百姓"和"名子家臣"被课以夫役。大概延宝时期的行延村也被课以此种形式的夫役，所以，绝不能轻视"名子家臣"担负的权利、义务问题。但是，其中对"名子家臣"的人数估计的要比村落中的实际数量明显要少。因为如前表3-9的村明细账所示，在其后的元禄二年，这一带"本百姓"和"名子家臣"的比率平均是一比一，而在夫役的调查中，"名子家臣"的比率要低得多。即使在"名子家臣"的人数多的地方，也只有2名，有两个村落一个也没有。比如在史料上出现名字的安井村和仓见村的情况。元禄二年安井村有14名"本百姓"，28名"名子家臣"，仓见村有6名"本百姓"，6名"名子家臣"；与此相对，贞享三年，安井村有12名"本百姓"（包括拒绝者），2名"名子家臣"，仓见村有3名"本百姓"（包括拒绝者），1名"名子家臣"。即对"本百姓"几乎按其实际数量课以夫役。而对"名子家臣"可以说是以不课夫役为原则，实际上仅课以极为轻微的负担。并且，"本百姓"和"名子家臣"每人的负担量也有很大差别，"本百姓"一人承担20人的份，而"名子家臣"承担10人份和半份，更可以清楚地看出"名子家臣"夫役义务之轻。

如果这么考虑，那么将"名子家臣"规定为处于村落成员的地位也还是很困难的。和以前是依附身份的阶层逐渐取得家的实质的17世纪中叶的上瓦林村的情况相比较，这一点就更为明显了。

表 3-10　贞享三年(1686)"夫役数量调查"

|  | 头数 | | 夫役人数(人次) | | |
| --- | --- | --- | --- | --- | --- |
|  | 本百姓 | 名子家臣 | 本百姓 | 名子家臣 | 合计 |
| 堂尾村 | 7 | 0 | 140 | 0 | 140 |
| 为本村 | 12 | 2 | 240 | 20 | 260 |
| 黑坂村 | 8(外1名免除) | 0 | 160 | 0 | 160 |
| 池原村 | 20 | 2 | 400 | 20 | 420 |
| 末　村 | 21 | 1 | 420 | 10 | 430 |
| 安井村 | 11(外1名拒绝) | 2 | 220 | 20 | 240 |
| 仓见村 | 2(外1名拒绝) | 1 | 40 | 10 | 50 |
| 宫山村 | 9 | 2 | 180 | 20 | 200 |
| 马状村 | 7 | 2 | 140 | 20 | 160 |

(注)史料出处和表3-9相同。

元禄初年前的行延村，牢固地维持着近世初期设定的役人阶层保持着村落本来成员地位的结构，认为它继续维持着前述的在信州本间村或原村形态的村落结构这种观点是妥当的。

**近世中期以后**　行延村初期家秩序发生巨大变化，其近世中期的性质明确起来是从元禄末期开始的。如表3-11所示，正德二年(1712)从以前基于"本百姓"和"名子家臣"的身份区别的来掌握农民向以"百姓[高持(有耕地和宅基地者。——译者)]"和"贫民(无土地收入)"的土地收入为基准的、来掌握农民转变，其后直到幕末都保持着这一原则。正好在元禄十年(1697)，行延村从津山藩的领地转为幕府直辖领地(矢吹编，1960，273~274页)，所以其中也有统治政策转变的影响。

第三章 村落社会和家——以上瓦林村和行延村为例

表3-11 身份·户数的变化

| 年份 | | | | |
|---|---|---|---|---|
| 延宝七年(1679)书上账 | 役人 12 | 名子奉公人谱代 12 | | 24 |
| 元禄二年(1689)明细账 | 本百姓 13 | 名子家臣 13 | | 26 |
| 元禄十二年(1699)日记 | | | | 34 |
| 正德二年(1712)备忘账 | 高持 33 | 贫农 3 | | 36 |
| 享保九年(1724)差出账 | 百姓 35 | 贫农 3 | | 38 |
| 元文四年(1739)村鉴账 | 百姓 35 | 贫农 2 | | 37 |
| 宝历十三年(1763)日记 | | | | 25 |
| 天明六年(1786)宗门改账 | 高持 25 | 无土地收入 2 借地 1 不明 1 | | 29 |
| 宽政七年(1795)宗门改账 | 高持 29 | 无土地收入 1 | | 30 |
| 文化十一年(1814)宗门改账 | 高持 28 | 无土地收入 0 | | 28 |
| 天保十三年(1842)宗门改账 | 高持 30 | 无土地收入 0 | | 30 |
| 庆应二年(1866)宗门改账 | 高持 29 | 无土地收入 2 谱代 2 | | 33 |

这种发展的存在方式和上瓦林村相当不同。在上瓦林村,近世初期的身份秩序在中期重组,而在近世中期以后也被继承下来,但行延村的近世初期的秩序原则上在近世中期以后没被继承。村人和近世初期是否是"本百姓(役人)"或"名子家臣"无关,到近世中期以土地收入为标准被置于"百姓(高持)"或"贫民(无土地收入)"的地位上。当然从另一方面来看,这一过程就意味着依附初期从属身份的解放。因为虽是近世初期本百姓的亲属但也被置于依附身份的"名子"或非亲属的"家臣"、"谱代"、"奉公人"等由于成为"百姓(高持)"而从过去的身份中解放出来,能够作为家而独立。

但是,村落社会的习惯实际上并没有那么简单。因进入幕府直辖领地,统治者方面政策的转变确实给家秩序以重大的影响,但行延村以前的家秩序并未因此而解体，而是影响到中世以后的村落社会。初期以本百姓的家系为中心的阶层即使到中期也在村落内部保持着特殊的地位。比如，在享保九年（1724）的"行延村差出账"（向领主申告财产的记录簿。——译者）中，最后有总百姓的签名，但全部签名不过16名。这和延宝七年书上账的役人（本百姓）的人数是12名或元禄二年村明细账的本百姓13名相比较，稍微多一些，但不过是这时差出账中的35名百姓、3名贫民的一半。而将这签名者和延宝七年书上账、享保十五年名寄账相比较，则成为表3-12。

这时，除已将生活据点开始转移到邻村松尾村、承传x系的九郎兵卫以外，延宝七年书上账的本百姓（役人）家系的人全都是签名者，而那时"名子"、"谱代"、"家臣"、"奉公人"阶层或以后分家的阶层中相当部分不是签名者。签名和登记的年度因为有几年的相差而难以断定，但在没有登记宅基地的阶层中这一倾向特别强，实际上，没有登记宅基地的村人一个也没有签名。虽然石高原理因幕府直辖领地化而得以加强，但起作用的不光是石高原理，而是和宅基地原理相结合的石高原理。因此，在村落社会水平上基于以往的"本百姓"、"名子家臣"原理的家秩序实际上发挥着功能。宽政年间、文化年间等的百姓联名的文书都呈现出和有产者百姓人数相近的签名者，所以，直到近世后期这一形态并非岿然不动，但至少在近世中期以后的一定时期内是存在的。并且从这一原理进入到"村差出账"这样公的文件中的事实来看，它对村落社会的运作是有很大影响的[18]。

和中期以后的行延村的家秩序有关联的还有围绕着村人的姓

第三章 村落社会和家——以上瓦林村和行延村为例

表 3-12 享保九年(1724)村申报账署名者的属性

| 系谱 | | 享保十五年名寄帐(1730) | 享保九年申报帐 | 系谱 | | 享保十五年名寄帐(1730) | 享保九年申报帐 |
|---|---|---|---|---|---|---|---|
| ●延宝七年役人(1679)<br>△ ″ 名子谱代 | | 名<br>名请高<br>(宅基地持有) | 署名人 | ●延宝七年役人(1679)<br>△ ″ 名子谱代 | | 名<br>名请高<br>(宅基地持有) | 署名人 |
| A·B·C | | 总右卫门 4,649合 (○) | ⑦ | E | | 助左卫门 9,209合 (○) | ② |
| | | 利右卫门 4,310合 (○) | | | | 与 六 4,071合 (○) | ⑭ |
| | | 五郎兵卫 15,458合 (○) | ⑥ | | | 忠四郎 4,500合 (×) | |
| | | 与三右卫门 12,896合 (○) | ⑪ | | | 孙右卫门 1,471合 (○) | |
| | | 孙左卫门 10,949合 (○) | ① | | | 半兵卫 4,760合 (○) | ⑬ |
| | | 太兵卫 4,601合 (○) | | F | | 孙十郎 5,198合 (○) | ⑤ |
| D | | 新兵卫 3,799合 (○) | ⑨ | | | 菊右卫门 2,608合 (×) | |
| | | 久右卫门 2,966合 (○) | ⑧ | | | 又四郎 5,135合 (×) | |
| | | 六右卫门 3,863合 (○) | | | | [与市郎 1,889合 (○)] | |
| | | 清右卫门 2,041合 (○) | ⑩ | | | 仁兵卫 5,135合 (○) | ⑫ |
| | | 又 六 2,047合 (○) | | | | 大郎右卫门 3,980合 (○) | ④ |
| x | | 九郎兵卫 2,501合 (○) | | y | | 助 七 1,285合 (○) | |
| | | 次郎右卫门 1,935合 (×) | | | | 孙三郎 3,789合 (×) | |
| | | 又三郎 4,962合 (×) | | | | 安右卫门 935合 (○) | |
| A(B)的家臣·谱代系统 | | 五郎兵卫 726合 (×) | | z | | 长兵卫 3,891合 (○) | ⑮ |
| | | 佐兵卫 435合 (×) | | | | 平 助 1,449合 (○) | |
| | | 次郎兵卫 6,780合 (○) | ③ | | | 又兵卫·喜兵卫 2,004合 (×) | |
| | | 新右卫门 6,615合 (×) | | 不明 | | 又右卫门 1,472合 (○) | |
| | | [长三郎 1,962合 (×)] | | | | 三 助 1,136合 (×) | |
| | | 市兵卫 1,592合 (○) | | | | | 没有符合⑯的助右卫门的 |

的问题。这恐怕比"本百姓"、"名子家臣"原理的残留更具有重要

的意义。在行延村有姓绝不是私的事情。确实农民的姓对领主是私的事务,但在行延村的社会习惯上这是相当公的问题。这个姓的秩序是在直至近世初期的过程中逐渐形成的,对中期以后的家秩序具有极其重要的意义。

继承 A、E 的中世武士系谱的一族在村落内使用以前的姓没有什么特别的问题,但此外的村人要在村落里使用姓必须向当时的庄屋矢吹家申请,必须得到以文书正式承认使用的手续。D 姓在承应二年(1653)、F 姓在宽文二年(1662)分别向庄屋 B 本家申请使用姓并得到承认(矢吹编,1960,6~7 页、10 页)。E 姓是以其先祖曾使用过这个姓的理由而被入选,F 姓是 B 本家命名的。而且据"矢吹录",A 一族的家臣、谱代系统也有姓,但这只是从家臣、谱代时代开始习惯性使用的,并非村落正式承认的,只是和 A 一族在私的关系上通用而已。但其中庆长末年大阪之阵(德川家康消灭丰臣秀赖的战役,时间为 1416~1615 年。——译者)时,依附 A 家来行延村定居并传承下来的 S 姓在享保时期(1716~1736)被给予公的承认的姓(G 姓)而独立[19]。

x 系、y 系等无姓的村人是从近世中期前后村落姓秩序形成过程中漏掉的阶层。"矢吹录"对这些村人也完全不冠姓而仅记其名,比如在享保九年(1724)的记事中写道:"闰四月廿五日,长兵卫来申报卒藤助出生一事,长兵卫父太兵卫旧时百姓也,尤无名字",明确地说明 z 系没有姓[20]。可以认为 A 一族的谱代、家臣系统也处于这种准无姓的地位。

同样的初期本百姓中为什么会产生出这种有姓无姓的差别,还不清楚,不过从当地中世的传统之强来看,可能首先是因为中世的家系特质的不同。在中世即使不是武士,但已作为名主(在家)而比较自立的阶层的家系到近世被允许使用姓,此外的农民阶层是不给予姓的。但是,从刚才的庆长检地账来看,被承认姓的阶层不一定在经济上优越于不被承认姓的阶层,所以也许其中有政治性背景。中世、近世的 A 一族在当地都很有势力,所以可以认为他们对中世以来与其有积极联系的阶层的姓便给予承认。

总之,姓的有无产生了村人地位上的差别,带来了在村落生活中权利或义务的不平等。从刚才的享保九年的"行延村差出账"中的签名者情况可以看出其一端,虽然在延宝七年不是役人,但享保九年成为签名者的都是被允许有姓的株内。只是有姓的阶层才加强了其地位。为此,一方面针对没有姓的 x 系、y 系、z 系或 A 一族的家臣、谱代的村人,签名者在延宝七年被限定为本百姓(役人)的本家阶层。而且,序论中所说的村落有职务者也同样限定于有姓阶层。因为不仅是庄屋、年寄,就连百姓代这样的职务,无姓的村人连暂时担任的都没有。近世后期,"本百姓"、"名子家臣"的身份秩序减弱,所以村落里姓起的作用就大了。而将这一结论进一步发展,那么可以认为在姓里就存在着门第的秩序,以继承中世武士家系的 A(B、C)姓、E 姓为顶端形成等级序列是不难想像的。

当然根据有无姓的差别待遇没有渗透到所有的生活领域。比如,在对于村落很重要的山林,就一定会成为严重的问题。行延村位于山谷,有相当多的山林比林业经营具有更重要意义,即它是肥料等生活资源的来源,但其中一部分已经私有化了。在"村明细账"等上面的"百姓持株"指的就是这个,从近世中期到幕末,保持着约 8 町(1 町约合 9918 平方米。——译者)面积、杂税银 44 两。

这些作为每个村人借贷的典当物或买卖的对象，而且村法严格禁止采伐非己所有的树木、树下的杂草等。其私有权相当强大。但不光是有姓的农民将其私有化。比如，据元文元年（1736）的"年贡米银支付账目内容账"来看杂税银的负担状况，便如表3-13所示，农民之间的负担额差别相当大，有姓的阶层相对高确为事实，但不能说负担者仅限于有姓的阶层。量上是有差别，但有姓无姓双方都有可能将山林据为私有。

大概近世初期的本百姓已经对山林的一部分分别具有排他的权利，其后，以杂税银的设定和负担为契机确立了近世的私有权，这些本百姓在分割继承时，这个权利也以分割杂税银的形式和田地一样被分割，其结果是中期几乎所有的农民都有了山林。当然，在这种所有权分割的山林以外还有行延村的入会地或包括周围村落的入会地等，这些地被用来饲养农耕用的牛马。但是，显示其存在着门第制的利用权限制的史料，除了后述的有关"和气山"的资料之外并无其他明确的材料，所以可以认为整体上说来是一般性地共同利用[21]。

另一方面，姓的问题对水利影响相当大。也许因为当地是山谷地，也许是因为没有稳定的用水源，如表3-14所示，从近世初期到中期，行延村建造了几个蓄水池。靠着这种农业基础设施的完善，山谷地也逐渐成为近世村落构成的形成条件。当然，这里显示的7个蓄水池中，"斯古屋开"（音译）、"须留井"虽在行延村但却成为邻村耕地的水源，所以，直接和行延村有关的是"井之奥"、"道高"、"加贺曾"、"柿坂"、"坂田"等5个。其灌溉总量为75石左右（面积大约5町），所以近世中期行延村的水田至少有一半依靠这些蓄水池的水。

表3-13 元文元年(1736)"年贡米银支付账目内容账"——山林·水利

| 系谱 | 氏名 原初收获量 | 林山上贡银 | 水池值班费 | 系谱 | 氏名 原初收获量 | 林山上贡银 | 水池值班费 |
|---|---|---|---|---|---|---|---|
| A·B·C | 总右卫门 4,640合 | 2分1厘 | | E | 助左卫门 10,801合 | 3两1分4厘 | 12合 |
| | 利右卫门 4,076合 | 5分7厘 | | | 与 六 4,071合 | 1两 1厘 | |
| | 五郎兵卫 15,494合 | 3两 1厘 | 102合 | | 忠四郎 4,500合 | 1两2分7厘 | 13合 |
| | 与三右卫门 12,306合 | 1两6分6厘 | 12合 | | 孙右卫门 876合 | | |
| | 孙左卫门 ? | ? | ? | F | 弥兵卫 4,172合 | 1两2分 | |
| | 太兵卫 3,450合 | 5分4厘 | 4合 | | 孙十郎 5,363合 | 7分 | 7合 |
| D | 新兵卫 3,799合 | 7分1厘 | 8合 | | 菊右卫门 2,608合 | 5分 | 7合 |
| | 久右卫门 2,121合 | 2分3厘 | | | 又四郎 5,135合 | 1两5分5厘 | 11合 |
| | 六右卫门 4,692合 | 2两1分1厘 | 14合 | | 与市郎 147合 | | |
| | 伊右卫门 2,041合 | 8分1厘 | 2合 | | 仁兵卫 6,275合 | 1两7分5厘 | 10合 |
| | 又 六 2,047合 | 2分3厘 | | y | 九郎右卫门 3,864合 | 8分2厘 | |
| x | 二郎右卫门 246合 | | | | 助 七 1,365合 | | |
| | 九郎右卫门 861合 | | | | 孙三郎 3,789合 | 4分1厘 | |
| A(B)的家臣·谱代系统 | (G) 传右卫门 5,798合 | 1两7分6厘 | 2合 | | 安右卫门 415合 | | |
| | 文 六 716合 | | | z | 长兵卫 4,037合 | 3分6厘 | |
| | 二郎左卫门 6,309合 | 1两5分5厘 | | | 又兵卫 1,291合 | 7分5厘 | |
| | 新右卫门 6,588合 | 1两5分5厘 | 2合 | | 平 助 1,538合 | 2分5厘 | |
| | ? | ? | | | 忠兵卫 992合 | 9分2厘 | |
| | | | | 不明 | 又 市 461合 | | |
| | | | | | 助右卫门 2,281合 | 9分3厘 | |
| | | | | | 三 助 2,021合 | | 5合 |
| | | | | | 又右卫门 503合 | | |

130　家和同族的历史社会学

表3-14　村内水池

| 名称 | 井之奥 | 道高 | 加贺曽 | 柿坂 | 坂田 | 须留井（音译） | 斯古屋开（音译） |
|---|---|---|---|---|---|---|---|
| 建造年 | 元禄五年 | 宽文三年 | 延宝四年 | 宝永七年 | 正德二年 | 正保元年 | 宽文十二年 |
| 规模 | 横15间　长32间 | 横13间　长15间 | 小池 | ? | ? | ? | ? |
| 使用地 | 助左卫门田6亩9步<br>仁兵卫田　5亩24步<br>九郎右卫门田6亩 | 孙左卫门山林 | 新兵卫田 | 彦七田1亩27步 | 与三右卫门田3亩6步 | 6反9亩28步 | 2反3亩27步 |
| 用水人（建造时） | 孙左卫门（B姓）<br>与三右卫门（C姓）<br>五郎兵卫（A姓）<br>八兵卫（D姓）<br>六右卫门（D姓）<br>宗右卫门（A姓）<br>仁兵卫（A姓）<br>助左卫门（E姓）<br>久右卫门（D姓） | 孙左卫门（B姓） | 新兵卫（松尾村） | 彦七（E姓）<br>久右卫门（D姓）<br>助兵卫（E姓）<br>九郎右卫门（y系）<br>仁兵卫（F姓）<br>五郎兵卫（A姓）<br>三郎兵卫（z系）<br>弥兵卫（F姓）<br>弥三郎卫门（F姓） | 与三右卫门（C姓） | 百村百姓13名 | 书村百姓8名 |
| 用水规模 | 2町5反6亩6步<br>37石1斗6升1合 | 1町1反9亩12步<br>16石3斗3升7合 | 1反2亩<br>1石5斗6升 | 7石4斗3合 | 13石5斗3升8合 | ? | ? |

（注）根据"水池承包明细调查账"（近世后期?）。

使用、管理这些蓄水池的好像主要是有姓的村人。确实，"柿坂"在建造时，有3户无姓的加入了用水的行列，所以并非为有姓户所垄断。但是，"柿坂"和"井之奥"、"道高"相比，规模或灌溉面积相当小，虽然如此，利用其灌溉的人却最多，大体上是人均灌溉量小的蓄水池。从蓄水池受益的总体来看，这些无姓户（自然包括家臣、谱代系统的家系）所占位置极小。并且在村落内的蓄水池管理方面，这种倾向更强。如前表3-13所示，在元文元年的"年贡米银支付账目内容账"中也记载着"水池值班费"的负担，负担这"水池值班费"的几乎都是有姓户。在这个时候由于G姓被认可，所以例外的只是作为家臣、谱代的新右卫门，对于蓄水池修理等的所谓普请（即摊派赋役。——译者），是分别靠蓄水池的灌溉用水人按其灌溉面积（收获量）负担的人足（一种劳役。—译者）来运作，所以，这里出现的"水池值班费"大概是监视不正当使用等的一般管理费用。从这一时期的其他史料来看，不能认为当时接受灌溉的人没有一个无姓户，但正因为如此才显示出有姓户的管理权之强。

姓的问题更影响到婚姻或收养养子的习惯。在上瓦林村存在的役人阶层和"柄在家"、"下人"之间的婚姻禁忌关系在行延村则存在于有姓户和无姓户之间。从嘉永时期（1848~1854）重新整理的"行延村住人略系账"中选择出无姓户的婚姻、养子关系，就构成了表3-15。这个材料中除去村外婚，还记述了许多妻子的娘家、女子嫁出的人家，所以这种例子很少，但是无姓的村人及家臣、谱代家系的人几乎没有和有姓阶层有婚姻、养子关系。但家臣家系中在享保时期被认可使用姓的G姓具有居于有姓和无姓中间的性质。这一姓一方面和有姓阶层结成婚姻或养子关系，一方面和无姓阶层或家臣、谱代家系的阶层结成婚姻或养子关系。

恐怕"矢吹录"中记载的如下史料（史料3-7）是最好地告诉我们有关姓的重要性的资料了。[22]

表 3-15　家臣·谱代系统阶层及无姓阶层的婚姻及养子

| | | 时期 | 对象者 | 本家 | 婆家 | 养子家 |
|---|---|---|---|---|---|---|
| 家臣·谱代系统 | G姓 | 17C中 | 四郎兵卫养子 | （本家） | F姓 | 伊右卫门 |
| | | 18C中 | 与次右卫门女子 | （婆家） | A姓 | 和平治 |
| | | 18C后半 | 利八养子 | （本家） | 谱代系统 | 幸七 |
| | | 19C前半 | 勘之助女子 | （婆家） | F姓 | 伊右卫门 |
| | | 同上 | 利八妻 | （本家） | F姓 | 伊右卫门 |
| | | 19C中 | 笹五郎妻 | （本家） | G姓 | 文五郎 |
| | | 17C初 | 五郎兵卫妻 | （本家） | y系 | 助七 |
| | | 18C中 | 文六养子 | （本家） | E姓 | 孙右卫门 |
| | 其他 | 17C后半 | 佐兵卫妻 | （本家） | 谱代系统 | 吉右卫门 |
| | | 18C后半 | 幸七男子 | （养子家） | G姓 | 幸七 |
| 无姓层 | | 17C初头 | 助七女子 | （婆家） | G姓 | 五郎兵卫 |
| | | 18C中顷 | 传助女子 | （养子家） | G姓 | 与次右卫门 |
| | | 17CP初头 | 安右卫门妻 | （本家） | x系 | 又市 |

史料 3-7　矢吹录(文化十二年正月)

同月廿四日,大总地区的松右卫门提出申请,要将下谷村的新藏收为养子,虽有中介人斡旋,但因松右卫门无姓、株内等缘故,使新藏家感到困惑。如使松右卫门进入与次右卫门株内就能将新藏领养,所以特提出申请,叫来与次右卫门,提出将四郎兵卫(松右卫门之父)当作株内对待。迎进养子时,(与次右卫门)列席参加,姓也可为 G。与次右卫门在 G 和与次右卫门的株内商量后同意,因此佑正(即我本人)告诉四郎兵卫,既然以后和与次右卫门成为株内,应互相照应。此时四郎兵卫年七十二,松右卫门四十四,妻三十五,女松年十三。

据这一史料,住在行延村大总的松右卫门(四郎兵卫是其父亲)在文化十二年(1815)提出申请,要收下谷村的新藏为养子,但松右卫门"因无姓、株内等"缘故,新藏的双亲对此表示为难。为此,松右卫门(四郎兵卫)一方得到同意:今后进与次右卫门的同族,即G"株内",姓也称为G,这才得到养子。在家谱等上也会将松右卫门记为G"株内"的成员,所以,这一决定绝非为一时的方便,没有姓或"株内",在婚姻和收养子方面是绝对的不利。而且,这是个其他村子收养子的例子,那么就不光是行延村,连这一带都存在着有无村落认可的姓所产生的社会差别。此外,松右卫门实际上是A一族的谱代出身,这是在B本家的史料上被习惯地称为I的姓,所以,谱代出身的姓和一般村人的姓不同,对于村落社会来说,这种姓不是公的,而是B本家随意使用的。而且松右卫门特被称为G姓,并属于这一株内之中,大概与G株内本来和松右卫门一样属于A一族的家臣、谱代有关系。

但是,村落中无姓的阶层绝不甘于这种地位,他们很早就开始不满了。这在包括行延村在内的26个村的入会林野"和气山"的山论(即关于入会"和气山"的争论和诉讼。——译者)中就表现了出来。享保四年(1719),北方11个村(津山藩领内)的入会"和气山"被包括行延村在内的南方15个村(幕府领内)用实力阻止,从而引发了重大的山论(栅原町史编集委员会编,1978,153~154页,161页)。这一山论延续了4年,送代表去江户等费用,由有关各村分担。矢吹家的日记也记下了这一期间4~5次的分担。但围绕此事在村内征收分担金的事,行延村在享保八年产生了小小的纠纷。

**史料 3-8　矢吹录（享保八年三月）（矢吹编，1960，105页）**
三月　和气山公事费用分担者如下

| B | 孙左卫门 | 三人份 | D | 六右卫门 | 一人份 |
| A | 孙四郎   | 一人份 | 同 | 作右卫门 | 同 |
| 同 | 五郎兵卫 | 同 | F | 孙十郎 | 同 |
| C | 与三右卫门 | 同 | E | 助左卫门 | 同 |

以上数人分担，此外，对元行等（其他百姓的名字。——译者），虽正义（我本人）晓以利害，但最终被强硬拒绝，遗憾。

如史料所示，8名百姓应征分担金，虽庄屋B本家主人正义"晓以利害"，但其他的百姓仍"强硬拒绝"。这出钱的8人都记载着姓，所以虽然庄户说服了他们，但此外"强硬拒绝"的多数都是行延村的无姓户阶层。G作为姓被认可是在这个事件稍后的享保十八年，所以它没有包括在这时出钱的8人中并非不可思议。而且这8名不是当时全部的有姓阶层。如表3-16所示，和享保十五年名寄账等相比较就很清楚，实际上只是有姓阶层的一部分出了钱。和享保九年的签名者相比，范围稍窄，另外和延宝七年的本百姓（役人）相比也并非一致，所以，应该认为是同族中的1～2户代表同族出钱。A同族几乎都出了钱，但这是和这一族在村内占有特殊地位、而且内部大约分为三姓有关。因此可以推断这时无论有姓无姓，分别以株内为单位征钱，而无姓的阶层没有应征。

如业已论述的那样，在村落生活的各个侧面，有姓阶层享有相当的特权。在这种村落秩序下，无姓阶层潜在的不满以"和气山公事费用"为契机而显露出来。在本来是应全村团结一致应对的山论之事上，村内部却产生了分裂，这对村落是极大的打击。当然，在这种事态下，也许无姓阶层的地位会略有改善。G被新认可就

第三章　村落社会和家——以上瓦林村和行延村为例　135

表3-16　享保八年(1723)为和气山公事人的费用出钱者的属性

| | 延宝七年(1679)役人 | 享保九年署名人 | 享保十五年名请人(1730) | 享保八年出钱者 | | 延宝七年(1679)役人 | 享保九年署名人 | 享保十五年名请人(1730) | 享保八年出钱者 |
|---|---|---|---|---|---|---|---|---|---|
| A·B·C | ○ | ○ | 总右卫门 | ○ | E | ○ | ○ | 助左卫门 | ○ |
| | | | 利右卫门 | | | | ○ | 与六 | |
| | ○ | ○ | 五郎兵卫 | ○ | | | | 忠四郎 | |
| | | | 与三右卫门 | ○ | | | | 孙右卫门 | |
| | ○ | ○ | 孙左卫门 | ◎ | | ○ | ○ | 半兵卫 | |
| | | | 太兵卫 | | | | | 孙十郎 | ○ |
| D | ○ | ○ | 新兵卫 | | F | | | 菊右卫门 | |
| | | ○ | 久右卫门 | | | | | 又四郎 | |
| | | | 六右卫门 | ○ | | | | (与市郎) | |
| | | ○ | 清右卫门 | | | | | 仁兵卫 | |
| | | | 又六 | | | ○ | ○ | 太郎右卫门 | |
| x | | | 九郎兵卫 | | y | | | 助七 | |
| | | | 次郎右卫门 | | | | | 孙三郎 | |
| A·B家臣·谱代系统 | | | 又三郎 | | | | | 安右卫门 | |
| | | | 五郎兵卫 | | z | ○ | ○ | 长兵卫 | |
| | | | 佐兵卫 | | | | | 平助 | |
| | ○ | ○ | 次郎右卫门 | | | | | 又兵卫·喜兵卫 | |
| | | | 新右卫门 | | 不明 | | | 又右卫门 | |
| | | | (长三郎) | | | | | 三助 | |
| | | | 市兵卫 | | | | | | |

是这一表现。但整体上这一秩序继续被保持。比如，对于"和气山"的入会，根据被推断为近世末的"村法前例账"，使用"和气山"者是被限制的，所以，这时没有出钱的人以后便逐渐不被允许使用"和气山"。而且也许是因为这一情况一直持续了下来，所以近世后期无姓阶层几乎绝灭。到近世末还存在的只有靠再建户绝才好不容易维持家系的z系1户和半路进入G同族的前例的家臣、谱代系统的1户。无姓阶层在行延村生存就是这样困难。

表 3-17　元文元年(1736)"年贡米银支付账目内容账"——足役米

| 氏名 | 收入 | 足役米 | 氏名 | 收入 | 足役米 |
|---|---|---|---|---|---|
| 次郎左卫门 | 6,309合 | 42合 | 又四郎 | 5,135合 | 34合 |
| 新右卫门 | 6,588 | 44 | 九郎右卫门 | 3,864 | 26 |
| 五郎兵卫 | 15,494 | 102 | 孙三郎 | 3,789 | 25 |
| 与三右卫门 | 12,306 | 80 | 又市 | 461 | 3 |
| 总右卫门 | 4,640 | 32 | 安右卫门 | 415 | 2 |
| 利右卫门 | 4,076 | 27 | 传右卫门 | 5,798 | 39 |
| 新兵卫 | 3,799 | 25 | 文六 | 716 | 5 |
| 六右卫门 | 4,692 | 31 | 助左卫门 | 10,801 | × |
| 伊右卫门 | 2,041 | 13 | 与六 | 4,071 | 27 |
| 久右卫门 | 2,121 | 14 | 忠四郎 | 4,500 | 30 |
| 又六 | 2,047 | 14 | 助右卫门 | 2,281 | 15 |
| 太兵卫 | 3,450 | 23 | 助七 | 1,365 | 9 |
| 长兵卫 | 4,037 | 27 | 忠兵卫 | 992 | 7 |
| 又兵卫 | 1,921 | 13 | 平助 | 1,538 | 10 |
| 与市郎 | 147 | 3 | 孙右卫门 | 876 | 6 |
| 仁兵卫 | 6,270 | 41 | 三助 | 2,102 | 14 |
| 弥兵卫 | 4,172 | 28 | 次郎右卫门 | 246 | 2 |
| 弥十郎 | 5,363 | 7 | 九郎兵卫 | 861 | × |
| 兼右卫门 | 2,608 | 17 | 又右卫门 | 503 | 3 |

在行延村虽然随着中世领主的变更而统治农民的形态发生了变化,但仍可以看到"本百姓"、"名子家臣"的初期家秩序的残存或以姓为标准的社会地位的差别(包括有姓和无姓的差别,更有有姓

第三章 村落社会和家——以上瓦林村和行延村为例 137

阶层内部的序列化)。这在村落社会中一边呈现出复杂的形式,一边不断地渗透着。但这些地位上的差别基本上是门第问题。新的分家阶层及村人绝不是不具有村落成员的资格,即不具有家的性质。因为在行延村村落运作上所必要的费用,是在缴纳年贡时,以"足役米"或"夫钱"等名称同时征集,而这些是向除了无产者等贫困阶层外的全体村人征收的。表3-17是上述的元文元年的"年贡米银支付账目内容账"。即"林山税"或"水池值班费"未必向所有人征收,但"足役米"除了当时做年寄役的助左卫门,还有当时已把生活据点转移到邻村的九郎兵卫以外,是向所有人征收的(没有庄屋孙左卫门的名字,可能是另外处理)。年贡缴纳者中还包括在行延村干活的人,对他们没有课以"足役米"而是代之以"贰步米"。并且,"足役米"是分别以农民的土地收入为标准的附加税,所以领主的农民统治的原理也贯彻于这种村入用(江户时代村落使用的费用。——译者)的夫钱征收上。而且天明五年(1785)的"村人用夫钱割赋账"记载了最后参加"割赋"(分期支付。——译者)的结账并给予承认的大小百姓的名字,而将其与天明六年(1786)的"宗门人别改账"相比较,就成为表3-18。天明时期,在宗门改账中有名字,但在"割赋账"中无名的6人中,幸七、九郎右卫门、传助后家在"割赋账"的末尾被记为"难涩人"(即困难户。——译者),他们不能缴纳年贡,由村子施舍"饭米"。而且,久米右卫门像贫民一样,茂右卫门是没有财产的"借地"身份。之所以存在3户"难涩人",是因为正处于天明饥馑的最高峰,但归根结底村落成员的权利、义务是由除了贫困者之外的村落成员来负担的。

而且,这并不意味着谁都可以成为村落的成员。从近世初期的户数来看,如前表3-11所示,没有超过近世中期的总数,所以,村落成员的资格中确实有某种限制。实际上,近世中期以后,从外部来移居行延村创立新家的一个也没有,从外部移居、定居的户采取的是继承行延村内的家的形式,从这也可以见其一端。

表3-18 天明五年(1785)村入用夫钱割赋账与宗门人别改账

| 天明六年宗门人别改账 | | 天明五年割赋账见证人 | 天明六年宗门人别改账 | | 天明五年割赋账见证人 |
|---|---|---|---|---|---|
| 氏名 | 土地收入 | | 氏名 | 土地收入 | |
| 孙左卫门 | 19,194合 | ○ | 伊右卫门 | 2,815合 | ○ |
| (治助〈谱代〉) | | ○ | 又四郎 | 9,879 | ○ |
| 幸六 | 4,328 | ○ | 与次右卫门 | 9,778 | ○ |
| 宇兵卫 | 10,855 | ○ | 矶右卫门 | 6,300 | ○ |
| 百右卫门 | 15,714 | ○ | 文右卫门 | ? | ○ |
| 幸七 | 2,781 | × | 四郎右卫门 | 2,805 | ○ |
| 六右卫门 | 6,908 | ○ | 长十郎 | 1,969 | ○ |
| 权右卫门 | 3,782 | ○ | 武八 | 3,967 | ○ |
| 义兵卫 | 192 | ○ | 勘三郎 | 1,677 | ○ |
| 友右卫门 | 4,955 | ○ | 久米右卫门 | 无产 | × |
| 吉兵卫 | 9 | × | 九郎右卫门 | 163 | × |
| 茂右卫门 | 百右卫门地借 | × | 传助后家 | 3,734 | × |
| 荣藏 | 4,659 | ○ | 传右卫门 | 165 | ○ |
| 孙十郎 | 7,400 | ○ | 藤助 | 无产 | ○ |
| 弥右卫门 | 2,608 | ○ | | | |
| 孙治郎 | 3,313 | ○ | | | |

## 第三章 村落社会和家——以上瓦林村和行延村为例

比如,在文政二年(1819)的"矢吹录"中记载着三月五日"C百右卫门正次,年七十九,妻七十五,养子五十三,三人生活而无继承人,收羽仁村的T七藏继承家中株(下略)"(矢吹编,1960,252页)。据此,C百右卫门家只有老人,没有继承人,所以收邻村羽仁村的T七藏"继承家中株"。七藏已有妻子和3个孩子,所以,可能是夫妻以双养子的形式继承百右卫门家,而在继承时,采用的是继承"株"的形式。此外,在元治元年(1864)的"矢吹日记"中记有"本村藤兵卫继承人孙熊吉未缴纳年贡,且借债甚多,将所有田地、家财、工具交给村里,但村子仍有损失。艺州长藏接受这些田地家财,负责支付其债务。熊吉准备借房居住,做拉木头等活计。支付钱款如下……(下略)"的案例(矢吹编,1971,520~521页)。这是没有姓的藤兵卫家的事。其孙熊吉既未缴纳年贡还负债累累,为此,向村里交出了"田地、家财、工具",但即使如此,对村里也是"损失"。因此熊吉恐怕已成为贫民状态,实际上是户绝了。艺州出身的常藏申请此"藤兵卫迹",支付以前藤兵卫家没交纳的钱和借款。另一方面,孙子熊吉失去了家,借房住,靠"拉木头"维持生计。熊吉借的是否是常藏的家,不十分清楚,但这样藤兵卫的家就成了常藏的了。而他村人申请的藤兵卫的家作为"迹"而存在着。

就是说,在行延村,家一般作为株或迹而存在,根据其所有而成为家。近世中期以后,负担役或年贡的村人基本上是持有这种株或迹的。

## 结　论

本章相当概括性地论述了什么是近世村落社会中的家。前半部分主要是理论性的问题，即普遍地、历史性地考察了什么是作为株（权利、义务的单位）的家。后半部分以两个村子为例论述了家的秩序结构和发展。

在近世的村落社会，从近世初期到后期，在整体上家作为株（权利、义务的单位）而存在，而引人注目的是其形态的变化，这也包括近世中期。对于初期的家，在将宅基地登记人作为役人的统治制度下，役人阶层是家的承担者，对村落或领主行使着种种权利、义务，而这种存在方式在某种程度上被中世时期的统治或村落的结构所继承。虽然根据地区不同有些差异，但近世中期以后受到统治中的石高原理影响的家的设定在逐渐进行，本文也已论述过，这石高制原理不单是土地支配原理，而且内含着人的支配原理。而近世中期以后的家秩序没有完全瓦解前一阶段的家秩序，是作为门第制以各种形态组合建立的。

像上瓦林村那样，近世初期的身份制作为制度持续到近世末，经过初期的役人、非役人的身份制的几次变化，在中期以后的家秩序之上，不久便产生了独立的门第制度。而和上瓦林村相比，行延村初期的家秩序虽然到中期仍被顽固地保持着，但其后，包括领主变更的原因在内，中期家秩序的形成以相当彻底的形式进行着。但中期以后姓的身份制度有着重要的意义，并且如其顶点，即中世门第的身份秩序所示，在某种意义上近世中期以后也有继承中世身份制度的一面。于是,在这两个村落里,门第的不同产生了权利、义务的差异,但上瓦林村和行延村的婚姻关系是相同的。婚姻关系不直接反映权利、义务的内容,但身份性的内婚制最终反映出在门第不同的家之间权利、义务的相当差别。

此外,关于行延村,我没能详细地论述其宫座组织的发展,但根据包括行延村在内的几个村子成为氏子的大宫神社的史料,可以得知继承中世武士家系的 A 同族和 E 同族的本家在大宫神社的运营上起着特别的作用。这种结构从近世中期到后期一以贯之,没有变化。在此意义上,说行延村在整个近世都保持着中世秩序的祭祀组织的序列化,并非夸张。

## 注

[1] 这在认为家以亲属构成的传统的家庭观点中表现得十分典型。比如,在"家庭是以夫妻关系为基础,建立在亲子、兄弟等近亲者为主要成员的、为感情的融洽所支撑的、追求福利的初级集团"的基础上,"所谓家是有'家制度'的家庭"。这在森冈清美等的观点中典型地表现出来(大桥、增田编,1966,1~3页)。

[2] 而且到了晚年,喜多野认为,将"抚养"内容理解为非功利的共同性显著地近似于亲属的共同性(喜多野,1982),这最终没能超出户田或及川的观点。

[3] 这种家的存在方式相当于民俗学中作为"一户"而论述的东西。中岛惠子认为所谓"一户"是"在村里的共同生活中具有能享受的权利、担负应担负的义务","成为村子的正式成员"的存在(中岛,1980,60页)。即"一户"是和以上的对家的理解相同的。而且民俗学中的"一户"论未必和家理论相结合。

[4] 这和冈山藩的政策也有关系,此外存在着不是正式分家的"内别别家"

(家内部的分家。——译者)的习惯。详细情况请参照柴田一的论稿(柴田,1962;同,1984,578~586页)。

[5] 比如,河音能平说:"耕作的田地属于自己领内的名主,还有对耕地无权利的小百姓,只要在其领内建筑独立的房子居住,都同等地成为在家役的对象"(河音,1971,138页)。

[6] 持否定存在着超越名的范围的村落的观点根深蒂固。比如,永原庆二认为,"以一户或若干名主为中心的小村子,其自身在生产方面、生活方面都紧密地结成可称为名共同体的结合关系,但超越这一范围的广域的结合,以耕地、山野使用等的生产功能为中介的结合形式没有充分发展"。从这一立场出发,他否定超越名的范围的社会结合,即村落的存在(永原,1968,184~185页)。民俗学者福田等也认为,"村作为社会组织具有意义是由于中世后期总村制的发展"(福田,1982,11页)。但本稿认为,这也是村落的一个存在方式,在此之下,在家或名主是领主的统治单位,它们也同时成为村落的构成单位。而近世家的结构是以这种中世村落的存在方式为历史性前提而形成的。

[7] 大岛真理夫的研究表明,实际上没有采取这种简单的发展。大岛特别进行了役的分析,将其征收的结构类型化,设定了役独立维到近世末的类型或一贯仅由役统治的类型等。他认为产生这种差异的主要原因不是先进地区和后进地区的经济差别,而是由于领主(藩)的统治政策的差异这一政治性的关系(大岛,1991,16页以下)。

[8] 比如,后藤阳一通过艺州地方的村落研究,认为近世初期,不算近世中期,在领主的统治中,作为本百姓理解的农民保持着田地或山林进行自给的经营,同时是承包宅基地的农民。他们才是正式的村落成员(后藤,1982,157~166页)。

[9] 关于信州,参见大石的《近世村落的结构和家制度(增补版)》,特别是要参照分析信州北佐久郡五郎兵卫新田村的第四章"近世的村落共同体的结构和其再生产过程"。关于对马,请参照冈田谦和中野卓的论文(冈田、中野,1954)和福田阿吉奥(音译)的论文(福田,1984)和最上时敬的论文(最上,1958)。此外,关于近江请参照原田敏丸的论文(原田,1970)。

## 第三章 村落社会和家——以上瓦林村和行延村为例

[10] 原田认为,座包括了宗教、娱乐、政治、经济等,本来意味着作为村落整体的集团组织形态。而从这种状况中,特别由于其仅存的中心祭祀组织,它仅成为祭祀的宫座。而且今天也存在不少氏神或宫座成为村落共有财产的名义主体,这是原来座所具有性质的残存(原田,1976,15页)。

[11] 但共有地和宫座不同,不一定会成为村落结合的直接契机(黑田,1961,32~34页)。

[12] 有关水利问题请参照原田的论文(原田,1970)。

[13] 本来这3户在庆长检地时的土地收入就很少,在宅基地登记人中是最低水平的,所以和本来的役人阶层性质不同,也许是身份上独立的名子等依附农民。

[14] 这个表直接表现的只有两户,但还有能够判断到明历时期尚处于不完全分家状态的宗仁、道春两户在万治时期登记宅基地的材料(参照表6-1)。

[15] 请参照第六章,那里详细论述了近世初期的本百姓不光是有财产的百姓,也有宅基地百姓。

[16] 这将在第六章中论及。

[17] 这一史料登在史料集上(矢吹编,1960,27~28页),这里的引用对原文作了必要的改正。在下面的史料中,已经在史料集中记载的都采用了同样的方法处理。

[18] 在享保十五年(1730)的名寄账中最后作为"村中参加调查田地坪改账簿……"。庄户、年寄以下的百姓联名,而全部联名的是40人(矢吹编,1960,123~124页)。但这里联名的人和名寄账上登记田地赋役的村人(除村外的登记赋役的百姓)是同样的人,数量也相同,所以未必反映了村落的家秩序。

[19] 因为曾经有这样的历史:这个家系在享保年间开始随意使用D姓,因此和D株内之间发生争执,享保十八年(1733)裁定的结果是他们可以姓G姓(矢吹编,1960,129~131页)。并且虽然这个家系在行延村定居以前曾姓S姓,但是他们故意违法使用D姓,这还是反映了村落承认的姓有特殊意义。此外,裁定的结果,允许使用的姓不是S姓,而是

和 D 相差一个字的同音姓，这很有深意。

[20] 在《近世作南农村史料（一）》中，这部分仅记载了"行信近世略记"的记事，所以没有记述长兵卫家没有姓（矢吹编，1960，106 页）。这要是不直接阅读"矢吹录"是不会明白的。

[21] 关于"和气山"，推断为近世末作成的"村法前例账"也记载着"小坂（地名）没有，谷（地名）只有左卫门孙十郎两家而已"，似乎产生了后述的享保时期山论的结果，即一定的特权性使用。

[22] 这和"近世行延略记"中记载的内容有若干差异（矢吹编，1960，247页），而"近世行延略记"是以"矢吹录"等为基础撰写的，所以还是"矢吹录"接近原文。

# 第四章 家和村落史料
## ——以今井村为例

## 一 考察的视点

在第三章中以上瓦林村和行延村为例阐明了近世村落社会中家的存在方式,而其中还有不充分之点。特别重要的是在实证性地阐明近世村落的家时,到底必须依据什么样的史料,即关于根据什么史料更能准确地把握家的问题。在第三章本打算对村落社会中家的功能性方面或门第秩序的逻辑进行相当的论述,但对家在历史上的各种史料中以何种形态存在的问题没有进行很深入的思考。当地的各种史料,如宗门改账、宗门人别改账、人别改账、五人组改账、名寄账、年贡米支付账、村明细账等都得到了利用,但不能说充分研究了对于家的理解而言,这些史料具有什么样的意义,并在此基础上对其进行使用。当然,前章固然没有简单处理这些史料上分别记载的单位[或百姓名(即名田的名主。——译者)],但也不能说对其予以了充分的考虑。

大石慎三郎这样指出(大石,1976),在日本史中成为把握家或人的手段的公共史料是户籍账。但在由于庄园制的发展及古代律令国家(指大化改新后到中世前的古代天皇制日本,时间约645~

1183年。——译者)的解体和由此而产生的统治秩序下,把握家或人的户籍账就没有了必要。而战国时期(日本历史上的一个时期,为1467~1568年。——译者)由于必须从领主的民众身上征收夫役,所以作成了虽然不完全但和户籍账类似的账簿,试图再次把握统治者的家或人。第三章的在家等也是靠这样的新账簿来把握的,其例有家及人的牛马账、人畜改账、人付账、家别人别账、栋付账(关于房屋的记录簿。——译者)等。而到了近世,统治的完善和强化通过制作检地账等而得以进展,同时对以上户籍账上的家或人的统治也在发展,其结果就是作成人别改账(同上,339~345页)[1]。

而且,大石认为,宗门改账完全是在近世初期新出现的,其直接目的并非为把握家本身,而是为了禁止基督教,是统治者了解民众宗教的手段。但大石说,为在账簿上把握有明确宗教的民众,也有利用当时的五人组账、施主账(具有收集寺请证明文书形式的账)、人别改账等,特别是宽文十年(1670)的宗门改账积极地利用了人别改账(同上,326~339页)。在第三章行延村的史料中,史料3-6的延宝七年"未之岁五人组并名子家臣与下等人书上账"等也是显示其倾向的一例,采用五人组改账的体裁,同时记载各百姓对施主寺的所属状况。为此,宗门改账和为把握家或人的账也有结果一致的,但本来这是和家的把握没有直接关系的。因此宗门改账和人别改账在实际记载的很多内容上未必一致。

还有从中世初期开始不再独立地作为户籍账的人别改账,人别改账和宗门改账一体化的形式叫作宗门人别改账,这种史料到幕末一直在做。这个过程一般被理解为人别改账对宗门改账的

"喧宾夺主"。近世中期以后，宗门人别改账是户籍账，研究村落的家或人的问题也可通过分析这宗门人别改账(同上，386页)，但大石认为，事实上绝不那么简单，不用说到近世中期，就是近世中期以后也不能把宗门人别改账和为把握家本身的账混为一体。因为，在作成它时没有表示存在着"在其基础单位的家的理解方法上有一定的、一贯的法的原则"的根据(同上，401页)。对幕府来说，"重要的是不要漏掉一个人"，"只要是不漏一人，并且可以很好地监视基督徒，幕府就不在乎对一户写多少人"。而幕府方面认为，"如果是为了创立一户一户地对家赋役或分配土地等的目的时，就要采取更正确的规定和方法"(同上，402页)[2]。

如大石所论及的那样，近世的家不是根据宗门(人别)改账来把握的，但应该考虑人别改账类在研究近世的家中占有重要的位置。而且，这个史料的名称因地方不同而显示了一定的多样性，但这些都是为把握近世村落中家的基本性史料。一方面，像大石指出的，宗门(人别)改账记载原则没有一定之规，但从本人管见来看，应该说它把握着更近于户的单位的情况，也许掌握着第三章开头论述的作为"分居"的单位，相当于家或"事实上的家"。特别是中期以后的宗门人别改账中这一倾向较强[3]。只是在人的把握上，宗门(人别)改账所起的极其重要的作用是显示了人的异动、变动(婚姻、收养子、移居、奉公)必须要有寺请状(证明文书)。在人的异动、变动时，将宗门(人别)改账作为底账变更记载，这时需要施主寺发行的证明文书。特别是近世中期以后，有宗门人别改账的名称，但基本上不存在宗门家别改账，这是有其意义的。

这种情况，可能会使人认为，要把握近世中期以后村落中的家是极其困难的。因为像已经论述的一样,中期以后人别改账一般不存在了,只是做宗门人别改账。把握家的基本史料在中期以后便没有了。但家的把握绝非不可能,大石自己也使用了村落现存的几种史料来阐明作为其研究对象的村落中期以后的家的存在方式[4]。如果注意到家的性质,使用与其相符的史料,那么在史料上具体地把握中世以后的家也不是不可能的。

在近世村落家的把握上,要求这种严密的态度毫无疑问是因为本书所持的家的理论立场。即如根据初期的有贺喜左卫门的界定,家是"公法的"单位,如使用本书的术语,就是株(权利、义务的单位)。如果家的地位单单是经营或抚养的单位,那么,把宗门(人别)改账的单位原封不动地作为家来处理也不会有太大的矛盾。实际上,社会学中在把握近世的家时常常使用宗门(人别)改账,比如,喜多野清一也尝试过分析宗门人别改账中的近世家的构成(喜多野,1959)。但是,在以上的意义上把家作为"公法的"时,光依靠宗门(人别)改账是不妥当的。只有从近世以前的户籍账的系统继承下来、为实行家和人的统治而做成的人别改账才是把握作为村落社会公的单位,同时也是统治制度上的公的单位的家的实际状况的适当史料。而在人别改账不存在的近世中期以后,必须按照这种家的逻辑,从作为对象的村落史料中寻找出家。本章就是在这种对史料的认识上,阐明今井村的家的存在方式。

## 二 人别改账和家

**初期本百姓和"六姓七宅"** 能给予有关近世初期今井村面貌

的启示的史料几乎没有,所以实证性地阐明当时家的状态是很困难的,但某种程度的推断是可能的。根据对老人等的采访,今井村有"六姓七宅"的说法。今井村现在大约50户,刚开始时有6个姓,即仅有A、B、C、D、E、F6姓组成的7户人家,他们就是村子的开拓者。老人说,"七宅"中只有D姓有两宅。当然,对开拓之家的确认现在是相当模糊的,而且被认为是开拓之家的相当一部分现已绝灭。在今天的村落社会生活中,"六姓七宅"已无任何意义,也无任何影响。但是,只有开拓者的家系曾经具有某些特权,如保持着共有林的权利。恐怕直到近代之初,开拓者对今井村的门第秩序仍具有影响,但没有实证性的证明。

可以断定今井村的初期本百姓是这"六姓七宅"。比如,在《今井村志》(1880)中曾记有"宽永六年己巳检地……收获量二百三石三斗七升六合,此外,收获量二石一斗五升六合为神明免除,二石二升九合为幕府将军德川家康免除,二斗六升为天狗神免除,二斗二升为荒神免除,一石三升三合为药师免除,二石四斗二升为正法寺领地,按反(地积单位,约合10公亩。——译者)别,四亩步为村落公共谷仓,七反四亩七步为民家七户之宅基地,免税",或"……宽文元年辛丑再检地……幕府县官天羽七右卫门主之","此际除民家七户,每反地的旱田收获量成为上税地"。现存的延宝三年(1675)的检地账是最古老的,而距其约50年以前的宽永六年(1629)就进行了检地。这次检地恐怕是当地近世初期检地的基础[5],而当时"村高"(村里的粮食产量。——译者)被定为230多石。而且,根据《今井村志》,其中包括独立以前的三河田村的耕地收获量约140石,本来的今井村的收获量为61石左右。这61石左右符合序论中写的今井村的村高变迁,所以《今井村志》的记述大体是正确的。除此之外,在这次检地中,神明、权现[菩萨化身的(日本)神。——译者]、天狗、药师、正法寺的寺社所有地或地产、村落公共的谷仓地,还有七反四亩七步的"民家七户之宅基地"是免租地。这时的"民家七户之宅基地"就是今井村的开拓者"六姓七宅"。

而且,可以推断"六姓七宅"位于今天的村子里。如序论所述,今井村随着近世初期的用水开发事业而变动着,而这一事业的完成是在宽永检地十几年后的正保年间1644~1647)。如果是这样,那么宽永检地的"六姓七宅"还是旧村里的,而根据采访,现在村内有数个"宅基地"的名字,大概是表示"六姓七宅"的所在地,此外,据《今井村志》,宽永检地的"民家七户的宅基地"从宽文元年(1661)已不是免租地了,因此,可以认为宽永检地时的"六姓七宅"是新村形成后出现的。和用水开发相适应,村子变动得相当快。

近世初期的今井村以"六姓七宅"为构成单位,即是由家组成的一个地域团体,同时也是幕藩制统治的基层单位。另据采访,作为构成单位的"七宅"几乎都是不同的姓,所以,"七宅"之间几乎没有同族的结合,而构成"七宅"的各"宅"构成了现存的今井村同族的有各自源流的家。当然组成"七宅"的每个家采用了包括亲属、非亲属的结构,这从以后的分析来看,也不难想像。

**人别改账和宗门改账** 今井村的家的秩序明确化是从宽永时期的"六姓七宅"后约30年的宽文时期开始的。因为正好有这时的人别改账,同时也有宗门改账。

人别改账最早是"宽文十一年(1671)信州佐久郡今井村人别

账",还有宽文十二年(1672)、延宝二年(1674)、七年(1679)、八年(1680)、九年(1681)集中了从宽文末年到延宝时期10年间的,而之后的就没有了[6]。宗门改账能见到的最早的是"宽文元年(1661)信州佐久郡今井村宗旨御改账",其后有宽文五年(1665)、十一年(1671)、延宝二年(1674)、延宝八年(1680)、贞享四年(1687)、元禄四年(1691)的,相当连续,从贞享时期开始改变名称,叫"宗门御改账"。从这种情况来看,可以知道在延宝时期之前,宗门改账和人别改账是平行做成的,但这也暗示着各个账簿制作的目的不同。并且,今井村的宗门改账不是以利用人别改账的形式做成的,为此,二者记载的样式或内容实际上是不同的。而现存的最古老的人别改账做成的年份是上一年的宽文十年(1670),是今井村转向幕府直辖领的年份,在这个时期,人别改账和宗门改账平行做成强烈地反映出幕府的统治政策。

为考察这一时期家秩序的存在方式,这里用的是宽文十一年和延宝二年的两种史料。首先,关于两种史料的记载方式,摘出和助左卫门家有关的部分来加以比较,结果如下。

**史料4-1 人别改账和宗门改账(摘录)(宽文十一年人别账)**
产量十六石三斗一升　　　　　助左卫门　　年四十一
　　　　　　　　　　　　　　妻　　　　　三十七
　其中
　用 一石二斗三升从亥寅之十二月借金二两,并以至十二月一年为期卖给了梨泽村寺院(不是卖掉而是作为典当物。——译者),今年十二月当返还金二两
　　子三人　　　　　　介太　　　　年十七
　　　　　　　　　　　德　　　　　年十四

|           | 祢祢    | 年十二  |
| 兄弟二人  | 权之助  | 年廿六  |
|           | 妻      | 年十八  |
|           | 同村七右卫门之女 | |
| 抱四人    | 九兵卫  | 年五十五 |
|           | 妻      | 年四十七 |
|           | 半三郎  | 年廿一  |

（从亥寅年二月起半三郎为平贺村佐右卫门奉公两年）

|           | 三八    | 年十八  |

（三八因助左卫门在为上州下仁田町吉右卫门处从巳年二月借金一两，作为其典当物，十年奉公。在奉公完了时按约定返还本金一两）

（宽文十一年宗旨御改账）

| 真言宗祢尼村正法寺旦那 |         | 助左卫门 |
| 同                     |         | 妻       |
| 同                     |         | 母亲     |
| 同                     | 儿子    | 介太郎   |
| 同                     | 儿子    | 德       |
| 同                     | 弟      | 权之助   |
| 同                     | 助左卫门抱 | 九兵卫 |
| 同                     |         | 妻       |
| 同                     | 儿子    | 半三郎   |

在人别改账中，家是以"一打"为单位把握的，记述着家的土地收入、成员构成、借款的状况等，由于发生人的变动等，因此在家庭成员中有作为"抱"的非亲属成员[7]。但宗门改账没有采用"一打"的记载方式，大石也采取了作为宗门改账的记载类型之一的施主

单位的把握形式,阐明了各施主内部包括孩子的每个人所属的宗派和所属寺院。而且,在这一例子中,宗门改账上的施主成员中也有"抱",所以两账中成员的范围基本上是一致的。不同的是,人别改账上的助左卫门的女儿祢祢和"抱"九兵卫的儿子三八在宗门改账中没有记载,相反,宗门改账上的助左卫门的母亲在人别改账上没有记载。其中,至少三八是出了"年季奉公"(定下一定的年限为主家服务。——译者)。因此,在这里,宗门改账也和人别改账最终一样是可以把握家的,但综观整个村落,则二者把握的对象是不一样的,所以宗门改账不是把握家的记录。

表4-1 人别改账与宗门改账的比较

| 宽文十一年(1671) | | 延宝二年(1674) | |
| --- | --- | --- | --- |
| 〈人别账〉 | 〈宗旨御改账〉 | 〈人别账〉 | 〈宗旨御改账〉 |
| (1)助左卫门 16石310合➡<br>夫妇·子3·弟夫妇、<br>抱夫妇·子2 | (9)真·助左卫门 | (1)助左卫门 16石310合➡<br>夫妇·子4·弟夫妇·母➡<br>抱夫妇·子2 | (7)真·助左卫门<br>(8)真·权之助 |
| (2)勘左卫门 18石150合➡<br>夫妇·长子夫妇·其他儿子<br>4、下人、抱夫妇·子2➡ | (1)真·勘左卫门<br>勘左卫门抱<br>(2)禅·伊兵卫 | (9)勘左卫门 18石150合➡<br>夫妇·长子夫妇·其他儿子<br>2、下人、抱夫妇·子2 | (11)禅·勘左卫门 |
| (3)五郎兵卫 14石310合➡<br>夫妇·母·子·弟1、<br>下人2 | (3)真·五郎兵卫 | (10)五郎兵卫 14石310合➡<br>夫妇·母·子2·弟夫妇、<br>下人1 | (12)禅·五郎兵卫 |
| (4)五左卫门 15石031合➡<br>夫妇·母·子1、下人2 | (4)真·五左卫门 | (2)五左卫门 15石031合➡<br>夫妇·母·子1、下人1 | (1)真·五左卫门 |
| (5)仁左卫门 14石780合➡<br>夫妇·长子夫妇·次子夫妇·<br>其他儿子2 | (5)真·仁左卫门 | (3)仁左卫门 14石780合➡<br>夫妇·长子夫妇·次子夫妇·其他儿子2<br>长子<br>(4)长九郎 12石140合➡<br>夫妇·子1 | (2)真·仁左卫门<br>(3)真·长九郎 |
| (6)清右卫门 15石094合➡<br>夫妇·长子夫妇·其他儿子4 | (7)真·清右卫门 | (5)清右卫门 15石094合➡<br>夫妇·长子夫妇·次子夫妇·<br>其他儿子3、抱夫妇·子1 | (4)真·清右卫门 |

(续表)

| 人别改账 | | 宗门改账 | |
|---|---|---|---|
| (7) 长三郎　　16 石 450 合➡<br>　夫妇・长子夫妇・其他儿子 3、<br>　抱夫妇・子 2 | (10) 真・长三郎 | (8) 长三郎　　16 石 450 合➡<br>　夫妇・长子夫妇・其他儿子 3 | (10) 禅・长三郎 |
| (8) 半右卫门　16 石 420 合➡<br>　夫妇・子 1、下人 2 | (11) 真・半右卫门 | (7) 半右卫门　16 石 420 合➡<br>　夫妇・子 1、下人 2 | (9) 真・半右卫门 |
| (9) 平藏　　　12 石 140 合➡<br>　夫妇・子 2 | (6) 真・平藏 | | |
| (10) 五右卫门　4 石 830 合➡<br>　夫妇・母・子 2・弟夫妇 | (16) 禅・五右卫门 | | |
| (11) 忠左卫门　14 石 980 合➡<br>　夫妇・子 2・<br>　弟夫妇・子 2 | (8) 真・忠左卫门 | (6) 忠左卫门　14 石 980 合➡<br>　夫妇・子 3・<br>　弟夫妇・子 2　　→ | (5) 真・忠左卫门<br><br>(6) 真・五郎左卫门 |
| (12) 传右卫门　14 石 880 合➡<br>　夫妇・长子夫妇・其他儿子 1、<br>　下人 1、抱夫妇 | (14) 禅・传右卫门 | (12) 传右卫门　14 石 880 合➡<br>　夫妇・长子夫妇・其他儿子 1、<br>　下人 1、抱夫妇 2➡ | (14) 禅・传右卫门<br>(15) 天・传兵卫 |
| (13) 勘兵卫　　16 石 890 合➡<br>　夫妇・亲夫妇・子 2、<br>　下人 1、<u>抱夫妇・子</u> → | (13) 禅・勘兵卫<br>　传右卫门抱<br>(15) 天・传兵卫 | (11) 勘兵卫　　16 石 890 合➡<br>　夫妇・亲夫妇・子 3<br>　传右卫门抱 | (13) 禅・勘兵卫 |
| (14) 加兵卫　　9 石 620 合➡<br>　夫妇・子 2 | (12) 天・加兵卫 | (13) 加兵卫　　1 石 340 合➡<br>　夫妇・子 2 | (16) 天・加兵卫 |
| (15) 弥传次　　29 石 780 合➡<br>　夫妇・母・子 2、下人 4<br>　弟夫妇・子 1、下人 2<br>　抱夫妇・子 2、下人 2<br>　<u>抱夫妇・子 1、抱夫妇</u>→ | (17) 真・弥传次<br><br><br>弥传次抱<br>(18) 天・长五郎 | (14) 弥传次　　26 石 452 合➡<br>　夫妇・母・子 2、下人 4<br>　弟夫妇・子 1、下人 2<br>　抱夫妇・なの长子夫妇・<br>　其他儿子 1、下人 1<br>　抱夫妇・子 1、抱夫妇 | (17) 真・弥传次 |
| | | 弥传次　　11 石 680 合<br>正方寺　　 2 石 392 合<br>村中抱 | 村中抱 |
| ○次右卫门　　无　➡<br>　夫妇 | (19) 次右卫门 | ○次右卫门　　无　➡<br>　夫妇 | (18) 次右卫门 |

(注)人别账有下线部分在宗旨御改账中成为独立的单位。在延宝二年人别账末尾记载的弥传次和正方寺仅记有产量，账簿上没有添加户数。此外，这两个时候的人别账上有名字的次右卫门也没添加户数。
真：真言宗；禅：禅宗；天：天台宗。

如表 4-1 所示，比较村落整体，在宽文十一年和延宝二年这两个时段，宗门改账比人别改账的单位数要多。因为在人别改账上不是作为独立单位(即家)的旁系亲属或"抱"在宗门改账上则是作为独立的单位(施主)。比如在宽文十一年的人别改账中,包括分别在(2)勘左卫门、(13)勘兵卫、(15)弥传次中的"抱"的伊兵卫、传兵卫、长五郎在同年的宗门改账中分别作为独立的单位。此外,在延宝二年,包括在人别改账上的(1)助左卫门、(6)忠左卫门中的旁系亲属(均为弟弟的家庭)的权之助、五郎左卫门,还有包括在人别改账的(12)传右卫门中的"抱"传兵卫在同年的宗门改账中还是独立的单位。此外,"村中抱"次右卫门的情况也是在人别改账中没有作为独立的单位记录,但在宗门改账中作为一个施主。但是没有相反的例子,即在宗门改账中不是独立单位(施主)的在人别改账中作为"一打"来记录。

就是说,在依附身份阶层中,对于自立的、先进的或和主家宗旨相异的[8],还有亲属成员中作为户自立度高的部分,在宗门改账上确立了村落内公的地位,即和作为本来的家的独立毫无关系,而是倾向于作为一个单位来记录。但宗门改账中即使作为一个单位来记录,也不过是私的问题,只要在人别改账中不作为"一打"的单位来记录的就不是本来的家。因此,这一时期的今井村家的内部结构也具有上面的宗门改账中所显示的近世初期的特征。在宽文十一年的人别改账里,15家中属于依附身份的"抱"或"下人"的为9家(其中有家庭的"抱"为5家),包括有妻子儿女的旁系亲属的为5家。同样,在延宝二年的人别改账中,14家里有前者情况为8家(同样有抱的为6家),有后者情况的为5家。包括许多非亲属的依附农民或旁系亲属、采用"复合家庭"结构的近世初期本百姓的家的存在方式在相当多的家中残留着。

表 4-2 人别改账和检地账的比较

| 延宝二年(1674)人别账 | | | 延宝三年(1675)检地账 | | | | 延宝八年(1680)人别账 | | |
|---|---|---|---|---|---|---|---|---|---|
| (1)助左卫门 | 16石 | 310合 | 助左卫门 | 141亩 9步 | (屋5亩6步) | | (1)助左卫门 | 9石 | 714合 |
| (抱)九兵卫 | ← | | 九兵卫 | 17 17 | (屋×) | | →不在 | | |
| (弟)权之助 | ← | | 权之助 | 190 13 | (屋3 14) | | (2)权之助 | 10 | 765 |
| (2)五左卫门 | 15 | 031 | 五左卫门 | 174 20 | (屋5 15) | | (3)五左卫门 | 15 | 129 |
| (3)仁左卫门 | 14 | 780 | 仁左卫门 | 153 10 | (屋3 18) | | (4)与总右卫门 | 12 | 234 |
| (4)长九郎 | 12 | 140 | 长九郎 | 58 26 | (屋2 29) | | (5)长九郎 | 6 | 501 |
| (5)清右卫门 | 15 | 094 | 清右卫门 | 239 23 | (屋3 10) | | (6)清右卫门 | 19 | 345 |
| (男子)彦三郎 | ← | | 彦三郎 | 9 12 | (屋×) | | (男子)彦三郎 | | |
| (6)忠左卫门 | 14 | 980 | 忠左卫门 | 166 7 | (屋2 16) | | (7)忠左卫门 | 13 | 141 |
| (弟)五郎左卫门 | ← | | 五郎左卫门 | 85 | (屋3 25) | | (8)五郎左卫门 | 8 | 573 |
| (7)半兵卫 | 16 | 420 | 半兵卫 | 169 7 | (屋4 24) | | (11)半右卫门 | 13 | 847 |
| (8)长三郎 | 16 | 450 | 长三郎 | 198 17 | (屋5 〈2笔〉) | | (12)四郎右卫门 | 16 | 381 |
| (男子)门太郎 | ← | | 门太郎 | 10 9 | (屋×) | | (男子)清兵卫 | 7 | 116 |
| (9)勘左卫门 | 18 | 150 | 勘左卫门 | 121 21 | (屋8 10) | | →死亡 | | |
| (男子)传九郎 | ← | | 传九郎 | 94 1 | (屋×) | | (13)传九郎 | 20 | 151 |
| ? | | | 五右卫门 | 10 23 | (屋×) | 抱或元抱 | →不在 | | |
| (抱)伊兵卫 | | | 伊兵卫 | 58 29 | (屋2 12) | | →不在 | | |
| (10)五郎兵卫 | 14 | 310 | 五郎兵卫 | 89 4 | (屋×) | | (14)五郎兵卫 | 6 | 877 |
| (弟)次郎八 | ← | | 次郎八 | 106 22 | (屋4 20) | | (15)源左卫门 | 9 | 923 |
| (11)勘兵卫 | 16 | 890 | 勘兵卫 | 206 14 | (屋5 4) | | (9)勘兵卫 | 11 | 466 |
| 不在 | ← | | 太兵卫 | 16 24 | (屋×) | "勘兵卫内" | (抱)太兵卫 | | 556 |
| (12)传右卫门 | 14 | 880 | 传右卫门 | 186 13 | (屋9 18〈2笔〉) | | (10)传右卫门 | 16 | 821 |
| (抱)权四郎 | ← | | 权四郎 | 37 25 | (屋2 27) | | (16)德右卫门 | | 701 |
| (13)加兵卫 | 1 | 340 | 〈户绝?〉 | | | | | | |
| (14)弥传次 | 26 | 452 | 弥传次 | 317 21 | (屋4 16〈2笔〉) | | (18)弥传次 | 35 | 522 |
| (弟)权右卫门 | ← | | 权右卫门 | 92 23 | | | (弟)权右卫门 | | |
| (抱)长五郎 | ← | | 长左卫门 | 18 8 | (屋×) | "弥传次内" | →不在 | | |
| (抱)长七郎? | ← | | 茂助 | 3 28 | (屋×) | "弥传次内" | (谱代)长十郎? | | |
| (抱)忠兵卫 | ← | | 忠兵卫 | 156 4 | (屋3 5) | 弥传次内之兄 | (17)弥五郎兵卫 | 10 | 238 |
| 村中抱 ○次右卫门 | | | 次右卫门 | 20 2 | (屋×) | | 村中抱 (19)市介 | 1 | 668 |
| | ? ← | | 权右卫门 | 18 10 | (屋2 28) | 和弥传次弟相同? | | | |
| | ? ← | | 九兵卫 | 15 2 | (屋×) | 和助左卫门抱相同 | | | |
| | ? ← | | 三右卫门 | 14 28 | (屋×) | | 三右卫门 | | 299 仅记载 (产量) |
| | ? ← | | 太兵卫 | 8 14 | (屋×) | 和勘兵卫内相同 | | | |

(续表)

| | | | | | | | | |
|---|---|---|---|---|---|---|---|---|
| 弥传次 | 11 | 680 仅记载 (产量) | | | | | | |
| 正法寺 | 2 | 392 仅记载 (产量) | 正法寺 | 26 | 13 | (屋×) | 正法寺 | 3 | 518 仅记载 (产量) |
| | | | 村地 | 30 | 4 | (屋×) | | | |

(注)人别账栏名字的左侧()内的数字是"一打"在账簿上记载的顺序。

**家的作用和实际状态** 而关于通过人别改账来把握的这一时期的家起着什么作用,或者有什么功能,这里特以对领主的关系这一侧面为中心加以考虑。

前文已经说过,近世初期的本百姓,即作为宅基地登记人的家,担负着领主对这宅基地课以的役的义务。而且是这种对领主担负义务的存在,所以在村落中受到"一户"的待遇,必须负担各种权利、义务。本书确实也是从对役的负担中追索家对于领主的第一义的作用,但仅限于此是不充分的。如果家是权利、义务的单位,那么,家就不光是承担役,应该认为它起着对领主担负最终包括年贡等在内的各种负担的作用。这样理解家的作用的根据存在于今井村的人别改账中。

表4-2将延宝二年(1674)、延宝八年(1680)的人别改账和延宝三年(1675)的检地账作了比较[9]。两个时段的人别改账显示了当时家的状况,检地账显示了村人所持有的田地或宅基地(登记)的状况。特别是延宝检地是今井村从宽文十年(1670)开始成为幕府直辖地而受到设在平贺村的代官(江户时代,统治幕府、各藩直辖领地的地方官。——译者)所统治后的检地,同时也是分地限制令(幕府为限制农民在继承田地时采用分割的方式而发布的限制

令。——译者)出台后第二年的检地。第三章中的上瓦林村曾有过在分地限制令后的延宝二年,接受分割继承,从而使实际上自立的"隐居"身份的村人一举役人化了的事情。今井村延宝三年的检地也起着这样的作用,对实际上已经进行的分割继承的发展先给予了制度上的承认,为中期本百姓体制的形成作了准备。当然,延宝三年以后,分割继承不是不存在的。

首先,将延宝二年的人别改账和延宝三年的检地账相比较,即可以发现,检地账上登记赋役土地的人在人别改账上尚有许多没有成为"一打"百姓的。这些村人在人别改账中都是"一打"百姓的成员,即记载为"男子"、"弟"、"抱"等。而他们持有的土地也包括在"一打"百姓的粮食收获量中,在"一打"单位里记载着收获量。"一打"百姓名字右边的数字就是指的这个。这样,本百姓的家不光是负担和所有宅基地有关的役,而且负担着缴纳和家的成员所有的各种田地有关的全部年贡的责任。即"一户"的家在对领主关系上,在役和年贡两方面负有义务。

更严密地看,有虽然在检地账上是登记宅基地的,但在人别改账上没有成为独立的本百姓的村人,其中包括(1)助左卫门之"弟"权之助、(6)忠左卫门之"弟"五郎左卫门、(9)勘左卫门的"抱"伊兵卫、(12)传右卫门的"抱"权四郎、(14)弥传次的"抱"忠兵卫。这一事实乍一看也许和以宅基地登记为基准的家的逻辑相矛盾。但如上所述,延宝三年的检地账具有承认新的土地所有关系,促进中期村落形成的作用,所以,根据这一理念,在检地时,可以在制度上承认这些村人的宅基地所有。即这时在制度上对其实际上所有的宅基地予以承认,结果是本百姓,即家就独立了。实际上,在延宝八年的人别改账上,这些村人都被记为"一打"百姓。此外,(10)五郎兵卫之"弟"次郎八也登记了宅基地,但相反因为五郎兵卫没有宅基地,所以和全家登记同一个宅基地。而这个家最终或许也分割了宅基地,在延宝八年人别改账上,分别成为"一打"百姓。

此外,在延宝八年的人别改账上,"一打"百姓,即家的成员,同时,还有记着"收获量"(土地收入)的阶层是(12)四郎右卫门的"男子"清兵卫、(9)勘兵卫的"抱"太兵卫,清兵卫的情况是七石多的产量。这一事实也许和家是具有负担年贡义务的单位相矛盾。但是,当时是家的成员,同时持有田地的村人在人别改账上没有显示的例子更多,所以,从整体上来说,上述两名毋宁说是例外。并且,从前后时段的史料综合地判断,不能说清兵卫或太兵卫的收获量和在"一打"百姓单位中记载的原初的收获量完全是另一码事。"一打"百姓单位里记载的收获量的内付收获量(原初收获量中包括的个别收获量。——译者),即清兵卫的七石多收获量包括在四郎右卫门的 16 石多的收获量中。最终的贡租负担义务还是在本百姓家方面。人别改账上家的成员也记载着收获量意味着其成员的独立性强,但这一记载也是没有超越家的原理范围的形式,家依然是将役和年贡作为义务的单位。

此外,在人别改账上记载着有关每家的生活实际状态,所以,在作为公的单位的家中发展的日常生活状况也在相当大的程度上被描绘出来。比如,当时每家的"收获量"像前表 4－1 一样,几乎都稳定在 10 石～20 石,但如表 4－3 所示,其内情是相当复杂的。这是整理了宽文十一年(1671)的人别改账得出的。首先引人注目的是将自己所有的田地变成借款(抵押物)的家占四成,为 6 户。

表4-3 宽文十一年(1671)人别账中的家的生活实际状态

(1) 借钱,将田地的一部分典当的家

```
        符合的    6户  →  典当的收获量   1石未满    0
                                      1石台      1
                                      2石台      0
                                      3石台      2
                                      4石台      1
                                      5石以上    2
        非符合的  9户
```

(2) 借钱,将成员一部分的下人典当的家

```
        符合的    3户  →  典当的人数     1人        2
                                      2人        1
                                      3人        0
                                      4人以上    0
        非符合的  12户
```

(3) 贷钱,有典当田的家

```
        符合的    4户  →  典当的收获量   1石未满    0
                                      1石台      1
                                      2石台      1
                                      3石台      1
                                      4石台      1
                                      5石以上    0
        非符合的  11户
```

(4) 贷钱,有典当下人的家

```
        符合的    6户  →  典当人数       1人        3
                                      2人        2
                                      3人        1
                                      4人以上    0
        非符合的  9户
```

并且，作为抵押物的收获量几乎都超过 3 石，其中也有近 5 石的，即相当于收获量的二分之一或三分之一变为抵押物。同样是借钱，但不是将田地而是将家的成员作为抵押物的也有 3 户。而这些家庭成员到期在债主处奉公。这些家的生活不像土地收入所显示的那样稳定。

当然，另一方面，也有贷出钱而得到作为抵押物的田地或人的家。以田地为抵押物的有 5 家，以人为抵押物的有 6 家。当时今井村的"下人"里面也含有这样产生的抵押物奉公人，这显示出向近世的奉公形态的过渡阶段（大竹，1983）。这些家生活稳定超过土地收入显示的程度，从其中可以看出其繁荣或发展的可能性。家是村落的公的构成单位，而各个家内部的生活状况形形色色，在这个水平上，同样是近世的家之间产生了经济上的分化或落差。

## 三　中期以后的史料和家

**五人组账和宗门人别改账**　近世中期今井村的人别改账显示的家秩序，在行延村是和"本百姓"、"名子家臣"相对应的。而且，身份区别不是在"本百姓"和"名子家臣"之间，而是根据"本百姓"与"抱"之间的区别，但内容是一样的。而在今井村，这种"本百姓"–"抱"体制到近世中期消失了，而且以后没有向门第制发展。这样的发展是受到今井村领主关系的影响。

在信州的村落中，有不少长期维持并固定化了的近世初期的"本百姓"–"抱"的身份制度。五郎兵卫新田村或上塚原村也是具有这样性质的村落（大石，1976，105～170 页；所，1975，332～333

页),在邻近今井村的村落中也有这样的村落。比如,在属于岩村田藩的三河田村或横和村,近世中期的宝永一年(1704),分别有"本百姓"14、"抱"10,"本百姓"19、"抱"25(北佐久郡编,1956,317~324页)。这些村落到18世纪还保持着"抱"百姓占半数的村落结构。这不是由于推进"抱"阶层的身份独立才促进了近世村落结构的形成,而是反映了领主采用了保留旧秩序的统治政策[10]。

表4-4 身份·户数·人口的变化

| | | 户数 | | 人数 | | | | |
|---|---|---|---|---|---|---|---|---|
| | | 总数 | 身份别数 | 总数 | 男 | 女 | 神庄神职人员 | 其他 |
| 宽文元年 | (1661) | 19 | | 114 | 52 | 62 | | |
| 宽文十一 | (1671) | 19 | | 122 | 70 | 52 | | |
| 贞享四 | (1687) | 27 | | 166 | 89 | 77 | | |
| 元禄十五 | (1702) | 32 | | 188 | 95 | 93 | | |
| 享保九 | (1724) | 35 | 本百姓33 贫农2 | 136 | 72 | 64 | | |
| 元文二 | (1737) | 37 | 百姓36 社人1 | 143 | 76 | 66 | 1 | |
| 宽延四 | (1751) | 30 | 百姓29 社人1 | 106 | 53 | 52 | 1 | |
| 宝历十二 | (1762) | 29 | 本百姓25 贫农3 社人1 | 118 | 51 | 66 | 1 | |
| 安永二 | (1773) | 29 | 本百姓25 贫农3 社人1 | 157 | 88 | 68 | 1 | |
| 天明七 | (1787) | 35 | 本百姓32 贫农2 社人1 | 140 | 70 | 68 | 1 | 佛教信徒1 |
| 文化元 | (1804) | 39 | 本百姓35 贫农3 社人1 | 148 | 72 | 74 | 2 | |
| 文化十四 | (1817) | 35 | 本百姓33 贫农1 社人1 | 117 | 60 | 56 | 1 | |
| 文政十 | (1827) | 37 | 本百姓35 贫农1 社人1 | 127 | 63 | 63 | 1 | |
| 天保十一 | (1840) | 36 | 本百姓34 贫农1 社人1 | 164 | 88 | 75 | 1 | |
| 嘉永三 | (1850) | 35 | 本百姓33 贫农1 社人1 | 160 | 80 | 78 | 2 | |
| 庆应三 | (1867) | 38 | 本百姓37 社人1 | 178 | 99 | 77 | 2 | |

(注)根据各年次的宗门(人别)改账。

但是如前所述,或许是因为今井村从宽文末期成为了幕府的直辖领,村里尽管确实存在着叫"抱"的农民阶层,但数量相当少。看不到村落内部长期分开、固定的"本百姓"和"抱"两个身份阶层的史料[11]。而从享保时期开始,史料中明确显示出从近世初期开始的一般化区别是"本百姓"和"贫民"。从享保九年第一次出现到幕末一直存在着"本百姓"和"贫民"的差别。而且,除了18世纪中叶,至幕末,"本百姓"一直保持着35户,但"贫民"经常不过是有若干户。所以,并不是由这"本百姓"和"贫民"的差别而在村落中积极地建立了牢固的身份制度或门第制度。

在今井村没有关于天和时期(约1680年代前期)以后的人别改账一类的史料,这可能是反映了以上的从近世中期开始的动向。当然不是因为史料佚失,而是因为其后没有再做人别改账。对此,宗门改账从贞享时期(1681~1684)开始的名称在宝永时期(1704~1711)更名为"人别宗门御改账",而且从享保时期(1716~1736)变为"宗门人别御改账",并持续到幕末。从这"宗门御改账"到"宗门人别御改账"和"人别宗门御改账"的变化意味着已经论述过的宗门改账和人别改账合为一体,实际上,以此为分界,"一打"被分在宗门改账上的各单位/施主,每一单位上记载着人员的合计。

但是,宗门改账的名称或记载的方式虽然在某种程度上有所变化,但也不是把握家本身的资料。比如,也许是和幕府的方针相对应,从安永八年(1779)开始,账簿被分给每个施主寺。即近世中期以后的今井村的村人由岩尾村南源院及根根井村正法寺的施主和神官(在日本神道的神社掌管祭祀的人。——译者)构成,在宗门改账的制作上,是每两寺做成一分册,而且将两个寺的全部施主

表 4-5 近世后期史料和家 (单位:文)

| | 天明五年(1785) 仲间割 | 米夫赁 | 传马割 | 各夫钱割付账 大夫钱 | 川原分 | 原齐割 | 齐割 | 天明五年土地收入身份人别五人组账 氏名 | 组 | 土地收入(合) | 天明七年 宗门人别御改账 |
|---|---|---|---|---|---|---|---|---|---|---|---|
| (1)文右卫门 | 永 58.35 | 1,021 | 1,258 | 1,167 | 117 | 140 | 15 | 文右卫门 | (1) | 11,412 | (2)文右卫门 |
| (2)四郎兵卫 | 金1分永112.95 | 11,440 | 19,660 | 7,474 | | | 15 | 四郎兵卫 | (1) | 60,477 | (1)四郎兵卫 |
| (3)清藏 | 永 120.84 | 2,763 | 7,429 | 2,422 | 117 | 140 | 15 | 清藏 | (1) | 2,994 | (3)清藏 |
| (4)弥右卫门 | 永 141.82 | 3,437 | 8,889 | 2,842 | | 140 | 15 | 仪右卫门 | (1) | 15,250 | (4)仪右卫门 |
| (5)冶郎右卫门 | 永 11.13 | 128 | 656 | 222 | | 140 | 15 | 冶郎右卫门 | (4) | 1,197 | (18)冶郎右卫门 |
| (6)嘉右卫门 | 永 6.66 | 56 | 362 | 132 | | 140 | 15 | 嘉右卫门 | (1) | 736 | (26)嘉右卫门 |
| (7)要右卫门 | 永 37.08 | 828 | 2,325 | 742 | | 140 | 15 | 要右卫门 | (4) | 3,987 | (5)要右卫门 |
| (8)定右卫门 | 永 30.81 | 759 | 2,004 | 617 | | 140 | 15 | 贞右卫门 | (1) | 3,313 | (6)贞右卫门 |
| (9)矶右卫门 | 永 18.34 | 504 | 1,201 | 369 | | 140 | 15 | 矶右卫门 | (6) | 1,972 | (10)矶右卫门 |
| (10)千右卫门 | 永 15.51 | 685 | 927 | 311 | | 140 | 15 | 千右卫门 | (6) | 3,333 | (9)千右卫门 |
| (11)多右卫门 | 永 30.49 | 717 | 2,001 | 611 | | 140 | 15 | 多右卫门 | (6) | 3,279 | (8)多右卫门 |
| (12)喜右卫门 | 永 14.42 | 315 | 942 | 285 | | 140 | 15 | 喜右卫门 | (5) | 3,306 | (11)喜右卫门妻 |
| (13)宽右卫门 | 永 95.90 | 2,531 | 6,151 | 1,921 | | 140 | 15 | 宽右卫门 | (6) | 10,311 | (7)宽右卫门 |
| (14)勘助 | 永 3.25 | 30 | 181 | 63 | | 140 | 15 | 勘助 | (6) | 355 | (25)勘助妻 |
| (15)忠左卫门 | 永 3.56 | 406 | 845 | 400 | | 140 | 15 | 忠左卫门 | (4) | 383 | (19)忠左卫门妻 |
| (16)源左卫门 | 永 27.26 | 925 | 1,700 | 545 | | 140 | 15 | 源左卫门 | (5) | 4,596 | (12)代人(13)源右卫门 |
| (17)源左卫门 | 永 22.29 | 325 | 1,415 | 458 | | 140 | 15 | 源左卫门 | (2) | 2,471.4 | (29)源左卫门 |
| (18)万右卫门 | 永 38.85 | 932 | 2,551 | 776 | | 140 | 15 | 万右卫门 | (7) | 4,177 | (34)万右卫门 |
| (19)菊右卫门 | 永 35.86 | 810 | 2,351 | 718 | | 140 | 15 | 菊右卫门 | (7) | 3,856 | (15)菊右卫门 |
| (20)久左卫门 | 永 4.57 | 4 | 171 | 88 | 国役48 | 140 | 15 | 久左卫门 | (7) | 491 | →(一家在别处奉公) |
| (21)政右卫门 | 永 30.13 | 722 | 1,936 | 604 | | 140 | 15 | 政右卫门 | (7) | 3,240 | (35)政右卫门 |

（续表）

| | | | | | | | | | | | |
|---|---|---|---|---|---|---|---|---|---|---|---|
| (22)勘右卫门 | 永68.55 | 1,625 | 4,245 | 1,371 | | 140 | 15 | 勘右卫门 | (7) | 7,371 | (33)勘右卫门 |
| (23)清六 | 永13.93 | 257 | 911 | 214 | | 140 | 15 | 清六 | (1) | 1,498 | →(从安永二年起无名) |
| (24)藤七 | 永18.92 | 314 | 849 | 257 | | 140 | 15 | 藤七 | (3) | 2,034 | (17)藤七 |
| (25)平左卫门 | 永32.63 | 756 | 2,140 | 652 | | 140 | 15 | 平左卫门 | (3) | 3,509 | (31)平左卫门妻 |
| (26)松次郎 | 永37.96 | 687 | 2,404 | 759 | | 140 | 15 | 松次郎 | (3) | 2,327 | (16)松次郎母 |
| (27)权七 | 永10.91 | 208 | 712 | 219 | | 140 | 15 | 权七 | (3) | 1,173.5 | (23)权七 |
| (28)宇平伙 | 永20.22 | 353 | 1,247 | 405 | | 140 | 15 | 宇平伙 | (3) | 2,174 | (32)宇平伙妻 |
| (29)五右卫门 | 永14.55 | 239 | 932 | 288 | 117 | 140 | 15 | 五右卫门 | (2) | 1,565 | (30)五右卫(五右卫门) |
| (30)播摩 | 永13.19 | 47 | 502 | 54 | | 140 | 15 | 播摩 | (2) | 1,418 | (36)播摩 |
| (31)宇右卫门 | 永23.52 | 567 | 1,545 | 469 | | 140 | 15 | 宇右卫门 | (2) | 2,529 | (28)宇右卫门 |
| (32)贞八 | 永103.54 | 520 | 1,249 | 2,073 | | 140 | 15 | 贞八 | (4) | 11,133 | (22)贞八 |
| (33)常右卫门 | 金1分永205.76 | 10,062 | 26,215 | 7,284 | 117 | 140 | 15 | 常右卫门 | (4) | 48,039 | (20)常右卫门 |
| (34)丈助 | | 1,988 | 2,466 | 1,848 | | 140 | 15 | 丈助 | (4) | 6,821 | (21)丈助 |
| (35)藤右卫门 | 永628.91 | 638 | 1,537 | 577 | | 140 | 15 | 藤右卫门 | (2) | 3,109 | (27)藤右卫门 |
| (36)三右卫门 | 永3.90 | 31 | 182 | 75 | | 140 | 15 | 三右卫门 | (5) | 419 | (14)彦八父(三右卫门) |
| (37)正法寺 | 永31.81 | 84 | 2,088 | 636 | 国役22 | 140 | 15 | 根井·正法寺 | × | 3,421 | |
| (38)忠左卫门 | 永2.47 | 2 | 156 | 48 | 国役26 | 140 | 15 | 下中込·忠左卫门 | × | 266 | |
| (39)勘兵卫 | 永10.65 | 11 | 696 | 213 | 国役37 | 140 | 15 | 三河田·勘兵卫 | × | 1,145 | |
| (40)定夫·甚助 | | | 310 | | | 68 | 8 | 定夫役高 | | 1,727 | |
| (41)仁兵卫 | | | | | | | | 松次郎袙·仁兵卫 | (3) | 贫农 | (24)松次郎袙·仁兵卫 |
| | | | | | | | | 播摩袙·今助 | (2) | 贫农 | →(一家在别处奉公) |

(注)各夫钱割付账和宗门人别改账的名前的数字是表示名字在账簿上的顺序。"川原分"的项目中所记"国役"和"川原分"设有直接关系。只是由于子作表时的情况仅记下其位置而已。

和神官汇总,记为今井村单位总计的分册,宗门改账总共由三分册构成。宗门人别改账暗示着寺和施主的关系位于家或村落的秩序之上。因此,要正确知道中期以后家的线索必须寻找和宗门人别改账不同的史料。

在今井村的这种有效的史料是夫钱割付账或五人组账。庆幸的是,今井村有天明五年(1785)前后的夫钱割付账、五人组账和宗门人别改账等三种史料。像表4-5那样,我们一边比较三种史料,一边考察近世中期以后家的问题。

夫钱割付账是记载每个村人对领主或村落应有的负担的账簿。如果说家是村落公的单位,担负着各种权利、义务,那么夫钱割付账可以让我们明确地了解家应负担的义务。在天明五年的今井村的夫钱割付账上,如表所示,记述了应负担义务的内容:"仲间割"、"米太赁"、"传马割"、"大夫钱"、"川原分"、"原齐割"、"齐割"。"仲间割"是分摊领主给奉公人的钱,"米太赁"是缴纳年贡米时必需的搬运等费用的分摊,"传马割"是助乡役的分摊,"大夫钱"是普请等杂费的分摊。此外,"川原分"的内容不明,而"原齐割"是和共有地乃至用水权相结合产生的负担的分摊,"齐割"是神社初穗钱的分摊。

其中,从"仲间割"到"大夫钱"按每个村人的土地收入以至缴纳米的数量分摊,即贯彻着按收获量分摊(高割)的原则,但"川原分"、"原齐割"、"齐割"与土地收入多少无关,均等地摊派到村人身上。而且,这些负担不一定是以金钱来支付,也能换成提供劳力。从表中看,负担根据收获量分摊征收的各种役的村人和负担根据均等分摊征收的各种役的村人大体是一致的。这一特征在第三章的上瓦林村或行延村也能看到。而且(2)的四郎兵卫虽然夫钱的负担总额极高，但却不被征收"原齐割"，这大概是因为这家是名主职位，而被免除这些役。

根据上面的"各夫钱割付"的结构，(40)的甚助或(41)的仁兵卫在今井村不会作为家而被承认的。因为，(40)的甚助除"传马割"以外，所有的负担都不承担。此外，(41)的仁兵卫只是对"原齐割"、"齐割"分摊一般村人的一半。此外，这两名村人被叫作"抱"或"定夫"，本来就不能成为村落的成员。前者是继承在中世中期以前的史料中多次出现的"抱"的依附身份；后者在其他的村子被叫作"阿里开(音译)"，是负责给村里打杂的，相当于在今井村17世纪后半叶的史料里叫"村中抱"的人，归根结底是准"抱"性质的村人。此外，(37)的正法寺、(38)的忠左卫门、(39)勘兵卫都被课以所有的负担，如五人组账所示，他们分别是根根井村、下中込村、三河田村的人，所以不能在今井村建立家。他们不在今井村的家之内也在情理之中。

而在夫钱割付账中履行作为家的义务的村人和构成五人组账的百姓是一致的。五人组是幕藩体制为统治所创建的制度，这绝不是形式上的存在，其作为村落组织的公的基层组织有许多功能。即五人组的构成户和构成村落的家有着密切的关系。要成为村落的家首先得是五人组的构成户，这是前提[12]。其结果，在天明五年(1785)的五人组账上所记录的构成户和夫钱割付账上掌握的家是一致的。表的左右同列表示的同样是百姓，而夫钱割付账上掌握的从(1)文右卫门到(36)的三右卫门的36名在五人组账上都是属于组的。而从村外人的(37)正法寺到(39)勘兵卫虽然都记名在五人组账上，但是作为没有所属组的成员，而一概记在账末上。因为他们不是今井村本来的家，所以才受到这样的对待，而在这点上，五人组账采取了超过夫钱割付账所贯彻的家或村落的逻辑的记载样式。

而且，这时五人组的构成户和夫钱割付账掌握的家不完全一致。在夫钱割付账上没有受到本来的家对待的(40)甚助和(41)仁兵卫，前者在五人组账上甚至连名字都看不到，只是在账末被记为"定夫役高"，而(41)的仁兵卫以"松次郎抱"的名义被记载，作为(3)组的构成户。而在夫钱割付账上连名字也没有的"播摩抱"的今助在五人组账上记为(2)组的成员。夫钱割付账上不承认为家的"抱"身份阶层在五人组账上成为家，从而产生了差异。

确实，天明时期的五人组账在这点上是含糊不清的，但近世中期以后的五人组账并不都是采用这种记载样式。如表4-6所示，在明和三年(1766)和文化五年(1808)的史料中，"抱"身份阶层不是组的成员。在明和三年"宋女抱"的今助和"半右卫门抱"的权六，在文化五年"弥右卫门抱"的又藏、"松二郎抱"的仁兵卫、"下总抱"的甚八，这些都是在账簿的最后部分，并且都记载在村外人的后面。并且，在这些"抱"中，除"弥右卫门抱"的又藏以外，其他的都是和天明五年的仁兵卫或今助同一系谱的"抱"。即在包括天明时期前后的五人组账上，"抱"没有作为组的成员被承认。因此，再深入分析天明五年的五人组账，这些"抱"身份所属的组都和"抱"的主家所属的组一样，并且记载顺序采用了将"抱"记载在各组最后面的形式。和本来作为一户的家的记载样式稍有不同，可以看到以主家包容"抱"为前提将"抱"记载在组内的倾向。这样整体地

表4-6　五人组的编成

| 明和三年<br>(1766) | 安永四年<br>(1775) | 天明五年<br>(1785) | 天明九年<br>(1789) | 文化五年<br>(1808) |
|---|---|---|---|---|
| (五人组) | (五人组) | (五人组) | (五人组) | (五人组) |
| ○弥五右卫门 | ○四郎兵卫 | ○四郎兵卫 | ○四郎兵卫 | ○弥五右卫门 |
| 忠右卫门 | 文右卫门 | 文右卫门 | 文右卫门 | 五左卫门 |
| 平七 | 弥左卫门 | 清藏 | 弥五右卫门 | 弥右卫门 |
| 清六 | 善藏 | 仪右卫门 | 仪右卫门 | 四郎兵卫 |
| (五人组) | 嘉右卫门 | 贞右卫门 | 定右卫门 | 义右卫门 |
| ○藤右卫门 | 清六 | 嘉右卫门 | 嘉右卫门 | 定右卫门 |
| 宋女 | (五人组) | 清六 | 清六 | 清六 |
| 五右卫门 | ○藤右卫门 | (五人组) | (五人组) | 嘉右卫门 |
| 武右卫门 | 播摩 | ○藤右卫门 | ○藤右卫门 | (五人组) |
| 茂兵卫 | 五右卫门 | 播摩 | 内纪(播摩) | ○五郎左卫门 |
| (五人组) | 宇右卫门 | 五右卫门 | 和助 | 伊八 |
| ○市右卫门 | 源左卫门 | 宇右卫门 | 宇太郎 | 多右卫门 |
| 半右卫门 | (五人组) | 源左卫门 | 源左卫门 | 矶右卫门 |
| 半六 | ○藤七 | 播摩抱 | 播摩抱 | 勘助 |
| 宇平次 | 松次郎 | 今助 | 甚助 | (五人组) |
| 权七 | 平左卫门 | (五人组) | (五人组) | ○源右卫门 |
| (五人组) | 权七 | ○藤七 | 龟次郎 | 代八 |
| ○常右卫门 | 安兵卫 | 松次郎 | 松次郎 | 喜兵卫 |
| 清六 | 宇平次 | 权七 | 宇平次 | 末松 |
| 次郎右卫门 | (五人组) | 宇平次 | 平左卫门 | (五人组) |
| 平助 | ○常右卫门 | 平左卫门 | 松次郎抱<br>权七 | ○与左右卫门 |
| (五人组) | 用右卫门 | 松次郎抱<br>仁兵卫 | 松次郎抱<br>仁兵卫 | 下总七五三郎 |
| ○喜右卫门 | 治郎右卫门 | (五人组) |  | 和助 |
| 三右卫门 | 春 | ○常右卫门 | (五人组) | 宇右卫门 |
| 源右卫门 | (五人组) | 丈助 | ○孙右卫门 | 藤右卫门 |
| (五人组) | 喜右卫门 | 贞八 | 定八 | 善右卫门 |
| ○甚右卫门 | 三右卫门 | 要右卫门 | 丈助 | (五人组) |
| 治右卫门 | 源右卫门 | 次郎右卫门 | 要右卫门 | ○半兵卫 |
| 千右卫门 | (五人组) | 忠左卫门 | 次郎右卫门 | 藤藏 |
| 多右卫门 | ○觉右卫门 | (五人组) | 忠左卫门 | 松次郎 |
| (五人组) | 安治郎 |  |  | 由右卫门 |

(续表)

| | | | | | |
|---|---|---|---|---|---|
| ○源兵卫 | 千右卫门 | ○源右卫门 | （五人组） | 平右卫门 | |
| 甚兵卫 | 多右卫门 | 喜右卫门 | ○源右卫门 | （五人组） | |
| 利右卫门 | （五人组） | 三右卫门 | 代八 | ○勘兵卫 | |
| 政右卫门 | ○勘右卫门 | （五人组） | 岩次郎 | 长二郎 | |
| 五人组外 | 万右卫门 | ○觉右卫门 | 三右卫门 | 菊右卫门 | |
| 根井 | 甚兵卫 | 勘助 | （五人组） | 利右卫门 | |
| 正法寺 | 久左卫门 | 千右卫门 | ○觉右卫门 | 政右卫门 | |
| 下中込 | 政右卫门 | 矶右卫门 | 勘助 | （五人组） | |
| 忠左卫门 | 五人组外 | 多右卫门 | 千右卫门 | ○孙右卫门 | |
| 三河田 | 根井 | （五人组） | 矶右卫门 | 用右卫门 | |
| 勘兵卫 | 正法寺 | ○勘右卫门 | 多右卫门 | 斧右卫门 | |
| 今井 | 下中込 | 万右卫门 | （五人组） | 忠左卫门 | |
| 善藏 | 忠左卫门 | 菊右卫门 | ○勘右卫门 | 定八 | |
| 宋女抱 | 三河田 | 久左卫门 | 万右卫门 | 寅吉 | |
| 今助 | 勘兵卫 | 政右卫门 | 菊右卫门 | 五人组外 | |
| 半右卫门抱 | | 五人组外 | 久左卫门 | 根井 | |
| 权六 | | 根井 | 政右卫门 | 正法寺 | |
| | | 正法寺 | 五人组外 | 三河田 | |
| | | 下中込 | 根井 | 勘兵卫 | |
| | | 忠左卫门 | 正法寺 | 三河田 | |
| | | 三河田 | 三河田 | 藤兵卫 | |
| | | 勘兵卫 | 勘兵卫 | 野泽 | |
| | | 定夫役高 | 下中込 | 七左卫门 | |
| | | | 忠左卫门 | 下樱井 | |
| | | | 野泽 | 友之助 | |
| | | | 弥五兵卫 | 牧布施 | |
| | | | 定夫役高 | 藤右卫门 | |
| | | | | 三河田 | |
| | | | | 喜总次 | |
| | | | | 三河田 | |
| | | | | 文太郎 | |
| | | | | 沓挂宿 | |
| | | | | 富右卫门 | |
| | | | | 弥右卫门抱 | |
| | | | | 又藏 | |
| | | | | 松次郎抱 | |
| | | | | 仁兵卫 | |
| | | | | 下总抱 | |
| | | | | 甚八 | |

（注）明和三、安永四、天明五、天明九是"土地收入身份人别五人组账"。
文化五是"御请证文五人组账"。"○"表示"五人组头"。

看,后期的五人组账确实反映了今井村家的存在方式。

宗门人别改账如前所述,不是用来把握家的,将其和夫钱割付账或五人组账相比较,其性质就更鲜明了。因为如表所示,宗门人别改账上出现的能够作为家来把握的名字和夫钱割付账或五人组账上的,严密地看是有差异的。宗门人别改账是天明七年(1787)的史料,所以,也要考虑到时间的影响,但绝不止如此。

第一,在宗门人别改账上有这样的倾向,即将作为本来的家还不被承认的分家当作独立的单位记载。比如,在宗门人别改账上,(12)的代八和(13)的源右卫门分别成为独立的单位,但在夫钱割付账或五人组账上只是记着相当于本家方面的源右卫门。即虽然这两户不久就成为本家和分家的关系,但在夫钱割付账或五人组账上还没有到将分家当作家来承认的阶段,宗门人别改账将其作为一户/一施主来处理。第二,与上面也有关,本没有家的"抱"的身份的人在宗门人别改账上作为独立的单位来记载。(24)的"松次郎抱"的仁兵卫就相当于此。第三,出去奉公而不在村里的家在宗门人别改账上就没有了正式的记载。在夫钱割付账或五人组账中出现名字的久左卫门或"播摩抱"的今助就是其例。即使是暂时的,如果不在村里的话,宗门人别改账也要将其除名,仅作为附记记载。对此,夫钱割付账或五人组账因为是表示家的存在的,所以这些一时外出的也还作为家或按家的标准记在账簿上。

而且更重要的是第四,即户绝家的处理问题。天明五年的(23)的清六家的名字在宗门人别改账上从安永二年(1773)消失了,当然在天明七年(1787)的宗门人别改账上也没有其名字。这相反地意味着在其后很长一段时间里,夫钱割付账、五人组账仍把户绝的家作为家来记载。如上表4－6所示,在五人组账上至少到文化五年(1808)一直有其记载。因为这个家固然成了户绝,但由于其还留有名迹,作为形式的家在其后也是存在的。第三章也说过,即使担负家的家庭或人绝灭了,但家作为株(名迹)等还会存在下去,后世可以再兴。这时,即使家绝灭了,但担负对株(名迹)征收的义务责任的是同族或五人组,有时是村落本身,这个问题将在第三部论述。归根结底,在夫钱割付账或五人组账上记着这种户绝百姓名字正是表示了通过夫钱割付账或五人组账能把握家。因此,宗门人别改账不记载家象征着即使宗门人别改账能够进行人的把握,但却不能充分地进行家的把握。

**宗门人别改账的意义** 但同时也不能完全否定宗门人别改账在家的分析中的意义。我们即使能够根据五人组账等把握近世中期以后的家,但从这些史料中不可能分析家的内部结构。因为五人组账等的史料记载着家的代表者(即户主)的名字,但没有记录家的全部成员。确实对于近世中期以前可以靠人别改账了解家,并且人别改账中记着家的成员,所以能够把握家的成员的结构,但中期以后完全没有线索。考虑到这点,根据宗门人别改账就不能够直接弄清家的成员结构,但它在推断上是极其重要的线索。特别是在分析像今井村那样的内部不伴有复杂的身份制度的村落时,会成为相当有效的史料。因此,本章最后主要是根据宗门(人别)改账考察近世今井村的家的成员结构。

近世村落社会的家在近世初期采取包括非亲属的依附身份阶层或旁系亲属的"复合家庭的"结构,但在中期,旁系亲属的分家或依附身份阶层的独立而加强了直系家庭的结构,集体的规模也相

第四章　家和村落史料——以今井村为例　　173

对缩小。今井村在近世中期前也有人别改账，而这里以从宽文元年(1661)到元禄十五年(1702)的宗门(人别)改账为主要史料观察其动向，如表4-7。

表4-7　宗门(人别)改账中成员构成的变化(到中期)

| | | | 宽文元年(1661) | 延宝二年(1674) 宗门账/人别账 | | 贞享四年(1687) | 元禄四年(1691) | 元禄十五年(1702) |
|---|---|---|---|---|---|---|---|---|
| 单身 | | | | | | | | |
| 夫妇 | 仅亲属 | | 9 | 8 | 4 | 10 | 8 | 13 |
| | 包括非亲属 | 单身 | 4 | | | 5 | 6 | 3 |
| | | 家庭 | | 1 | 1 | | | |
| 直系 | 仅亲属 | | 2 | 1 | 1 | 1 | 2 | 7 |
| | 包括非亲属 | 单身 | 1 | 2 | 2 | 5 | 5 | 6(5) |
| | | 家庭 | 2 | 3 | 2 | | | 1 |
| 复合 | 仅亲属 | | | | | 1 | 1 | 1 |
| | 包括非亲属 | 单身 | | 2 | 2 | 4 | 3 | 2(2) |
| | | 家属 | 1 | 1 | 1 | | | |
| 合　计 | | | 19 | 18 | 15 | 27 | 26 | 32(7) |

(注)史料为各年次的宗门(人别)改账。但延宝二年的对照了当年的人别改账。
"复合"户包含已婚的旁系亲属。单身的旁系亲属在此之外。
( )内的数字仅表示其非亲属的家庭成员做年季(年切)奉公人(有期限的服劳役者。——译者)的场合。

首先引人注意的是，近世村落社会的家并非简单地采取了上述的发展。固然具有"直系家庭"结构的家进入元禄时期显示出在增加，但应该在新分家层中看到的许多"夫妇家庭"的结构在此期间没有大幅度地增多。另一方面，采用"复合家庭"结构的分家甚至在这两个时期之内一时增多了。家构成的方式显示了相当不规范地发展。但这在亲属分家时，不是马上能以结婚或分割继承为契机分家的，因为存在着不得不继续在一定时期作为双亲或兄弟的家(即本家)中一员的分家习惯以及村落存在的家秩序。为此，"复合家庭"结构的家到元禄初年并没有轻易地减少，"夫妇家庭"结构的家也没有逐渐增多。但最终在元禄十五年时，"复合家庭"结构的家减少了，所以在这时可以在也由于分割继承而分家辈出的趋向中划一阶段，应该认为近世的家具有的结构性特征明显化了。而且，在包容非亲属这一点上，在"夫妇家庭"或"复合家庭"的家中，在中间时段包容非亲属的例子反而增加了。但是，从已经考察过的例子可以得知，元禄十五年自不待言，就是在元禄四年(1691)、贞享四年(1687)，单身非亲属中相当大的一部分也是抵押奉公人(因欠债服劳役的人。——译者))或年季奉公人。因此，包含非亲属依附身份阶层的家还是显示出逐渐减少的趋向。

这样，在元禄末年，今井村仅为亲属"夫妇家庭"以至"直系家庭"结构的家也占有压倒性的比重，而近世中期以后，如表4-8所示，以此为前提家显现出以下的特征：

第一，家所包括亲属以外的成员是极其少的。确实如表所示也存在着非亲属，但这些几乎都是年季奉公人，所以不能说是本来的家的成员。而且近世后期也存在着若干"抱"，而这在宗门人别改账上不是包括在其主家中的，而是记为独立的单位。为此，家中的非亲属比例更小了，但即使考虑到这些，和初期或中期相比，很明显，非亲属的比重也是极小的。家成为亲属占压倒性优势的结构。这是近世后期一贯的特质。

第二，作为家的成员结构的形态，"直系家庭"或"夫妇家庭"是主流，包括旁系亲属的配偶或子女的"复合家庭"性的形态几乎不存在。即使分家辈出，但像从初期到中期之间一样，没有了暂时留在本家以后再分家的倾向。其背景也许是后期户绝多,所以新分家也能够较容易地在村落里获得家的地位。而且,后期"单身"的家平时有 2~3 户,大多是户绝前的家。

**表 4-8　宗门人别改账中成员构成的变化(中期以后)**

| | | | 元禄十五年(1702) | 享保九年(1724) | 宽延四年(1751) | 安永二年(1773) | 文化元年(1804) | 文政十年(1827) | 嘉永三年(1850) | 庆应三年(1867) |
|---|---|---|---|---|---|---|---|---|---|---|
| 单身 | | | | 3 | 2 | 3 | 2 | 3 | 2 | 1 |
| 夫妇 | 仅亲属 | | 13 | 28 | 23 | 19 | 22 | 16 | 19 | 16 |
| | 包括非亲属 | 单身家属 | 3 | 1(1) | 1(1) | 1(1) | | | | |
| 直系 | 仅亲属 | | 7 | 6 | 3 | 9 | 14 | 12 | 16 | 19 |
| | 包括非亲属 | 单身家属 | 6(5) | 1(1) | 2(2) | 1(1) | 2(2) | | | |
| 复合 | 仅亲属 | | | | | | 1 | | | |
| | 包括非亲属 | 单身家属 | 2(2) | | | | | | | |
| 合计 | | | 32(7) | 39(2) | 31(3) | 33(2) | 42(2) | 32 | 37 | 36 |

(注)史料为各年次的宗门(人别)改账。表的作成方法与表 4-7 相同。
各年的户数合计未必和表 4-4 一致,这是因账簿中数字的使用方法不同所致。

在"直系家庭"形态和"夫妇家庭"形态的关系中,即使在后期,即 18 世纪后半叶"夫妇家庭"的形态也较多,与此相对,进入 19 世纪,"直系家庭"的形态增加,在幕末,两种形态的数量几乎相同。这可以从各种原因来考虑,而其中之一是家中的家庭周期。从中期到后期开始的阶段,随着以前的家户绝而分家辈出。其中,以前的"直系家庭"形态的家减少,正为此,"直系家庭"的形态难以增加。也是由于这一原因,到 18 世纪后半叶,"夫妇家庭"的形态反而多了起来。但是,这些分家随着每一代的进展,采取了"直系家庭"的形态,而且和新分家的减少相重合,于是,19 世纪以后"直系家庭"形态的比重增加了。

## 结　论

上文对家的把握是根据一个村子的案例，笔者并不想把这种分析方法普遍化。根据村落不同，也许五人组账根本就是形式性地作成的，也许其他的史料会更直接地揭示家的存在方式。比如可以将有关宫座等祭祀组织的史料或在村落运作中合议或决议的史料，或者关于共有财产（山林或原野等）的所有或使用的史料等作为例子。无论如何，根据各个村落的实际情况进行分析是必要的，特别是对于近世中期以后的村落。

但是，从上面的论述中，只有一点是明确无疑的，即光是依据宗门人别改账历史性地考察村落中家的存在方式存在着多么多的问题。这绝不是历史学的问题，是社会学本身的问题。因为在第一部的家-同族研究课题的基础上，社会学今后也被要求要有历史性的视角或根据这一视角进行实证性的研究。当然这种认识只有获得了以下的视角，即认为日本的家不单是传统的家庭而且是和村落或统治制度相联系而形成的公的单位之后，才是可能的。

## 注

[1] 有人别改账名称的户籍账主要是在幕府领地作成的。
[2] 在幕府权力的庇护下，建立寺施主制度，通过它进行民众统治，其中宗门改账或宗门人别改账起着重要的作用是无庸赘言的。此外，在这种

寺施主制度下，具有佛教性质的祖先祭祀成为家的宗教也是事实。在这个意义上，也许可以认为宗门改账或宗门人别改账可以把握家。但是，这种情况下的家，严格地说是作为施主的家，不一定是家本身。当然二者的一致之处也不少，但原则上是不同的。因为作为施主的家不一定非得是公的存在。

[3] 大石认为，宗门改账类和其他公的史料不同，它应该能"更直接地反映包括力的关系的当时村庄现实的村落结构"（大石，1976，404页），但这观点似乎是大石太拘泥于他所研究的五郎兵卫新田村的事实而得出的。

[4] 在大石自己进行的近世后期家的实证性考察中，他尝试了根据宗门（人别）改账以外的史料进行家的考察。五郎兵卫新田村的五人组改账，木曾的田口村考察的人别御改账成为了解近世后期家的存在方式的线索（同上，388~399页）。而且像田口村那样有人别改账类史料的村落相当稀少。

[5] 继德川忠长之后成为小诸城主的松平宪良于宽永六年（1629）前后进行了佐久郡一带的检地，其后把这叫做"宽永的水账"，作为其后把握产量的基础史料（北佐久郡编，1956，262页），村子方面也将其永久保存。

[6] 根据竹内隆夫的研究，在佐久郡内的其他村子也有一些17世纪中期的人别改账，所以，可以认为在这个时期佐久郡大范围地做成了人别改账（竹内，1989）。此外，大石对于同样属于佐久郡的2~3个村落举出了这一时期的人别改账类（大石，1976）。

[7] 但今井村的"抱"不一定是非亲属。亲属成员也有用"抱"的名称记载的。这一点将在第七章详细论述。

[8] 依附身份阶层（不光是亲属的依附身份阶层，也包含非亲属的依附身份阶层）主家和施主寺相同是很多的，但17世纪中期的今井村不一定如此。

[9] 也如本文所述，在今井村也有延宝七年的人别改账，这对于史料之间的比较是很适合的。但是，延宝七年的人别改账的文字和记载样式和前后时段的人别改账略有不同，考虑到其为做成册后的副本，所以本稿不予使用。

[10] 但据大石研究,五郎兵卫新田村是这样的,但在岩村田藩的村,其意思和"本百姓"与"贫民"的关系相等(北佐久郡编,1956,323页)。但是,如果是这样的话,在包括三河田村或横和村在内的岩村田藩的许多村子,"贫民"阶层就占有半数。在近世中期不会有这样的情况,所以,对这些村落的"抱"的无土地收入,应该认为他们的土地收入内置于"本百姓"的内附关系中。

[11] 同样是幕府直辖领,五郎兵卫新田村的"本百姓"、"抱"的身份构成被固定了,而这是这个村子和领主关系相对独立而维持的身份制度。

[12] 在社会学的家-同族制度研究中,刚开始关注五人组账,使用它的是喜多野清一的若宫村(信州)的研究。其分析视点不一定和本章一致,但其研究本身的意义应该受到正面评价(喜多野,1937,10~12页、22页)。

# 第五章 家和父系家长制

## 一 考察的视点

本章的目的是,主要从统治结构的视点阐明前面论述的近世的村落社会的家,即论述在作为株(权利、义务的单位)的家内部形成的结构。而从和家的结构问题相关的以前的研究来说,父系家长制占有重要的地位。

在社会学中,如第一章也论及的那样,关于家的研究不特意限定于近世时期,因为有关家的结构讨论是以父系家长制为轴心发展的。以户田贞三的《家长的家庭》为开端,由于喜多野清一套用韦伯的父系家长制论而形成了一个顶点。近年,长谷川善计基本从这一视点来论述家的结构(长谷川,1987b),而且在法制史的领域里,甚至产生了叫作父系家长制的论争。时至今日,父系家长制的研究一直在发展。即从二战前中田薰的著作《江户时代文学中的私法》(1913)以来,围绕着在近世的庶民或农民阶层的家里,父系家长制统治的作用达到什么程度,或者是以何种形态建立起来的,学者们以论争的方式进行了研究。这一论争尤因大竹秀男和镰田浩之间的论争而明确了争论点,当事人镰田在《比较家庭史研究·第 2 号》(1987)上整理了论争的经过和论点。

如果按照上述的社会学或法制史的取向,那么父系家长制论的研究在家的统治结构的分析中可成为标准,而在社会学中,是从与上面的研究或讨论基本上不同的方向来进行研究的。其有代表性的是有贺喜左卫门的研究。有贺以"如果在共同文化的、普遍的意义上,把家定义为家长的家,那么作为家的解释我认为是不充分的"(有贺,1968,《著作集 Ⅸ》55 页),从方法论上站在了否定父系家长制论适用于家的立场上。当然他不是否定共同文化之间的比较意义,而是说"共同文化之间的比较是必要的,但作为进行前的准备阶段,在各民族的个性内部整理家庭的问题是很重要的"(同上,48 页)。有贺的这一立场不是局限于父系家长制的问题,而是关乎社会学的一般分析,他在二战刚结束后写的"社会关系的基础结构和类型意义"(1947)中也明确表明了这一点(有贺,1947,《著作集 Ⅸ》91~114 页)。但是,仅仅从这种"民族的个性"视点是不能阐明日本社会的特质和与其相随的家-同族的特质的,如第一部所示,本书的基本立场是认为在研究家的统治结构时光是强调"民族的个性"论也是不充分的。

中野卓基本上继承了有贺的理论或方法论,但在对父系家长制的适用性问题上不像有贺那样全面地建立了不同的方法论。他认为日本家的统治结构不具有韦伯在父系家长制论中发展的理念型的特质,所以就站在了父系家长制论不能适用于日本的理论立场上。即根据中野的说法,在韦伯的父系家长制论中家长的统治是绝对的,并且是任意的,而日本的家的家长不进行这种"由依附者的人格的顺从关系所支撑的任意统治",是"属于'家'制度体本身的传统权威,不过根据他所处的地位来代表、行使而已",所以,日本的家的统治结构和父系家长制是异质的(中野,1978,113~114页)。这一观点在《家和同族团的理论》一书的后记(中野,1968,197页)及《商家同族团的研究·第二版(下)》里新加的补论"家和同族"中,以对光吉利之批判的反批判形式,反复作了强调(中野,1978,809~811页)。

中野关于家的统治结构的认识本身是值得注意的,但是,喜多野等人也在对家长有传统约束的事实基础上,将日本的家的父系家长制结构作为问题。此外,光吉对中野的批判也是站在喜多野等人的认识之上的(光吉,1966,114~115页)。像在后面考察中详细论述的一样,家的传统等的约束本身并不是意味着父系家长制的软弱,而是关系到父系家长制的一个类型的特质。因此在本章中,笔者站在适用父系家长制的立场上,阐明近世村落社会中家的结构。而且通过它,提出笔者本人解释父系家长制概念的观点。

## 二 家长统治的法的性质

**家长权和亲权等** 像在法制史的父系家长制论争中成为争论点一样,在思考家的结构时,家长的统治根据何种法的权限是很重要的。关于这一点可以说的是,在近世村落的家中,家长的统治不一定作为整体性的家长权(或父家长权)[1]的行使来发展。代表家统治的存在是家长,但在日本近世的法制度中,一般用户主的术语来称呼。这个户主行使统治权,统制家的成员,而且引导家走应走的方向,但户主的统治不能说是基于固有统治权的整体性的家长权。这里说的整体性的家长权如镰田等人强调的那样,包括(1)家代表权、(2)祖先祭祀权、(3)家内统制权、(4)家产的所有及管理权等(镰田,1970,18页),但近世的农民阶层,以及从更广范围看,整个庶民阶层,都没有这样整体性的家长权[2]。

大竹认为,在有关近世庶民的法制上,存在着所谓户主的位置,但除了有关作为家的代表者权限或责任的领域,没有明确地规定户主权(家长权)(大竹,1982,308~309页)。即户主对外方面权限的行使具有家代表权的性质,这可以说是家长权。但对内的对家成员的统制等与其说是基于家长权本身,不如说是主要通过亲权、夫权、主人权这些分别的统制权的行使来体现。比如,在亲子关系上是亲权,在夫妇关系上是夫权,在和非亲属的下人或名子等的关系上行使主人权。通过村落社会的史料实际上可以了解这种特质。因为在近世的史料上,在有关家成员统制的许多场面中,户主表现出不是作为户主,而是基于父、兄、夫、主人等的地位行使权限的。

首先,在关于可以说是在象征家内统制的断绝亲子关系、断绝亲属关系上,有以下史料。

**史料 5-1 断绝亲属关系**
(长野县史·近世史料编五之一千四百一十页)[3]

信州(今长野县)的安县郡的盐岛村百姓身份的源右卫门之女福要(音译)今年申年 22 岁。安永四年十月二十一日夜突然从村子里失踪,虽多方寻找但依旧下落不明。福要以前是个心术不正的人,双亲和村里集体的意见都听不进去,人们都担心以后要出问题。因而亲源右卫门、兄弥兵卫向村里的役人申请与之断绝亲属关系,从宗门账上除名。此外福要除这两人以外在村里没有亲属,请批准为盼。

第五章　家和父系家长制　183

安申五年申正月
　　　　信州安昙郡大町组盐岛村
　　　　　　申请人　亲　　源右卫门（印）
　　　　　　　　　　兄　　弥兵卫　（印）
　　　　　　　　　　组头　伊右卫门（印）
　　　　　　　　　　庄屋　勘右卫门（印）

　　这个史料是盐岛村的福要被断绝亲属关系时的证明文件。盐岛村是信州的村落，但和作为本书案例的今井村没有直接关系，地理上也相隔甚远。这里使用断绝亲属关系的直接契机是福要"失踪"，背景是福要本来就是"心术不正的人"，不听双亲或村人的话，害怕今后会发生一些问题。将这样很让人感到麻烦的福要从"宗门账"上除名，为切断联系而断绝关系。而申请断绝亲属关系的，按文件是以"申请人"的名字出现的源右卫门，对他在表示是"申请人"的同时，其后附上了"亲"，即表示和福要之间所具有的亲属关系地位的名称。就是说，源右卫门与其是行使家长权来进行亲属关系的断绝，不如说是始终在行使亲权。并且，作为"兄"的弥兵卫也在源右卫门之下署了名。

　　更有如下所示，在上瓦林村及其周边的史料中有奉公人身份保证书或财产分与证书，从这些史料中也可看到亲权的行使。

**史料5-2　奉公人身份保证书**（西宫市史·第五卷，96~97页）
　　让一个叫权的人从宽文十三年丑年三月到午年的六年间出去奉公，确实借了四十两银子。如果他逃跑，立刻用他人替代。此外赔偿杂多之物。权的信仰是毫摄寺的信徒，据说主家也是。此人没有问题。为以后起见，记录如此。
　　宽文十三年丑年三月二十二日

　　　　　　　　　　小滨村之亲　　助兵卫　（印）
　　　　　　　　　　同村保证人　　庄右卫门(印)
下瓦林村善兵卫阁下

### 史料5-3　年季奉公人身份保证书(西村市史·第5卷,97页)

丹波冰上郡鸭庄上村总兵卫之子市助今年已十六岁,其人将从卯年到亥年末八年间奉公,其工钱二十五两银子全部付给。这钱使用于缴纳租米。

如果该人逃跑、失踪,我们立刻找到他,立即返还杂多物品。此外,不管本人还是替代者都一定要奉公八年。为今后起见,记录下八年奉公的证明书。

元禄十二年闰九月十六日
　　　　　　　　　　鸭上村
　　　　　　　　　　市助亲　　总兵卫(印)
　　　　　　　　　　庄屋　　　清右卫门(印)
　　　　　　　　　　年寄　　　又右卫门(印)
　　　　　　同(丹波)国多利村保证人　　与左卫门(印)
摄州(摄津国)瓦林村市郎右卫门阁下

### 史料5-4　财产分与(西宫市史·第五卷,83~85页)

继承的儿子左兵卫和伊兵卫的田地的备忘录
长左卫门株的田地　　所有都附随半役　　左兵卫的份额
名为水汲上的田
　　　　下田　6亩27步
　　　　　（中略）
名为久作的田
　　　　下田　1反2亩　　　　　　　伊兵卫的份额
同地
　　　　下田　2亩16步
　　　　　（中略）

按以上文件将田地、宅基地划分继承,并将文件给两人。为今后起见,文件由亲的三郎兵卫保有。

元禄七年戌年五月四日

|上瓦林村|亲|三郎兵卫|
|---|---|---|
||子|左兵卫|
||子|伊兵卫(印)|
|武库村|婿|庄右卫门|
|高木村|婿|仁右卫门(印)|

在关于奉公人的前面两个文件中,卖掉奉公人的劳动力,而且保证其劳动力的不是奉公人所属家的户主,而是双亲。但是,当然不难想像这双亲同时也是家的户主,但他们还是以"父母"或"双亲"的名义行使这一权限,这表示亲权是行使统治权的直接根据。而且,在元禄时期的财产分与的例子中,三郎兵卫将财产由两个儿子(左兵卫、伊兵卫)分割继承,而这也不是根据户主和嫡子(继承人)的家本位中的地位逻辑行使的,而始终是根据"亲"和"子"在亲属关系上中的地位来处理的。因此这也不是家长权,而是亲权的行使。

当然不光是亲权,在和妻子离婚的问题上可以清楚地看到在这方面行使着夫权。这里没有举出特别的史料,但在近世社会妻子离婚时,作成"三折半"的离婚状,这离婚状不是由户主发给离婚妇女的,而一直是由丈夫发给离婚的妻子;而其他形式的东西则不被承认(大竹,1982,312页;中田,1923,"岩波文库版",133~143页)。即离婚始终是靠夫权的形式而成立,和家长权没有直接关系。这样,在家内进行统治,以及在对家内劳动力或财产的管理上也不是家长权本身,而是亲权或夫权的行使。此外,虽说通过亲权、夫权、主人权等单个的权限行使进行家的对内统治，但行使它的不单是父亲、丈夫、主人，绝不可轻视作为家的代表者的户主(家长)地位。

**家长权和家代表权** 家长权主要在这一家内统制以外的方面行使。比如，关于成员的变动(异动)的问题，像大竹也论述过的那样，成员变动(异动)的管理是附随着户主地位变化的(大竹，1982，294、297页)。此外，这种管理也有家内统制性的要素，所以，通过成员的变动(异动)管理来实质上行使家长权的家内统制也并非不可能，实际上，就存在着下面的史料。

### 史料5-5 婚姻

奉上请愿文书

对于青山备前守的领地该国(摄津国)该郡(武库郡)的中村传兵卫与该村总八的姐姐二十四岁的茨玛(音译)结缘，特此申请。她的信仰是代代净土宗，是该村极乐寺的信徒，今后如果嫁给对方，就和丈夫成为同一信仰、同一寺庙的信徒。而对方当事人、庄屋、年寄发一封盖着印的文书来。而且金钱交涉自不用言，一切均无问题。请从该村的人别账中除名。如按上述内容下令，则不胜感激。

宝历一年未年十二月

申请人　总八
年寄　　忠兵卫
同　　　庄右卫门

中村善藏先生

### 史料5-6 除籍

奉上请愿文书

上瓦林村平太夫之子喜兵卫今年三十七岁，喜兵卫从十八年前的卯年开始往来于总州(现日本的千叶县一带。——译者)、海上浦做买卖。

而两年前的午年四月回来了,那时曾说过这事。其后他在该村劳动,但因长时间在关东,不会操持农民的家业,对之感到困惑。这样大阪顺庆町四丁目有个叫富屋喜兵卫的人和他是亲属,如果让其搬到大阪的话,就会全部予以照顾,让喜兵卫干活并可以生活,特此提出了申请。这样的话平太夫也会自由,所以请将其子喜兵卫从该村的人别账中除名。此外,提出一封盖着对方、当事人及组头印章的文书。如能批准则不胜感激。

享保十二年未年八月

上瓦林村　申请者　平太夫
同村　　年寄　　吉右卫门
　　　　同　　　三右卫门
同村　　庄屋　　勘四郎

绫部重之丞先生

### 史料5-7　下人丢失

奉上请求书

上瓦林村又兵卫下男
四十七岁　权兵卫
三十七岁　妻子　满(音译)
二岁　　　女儿　萨奇(音译)

上述几人于今年六月十一日夜离家出走,经各方寻找,下落不明。此事在同月十三日曾报告过。不知这几人今后会发生什么事情,因此请求从人别账中除名。如能批准则不胜感激。

天明四年辰年七月十一日

上瓦林村　申请者　又兵卫
五人组　宇右卫门
　　　　善六
年寄　　四郎右卫门
平兵卫

打出弥兵卫先生

川上又左卫门先生
代官先生瓦林村　市兵卫先生

　　史料都是关于上瓦林村的,根据这些史料,在缔结婚姻、有人失踪时,在向领主或役人提出的文书上,在亲属关系上没有明确地表现出发生变动的当事人和其"申请人"、"申请者"之间的关系。从字面上可以清楚地得知茨玛结婚出门时的总八,喜兵卫从人别改账中除籍的平太夫,下人权兵卫一家出去时的又兵卫,和当事人分别是兄、父、主人的关系,而史料不记载这些关系名义,仅仅写着"申请人"、"申请者"。这种记载方式可以说是表示了他们是基于家的户主地位而成为文书的"申请人"、"申请者",并能推断这不是亲权、夫权、主人权的行使,而是行使根据家长权行使的权限。但是,在这些家成员的变动上,不能完全确定家里根据户主地位的家长权。因为同时,还有下面这样形态的史料。

### 史料5-8　婚姻

奉书面申请
　　我是山田村的德兵卫
　　我们想要播州(现在日本兵库县西部。——译者)多可郡福地村传左卫门之女做儿媳,请予以理解,若能批准,则不胜感激。

|  | 山田村 | 吉兵卫之亲 | 德兵卫　(印) |
|---|---|---|---|
|  | 同村 | 庄屋 | 九郎右卫门(印) |
|  | 同 | 年寄 | 作右卫门(印) |
|  | 同 |  | 兵右卫门(印) |

元禄十二年卯年三月十日
　　瓦林村　市兵卫先生

## 第五章 家和父系家长制

### 史料 5-9 解除养子关系

**备忘录**

喜兵卫是小松村总兵卫之弟,幼时确曾去其他领地的鸣尾村孙左卫门处做养子。此次,在双方同意的情况下,解除养子关系,回到小松村兄长总兵卫之处。请理解这一情况,批准恢复原来的身份,则不胜感激。

元禄十一年寅年八月

| 小松村 | 兄 | 总兵卫 | (印) |
| 同村 | 庄屋 | 太郎兵卫 | (印) |
| 同村 | 年寄 | 四郎兵卫 | (印) |
| 同 | | 吉兵卫 | (印) |

这也同样是有关上瓦林村的史料,并且和上面举出的史料是同样种类的文件,而在德兵卫或总兵卫上有"亲"或"兄"的名义。他们的名字下面画着"印",所以他们是户主几乎是肯定的,但如考虑到仅仅作为名义明确记载着"亲"、"兄",那么,就不能把它和家长权的行使简单地割裂开来。这种有关家成员变动的手续因为是直接关系到家代表权的,所以,即使作为户主固有的权限/家长权也并非不自然,但虽说如此,亲权或夫权也不是没有影响的。

这种依据户主/家长真正地行使家长权,在和村落的关系上,明显地表现在户主(家长)代表家行动的场合。比如,作为家的代表,家长参加村落的决策、在表现这一决策的文书上署名等场合,就具体地显现出来了。下面的史料就表明了这点。

### 史料 5-10 五人组(长野县史·近世史料编四—二之 282~283 页)

**联名信**

(前半部签名人之名字省略。——译者)

如上述的与内(组)内部有麻烦事,外部有告状者的话,请下令处罚全组。此外,组内若有告状者的话,请下令用某种方式处罚犯人。其时我等不会有任何不满。特联名立此为据。

宽永十九年午年八月十四日

联名之首　内藏
同　　　　长左卫门
同　　　　善右卫门

平　勘右卫门先生
　　亲启、

这是信州的史料,还是和今井村没有直接关系。所谓"与内"是五人组的别称及古称,所以,这个文书是五人组连带责任制的誓约文书。直接的发出人是成为"联名之首"的各"与内"的长,即五人组头的内藏、长左卫门、善右卫门三人,而对于在此之前联名的"与内"的成员/村落的正式成员也在几乎所有的场合,名字下面都有"花押"、"略押"、"印",所以是在这些村落全体成员的共识下做成的文书。而参与这一共识的决策并作为"与内"联名的明显地是各家的代表者/家长。他们根据作为家长权的家代表权参与关于五人组连带责任制的村落整体的决策,在文书上记下他们的名字。此外,可以想见作为在家代表权以外方面的家长权具有主持祖先祭祀的权利,即祭祀权等。

对家长统治的存在方式的以上认识绝不是陋见,从其他几个事实也可以得知。比如,人们熟知的在近世庶民阶层里,隐居后的亲可以废黜做户主的子弟,而这在对内统制方面反映了亲权等具有重要的意义。大竹在《封建社会的农民家庭"改订版"》(1982)中,将这统治权的行使与一般的亲权相区别,理解为"监护权"(大竹,1982,316页),但广义地将其理解为也是一种亲权当无大碍。

即在家内统制方面,存在着以亲权或夫权等为中心的统治体系,所以,即使隐居后的亲(即双亲。——译者)行使其亲权,作为统治的存在方式也不会觉得不自然。当然,如镰田所指出的那样,在隐居后和隐居之前,亲的统治权内容或强度存在着相当大的差别(镰田,1970,19~20页)。而且也应当注意这和近代家制度的法体系——明治民法的关联。明治民法中,明确地将家长权设定为"户主权",对其权限的内容也相当广泛地作了规定,但它被评价为整体性的、绝对性的东西。在二战前的研究中已经强调了其包含着很多以亲权为前提的二次性权限等,因此,家长权实际上不像一般所说的那样作为重要的统治权起着作用[4]。这反映了在日本庶民生活习惯上,不存在这种整体性的、专一的家长权,或者反映了其历史性影响的淡薄。

## 三 对家长统治的约束

**家长和家的传统** 像已经论述的那样,在社会学中有关父系家长制论的适用性这一问题,有着重视对家长统治的传统约束的倾向。比如,喜多野在解释韦伯理论的基础上,认为"家长是家的传统秩序的担当者","不能逃脱这一传统的约束",日本的家的统治也具有这样的特征(喜多野,1976,132~133页)。此外,中野则在这传统约束的特质中来理解日本的家和父系家长制概念的差异。即无论如何,他们认识到家长的统治是被家的传统强烈束缚着。家长统治家时,不是按自己的意思或任意地,而是根据家的逻辑或者以被其所约束的形式,进行统治。并且,这一认识在法制史的父系家长制论争中也有相当的共鸣,其本身是不能否定的。

比如,镰田说,"以对'家',即'代代先祖'的家长本身的顺从为前提,在具体地为了'家'的持续繁荣行使家长权的范围内,保证着统治的正当性"(镰田,1970,15页)。而且,发展和镰田相对照的观点的大竹也决没有放过这种家传统的约束问题。大竹认为,"户主、家庭都根据'家'意识的规定行动,压抑着户主任意的、强权性的权力行使,促进家庭自发性地合作"(大竹,1982,339页)。

家的传统在村落的家中是如何之重要,从几个侧面可以得知。这里没有举出具体史料,但比如,从以村落上层为中心存在的家法或家训中可窥其一端。这家法或家训是为了将形成、发展起来的家传至子子孙孙,家的创始者或先祖们制定的并代代继承的东西。家的成员在这里承认传统的权威,按照其中的规范行动,家长也不例外,家长也被要求按家法或家训的精神进行统治。即使在不采用家法或家训的形式时,各个家中都有和先祖连接的传统或从其中传下来的不成文法,家的家长必须尊重它而行动,这是一种默契。而万一不遵守,并因此危及家的稳定或继续的话,那么,虽然是家长也会被从其位子上赶下来。已经说过的隐居的亲的废黜权,即根据亲权废黜儿子的家长权限本来也应该是为此目的而行使的。

从本书的观点看,这种作为核心的家的传统是形成家的成员(也包括家长)结合的基础。家的成员比遵从家长个人更遵从家的传统。即家的成员不是对家长本身,而是对家的传统具有强烈的顺从或一体感,在这点上,家长、家的成员都处于同一立场上。家长和其他成员的不同之处在于家长站在家的传统上担负着运营家的责任和任务,而且在这个范围内处于统制家成员的立场。所以,在家成员结合中,首先是"我们意识"或横向关系的建立。家长和其家的成员在家的传统面前都处于平等的立场,要求为家的维持、发展尽力协调。家的统治绝不能由家长任意而为。如已经考察的家长的家内统制也不是根据家长的任意或自律的力量来进行的。

而且,在家长行使统治权时,起约束性作用的传统仅靠前面论述的家传统是绝对不够的。近世村落社会的家不单是家庭,而且也不是以家业为其基础,即家的传统不仅是一般意义上的传统家庭形成的传统或以家业继承为中心形成的传统,而是在此以上,从作为株(权利、义务的单位)的家产生的传统。近世村落的家是以这种株为基础成立的集团,所以,家的传统也和作为这种株存在的家相关。具体而言,就是包含着这样的规范的传统,即如何使作为株的家永远持续,如何履行家赋予的权利、义务,如何通过履行其责任、任务使家稳定,以及作为此家的成员必须怎样行动。被这种家的传统所约束,家长对外、对内行使其权限。当然,这时家传统的约束对外是对家长权的约束,对内主要是对亲权、夫权、主人权的约束,在此基础上发展。

**村落、领主和家长** 而将家定义为这样的株(权利、义务的单位)时,可以看到对家长统治约束的另一个侧面。这是和家的传统问题相联系的,而在逻辑上却是另一个问题。

所谓家是株(权利、义务的单位)意味着家成为村落本来的成员,被赋予使用共有财产、运营水利、归属于某祭祀集团等这些村落生活上不可或缺的权利和义务。此外,统治的一方以村落为中介统治农民,故株同时也是统治关系中最基层的单位,被课以在和领主关系上的权利、义务。处于这种关系性之下的是近世村落的株，即家。

再次以案例来考察这一点，根据上瓦林村周边村落的史料就会明白关于村落的成员的事。像在第三章举出的史料3-1或史料3-4那样，在上瓦林村一带，株以"清右卫门株"、"又兵卫迹"来表示。史料3-1是"又兵卫迹"转让给其他农民的契纸，但作为这一转让正式成立的前提，必须有下瓦林村全体百姓署名的手续。株（迹）既然意味着村落社会的公的权利、义务的主体，那么，谁拥有、继承它就不是私的事务，而是关乎村落整体的问题，所以要有这样的手续。而史料3-4是成为户绝的"清右卫门株"转让给其他村人子弟时的契纸，而这个株的转让附带着宫座或伊势讲等村内集团和进行村落礼仪的成员权，或者负担役的义务。当然，在这"清右卫门株"转让时，也和"又兵卫迹"的情况一样必须有村落的承认，这在株的被转让者岩藏由其双亲和照顾人联名提出的契纸的收信者为"诸位村役职者"和"村里的诸位"这一点上表现出来。并且，这些株或迹被冠以具体百姓名的"清右卫门"、"又兵卫"来称呼，所以，株或迹不光是一个权利、义务的单位，它也和创立、维持每家的特质或传统一体化了。

此外，关于统治关系的最基层单位方面，有以下的信州的史料。

**史料5-11　百姓株的继承**（长野县史，近世史料编四之11035页）
文书一封
田　收获量九石一百零七合
这村产量一直是我们所持有的，而此次这土地毫无保留地给女儿萨特(音译),特提出申请,请早日答复为盼。因此从今年卯年开始,村里的各个账中都换上萨特的名字,如作为百姓株课税的话,税金(或年贡)自不待言,村里的各种费用或各种分担金,按应担当者摊派,不违期限使之缴纳。此外,传马役(马夫)或村里摊派的脚夫等工作也会完成的。万一有什么过失,我们和其他亲属会反复告诫,使之慎重。立此为据。

上赤须町申请人　半三郎(印)
同村亲属代表　传三郎(印)

赤须町诸位役人先生

这个例子与其说是村落,不如说是町的例子,而且继承人是女儿,所以,也许有着和通常村落的株的继承不同的方面。但归根到底,可以知道新"申请百姓株"的"女儿萨特"负有"百姓株课税"、"村里的各种费用"、"分担金"、"传马役"、"村里摊派的脚夫"等的义务。株(百姓株)不单是权利,也具有义务的侧面,所以,被转让株的百姓负有各种义务,其中,不光有对村落的"各种费用",而且,也包含着对领主的"百姓株课税"、"分担金"、"传马役"、"村里摊派的脚夫"等负担。

如果家在对领主的关系上处于以上的立场,那么,同时家也受到村落或领主的统制。具体而言,家是受到村落对村人课以规范或规则,或者领主为统治农民而课以的规则或规范的被统制单位。即近世村落家的家长不光是站在家的传统,也必须站在这种规则或规范的立场上行使统治权。因为家是村落的公的单位,所以是实践村落秩序的最基层单位,如果它不在维持其秩序的方向行动的话,那么,就会失去作为家的地位,即长年继承下来的百姓株。这样,家长与其说是按个人意志,不如说是必须遵照村落的规则(村规等)或决定行使统治权,使家的所有成员都对这些规则彻底予以贯彻。而且,同时也必须像领主希望或要求的那样统制家,这最终也是为了维持家,是绝不可轻视的重要事情。对家长统治的这种约束不能还原为家的传统,因为它还有另一个方面。因为,这固然是从家的逻辑中产生的,但即使是从家内部形成的,也不具有传统权威的性质。

**图 5-1　近世村落的家和统治(理念图)**

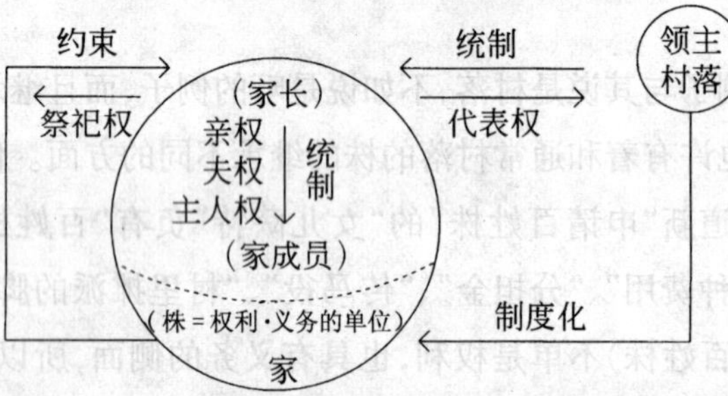

```
      约束              统制         领主
   ←——————    ←——————    村落
   祭祀权      (家长)       代表权
              亲权
              夫权  统
                    制
              主人权  ↓
              (家成员)
                                    制度化
   (株＝权利·义务的单位)       ←——————
                   家
```

水林彪认为,武士的家靠上级权力(即大名家)进行强有力的统制,正为此,家长统治带有"他律的且外部主导的"特质(水林,1977,52~53 页),而在农民阶层中也可看到对家长统治类似的约束[5]。大竹曾经重视过族缘组织(关系)约束家长统治的方面(大竹,1962,82 页、149~151 页),从本章的视点出发,我想强调的是,在这约束的同时,根据情况,村落或领主约束的逻辑会更加重要起来。而这种约束的方面和家的传统家长统治的约束形式不同,是向减弱家长个人对家庭成员的权威的方向作用的。归根结底,在考虑对家长统治的约束的结构时,在理解家传统内部条件的同时,必须充分了解家的特质在另一方面产生的外部条件问题。另外,若将迄今论述的村落社会家统治的存在方式简单地图像化的话,即如图 5-1。

## 四 家的统治和父系家长制概念

**亲权等和父系家长制** 最后的问题是,以上的统治特质在参照家长统治的概念时,具有何种意义? 以前对父系家长制概念的理解各式各样、错综复杂,所以有必要先整理一下。

第一个问题是关于父系家长制统治的统治权的法的形态的理解。以前的见解倾向于认为父系家长制统治是根据整体性的家长权的行使进行统治的。比如,中田在《江户时代文学中所见的私法》(1923)一书中,认为在近世庶民家庭中虽然有亲权或夫权等,但没有整体性统治权的家长权,从这点来否定庶民阶层中父系家长制的存在,这一观点是很有名的(中田,1923,196页)。此外,川岛武宜的《日本社会的家庭构成》(1950)、大竹的《封建社会的农民家庭》(1962)等也站在和中田几乎相同的理解之上,对庶民家庭中父系家长制的存在采取否定的立场(川岛,1950,12~13页;大竹,1962,296~297页)。而镰田、青山道夫、江守五夫等则完全相反,强调在这个阶层中存在着父系家长制统治,其根据是认为在这些阶层里存在着整体性的家长权乃至家长权力(镰田,1987,11页;青山,1976,46~48页;江守,1976,78~83页)。他们的立场是不同,但都认为父系家长制的统治应该是整体性的家长权的固有权限的行使。

如果一成不变地接受这些观点,那么,近世村落里家的统治就不具备父系家长制的性质。因为从本书的立场来看,家的家长统治对外是采取家长权的性质,但对内则大多采取行使亲权、夫权、主人权的形态,没有显著的整体性家长权。但是,在以前许多论者依据的韦伯的父系家长制论中,未必明确地提出父系家长制采取了所谓家长权的特定的法的权限的形态。即韦伯的理论没有被归纳为统治的法的形态问题,将其与父系家长制的统治相结合的反而是日本的社会科学者。因此,没有必要拘泥于过去的理解,而且大竹在《封建社会的农民家庭(改订版)》(1982)一书中,从韦伯的父系家长制论中的"对人的控制"的文脉中,主张亲权、夫权、主人权的父系家长制统治形态是可以存在的,这绝非不妥当(大竹,1982,274页)。在父系家长制统治中,既有家长权本身的统治形态,也有亲权、夫权、主人权的统治,采用何种形态应该是根据社会或时代的条件而异。

**对家长的约束和父系家长制** 第二个问题和本章开始时稍稍谈及的有关。即在以前的理解中存在着根据"对人的控制"而给予其正当性,倾向于将在统治中家长的任意行为起着强烈作用来作为父系家长制的重要标记。批判喜多野或光吉的父系家长制理解的中野的观点也接近这一立场。研究法制史的石井紫郎的观点中也有和其共通的一面,父系家长制是在以"自然发生的状况"形成的"对人的控制"的基础上进行的统治,"对传统的控制"不过是支持对这家长在人格上顺从的要素,而且,如日本近世那样,上级权力者从统治目的出发而设定的家,或者被其家的传统所约束而进行的家长统治状态和韦伯的父系家长制概念是有偏差的(石井,1971,2~3页)。

因此,如果按照以前的观点,在这方面近世村落的家也不具有父系家长制的性质。这和中野或石井的观点完全不同,但本书也是站在家里的家长的任意行为并非那么强,家或其传统的约束是很显著的这一理解之上的。但是,这一理解果真正确吗?在韦伯的理论中,这种"对人的控制"和将其统治的任意性作为父系家长制的特质占有绝对的地位吗?而且,为此另一个控制,即"对传统的控制"方面在其理论中不是没有给予重视吗?

像镰田也论述过的那样,将"对人的虔信"放在绝对的地位上,结果忽视了父系家长制在根本上是属于传统的统治类型这一点。无需赘述,在韦伯的理论中采用的是我们所能看到的父系家长制传统统治的最纯粹状态的形态。因此,为传统的契机支持的统治正当性如不存在,那么此统治存在方式大体上是不能建立的。这样考虑的话,父系家长制的成立就必须要同时具备这两个虔信要素。否则既然是传统的支配,那么"对传统的虔信"就应该更为重要。

韦伯本人也说:"对传统的虔信和对人的虔信是权威的两个根本要素"(韦伯,1960,147页)。即靠着"对人的虔信",成员间在人格上相互结合,其中,特别形成家长的权威,强化了对家长个人的人格服从,但这个家长同时要依靠家成员在虔信关系中的"传统"力量使其地位正当化,由此确立其作为统治者的地位。但是,韦伯认为这个"传统"不光是圣化了家长的地位,甚至规定了家长的"权力的界限"(同上,144~145页)。所以,在别的地方,像他所说的"所谓对传统的虔信也是对人约束的主题力量"能够表现为"对传统的虔信"。当然,"传统"的家长约束具有何种强度是不能一概而论的,但归根结底,这是基于"对传统的虔信"的父系家长制统治的一方面要素而产生的特质。

这样考虑的话,家的传统约束家长的统治就绝非表现为非父系家长制,而是表现出父系家长制的一个形态。也像长谷川指出的那样,父系家长制以以上原理的结构为前提而存在,应该认为任意性和传统的约束性哪个更强是因社会或时代不同而异的(长谷川,1987,16页)。在强调"对人的虔信"的社会,家长统治的任意性就更强,而在强调"对传统的虔信"的社会,对家长统治的约束性就更强。家长的任意性或传统的约束不一定成为是否是父系家长制本身的标准。

而且也有约束家长的外部条件问题。因为在家的统治中,不光是家或其传统,还存在着村落或领主的逻辑约束着家长统治的方面。这一事实和父系家长制的关系如何？即它是否是和父系家长制概念相对立的事实。这种外部力量作用的存在一般是和父系家长统治相对立的,是减弱父系家长制统治特征的,曾经有过这一观点(大竹,1962,298页,300页)。但是,韦伯认为,在限制家长的任意、自由的统治的东西中,和"传统"并列,还存在着"竞争的权力"(韦伯,1960,144页)。即社会或其中的个人或集团对家长统治加以的限制是父系家长制论中被承认的,这一点不言自明。大体上家长统治的社会集团构成一个孤立的小宇宙,这在现实中是不能设想的,它一般都置身于更上位的社会中,和其中各种集团相联系。因此,一般不能认为有不受任何外部影响或作用的家长统治等。当然,不能否认,在近世的村落社会中,村落或领主对家的统制和其他社会或时代相比是牢固的,这与其说是质的差异,不如说是量的差别,不能以统制的强度来确定父系家长制的不存在[6]。

## 结　论

本章考察了近世村落家的统治特质,而且论述了它和父系家长制概念的关系。即关于家的统治特质是:(1)在作为统治权的法的性质问题中不存在整体性的家长权,而明显地分化为亲权、夫权和主人权。(2)在统治权行使问题上,对家长统治的约束强,并且其约束表现为家的传统约束和村落或领主统治的约束(这也是由于家的性质所产生的)这两个层面。而且这种特质与父系家长制并不矛盾。

而这种近世的父系家长制在父系家长制整体中处于何种位置呢?从父系家长制的类型论出发,本章简单地涉及了这个问题。因为根据父系家长制概念的整理得到了父系家长制类型化的线索,即进行类型化的两个轴心:(1)统治权法的形态轴心(整体性的家长权占优势呢?还是亲权、夫权、主人权占优势呢?);(2)家长统治的约束性轴心(家长的任意性占优势呢?还是传统的约束性占优势呢?)。以这两个轴心的组合,如图5-2所示,作一尝试,使父系家长制的类型设定成为可能。

(Ⅰ)的类型明确地建立了家长统治权是固有统治权的家长权,并且由于"对传统的虔信"的强大存在,所以是在针对家长统治时,传统规范的约束起着极其强烈作用的类型。在这里,传统的约束作为对家长权本身的约束而存在。这种类型可以和镰田等人考虑的父系家长制概念相对应。与此相对,(Ⅱ)的类型中传统的约束作用具有和(Ⅰ)的类型相同的性质,而家长的统治权不是作为家长权确立的,而是在很多领域里作为亲权、夫权、主人权等单个统治权的行使而发展的父系家长制。在这里,传统的约束是针对家长行使的亲权、夫权、主人权而进行的。

图5-2 父系家长制的类型

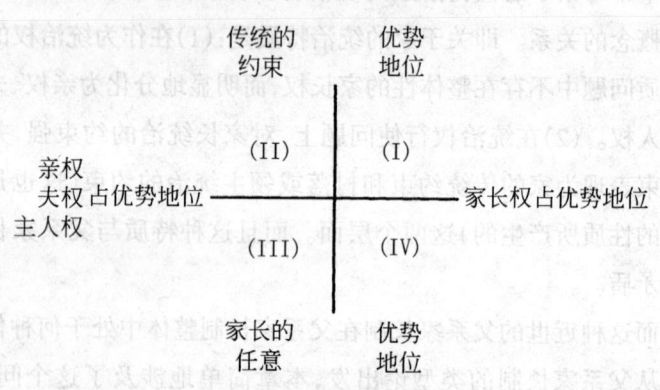

```
                 传统的        优势
                 约束          地位

                  (Ⅱ)         (Ⅰ)
    亲权
    夫权  占优势地位 ─────────── 家长权占优势地位
    主人权
                  (Ⅲ)         (Ⅳ)

                 家长的         优势
                 任意          地位
```

(Ⅲ)的类型在家长主要依据亲权、夫权、主人权进行统治,在这方面和(Ⅱ)具有相同的性质,但"对人的虔信"起着强有力的作用,为此,家长的统治不太受传统约束,而是具有发挥自主的任意或裁定特征的类型。这和石井或水林等人依据韦伯的父系家长制论考虑的父系家长制本来的性质是相对应的。大竹为思考近世农民阶层中的父系家长制而提出的父系家长制概念也在理念上接近这一类型。最后的(Ⅳ)的类型是具有整体性统治的家长权的家长由对他个人的"对人的虔信"所支持,自由并任意地行使权力,这种类型容易被认为是一般常识上的父系家长制。古希腊、罗马的父系家长制以前也往往容易被这样理解。中野考虑的韦伯的父系家长制概念也与此相对应。

如果将近世村落家的统治结构定位于这些类型中,那么它基本上是属于(Ⅱ)的类型。当然类型论绝不是阐明统治的最终目的,但以前关于父系家长制的议论十分复杂,因此这样设定类型、并定位于其中的工作是有其本身意义的。

此外,本书重视家-同族中的"我们意识"或横向关系。这种立场乍看也许会被认为和承认近世村落中存在父系家长制是相互矛盾的。但是,统治的结构以简单的统治一方和被统治一方的二分法不能说明的横向关系和家长统治是以家的传统的,即对家来说是至高价值为媒介而结合起来的事实。即以对家的一体性或对传统的强烈顺从为基础来建立家成员之间的社会关系,所以横向关系是第一重要的,同时靠家或传统将家长置于统治地位。但是,家长的统治也还必须服从家的传统,如果脱离了,会被家的成员从其位置上赶下来。虽然不至于像大名家的主君那样被"逼宫",但可以以类似的行为掣肘家长。

## 注

[1] 在父系家长制论中,一般都知道在用家长权这一术语的同时,也有父家长权的术语。对这种情况,既有认为二者基本意义相同的论者,也有反对这种观点的人。这里姑且将家长权和父家长权作为相同的概念,在本文中以家长权这一术语加以统一。

[2] 而且连镰田也没有论述在法制度上,这种整体性的家长权业已被明文化了(镰田,1970,18页)。

[3] 关于《长野县史》中登载的信州的史料,使用了长谷川善计整理过的东西,下同。

[4] 有关这一问题的二战前的研究有穗积重远或中岛玉吉的文章(穗积,1933,"户主"及"亲权"项;中岛,1938,128~129页),笔者在另稿中也触

及了这一问题(藤井,1987B),请参照。
[5] 因为村落的家和领主或村落之间不是以主从制结成的关系,所以当然不能将其和大名与家臣的关系同样看待。此外,本论不完全同意水林的近世武士阶层的分析。因为水林的论述是和忽视家中的横向关系的论点相结合的。
[6] 水林特别把近世武士的家从和大名家的关系出发,作为"报国义务的强制团体",但即使是这种团体,家也还具有父系家长制的结构(水林,1977,53页)。

# 第三部 同族

# 第六章 同族结合和本家分家关系
## ——以上瓦林村为例

## 一 考察的视点

从二战前开始主导同族研究的有贺喜左卫门、喜多野清一的理论,像第一章所概括的那样,其出发点的立场是根本对立的[1],但在看法上具有非常共通的特质。而在其对同族的结构性方面的解释中也表现出了这样的共通性。

在有贺的理论中,同族结合中的本家分家关系是作为主从关系来理解的。他认为这个主从关系是一种社会关系,而这种关系要作为一种社会关系而成立,本家对于分家的经济上的优势(并且,是能经受得住只有脆弱的经济基础的分家依赖本家生活的经济上的优势)要比本家必须具有一定的社会属性更成为必要条件。本家在和分家的社会关系中保持的社会属性是以本家对分家的经济上的优势和在此基础之上的本家庇护分家为前提才得以形成的。后来,有贺一边批判喜多野,一边作为这一批判的论据举出"没有本家经济上的优势,产生分家是不可能的",基于这一"经济上的优势",本家有了"经济的、社会的地位"(有贺,1962,《著作集

X》),这也是基于以上对同族的理解。

喜多野将同族结合的基本特质在本家和分家相互承认其系谱,并在这一承认之上结成一定的社会关系方面进行探索(喜多野,1958,《家和同族的基础理论》43页)。所谓承认这一系谱关系意味着本家根据系谱的本源性具有所谓"本家权威"这样一个传统的权威,并且分家对具有这一权威的本家具有"虔信"关系而得以成立。而实际的同族结合在这一认知关系之上成立的本家统制之下进行各种共同的生活。即有贺的基本点是以本家分家经济上的落差为基础的分家对本家的依附,而喜多野重视的是根据"本家权威"是一个社会性权威而使分家依附于本家。为此,喜多野的理论特色是,认为适用于家的统治理论化的韦伯的父系家长制统治论同时也适用于同族(而且,同族的情况和家产制统治直接有关),并设定社会的统治/依附的领域。

虽然有这样的差异,但是在从同族结合大体上是根据本家分家的上下关系(或者纵向关系)而得以成立的观点出发来构成其理论上,二者是共通的。不管是根据经济上的优越性,还是根据本家权威,在分家对本家是依附的以至是追随的这一点上,二者的议论没有太大差异。本家在这个关系中居于优势,分家居于劣势。因此如果失去这种上下关系,同族结合就不成其为同族结合了。有贺认为"本家如果没落失去整合力时,那么这一同族结合就会减弱",因为他明确地说:"这同族结合是分家对主家纵向的结合,这个趋向是主干"(有贺,1947,《著作集 X》50页)。此外,喜多野也认为:"即使同样是农耕上的协作,但是,分家对本家尽力而为的行事和以等价交换的意识来行事,这二者的在社会关系上是不同的行为,后者表现出本家分家传统上的家关系已要变质了"(喜多野,1961,《家和同族的基础理论》37页)。

有贺或喜多野的同族理论可能是因为是以从二战前开始的地道的做学问的方式而形成的,所以正是对二者理论的赞同才使从批判的立场上来对其评价变得困难。对于家的理论的评论也是如此,社会学的村落研究者中的很多人受到这二者的同族理论和学究精神的洗礼,时至今日也处于他们的绝大影响之下。但是,站在今天的时段回顾,不能说它没有因其影响力的强度而阻碍同族研究进一步发展的一面。因为,后继的研究者对有贺、喜多野的拜服,在不言而喻中接受了同族结合是由本家分家之间的上下关系(纵向的关系)支撑的理解,为此,就出现了对现实存在的其他形态的同族结合给予妥当的把握,或对以其存在为前提的同族理论进行再研究滞后的一面。

其典型的例子在福武直那里可以看到。福武和有贺、喜多野并列主导着二战后日本社会学的村落研究,特别是他在《日本农村的社会性质》(1948)中提出的村落类型论很有名。

福武在书中以秋田县和冈山县的两个村落为例,提示了同族结合占优势的村落和讲组结合占优势的村落的两个类型。而在福武调查的村落中,提示出仅将同族结合放在上下关系中的理解是不充分的,但这和福武的意图无关。即福武类型论中作为讲组结合优势的村落而描绘的冈山县南部村落的同族采取了和有贺或喜多野理论化的同族不同的形态。

在这个村落,"其(分家。——笔者)土地分与额农家一般是三分,包括房屋、家具之类全部财产一般是四分",而"本家比分家拿

## 第六章 同族结合和本家分家关系——以上瓦林村为例

的多的理由是祭祀先祖,照顾老迈的父母及继续过去家的交际等",因此,"财产分与的多少并不产生本家和分家之间的主从关系"(福武,1948,96页)。而"本地称为株内的同族团就是在这样的分家情况下形成的","没有产生主从性的本家分家关系"(同上,98页)。但福武原封不动地继承了有贺、喜多野认为本家分家中存在的上下关系是本来的同族结合的看法,所以,他几乎没有研究这个村落中同族结合的意义,就得出同族结合在村落生活中不具有重要功能的结论,并指横向联系为基本特质的讲组结合在这个村落中占有优势。

可以这样轻易地打发掉现实存在的构成户之间在相当对等的立场上结合的同族结合吗?这种形态的同族结合以前就在某种程度上已被了解。而且根据民俗学的研究,同族结合和讲组结合在结构上的特质本来就不一定是相互对立的关系,二者在同一村落里共存,而且依各种情况重合出现,甚至可以说同族结合构成了一个讲结合(樱井,1962,第一篇序章~第二章)。即同族结合没有必要以上下关系为前提。

像家一样,形成同族结合的根基的不是主从关系或本家统制,而是横向关系。长谷川善计或竹内隆夫认为同族结合"是超越'本家'、'分家'、'孙分家'的个别立场或差异关系而存在的'共同关系'"(长谷川,1982,33页)。此外,他同时强调的"我们意识"的形成也是与此对应的(长谷川,1979,159~160页;竹内,1977,55~56页)。此外,米村昭二认为必须首先将同族结合作为"社团"来把握也是因为有着和本书相同的认识(米村,1974,22~23页)。而且如果站在社会学的集团理论上,虽然有程度或形态的差异,但任何一个集团都有"共同关系"或"我们意识"(清水，1971)，所以在同族(还有家)中具有其固有的"共同关系"或"我们意识"，因此横向关系就变得重要起来。

像在第一部里所论述的那样，家与株(权利、义务的单位)相对，而同族是株的分有体(或共有体)，根据这样的同族存在方式，构成户超越本家分家的立场，形成对同族强烈的顺从或一体性，建立起同族结合的根基。这是和在家里的家成员超越其立场，和家具有一体性，强烈地顺从家的传统相对应的事实。靠着对同族的这种顺从或一体性，建立起同族的"共同关系"或"我们意识"。而这"共同关系"或"我们意识"不单是在逻辑意义上是同族结合的基础，而且实际上也规定着在其固有特质上的同族结构。同族结合中的本家分家关系实际上可以作为横向关系而存在。所以，像福武调查的村落一样，产生出本家分家之间的落差或主从关系不明确的同族，可以和组的结合不互相对立地共存。

这种横向关系在均分继承的分割继承习惯存在时，就更强大了。因为这一分割继承的存在由于在实际情况中明确了本家分家关系在原理上的对等性，使同族因本家分家共同关系的构筑更加鲜明了。进一步说，也许是因为同族结合基础中的横向关系原理而有时产生这种均分继承。而实际上，福武调查的冈山县南部的村落也因有接近于均分继承的习惯而未能形成本家统制型的同族结合。如本章所考察的那样，特别是在近世村落的同族中，由于分割继承或均分继承原理的强烈作用，因此使同族结合的横向关系较明显。而且，同族结构的内容基本上是和家共通的，而成为同族构成单位的家和家中的家成员相比，原则上有相当高的自立性，所

## 第六章 同族结合和本家分家关系——以上瓦林村为例

以同族结合中的本家分家间的横向关系因此而容易加强。

有贺或喜多野也并非对同族结合的共同性侧面完全不关心。对站在"生活关联"论立场的有贺来说，同族结合是家和家联合形成的生活共同体，在公的社会保障缺乏的日本传统社会中，起着守护民众生活的作用。喜多野也认为："在同族中虽然有和作为统一的抚养共同体的父系家长制的分居大家庭不同的抚养，但实质上是属于同一传统的抚养关系"（喜多野，1958，《家和同族的基础理论》46页）。但他没有论述这种共同体的基础是构成户在对等立场上的共同关系，而最终还是认为它是以本家分家的上下关系为前提的。即有贺认为只有在本家和在主从关系中的分家相互依存的脉络中才能显现出这种共同性，而且，喜多野在论述共同性时，认为本家首先作为共同性的统括者、统制者才是重要的。

但是，同时，我一点儿也不打算否定有贺或喜多野的同族论设定的上下关系占优势的同族结合的存在。这是同族结合结构能采取的一个形态[2]。而且即使是在这种同族结合根底里也存在着"共同关系"或"我们意识"，应该看到本家的分家统治或统制或本家的领导权也被同族本身的集团性背景（同族的传统、村落或统治的逻辑）所约束。即尽管有这样的前提，但这仍是在本家还是靠着强大的力量对分家进行统治的背景下产生的同族结构。在近世以世袭庄屋、名主的本家为顶点的同族中不就产生了这样的特征吗？

本章基于以上的认识，考察本家分家关系中的"我们意识"或"共同关系"，即在此之上的横向关系的存在方式。作为例子的是上瓦林村，但大竹秀男已根据上瓦林村的同族考察提出了"本家分家伙伴型"的同族结合形态，本章的考察也很受其启发。本章采取一边参考已经完成的研究,一边根据笔者关心的问题而再次对其验证的形式。

此外,社会学的近世村落的同族研究在二战前期就开始进行了,但至今尚未有充分的积累。二战前被认为重视历史性研究的有贺在对近世时期具体的实证研究方面也较弱,不过是一般的论及(有贺,1947,《著作集 X》40~41页等)。另外,喜多野从战前到战后初期以若宫村(信州)或长政村(越后)等为例实证性地论述了近世的同族(喜多野,1937ab,1947,1949),但战后几至断绝,理论上也没有得到整理[3]。二战后,竹内利美或余田博通在这一领域中有一定的发展(竹内,1969;余田,1970),但被有贺、喜多野建立的同族理论的认识所束缚。比如,竹内不认为近世初期的同族结合的形成过程是从土豪式经营产生的下人分家,而将血缘分家建立的同族结合的形成作为上下关系形式的,并以此作为在出发点上的本来的同族结合,而且将其后的过程理解为基本上是同族结合的解体、弱化,这表示出他对近世中期以后存在的同族结合的评价未必妥当。为什么一定非要把分家在经济上依赖本家的同族结合认为是本来的,而认为在生活方面互相扶助的同族结合就是"丧失了支撑同族构成原理的基础条件"(竹内,1969,364页)呢?而余田考察了近畿北部直到二战后还存在的株讲的历史性形成。但将近世后期株讲的成立理解为"向株的讲组性质的转化",这里不可否认他大体上是站在和竹内的共同认识的基础之上的(余田,1970,27页)。

本章以以前的研究为基础,同时站在1980年代的长谷川或竹内的实证性研究尝试的延伸视点上来进行考察(长谷川,1982,

1983;竹内,1983,1989)。

## 二 从初期到中期

**分割继承的实际状况** 关于如何理解从近世初期到中期的过程,以前在日本史学上基本上有两个立场(所,1975,299~300页)。宫川满等人在下人或与此程度相等的具有依附性质的旁系亲属的初期本百姓的自立中寻求近世中期确立的近世本百姓体制(宫川,1957,83~155页),而山田舜或佐佐木润之介则在初期本百姓的同族团的分化中来理解这一问题(山田,1955,77~81页;佐佐木,1958,56~57页)。本书的立场基本和后者是共同的,所以将近世初期到中期作为同族结合本身的形成期来定位。这也是因为传承至近日的同族系谱关系的形成期,即使再古老也几乎没有追溯到这一时期以前。这里首先要以上瓦林村为例阐明同族结合的形成和家产继承的关系。另外,在上瓦林村有 A、B、C、D、E、F 等 6 个姓,而与此相对应也有 6 个同族。

首先,图 6-1 的 B 姓的场合,在庆长十六年(1611)的检地账中有孙左卫门和总右卫门,从后来的史料等中可以推断孙左卫门是本家。分家总右卫门从这时的登记产量来看,不能说是接受了均分继承,但有充分的可以自立经营的登记产量。不仅如此,在万治二年(1659)的宗门改账时期,总右卫门也拥有几名依附身份的下人,可以说至今这也是具有近世初期性质的分家(藤井,1982,63页)。在 B 姓中,到 17 世纪末,从这两个家出来的分家一直持续存在,总右卫门的隐居分家,孙右卫门、孙左卫门的隐居分家,还有孙

## 图6-1 分家的形成过程（B姓）

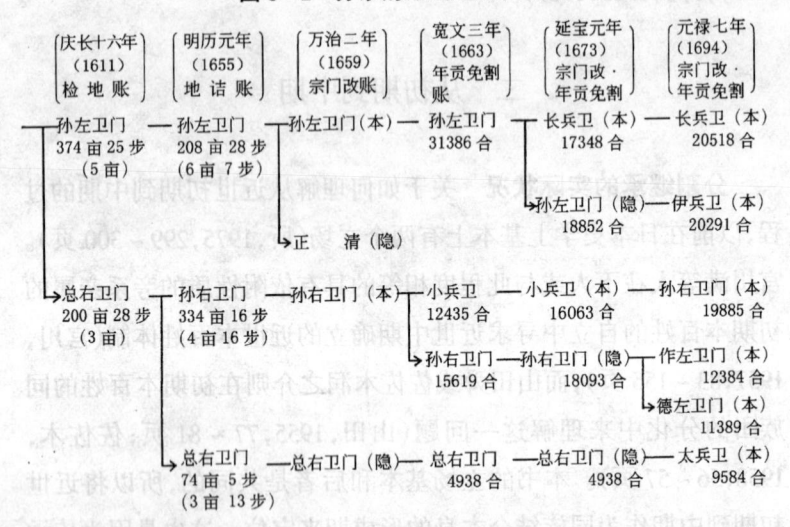

| 庆长十六年<br>(1611)<br>检地账 | 明历元年<br>(1655)<br>地诘账 | 万治二年<br>(1659)<br>宗门改账 | 宽文三年<br>(1663)<br>年贡免割账 | 延宝元年<br>(1673)<br>宗门改·<br>年贡免割 | 元禄七年<br>(1694)<br>宗门改·<br>年贡免割 |
|---|---|---|---|---|---|
| 孙左卫门<br>374亩25步<br>(5亩) | 孙左卫门<br>208亩28步<br>(6亩7步) | 孙左卫门(本) | 孙左卫门<br>31386合 | 长兵卫(本)<br>17348合 | 长兵卫(本)<br>20518合 |
| | | | | 孙左卫门(隐)<br>18852合 | 伊兵卫(本)<br>20291合 |
| | | 正　清(隐) | | | |
| 总右卫门<br>200亩28步<br>(3亩) | 孙右卫门<br>334亩16步<br>(4亩16步) | 孙右卫门(本) | 小兵卫<br>12435合 | 小兵卫(本)<br>16063合 | 孙右卫门(本)<br>19885合 |
| | | 孙右卫门<br>15619合 | 孙右卫门(隐)<br>18093合 | 作左卫门(本)<br>12384合 | |
| | | | | 德左卫门(本)<br>11389合 | |
| | 总右卫门<br>74亩5步<br>(3亩13步) | 总右卫门(隐) | 总右卫门<br>4938合 | 总右卫门(隐)<br>4938合 | 太兵卫(本)<br>9584合 |

（注）在检地账和地诘账（关于土地的记录。——译者）中，（）内是宅基地的登记面积。

宗门改账中的（）表示身份，下人阶层被除外。

关于庆长十六年和元禄七年的登记情况，使用了《封建社会的农村结构》一书中的内容（今井·八木，1955，14·50～51页）。

右卫门带着第三个儿子产生的隐居分家（德左卫门）。这些分家除了总右卫门的隐居分家外，都是均分继承或与此接近的被给予登记产量后分家的（而且成为本来的分家的时间点和当时家秩序所规定的接受财产分割的时间点是不同的），在孙右卫门（作左卫门）或孙左卫门（伊兵卫）的情况中，也许由于有分家一方抚养双亲的理由，分家的登记产量比本家多。鹫见等曜注意到"即使在均分分割田地时，本家分家之间也要有一合（0.33平方米。——译者）之差以示区别"，并指出"本家分家间"存在的"协同及上下的关系"（鹫见，1983，254页）。但在上瓦林村有连这田地分割的"一合之

第六章 同族结合和本家分家关系——以上瓦林村为例　215

### 图6-2　分家的形成过程（C、E、F姓）

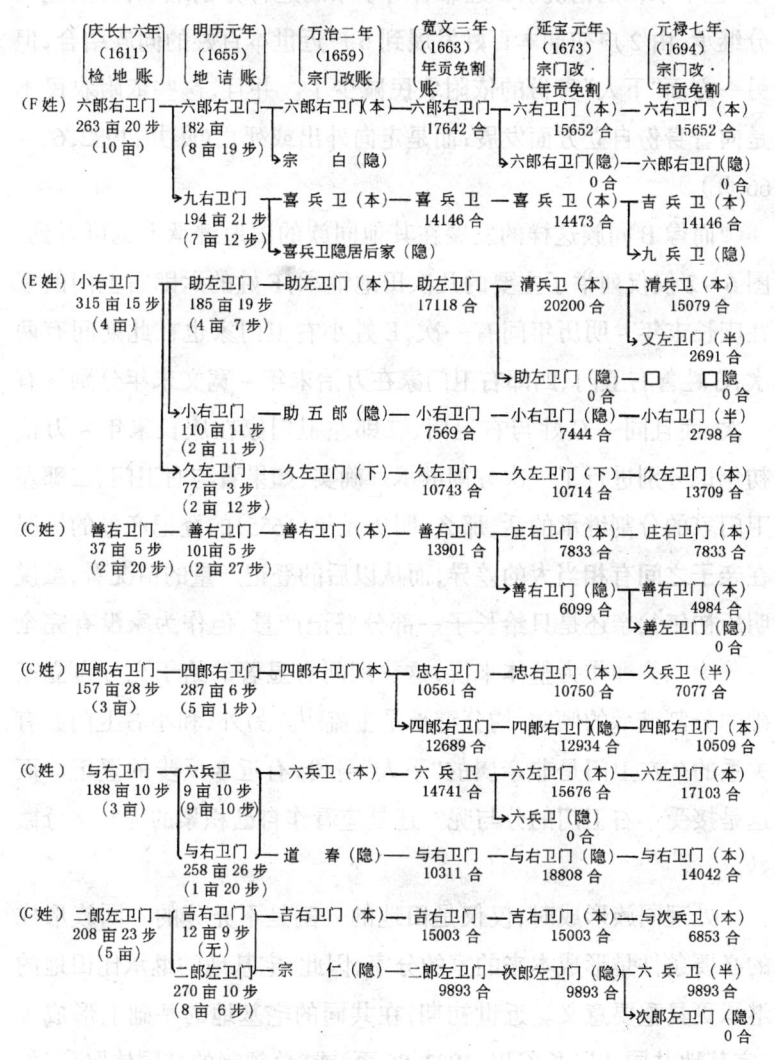

```
           庆长十六年    明历元年     万治二年     宽文三年      延宝元年         元禄七年
           (1611)      (1655)      (1659)      (1663)       (1673)          (1694)
           检地账       地诘账       宗门改账     年贡免割      宗门改·         宗门改·
                                                账           年贡免割         年贡免割

(F姓) 六郎右卫门──六郎右卫门──六郎右卫门(本)──六郎右卫门──六右卫门(本)──六郎右卫门(本)
      263亩20步    182亩                      17642合        15652合         15652合
      (10亩)      (8亩19步)
                               └宗　　白(隐)              ┌六郎右卫门(隐)──六郎右卫门(隐)
                                                         │  0合              0合
                  ┌九右卫门──喜兵卫(本)──喜兵卫──喜兵卫──吉兵卫(本)
                  │ 194亩21步              14146合      14473合  14146合
                  │ (7亩12步)
                                                                  └九兵卫(隐)
                               └喜兵卫隐居后家(隐)

(E姓) 小右卫门──助左卫门──助左卫门(本)──助左卫门──清兵卫(本)──清兵卫(本)
      315亩15步  185亩19步                17118合     20200合     15079合
      (4亩)     (4亩7步)
                                                                  └又左卫门(半)
                                                                    2691合
                                         ┌助左卫门(隐)──□隐    □隐
                                         │                0合    0合
                  ┌小右卫门──助五郎(隐)──小右卫门──小右卫门(隐)──小右卫门(半)
                  │ 110亩11步            7569合      7444合       2798合
                  │ (2亩11步)
                  └久左卫门──久左卫门(下)──久左卫门──久左卫门(下)──久左卫门(本)
                    77亩3步                10743合     10714合      13709合
                    (2亩12步)

(C姓) 善右卫门──善右卫门──善右卫门(本)──善右卫门──庄右卫门(本)──庄右卫门(本)
      37亩5步    101亩5步               13901合     7833合        7833合
      (2亩20步) (2亩27步)
                              └善右卫门(隐)──善右卫门(本)
                                6099合        4984合
                                              └善左卫门(隐)
                                                0合

(C姓) 四郎右卫门──四郎右卫门──四郎右卫门(本)──忠右卫门──忠右卫门(本)──久兵卫(半)
      157亩28步   287亩6步                    10561合     10750合       7077合
      (3亩)      (5亩1步)
                               └四郎右卫门──四郎右卫门(隐)──四郎右卫门(本)
                                 12689合     12934合        10509合

(C姓) 与右卫门──┬六兵卫──六兵卫(本)──六兵卫──六左卫门(本)──六左卫门(本)
      188亩10步 │9亩10步             14741合    15676合       17103合
      (3亩)    │(9亩10步)
                                    └六兵卫(隐)
                                      0合
                 └与右卫门──道　春(隐)──与右卫门──与右卫门(隐)──与右卫门(本)
                   258亩26步            10311合     18808合       14042合
                   (1亩20步)

(C姓) 二郎左卫门──┬吉右卫门──吉右卫门(本)──吉右卫门──吉右卫门(本)──与次卫(本)
      208亩23步  │12亩9步                 15003合    15003合       6853合
      (5亩)     │(无)
                 └二郎左卫门──宗　仁(隐)──二郎左卫门──次郎左卫门(隐)──六兵卫(半)
                   270亩10步              9893合       9893合        9893合
                   (8亩6步)
                                                                     └次郎左卫门(隐)
                                                                       0合
```

(注)作图方法和前图6-1相同。
　　记载着成为"本役人"的原"下人"身份的久左卫门。

差"也不承认的情况。B姓靠着对子弟的这种分割继承,特别是均分继承,由2户初期本百姓发展到6户近世本百姓的同族结合,但另一方面"下人"身份的依附农民减少了。并且,这些依附农民不是向着身份自立方面发展,而是走向外出或死亡(藤井,1982,60~66页)。

而像B同族这样的发展在其他同族的田地继承上也可看到。图6-2仅仅列举了主要的几次田地继承:F姓的六郎右卫门的家在庆长末年~明历年间有一次,E姓小右卫门家也在此期间有两次,C姓善右卫门、四郎右卫门家在万治末年~宽文末年分别各有一次,而且同一C姓与右卫门、二郎左卫门家在庆长末年~万治初年也分别进行了一次分割继承。确实,如果看与右卫门、二郎左卫门家的分割继承的话,那么,明历元年(1655)的登记产量的情况在亲子之间有相当大的差异,而从以后的登记产量的情况看,虽说明历初年父亲还是只给长子一部分登记产量,但作为家没有完全一分为二。即作为整体来说,这一期间有显著的给予充分自立基础的分割继承的倾向,均分继承是主流[4]。另外,和小右卫门家有关系的久左卫门是非亲属的"下人"身份,有近8反步的登记。而这是接受小右卫门的分与呢?还是应看作自己积累的呢?十分微妙。

处理同族形成时,仅仅是田地的分割是不充分的。同族形成的必要条件是形成本来的家的分家,因此,宅基地的继承比田地的继承更具重要意义。近世初期,在共同的宅基地的基础上形成了"宅基地共同体"(长谷川,1983,86页)或"总领制的共同体"(鹫见,1983,256页),长谷川认为,因为这是家,所以即使靠田地继承有了登记产量,但如果宅基地继承不被承认的话,,还不能算作本来家的分家。必须在留意宅基地的分割过程之上,来将同族的形成作为问题。

表6-1 万治二年(1659)的"隐居"身份阶层和宅基地

| 明历元年地诘账<br>(1655) | 万治二年宗门改账的"隐居"<br>(1659) | 宽文三年年贡免割账<br>(1663) | 备考 |
|---|---|---|---|
|  | 净云(只有夫妇) |  | 一代绝 |
| 总右卫门　74亩5步<br>(3亩13步) | 总右卫门(直系家庭) | →总右卫门　4938合 |  |
|  | 正清(单身) |  | 一代绝 |
|  | 喜兵卫隐居后家(有孩子) |  | 一代绝 |
|  | 宗白(只有夫妇) |  | 一代绝 |
| *与右卫门　258亩26步<br>(8亩6步) | 道春(直系家庭) | →与右卫门　10311合 |  |
| *二郎左卫门 270亩10步<br>(1亩20步) | 宗仁(直系家庭) | →二郎左卫门 9893合 |  |
|  | 净林(有孩子) |  | 一代绝 |
|  | 与左卫门(有孩子) |  | 一代绝 |
| 小右卫门　110亩11步<br>(4亩7步) | 助五郎(直系家庭) | →小右卫门　7569合 |  |
|  | □□(单身) |  | 一代绝 |
|  | 道顺(只有夫妇) |  |  |
|  | 弥兵卫(有孩子) |  | 一代绝 |

(注)万治二年的( )内表示构成的特征。
　　只有夫妇——仅为夫妇,直系家庭——夫妇(或者一方)和已婚的孩子。
　　有孩子——夫妇(或者一方)和未婚的孩子,单身——只有夫妇一方。
　　明历元年的( )内表示登记的宅基地面积。
　　有*的表示的是明历期是继承的过渡期,明历地诘账中的登记地不是完全由隐居方面继承,但从有关史料可以清楚地了解到宅基地的登记是持续的。

关于上瓦林村万治二年(1659)的"隐居"身份,表6-1揭示了在明历元年的地诘账中有无宅基地的登记,从表中可以看出只有隐退的双亲(或一方),或孩子因外出等仅一代就断绝的"隐居"层以外的,具有本来的隐居分家性质的是能被承认其宅基地的登记的。这些都是庆长末年以后的分家,但都没包容到本家的宅基地登记内。而且也像在第三章论述的那样,对这些宅基地的登记的"隐居"身份被役人即家正式认定是从延宝二年(1674)开始的,所以,在此之前当然在制度上构成本家的家的一部分。而可以推断,这样的宅基地分割的倾向在上瓦林村从近世早期就有了。比如,在庆长检地账上,上述的 B 姓的本家孙左卫门和分家总右卫门都有登记宅基地,本家 5 亩,分家 3 亩,庆长时期以后除了分家的前文所述的 C 姓 4 户在庆长检地账上都接受了宅基地的登记(前图 6-1、6-2)。而且在这一检地账上,还有 9 名登记了田地但没有登记宅基地的村人,其中,后来作为家独立的不过两三人,由此可以推断宅基地的无登记者多为下层农民或从别的地方来的耕作者。即在庆长时期的阶段已形成有宅基地和由田地分割产生的本来的分家,当时从本家已经接受田地分割的人中的相当部分其宅基地的登记也被承认,成为和本家相同的初期本百姓,即家。近世初期本百姓体制的建立之初就已经形成某种程度的同族结合,从这一事实中,也可看出上瓦林村处于畿内先进地区的一个方面。

**役和户主** 在近世初期和家的存在方式相关的役(职位。——译者)的问题特别重要,役的保有、非保有给在村落社会中的地位确定以巨大的影响。而宅基地或田地的继承虽然没有显示出差异,但是役的保有的存在方式产生了本家分家间的地位上的差异,也许可以形成分家对本家的依附。

像第三章已经论述的那样,关于上瓦林村的役人身份,庆长检地账上的 26 名和万治二年宗门改账上的役人 25 名(含庄屋)大体一致,在系谱上有很多的关联,所以庆长检地账的宅基地登记人原

## 第六章 同族结合和本家分家关系——以上瓦林村为例

则上被当作役人,而且其后经过若干役的变动,直到万治时期。而庆长检地账以后的分家阶层原则上不能成为役人而成为"隐居"身份,其役人化是到延宝二年以后(今井、八木,1960,11~45页;大竹,1962,13~30页)。这样17世纪初设定的役人身份到17世纪后半叶的约60年间被固定着,继承本家的(当时分家形成的主流是隐居分家,所以是长子方面)继承役人身份,分家群被置于"隐居"身份。在围绕着役的关系背景上,不能说分家没有被本家统治的关系。

但是,像已经论述的那样,在庆长检地账阶段,创建分家在进行着,以前的分家已经成为役人(本来的分家)。另外,还有三户虽是庆长时期以后的分家但没有采取隐居分家形态的分家[5]。另一方面,可以推断在万治二年"隐居"身份的阶层的形成时期,即因隐居分家而获得了"隐居"身份的时期比较集中在明历~宽文时期,8例中的6例(只是除去老人的隐居)就是在这个时期(前图6-1、6-2)。延宝二年左右是第一代(即双亲)隐退、死去,向第二代(即次子、三子)交替完成的时期。有过"隐居"身份的只是双亲一代,从隐居分家成为本来的分家的第二代开始,分家也和本家同样是"役人"。并且,根据如在第五章中所论述的家中的亲权的强度,"隐居"身份的双亲不是依附于役人的子弟,而是能够对役人的子弟行使亲权或"监护权"(大竹,1982,316页)的。这种"隐居"身份对役人身份未必是依附性的。役人制度的存在并没有促进本家分家关系的上下关系化。

和这一点相关,户主观念模糊的问题也很重要。像在上瓦林村实行的隐居分家习惯的情况下,本家方面不一定继承户主的一

## 图 6-3 隐居分家和百姓名

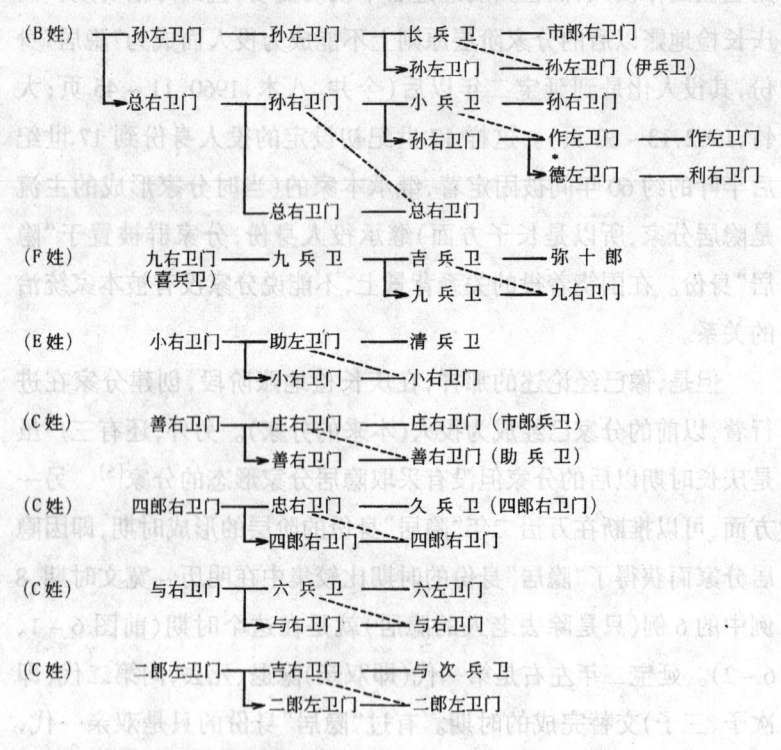

```
(B姓)  ┌孙左卫门──孙左卫门──┬长 兵 卫──市郎右卫门
       │                    └孙左卫门──孙左卫门(伊兵卫)
       └总右卫门─┬孙右卫门──┬小 兵 卫──孙右卫门
                │          └孙左卫门──作左卫门──作左卫门
                │                    └德左卫门*──利右卫门
                └总右卫门──总右卫门

(F姓)  九右卫门──九 兵 卫──┬吉 兵 卫──弥 十 郎
       (喜兵卫)            └九 兵 卫──九右卫门

(E姓)  小右卫门─┬助左卫门──清 兵 卫
                └小右卫门──小右卫门

(C姓)  善右卫门─┬庄左卫门──庄左卫门(市郎兵卫)
                └善右卫门──善右卫门(助 兵 卫)

(C姓)  四郎右卫门─┬忠左卫门──久 兵 卫(四郎右卫门)
                  └四郎右卫门──四郎右卫门

(C姓)  与右卫门─┬六 兵 卫──六左卫门
                └与右卫门──与右卫门

(C姓)  二郎左卫门─┬吉右卫门──与 次 兵 卫
                  └二郎左卫门──二郎左卫门
```

(注)虚线连接的是兄弟关系。
()表示半路改名。
＊可以认为德左卫门最初作为户主带着双亲分家。

切,因此本家分家的区别本身就容易模糊。上述的役也是户主的一个要素,上瓦林村的役似乎由本家继承,但其他的百姓名或供养先祖的继承就不一定如此。比如,百姓名的问题,隐居分家的第一代是父亲,所以当然开始时继承百姓名,那么,当父亲隐居或去世,次子、三子是否将父亲名作为百姓名还给本家(长子)呢? 其实不

第六章 同族结合和本家分家关系——以上瓦林村为例 221

然。从此时的隐居分家的例子来看,即如图6-3所示(但也包括延宝二年以后的隐居分家),百姓名由本家方面继承的只有B姓的小兵卫,10例中不过1例。相反,次子、三子继承父亲名的除B姓的德左卫门、F姓的九兵卫之外,有7例,九兵卫等的情况在广泛的意义上,也是次子、三子的继承。可以清楚地看到,百姓名不由本家方面继承[6]。

上瓦林村的例子不能表示出供养先祖的情况,但根据民俗学的研究,可以得知以下的情况。即在隐居分家的情况下,有(一)的例子是"双亲的葬仪由直到最后一起生活的分家负责","丧主是长子,接受吊唁的也是他",但"葬仪的费用本、分家几乎平摊","从第一周的七日忌开始,一切经费由分家负担,以分家为主供养","牌位放在本、分家双方"(竹田,1970,160页);(二)的例子是因为负责葬仪的是分家,供养的也是分家,所以也有"作为隐居分家,双亲去的地方实际上不是分家而是本家的逻辑"(同上,182页)。在笔者贫乏的调查经验中,在兵库县东播的水稻产区的村落中也遇到过由兄长继承本来的房屋,兄弟和双亲去新宅,双亲死后,其牌位的安放和供养都由兄弟(新宅)一方进行的例子。新宅的主人反问我说,在这种情况下,谁是本家呢?在隐居分家的场合,不一定贯彻着本家继承供养先祖的原则,所以,甚至出现了本家所在不清楚的倾向。在从近世初期到中期的"隐居分家"的习惯中,实际上发生这样的事情是不足为奇的。

**本家分家关系的特质** 如果依据田地或宅基地的继承,还有役或户主的存在方式的话,那么,绝不能说从近世初期到中期的同族是由分家和本家的纵向关系而形成的。不是产生像有贺所说的具有经济上的强有力的依赖关系的本家分家的关系,也不是像喜多野所说的以本家权威为轴心而形成本家分家的关系。并且,在和隐居分家形态的关联中,本家分家关系的发展难免模糊。

下面的史料,采用了对上瓦林村的先行研究(今井、八木,1960,37页;大竹,1962,162页),它正确地反映了此间形成的同族结合的性质。

### 史料6-1 分割继承(延宝五年)[7]

请愿

我们是上瓦林村的忠右卫门、庄次郎。父亲宗心有我们五个儿子,田地合计有三町多。父亲宗心活着的时候将这些田地分给我们五个孩子。其备忘录内容如下:

| 一町三反 | 兄 | 忠右卫门 |
| 二反余 | 次子 | 庄次郎 |
| 一町余 | 三子 | 四郎右卫门 |
| 一反余 | 四子 | 七兵卫 |
| 一反三亩 | 幼子 | 总三郎 |

宗心在将迹式(财产)分给儿子后,已于六年前亡故。

兄弟中的七兵卫长期有病,其田地寄放在四郎右卫门处,靠着兄弟们的照顾生活,但四年前亡故。庄屋又二郎说,为了将他的田地确实给其兄忠右卫门,他便非常严肃地将遗言留给庄屋又二郎。我说,弟弟庄次郎也是有病的人,干活不如意,日常生活也靠不住,还是把田地给他的好,我就是这样回答又二郎的。一家商量后,将这事告诉了兄弟们,但四郎右卫门不同意,他的任性让我们困惑。村里的人们,连隐居的都出来说服他,但他还是不听,不交出寄放的七兵卫的田地。

川面村的又二郎是我们妹妹的夫婿,死去的七兵卫常去他那里,又二郎长期以来对他也很好。他妻子想向又二郎问问其间的原委。

请理解这一情况并下令把七兵卫的田地转给庄次郎,不胜感激。

延宝五年巳年三月

## 第六章 同族结合和本家分家关系——以上瓦林村为例

上瓦林村　庄次郎
同村　　　忠卫门
奉行阁下

上瓦林村的四郎右卫门的家从万治三年（1660）到宽文三年（1866）之间，分出隐居分家，长子忠右卫门（和史料中的"忠卫门"为同一人）继承本家，继承父名的三子四郎右卫门（和史料中的"四郎卫门"为同一人）成为"隐居"（但延宝二年成为"本役人"），采取了几乎是分割继承的形式（相当于前图6-2的C姓的四郎右卫门），其他子弟（庄次郎、七兵卫、总三郎）也分到若干土地，家没有独立，或者和前二户同居，或者去别的地方作养子、奉公。但是，围绕着随着七兵卫死去后的其土地归属，作为分家的四郎右卫门不同意，即做出和本家对立的姿态。在四郎右卫门看来，以前，七兵卫的土地一直寄放在自己这里，所以，觉得将死去的七兵卫的土地给自己是当然的。这时，虽然有"村里的人们，连隐居的都出来说服他"，作为分家的四郎右卫门根本不听。总之，如果本家对分家站在优势地位进行统制的话，这样的事是不会发生的。因此，通过这一案例可以清楚地知道从初期到中期形成的同族结合是立足于成员户之间的横向关系的。

同族结合的这种发展在和村落结构的关联上具有什么意义呢？首先，开始时引用的宫川等的议论最终归结于大藤修的看法。即大藤认为，近世初期的"所谓'本百姓'是不仅负担年贡，而且也负担本役的农民"，而这初期本百姓的"主体不得不成为'长百姓'（即长子继承之义。——译者）或主动分家，成为小同族团之长的那样强有力的'平百姓'"，以这本百姓/本家为中心，形成"父系家长制家庭的外延式扩大"(大藤,1980,160~161页)。另一方面,在向中期的发展中,初期包括在这父系家长制的同族结合里的、经济上也是脆弱的分家(旁系亲属或下人)作为小农在经济发展中,靠着"小经营农民互相超越同族团的框框,根据地缘原理结合成生产、生活上的共同关系"而形成了近世的村落(同上,162页)。即根据宫川等人的论说,因近世初期的同族秩序崩溃,基本是横向联系形成了以地缘性构成的中期的村落。福武说的从同族结合优势的村落向讲组优势的村落转变在从近世向中世的变迁中被再次论述。

但是,根据上面的考察,可以清楚地知道,从近世初期到中世是个连续的过程,其间,同族结合不是解体,而是形成。而且,其同族结合的特质和大藤推测的不同,是横向的结合。而因为同族结合是这种性质,所以和到中期发展起来的讲组结合也不对立,近世中期的村落是以同族结合和讲组结合的并存或融合的形式出现的。

不仅如此,同族结合在实际的组织化过程中,也有可能和讲组结合并存或融合。因为从同族结合的形成在村落内部空间的配置的视点来看,同族也和讲组一样是一种地缘性的结合,是作为近邻集团而存在的。因为,可以推断在同族结合形成过程中产生的宅基地的分割,是将以前的宅基地本身分割给本家和分家,或将以前的宅基地周边的土地转换成宅基地分给分家的形态进行的。叶山祯作根据同属畿内的河内国更池村的分析说,初期本百姓的"宅基地被细分,同时在旧宅基地邻接处增加着新宅基地",他在宅基地的细分和向周边扩大的过程中考察了由初期向中期的发展[8]。可

第六章　同族结合和本家分家关系——以上瓦林村为例

以说,上瓦林村也进行着这一过程。

比如,现存有 A 本家的血缘分家三郎兵卫在时期稍后的元禄七年(1694)给两个男孩子进行分割继承时的契纸。给继承本家的伊兵卫"旧屋"(即以前的住宅),"从伊兵卫家(即旧屋)以西,一间屋的距离为地界,横穿南北,东边的给左兵卫,西边的给伊兵卫",让分家的左兵卫在这宅基地里建新宅(《西宫市史》五,1963,83~84 页)。即以前的三郎兵卫的宅基地被一分为二,有"旧屋"的东侧给伊兵卫(本家),建立了"新宅"的西侧给左兵卫(分家)。周边的村落中,也有个叫净休的人在几乎同一时期的元禄四年(1691)进行隐居分家的分割继承,其契纸刊载在《尼崎市史》上,而在"总宅基地"的"收获量合二斗二升三合"中,"一斗四升给长右卫门,为宅基地的收获量","八升三合为减去隐居宅基地量的剩余","除去隐居的"部分作为"留给七兵卫的"(《尼崎市史》五,1974,720~721 页)。即"总宅基地"中,除去让与长右卫门(本家)的部分,八升三合的"隐居宅基地"的其余部分给七兵卫(分家),本来的宅基地被大体一分为二。

而且,现存的邻村下瓦林村元禄二年(1689)村地图的抄本[文政二年(1829)的抄本]也展示了同样的情况。遗憾的是,下瓦林村的宗门人别改账佚失,所以不能知道地图上家的相互系谱关系。如图 6-4(西宫市教育委员会编,1981,92~107 页、253~255 页)[9]所示,"四郎右卫门"、"四郎左卫门"的家,或者"次郎右卫门"、"次郎左卫门"、"二郎兵卫"的家,从其名字相似,可以推断他们构成了同族结合。因此,这些家相互邻近,包括其他邻近的若干家,表示出以本来的一个宅基地为核心,靠着这宅基地的分割或向

图 6-4 元禄二年(1689)村地图的一部分(下瓦林村)

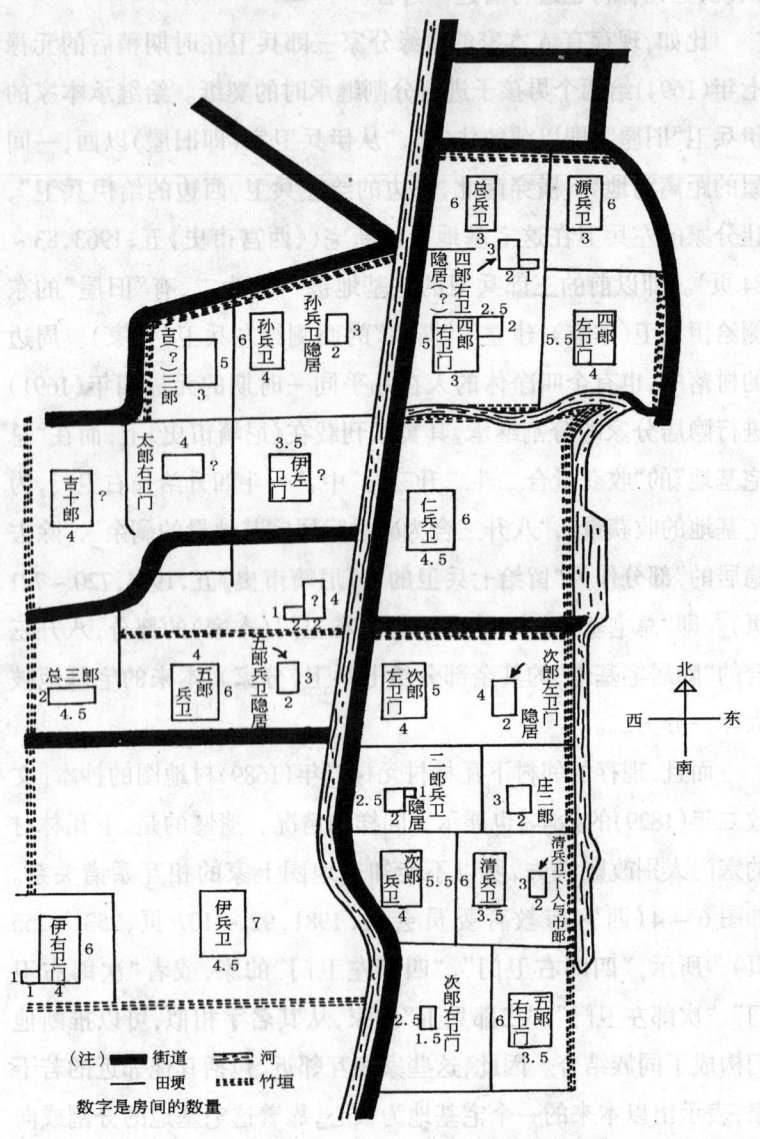

（注）　　　街道　　　河
　　　　　　田埂　　　竹垣
数字是房间的数量

周边扩大宅基地而形成了同族结合。"四郎右卫门"、"四郎左卫门"这两个家和"总兵卫"、"源兵卫"合起来的四户宅基地四周环绕着竹垣、大道、河流，整体作为一个宅基地是足够的了。地图本身并没有表现宅基地的所有关系，但以田埂或竹垣分割的许多宅基地是属于在这儿居住的村人所有的，这从以上的分析是可以得知的。而下人屋或老人夫妇用的隐居屋在宅基地中其房屋规模较小，显示了此期间的分家（特别是隐居分家）和下人或老人隐居完全是异质的。

从近世初期到中期的同族结合的形成是由宅基地的细分或向周边扩大，成为半是近邻的关系而发展的。而几个同族结合通过各自的半近邻关系的成长，形成一个集居的近世村落，领主将这种村落定位成统治的基层单位。即同族结合不单是族缘性的，而且也具有地缘结合的性质。这一事实也影响了立足于编成组（五人组）的村落运营。

## 三 中期以后的发展

**同族结合及其后** 这里简单地考察一下开始在中世形成的同族在近世后期的动向。比如，B姓的场合，如图6－5所示，在从初期到中期产生的市郎右卫门、孙左卫门、孙右卫门、作左卫门、德左卫门、太兵卫的家中，孙右卫门或德左卫门的家在享保末年的变动之下，孙左卫门的家在天明时期，市郎右卫门或太兵卫的家在幕末的变动中，分别走向衰退、没落。到幕末户绝的有3家，占半数，从中期到幕末相对能维持土地收入的只有作左卫门一家。E姓的情

## 图 6–5　B 姓的动向

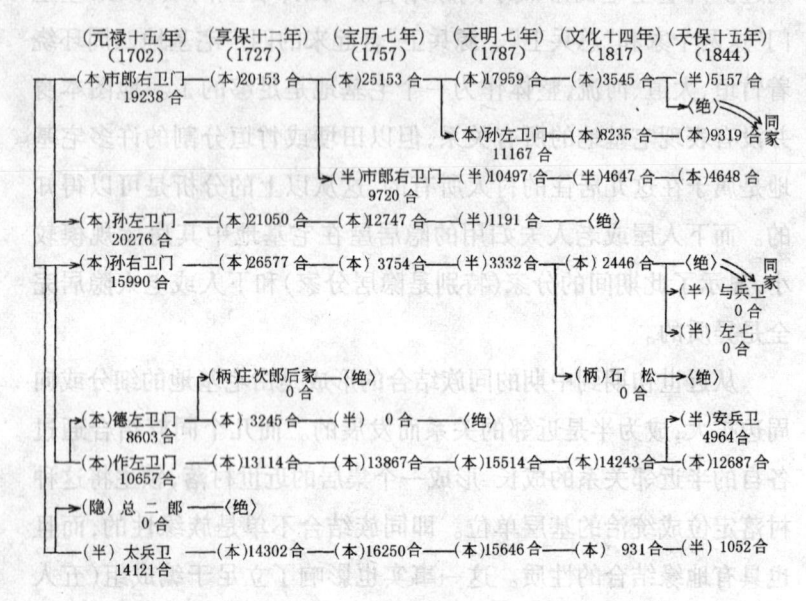

```
(元禄十五年) (享保十二年) (宝历七年) (天明七年) (文化十四年) (天保十五年)
  (1702)     (1727)     (1757)    (1787)     (1817)     (1844)
┬(本)市郎右卫门―(本)20153合―(本)25153合―(本)17959合―(本)3545合―(半)5157合┐
│   19238合                                              〈绝〉  │同
│                                 ┌(本)孙左卫门―(本)8235合―(本)9319合┘家
│                                 │  11167合
│                                 └(半)市郎右卫门―(半)10497合―(半)4647合―(本)4648合
│                                    9720合
├(本)孙左卫门―(本)21050合―(本)12747合―(半)1191合―〈绝〉
│   20276合
├(本)孙右卫门―(本)26577合―(本)3754合―(半)3332合―(本)2446合―〈绝〉┐
│   15990合                                                    │同
│                                                    ├(半)与兵卫│家
│                                                    │   0合    │
│                                                    └(半)左七  ┘
│                                                        0合
│               ┌(柄)庄次郎后家―〈绝〉           ┌(柄)石松―〈绝〉
│               │   0合                          │   0合
├(本)德左卫门―(本)3245合―(半)0合―〈绝〉        ┌(半)安兵卫
│   8603合                                       │   4964合
├(本)作左卫门―(本)13114合―(本)13867合―(本)15514合―(本)14243合―(本)12687合
│   10657合
├(隐)总二郎―〈绝〉
│   0合
└(半)太兵卫―(本)14302合―(本)16250合―(本)15646合―(本)931合―(半)1052合
    14121合
```

(注)数字为土地收入,但(天保十五年)栏中是天保十四年的数字。
( )表示身份。
除去仅仅是老人的"隐居"身份的人。

况,如图 6–6 所示,引人注目的是在元禄末年已经显示出经济上衰退的又左卫门、传兵卫家其后的消长,以及清兵卫家在后期的户绝(系谱上是本家的户绝),还有"下人"身份的久左卫门家在宝历时期(1753～1764)的繁荣及以后的衰退等事实。而且,左卫门、传兵卫、久左卫门家在经济上的上升也绝没有长期持续下去。更有在图 6–7 所示的 D 姓的情况,虽然万治时期(1658～1660)以前各家在系谱的联系尚不明了,而且在从初期到中期的形成过程的问题上还留有疑问,但中期以后除了忠右卫门家之外的 3 户是不稳

## 第六章 同族结合和本家分家关系——以上瓦林村为例

### 图6-6 E姓的动向

```
                (元禄十五年)   (享保十二年)    (宝历七年)     (天明七年)    (文化十四年)   (天保十五年)
                  (1702)       (1727)       (1757)       (1787)       (1817)       (1844)
         ┌─(本)清兵卫 ──(本)21589合──(本)20323合──── 8404合 ──〈绝〉
         │  19278合                        │
         │                                 └─(半)小右卫门──(本)3437合──〈绝〉
         │                                    11828合
         │                                 ┌─(本)久次郎 ──(本)349合──〈绝〉
         │                                    9226合*
         │                                 ?─(本)安右卫门──(本)9655合──〈绝〉
         │                                    11590合
         │              ┌─(柄)半四郎──〈绝〉
         │                 0合
         ├─(半)又左卫门──(柄)246合──(柄)610合──(半)5575合──(半)11512合──(半)4798合
         │  2551合
         ├─(半)传兵卫──(本)3301合──(本)8171合──(本)407合──(本)0合──(柄)0合
         │  3666合
         └─(本)久左卫门──(本)22107合──(本)30393合──(本)11901合┬─(年)15588合──(本)0合
            14295合                                          ├─(本)善三郎──(半)4400合
                                                             │             0合
                                                             └─(柄)喜助 ──〈绝〉
                                                                0合
```

(注)作图方法和前图6-5相同。

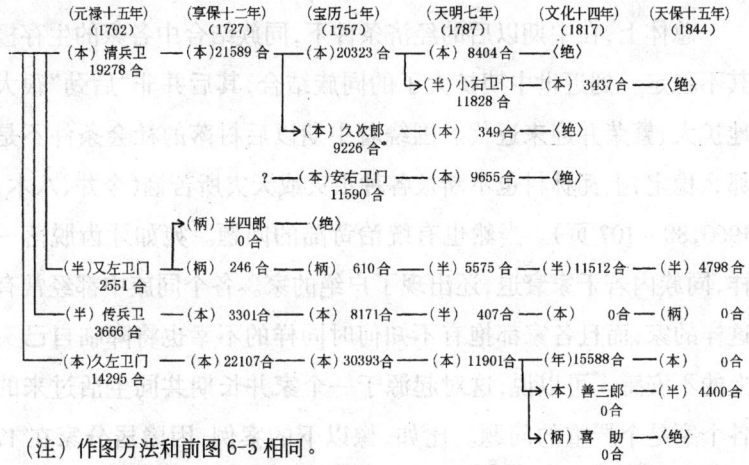

久治郎的带*的土地收入是宽延三年(1750)的。

### 图6-7 D姓的动向

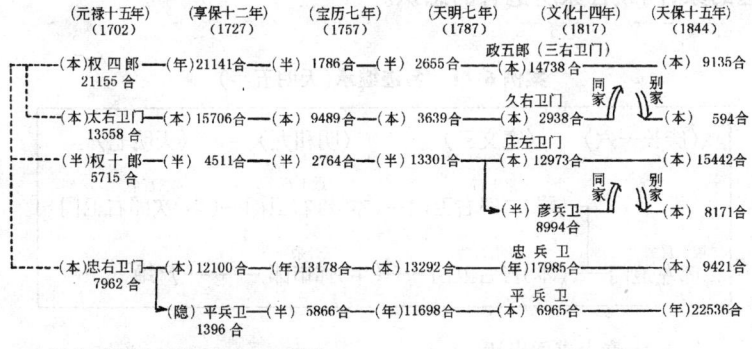

```
            (元禄十五年)   (享保十二年)    (宝历七年)     (天明七年)    (文化十四年)   (天保十五年)
              (1702)       (1727)       (1757)       (1787)       (1817)       (1844)
                                                          政五郎(三右卫门)
    ┌─(本)权四郎──(年)21141合──(半)1786合──(半)2655合──(本)14738合──(本)9135合
    │  21155合                                          久右卫门  同家 别家
    ├─(本)太右卫门──(本)15706合──(本)9489合──(本)3639合──(本)2938合──(本)594合
    │  13558合                                          庄左卫门
    ├─(半)权十郎──(半)4511合──(半)2764合──(半)13301合──(本)12973合──(本)15442合
    │  5715合                                                    同家 别家
    │                                                   ┌─(半)彦兵卫
    │                                                      8994合──(本)8171合
    │                                                   忠兵卫
    └─(本)忠右卫门──(本)12100合──(年)13178合──(本)13292合──(年)17985合──(本)9421合
       7962合                                            平兵卫
                     └─(隐)平兵卫──(半)5866合──(年)11698合──(本)6965合──(年)22536合
                        1396合
```

(注)作图方法和前图6-5相同。

定的,可以看到权四郎家从元文～文化初年的没落,太右卫门家在天明以后的决定性的衰退,权十郎家在天明时期(1781～1788)的成长等。

总体上,在中期以后的经济条件下,同族结合中各家的生存极其不稳定。到近世中期扩大了的同族结合,其后并非"后劲"很大地扩大、繁荣并迎来近代。围绕着中期以后村落的社会条件不是那么稳定,上瓦林村也不断被各种虫灾或天灾所苦恼(今井、八木,1960,80~107页)。当然也有统治苛酷的问题。宛如牙齿脱落一样,同族内若干家衰退,还出现了户绝的家。各个同族中都经常有这样的家,而且各家都抱有不知何时同样的不幸也将降临自己头上的不安感。可以说,这对起源于一个家并长期共同生活过来的各个家是个严重的问题。比如,像以下的案例,因隐居分家在17世纪后半叶分家的C姓次郎左卫门家面临本家弥市郎家的户绝事态时抱有的心情,很好地显示出中期以后对于在变动中没落、衰退的家,同族各家所抱有的意识。

**案例 6-1　名迹继承**(天明五年)

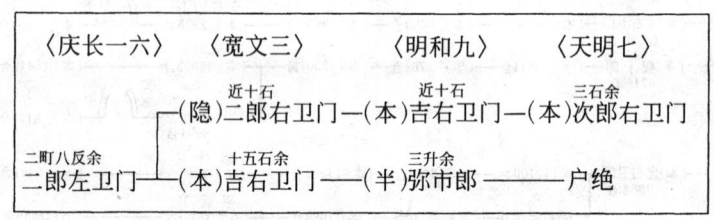

```
〈庆长一六〉   〈宽文三〉      〈明和九〉      〈天明七〉
                近十石         近十石         三石余
            ┌(隐)二郎右卫门─(本)吉右卫门─(本)次郎右卫门
 二町八反余 │
 二郎左卫门─┴(本)吉右卫门───(半)弥市郎──────户绝
                十五石余       三升余
```

**奉上书面申请**

为本村弥市郎的名迹(株)继承,四年前收养了同村六兵卫之子弥三郎为养子。然而,弥三郎因已年三月偷盗粮种,在村中被调查后,全村的人向代官请求处罚他,因其亲六兵卫百般道歉,所以暂时将告状搁置。为此,弥三郎与弥市郎的养子关系被解除,弥三郎回到其亲六兵卫身旁。

## 第六章 同族结合和本家分家关系——以上瓦林村为例

然而,弥市郎的役田(附随役的田)、宅基地都归了六兵卫。因此弥市郎的株绝了,真是可叹之事。我是弥市郎家的别家(即分家。——译者)系的人,因此想把役田和宅基地存放在我这里好好安排名迹继承,我也多次催促此事,但六兵卫完全是我行我素,使我很为难。如能命令将弥市郎的名迹田归还我方,将不胜感激。

天明五年巳年六月

　　　　　　　　　上瓦林村　请愿人
　　　　　　　　　　　　　　　次郎左卫门
奉行阁下

根据这一案例,弥市郎家在天明五年(1785)业已户绝,为此,收养了同是上瓦林村的六兵卫的儿子弥三郎为养子,使之继承"弥市郎名迹"。实际上这个六兵卫也是 C 姓,虽然在同族内部系统有差异,但广义上还是同族里的,所以,让弥三郎做"弥市郎名迹"的继承人也许有同族的意识。因为要使名迹(株)不绝,也是作为权利、义务分有体的同族应当担负的一个义务。但弥三郎因盗窃而被问罪,被解除了养子关系,撤回到父母(六兵卫)的家,而六兵卫乘机将"弥市郎名迹"占为己有。因此,弥次郎的直接分家次郎左卫门认为这样"弥市郎的株绝了,真是可叹之事",而向御奉行(江户时代幕府的地方官。——译者)申诉"我是弥市郎家的别家系的人,因此想把役田和宅基地存放在我这里好好安排名迹继承"。六兵卫随意掌管"弥市郎名迹",所以,株丧失了弥市郎家的性质,在真正的意义上,弥市郎家绝了户,也不能进行祖先祭祀,而且弥市郎是和次郎左卫门结成本家、分家关系,后者怕会失去共同生活的伙伴。当然,换个看法,当时次郎左卫门也很穷困,有着将

"弥市郎名迹"下的若干田地据为己有的想法,但在这里我想还是应注意次郎左卫门对一族断绝的"真是可叹之事"的心情。

构成同族结合的家不全是倾向于衰退或没落,也可以看到中期以后成长的家的事实。但是,这些家乘着新产生的经济上的差别而形成势力,将对等关系形成的同族结合以上下关系重组是很困难的。土地保有的扩大也绝没达到地主式的发展,因为经济成长是暂时的,很多时候不能维持家的稳定。此外,如果这些家以上下关系重组同族结合的话,它们就不得不主动成为同族构成户的经济上的支柱,但接受这一作用只能加速该家的没落。因此,中期以后,一方面存在着衰退、没落的家,一方面也有经济暂时成长的家,而前者和后者重新结成主从式的本家、分家关系的倾向不太强。此外,相互的经济状态也是变化着的。不如说,如有陷入困境的家的话,各个家不管本家、分家的区别而相互支援,基于这种关系,最终努力使同族不绝灭。在刚才的案例中,分家次郎左卫门叹息本家的弥市郎的"株"要"绝"的心情也是源于这种同族结合的实际状况的。

中期形成的同族结合的性质可以认为在中期以后仍在持续,不一定表现为成立时的土地收入的均等性,但在像以上的社会条件下,基于对同族的一体性或恭顺的相互关系,即横向关系不容易崩溃。下面的案例也是以这种关系的存在为背景而产生的。

**案例6-2 家长继承**(摘要)(文政元年)[10]

D姓忠兵卫从村内B姓作左卫门家娶了老婆,并接受了她的两个女儿,而这个老婆不久死去了。因此,"原来忠兵卫一方是本家",平兵卫一

## 第六章 同族结合和本家分家关系——以上瓦林村为例

方因为"是新宅(分家),两家是同族,但数代生活,堪叹血缘淡薄",所以忠兵卫提出一定要平兵卫的妹妹立为妻。平兵卫也认为"是真的先祖的本家,不能坐视不管,说服了开始不愿意的立,使其嫁给了忠兵卫,不久忠兵卫和立也生了两个女孩。

但是和后妻生的都是女孩,忠兵卫的家长继承很是靠不住,忠兵卫就将住吉村五兵卫的儿子岩松作为养子。但是这个岩松"心肠非常不好,去年丑年四月解除了养子关系。但是,立在前一年的子年生下了叫金藏的儿子。为此忠兵卫说,金藏是亲生儿子,我决定让金藏先继承名迹"。让女孩子都嫁了出去。

在这期间因为忠兵卫得了大病,所以对 D 姓三右卫门、庄左卫门、久右卫门、平兵卫,还有前妻娘家 B 姓的作左卫门、解除养子关系的岩松家的五兵卫等"亲属"留下遗言说:"我死的时候,即使金藏尚小,但应该做继承人"。

在忠兵卫葬礼的时候,平兵卫和立认为"按照忠兵卫的遗言,金藏是继承人,应拿着他的牌位第一个烧香"。除了平兵卫以外的 D 姓的人(三右卫门、庄左卫门、久右卫门)及 B 姓的作左卫门和岩松的亲生父亲五兵卫等"想让岩松拿牌位",因此发生了争执。但"想到如果葬礼的时间推迟,丈夫将迷失在冥土",当时平兵卫和立作了让步,就成了"只好背弃遗言,让解除了关系的岩松拿牌位"。

但是,以后这些亲属总是为难立,妨碍金藏继承。而且这些人已经"在今春修改宗门账时,将岩松改名为忠兵卫,定为继承人"。平兵卫和立非常吃惊,"忠兵卫死后印鉴等也存放在役人那里,就赶快向他们问了此事,役人们说:"是这样的,今春住吉村的五兵卫来到这里,将岩松登记为百姓,并改名忠兵卫"。

因此,平兵卫和立告了 D 姓的三个人、忠兵卫前妻娘家的作左卫门和岩松的亲父亲五兵卫。

要之,这是根据平兵卫和立对御奉行的诉状,所以,不能否定他们说的是在争执中对自己有利的情况,但在这一争执中深深地关系着同族这一点却是事实。在这里,同族中推举养子岩松继承户主的三右卫门、庄左卫门、久右卫门和推举忠兵卫的儿子金藏的立(忠兵卫的后妻/金藏的母亲)和平兵卫分为两派而争执(参见前图6-7)。特别引人注目的是这一争执是围绕着忠兵卫家的户主继承而产生的,而且同族的各家都予以了参与、干涉。当然也有同族以外的家的参与,因为同族以外的家的参与是当事者及关系者的娘家。户主继承绝不是全面委托给各个家的事项,也接受同族的参与。如前所述,同族是以一个家为本源进行分化而形成的,带有株的分有体(或共有体)的性质,而这种对家的户主继承的参与也显示了其性质的一端。

并且,这一争执中的同族构成户都是到近世中期分家的各个家。所以,这说明了同族结合是如何连绵不断地存在着。此外,在这一争执中和立、平兵卫对立的三右卫门、庄左卫门、久右卫门在同一D姓中属于同一系统,因此可以看出其同族结合的纽带之强。而且,因"数代共同生活,堪叹血缘淡泊",而本家忠兵卫家希望将分家("新宅")平兵卫家的立纳为后妻,像这一事实所表明的一样,这是以结成婚姻关系而有意识地维持本家、分家间的团结或连带,本家和分家在地位上的差异也不明确(在立和忠兵卫结婚时的享保二年(1802),两家的土地收入都是13石左右)。实际上,在这争执的诉状中,也完全没有表示存在本家支配的词语,倒是在显示同族构成户有很强的相互团结方面令人瞩目。

**新分家和同族结合** 近世中期以后的同族不是仅靠从初期到中期成立的家而构成的,还包括中期以后新出现的分家,所以有必要考察一下这些新分家和其本家的关系。

## 表6-2 分家后的本家和分家的土地收入(单位:石)

| 元禄二 (1689)～享保十七 | | | | | | | | | | 享保十八(1733)～宝历七 | | | | | | | | | |
|---|---|---|---|---|---|---|---|---|---|---|---|---|---|---|---|---|---|---|---|
| | | 分家 | | | | | | | | | | 分家 | | | | | | | |
| 本家 | | 30以上 | 30-20 | 20-15 | 15-10 | 10-7 | 7-5 | 5-3 | 3-1 | 1未满 | 本家 | 30以上 | 30-20 | 20-15 | 15-10 | 10-7 | 7-5 | 5-3 | 3-1 | 1未满 |
| | 30以上 | | | | | | | | | | 30以上 | | | | | | | | | |
| | 30-20 | | | | | | | | | | 30-20 | | | | | | | 1 | | |
| | 20-15 | | | | | | | | | | 20-15 | | | | | | | | | |
| | 15-10 | | | | | 1 | | | | | 15-10 | | | | | 1 | 1 | | 1 | |
| | 10-7 | | | | | | | | | | 10-7 | | | | | | | 1 | | |
| | 7-5 | | | | | | | | | 1 | 7-5 | | | | | | | | | |
| | 5-3 | | | | | | | | | 1 | 5-3 | | | | | | | | 1 | 1 |
| | 3-1 | | | | | | | | | 2 | 3-1 | | | | | | | | | |
| | 1未满 | | | | | | | | | 4 | 1未满 | | | | | | | | | |

| 宝历八 (1758)～享和二 | | | | | | | | | | 享和三 (1803)～天保七(1844) | | | | | | | | | |
|---|---|---|---|---|---|---|---|---|---|---|---|---|---|---|---|---|---|---|---|
| | | 分家 | | | | | | | | | | 分家 | | | | | | | |
| 本家 | | 30以上 | 30-20 | 20-15 | 15-10 | 10-7 | 7-5 | 5-3 | 3-1 | 1未满 | 本家 | 30以上 | 30-20 | 20-15 | 15-10 | 10-7 | 7-5 | 5-3 | 3-1 | 1未满 |
| | 30以上 | | | | | | | | | | 30以上 | | | | | | | | | |
| | 30-20 | | | | 1 | | | | | | 30-20 | | | | | | | | | |
| | 20-15 | | | | 1 | | | | | | 20-15 | | | | | | | | | 2 |
| | 15-10 | | | | | | | | | | 15-10 | | | | | | | | | |
| | 10-7 | | | | | | | | | | 10-7 | | | | | | | | | |
| | 7-5 | | | | | | | | 1 | | 7-5 | | | | | | | | | |
| | 5-3 | | | | | | | 1 | | | 5-3 | | | | | | | | 1 | 1 |
| | 3-1 | | | | | | | | 1 | | 3-1 | | | | | | | | 1 | 3 |
| | 1未满 | | | | | | | | | | 1未满 | | | | | | | | | |

(注)除去只有高龄者的"隐居"身份者。

表6-2比较了在刚分出分家时的本家和分家的土地收入。当然上瓦林村是个案例。据此,从中期到幕末,新产生了30户左右的分家,整体上,从土地收入不满5石的所谓村落下层的家中创立分家的比例较高,中上层之家分家的倾向较弱。而下层的家接受均分继承的例子较少(中上层中这一倾向较强)。不仅如此,到

19世纪,也有分家的收获量大于本家的,大概是打工的分家。无论如何,从初期到中期的倾向相当不同这一点是确实的。

另外,表6-3显示了户主继承者的身份,据此,土地收入越大户主继承者就越限定于长子,20石以上的阶层几乎都是长子继承家,而下层中长子以外的子弟、兄弟、养子,甚至女儿等女子也有继承家的。这一事实和分家重合,那么在中上层中,在严格的社会条件下,长子单独继承的倾向很强而显示出抑制分家辈出的倾向。

表6-3 土地收入阶层别的继承人的血缘关系

| | | 元禄三~<br>(1690)<br>享保二 | 享保三~<br>(1718)<br>宽延三 | 宽延四~<br>(1750)<br>天明七 | 天明八~<br>(1788)<br>文化十四 | 文化十五~<br>(1818)<br>天保十五(1844) |
|---|---|---|---|---|---|---|
| 五石未满 | 长子 | 10 | 25 | 12 | 9 | 11 |
| | 其他儿子 | 1 | 2 | 7 | 2 | 3 |
| | 兄弟 | | 2 | 1 | 2 | |
| | 养子 | 6 | 7 | 13 | 5 | 1 |
| | 其他男子 | | 6 | 2 | 1 | 3 |
| | 女儿 | | | | 3 | 2 |
| | 姐妹 | | | | | |
| | 其他女子 | | | 2 | 1 | 3 |
| | 不明 | | | 1 | 1 | 2 |
| 五石—十石 | 长子 | 6 | 5 | 9 | 6 | 7 |
| | 其他儿子 | 1 | 1 | | | |
| | 兄弟 | 1 | | | | 1 |
| | 养子 | | 1 | | 3 | |
| | 其他男子 | | | 1 | | |
| | 女儿 | | | | | |
| | 姐妹 | | | | | |
| | 其他女子 | | | 1 | | |
| | 不明 | | | | | |

(续表)

| | | | | | | |
|---|---|---|---|---|---|---|
| 十石―二十石 | 长子 | 14 | 8 | 7 | 9 | 7 |
| | 其他儿子 | 4 | 2 | 2 | 2 | 3 |
| | 兄弟 | | 2 | 1 | 1 | 1 |
| | 养子 | 2 | 1 | 4 | 2 | |
| | 其他男子 | | | | | |
| | 女儿 | | | | | |
| | 姐妹 | | | | | |
| | 其他女子 | | | | | |
| | 不明 | | | | | |
| 二十石以上 | 长子 | 3 | 5 | 2 | 1 | 2 |
| | 其他儿子 | | | | | |
| | 兄弟 | | | | | |
| | 养子 | 1 | 1 | | | |
| | 其他男子 | | | | | |
| | 女儿 | | | | | |
| | 姐妹 | | | | | |
| | 其他女子 | | | | | |
| | 不明 | | | | | |

与此相对，在下层中，因为家、同族的意识尚未成熟，显示出容易分家的倾向。并且，在这种动向的背景下，也有上瓦林村役人的影响。即中上层的村人们几乎都是役人阶层，必须满足符合其地位或条件才能分家，[11] 而下层因为是"栖在家"或"下人"，这就意味着不太受这种拘束。因此，下层容易出现分家，但在这种分家中也包含着不具有本来的家的特质，在这里形成的本家、分家关系中很少有作为同族结合的实体。

近世中期以后分家辈出的特质和迄中期为止的不同，但在中期以后的社会经济条件之下，由于本家和分家土地收入的差异，对新分家的本家统制不会被加强。如下面的案例也表明了这一点。

**案例 6-3　本家分家**(宝历十二年)

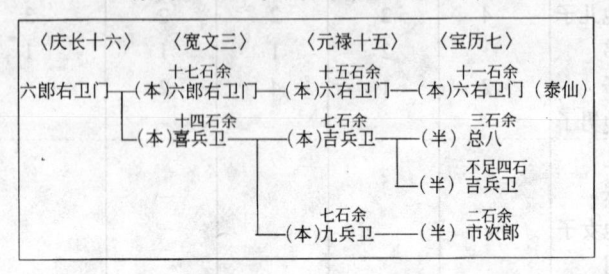

```
〈庆长十六〉      〈宽文三〉        〈元禄十五〉       〈宝历七〉
               十七石余          十五石余          十一石余
六郎右卫门 ┬(本)六郎右卫门—(本)六右卫门—(本)六右卫门（泰仙）
           │ 十四石余           七石余           三石余
           └(本)喜兵卫 ┬(本)吉兵卫 ┬(半)总八
                       │           │ 不足四石
                       │           └(半)吉兵卫
                       │  七石余           二石余
                       └(本)九兵卫 ——(半)市次郎
```

呈上解决的证明

本村的泰仙所有的役仪(税。——译者)因病不能完成,所以从去岁子年开始将寄付给村里的附随着七步五里之役加所持之田地两町和十两银子,转让给吉兵卫。然而,此次吉兵卫也有病很难完成役仪,所以通过村里的役人新兵卫请求还给泰仙,让他去做。泰仙说,有即使到了明年也不退回的证明,所以不要退给我,拒绝了吉兵卫的要求。因而双方发生了纠纷,都向庄屋、年寄提出状子。但因为是同族内部的事,相互有困难的时候应该互相帮助,所以,役人说,本来是泰仙的,退给他难道不是当然的吗?但是双方不能完全同意,甚至找到了大庄屋武内市郎左卫门阁下商量。大庄屋认为,吉兵卫如果有病就不会有干活的体力,如果是一家内部的事,那么内部解决比较符合道理。再说,在内部不能解决时,就要向上级反映,必须按上面的指示解决,但在内部解决时,还是私了的好。因此,请村里的万右卫门阁下当中人,在双方同意的基础上,退还了两处役地和十两银子,泰仙接受了,没有争议。以后泰仙完成了七步五里的役而达成和解。而且,即使在明年关于这个役也不许说不满。特此为证。

宝历十二年十二月

　　　　　　　　　　　　　　　　　　　　上瓦林村　泰仙
　　　　　　　　　　　　　　　　　　　　同村　　　吉兵卫

同村庄屋
　市兵卫阁下

## 第六章 同族结合和本家分家关系——以上瓦林村为例

这一案例是上瓦林村的 F 姓中的争执,当事人泰仙(六右卫门)家和吉兵卫家在系谱上是本家、孙分家的关系。从泰仙家在近世初期以均分继承分出了总八家,以后在享保年间产生了分家吉兵卫家。两家不是直接的本家分家关系,但能够推测出性质是中期以后产生的本家分家关系。首先,两家都是役人阶层,本家泰仙当时的土地收入(11 石)和孙分家吉兵卫(不足 4 石)的相比多一倍以上,但由于疾病必须让出缴税资格。将"七步五里之役加所持之田地两町"加上"十两银子"让出,泰仙家是否失去了役人身份不得而知,但如果穷困的话,做役人也是个相当重的负担[12]。而这缴税让给的是孙分家吉兵卫家,这意味着必须由权利、义务分有体的同族来守住缴税资格。吉兵卫家当时已经是"半役人",所以自己也应该有役地,因此,这就要增加缴税负担,虽然如此,也要接受缴税,因为缴税资格是像以上案例所显示的那样,基本上是家和家庭的。当时,F 姓的其他家似乎比吉兵卫家更穷困,所以只有这一家能接受。

归根结底,这时,缴税资格是由本家让给孙分家的,这比本家支配分家的关系更清楚地显示出本家分家没有区别地互相帮助的关系。这和是否是近世以后的分家没有关系,应该认为是"因为是同族内部的事,相互有困难的时候应该互相帮助"。此外,吉兵卫自己也为疾病缠绕,不能负担缴税,以此为契机,围绕着缴税资格的所有,泰仙家和吉兵卫家之间发生争执,共同协作的关系也走入绝境,而对于这一争执,本来是"一家内部的事,那么内部解决比较符合道理"。

此外,作为本家分家关系的纵向关系性的背景,即"嫡系、旁系"或"兄弟、叔伯"的原理一直被认为是存在的,[13]但这一原理的未确立性也影响了本家分家关系中的上下关系的不成熟性。如前所述,中期以后,主要是中上层中的长子继承制确实变强了,但似乎还没有达到把这种"嫡系、旁系"或"兄弟、叔伯"的观念视为绝对的程度。下面的案例也说明了这一点。

### 案例6-4 继承人(概要)(宝历六年)[14]

```
         妻 ═══ 女子
         ║      女子
         兄ᅟ    久次郎
宗人 ═ 助左卫门
  ║
妙本 ─ 清右卫门
         弟 ═══ 富士
         妻
```

上瓦林村的E姓助左卫门和妻子之间有两个女儿、一个儿子,但二十六年前患了重病,他将"亲戚集中起来"请求"将名迹让儿子久次郎继承"。他当年故去。其时久次郎刚到九岁,所以"和亲戚商量后",因有伯父清右卫门,就让他当监护人,暂时继承"。

然而,清右卫门逐渐对久次郎及妙闲(助左卫门的遗孀,久次郎的母亲)口出恶语。终于在十年前逼迫"久次郎母子为别家"。久次郎母子抗拒说:"从亲父助左卫门接受的继承人,因此没有做别家的必要。"但清右卫门不予理睬。久次郎母子就又集合亲戚商量,确认了按照助左卫门的遗言,立久次郎为继承人之事,对于清右卫门提出"从久次郎继承人的份额中分出一点点","让清右卫门为分家"的意见。但是清右卫门不听,不仅如此,"清右卫门以个人的意见",从久次郎应继承的田地二町七反多(收获量十九石)中,"选择了野地边的坏地八反多作为久次郎的一份,建了一个小小的房子给久次郎,终于将久次郎变为别家"。

而四年前清右卫门需要给自己的女儿富士入赘养子来继承家,而在这里必须处理久次郎的问题,就"将久次郎叫到家里,即提议让久次郎改名为助左卫门,和自己的女儿结婚,也使之继承助左卫门的名迹"。因此"全体同族都很满意","久次郎母子也被领进清右卫门的家,上边说的别家被拆毁了"。

但是从去年春天开始,清右卫门为难助左卫门(久次郎)母子,并和女儿说他们的坏话。而富士终于说出:"宅基地、田地都是老婆富士继承的,助左卫门母子对富士不满,让他们出去吧"。助左卫门(久次郎)母子没有办法,住进了姐姐家,但这样下去是不行的,因此提出上诉。

**案例6-5 继承人(概要)(享保十年)**[15]

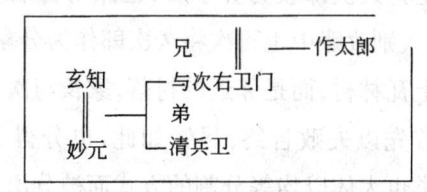

```
              兄 ═══ 作太郎
玄知 ┬ 与次右卫门
  ‖ │
  ‖ │ 弟
妙元 └ 清兵卫
```

上瓦林村的分村西新田村的玄知、妙元夫妇有与次右卫门、清兵卫两个儿子,与次右卫门"继承了本家",但在其子作太郎十四岁时(享保三年)亡故,同年其妻也死去。

弟弟清兵卫抓住这个时机,企图让与次右卫门的四个儿子"出去奉公,清兵卫代理本家",但结果失败了,结果"迹式、宅基地全部"由作太郎(与次右卫门之子)继承,隐居部分的六反多地按作太郎六点五,清兵卫三点五的比例分配,对于工具则是"只有一件的归本家,两件的双方分,三件的将中等质量的给清兵卫,四件的各分两件"。同时清兵卫从本家买新的宅基地,使之分家。对于佛坛,由作太郎继承,但隐居(玄知)想放在自己那里,所以作太郎认为"隐居和我都在一个宅基地里住,和一家一样",就按隐居说的"隐居和本家兼用"。但去年十一月,清兵卫私自将放在隐居家的佛坛搬到了自己家,隐居的妙元也在今年初搬进了清兵卫的家。后来在春三月有了在作太郎家"为同行集合做祈祷服务"的机会,作太郎就去"清兵卫处,在得到妙元的同意后,将佛坛拿回了自己家"。

但是,清兵卫还有妙元主张将佛坛"迅速还回",所以作太郎以继承的事情为理由提出诉讼。

在这些案例中,家的继承应从长子开始,并由长子的嫡系来继承。但继承人年轻的话,旁系的叔父就会介入继承问题,用种种计策使自己成为本家的继承者。在前一案例中,结果是家长助左卫门的弟弟清右卫门继承了家,作为嫡系应继承家的久次郎(助左卫门的长子)被授予"野地边"的"坏地"而成为分家。清右卫门不甘于"从继承人久次郎的份额中分出一点点"就被分家。而且,在后来为了女儿富士将久次郎收为养子后,也谋划着最终将久次郎母子赶出去,宗门人别改账中也再次将久次郎作为分家。另一方面,后一案例不是上瓦林村,而是邻近的村落,家长与次右卫门的弟弟清兵卫的谋划首先以失败告终,尽管如此,也分得了 3.5 成的田地,并且,工具类也大体以均等分割的方式而被分出去,所以,可以说实际上达到了叔父清兵卫自己的目的。而分家后他也不服从本家作太郎家,并围绕着佛坛的归属发生争执。即"嫡系、旁系"的关系,换言之,区别长子与其他子弟,即次子、三子被置于依附立场的关系现在尚未明确。次子、三子不甘于自己出户当养子或奉公,或被给予很少的土地而被分家的境地。应该说,他们尽可能地强调自己的立场。

对于村人来说,长子单独继承制由于围绕着后期村落的政治经济条件而有着外在的方面,所以,直到中期还存在着的长子、次子、三子的对等原理不容易崩溃。次子、三子在条件允许下,主张自己的权利,父母也不能单方面地加以否定。比如,在刚才的例子中,本家的隐居(特别是妙元)与其说是作为本家作太郎的同伙而行动,不如说是旁系清兵卫谋划的支持者,完全像近世初期的"隐居分家"。因此,中期以后的分家,特别是中上层中辈出的次子、三子的分家具有这样的社会背景。虽然不是均等继承,但这些分家在分家后土地收入保持5~15石左右也暗示了这一点。这不是以依附本家作为前提而分家的。这样分家后,新的分家和本家形成的同族结合也不容易成为上下关系。像这两件案例所体现的那样,也许会产生本家和分家容易发展为对立关系的倾向,但对等性根本上是建立于对同族的恭顺或一体性的基础上的,所以,在原理上是不易产生对立的。此外,由于只有发展互相帮助的关系,家或同族的存在、维持才能成为可能,所以,在内部互相争斗是和同族本来的原理非常对立的现象。

**同族结合和村落结构** 这样也可以说近世中期以后同族也维持了对策的关系。在这一意义上,本家分家关系的特征可以认为是横向关系。而且,中期以后,均等继承几乎消失,所以,本家分家关系的对等性是由经济的对等性支持的。此外,家的长子单独继承制也显示出相当的进展,围绕着中期以后的同族结合的条件和以前不完全相同。但是,这一新的局面在近世后期产生了某种程度的摩擦,但没有达到使同族结合根本变质的程度。

这样的本家分家关系的把握绝不是武断的,这被同族结合中的村人的意识所证明。即当时的农民本身就是这样认识、理解同族结合的。比如,在案例6-3的泰仙、吉兵卫的争执中,就像已经说过的"因为是同族内部的事,相互困难的时候应该互相帮助"一样,但这是本家泰仙和孙分家吉兵卫联名写的,并没有表明分家应服从本家的理念或价值观。此外,在邻近的西昆阳村宽政十二年(1800),本家治左卫门和分家总兵卫后家的德之间围绕着分家要和从本家过继来的养子断绝关系而发生争执,而这时,在治左卫门等对德的"一札信"中说:"总兵卫名迹确为本家治左卫门别家,而两家无事,平时和睦"。这是本家方面写的"一札信",但完全没有表明本家权威,或根据其权威主张支配、统制分家的正当性。

在村人本身的意识中,同族结合是"应该互相帮助"解决困难,"无事,平时和睦"。当然虽然处于这种关系,但如前文的案例所表明的,现实中同族内部也会发生争执等,但在内部调整、解决这些争执是本旨。在刚才泰仙、吉兵卫间的争执时,"一家内部的事,那么内部解决比较符合道理";在德、治左卫门的争执时,也以"私了"完事。确实,"私了"常常是为解决争执所采用的一个形态,对同族希望用这个办法奏效是因为同族实际上是具有可以内部解决之性质的集团。

因此,近世中期以后,同族结合在日常生活中也作为实体存在。比如在 A 本家日记中记述道:"在孙左卫门先祖正清禅门百年忌时,太兵卫、伊兵卫、拙者等招来和尚志和五班(音译),守夜为长兵卫"(明和四年三月十五日);"孙左卫门兄尼崎平右卫门拿酒到小兵卫门等宅,长兵卫来"(明和五年四月六日);"白天又有左卫门后家等及左卫门二十五回忌时以荞麦面招待极乐寺寂僧灵镜、安右卫门八郎、拙者"(安永四年十二月八日)。在明和四年(1767)的日记中,B 姓的孙左卫门家的先祖正清 100 年忌日额定供养时,邀请了太兵卫、伊兵卫、长兵卫(除了 A 本家户主外)。这三人都是 B 姓,并且是和正清有着相同祖先的家,即同族结合中的家。明和五年(1768)的日记似乎是同样的 B 姓的孙左卫门的新房落成庆典,来这里祝贺的小兵卫、长兵卫也还是同样的 B 姓的家。安永四年(1775)的日记是关乎 E 姓或左卫门的二十五回忌,而这时

第六章 同族结合和本家分家关系——以上瓦林村为例

邀请来参加法事的也同样是 E 姓的安右卫门、八郎右卫门(除 A 本家户主外)。

同族结合就是这样在近世中期以后也以横向关系为基本而被组织化并维持着,有着包括婚葬礼仪等日常的生活联系。而另一方面,讲组结合又怎么样呢? 可从史料上确认在上瓦林村,除了五人组外,还有宫座、伊势讲、同行(众)等讲组式的集团。

关于宫座,今井林太郎、八木哲浩业已进行过详尽的分析,与从近世初期开始到中期的发展期的同时,进行了符合近世本百姓体制的重组,此外,其正式成员是役人阶层(今井、八木,1960,207~233 页)。而且,如第三章所提及的那样,做宫座的"御头"等工作的两户家是由正式成员的役人轮流做的。此外,伊势讲在村落中的各种信仰性的讲集团中是和整个村落生活联系最强的,而从初期到中期以明确的姿态出现,中期以后竟达 8~10 个。从冈本家现存的讲的账本来看,伊势讲当然是(参拜伊势神宫的讲。——译者)母体,而且有 5 升到 3 石左右的讲田,讲的内务、外务还使用佃农,或将讲的钱贷给讲的成员等,和村人的经济生活也有关联。此外,在 A 本家的日记中记有:"小兵卫为伊势讲服务,拿出盒饭。因参加西宫演剧,此方派出市之进、文菊、菊次郎。庄左卫门讲、长右卫门讲两讲在小兵卫宅住宿一夜。"伊势讲也担负着娱乐、亲睦的功能。

而且关于教友,上瓦林村的村寺有净土真宗的极乐寺,村人们都是这个寺的施主,而村人们在教友的单位中进行宗教性的活动。教友至今还存在,作为葬礼的单位集团而发挥着功能,而在近世时期可以推断其大体上同样也是以葬礼、法事为中心进行交往。在上述的A家的日记中也有："松誉净月寿清七回忌来临,邀极乐寺并教友等众及附近的人众,当晚吃待夜茶饭,并拿出酒";"翌廿二日,参拜寺庙,家内并尼崎舟、治八教友来,廿一日治兵卫阁下也出席,当晚归,赠寺包银,以上"(宝历十二年十一月二十一、二十二日)。而且在这个日记中将"教友"和"附近"区分开来,而根据地区,教友团体有时也是组或邻居集团。上瓦林村的教友是如何和组结合起来的,是个耐人寻味的问题,但其实际状态不清楚[16]。从A本家现在留有的葬礼、法事的账来推测,A本家的教友从近世中期以后,由7～10户构成;D姓比较多;其他的B姓、C姓、冈本家的分家分别有1～2户,所以,至少是教友和同族在有的组织上不太重合。

在这样多种的讲组结合的基础上,中期以后的上瓦林村的村落结构有着同族结合和讲组结合共存的特征。并且同族结合的特征是横向关系,所以村落结构以横向关系为基本,即使内部也包括着役人制度。

而在这种并立的同族结合和讲组结合中,特别在家的存在或存续方面,同族结合起着重要的作用。因为同族结合作为权利、义务的分有体(共有体),在对家的存续、维持上应该起着重要的作用。讲组结合在家的存在、存续上并非是软弱无力的,而是像在伊势讲的扶助作用等方面看到的那样,对家的存在起着重要的作用。上面没有作直接的考察,但毋庸置疑组(五人组)也有着家的相互扶助的一面。但是,讲组结合式的集团的作用整体上是以家作为家已经存在为前提而产生的,应该说主要是补充、加强家的存在、存续的。即当构成讲组结合的家陷入困境时,不少讲组便将该家

## 第六章 同族结合和本家分家关系——以上瓦林村为例

排除于成员之外，置于保护以外。没落的家由于放弃了株等，而不得不被共同组织（水利组织等）从正式成员中排除出去，不能缴纳年贡的家不久将会丧失五人组成员的地位。而且穷困的家如果作为改善其处境的手段而卖掉伊势讲株的话，那么，最终不得不从伊势讲中脱离出来。在宫座中，如果家因没落而丧失了役人的地位，就没有了正式成员的资格，也不能加入"御头"。

相反，同族结合在家陷入存在危机时，就更有其存在的意义了，它能够支持家的存在或存续。前面的案例已显示出其一端，而就其和伊势讲的关系而言，如下面的史料所述，同族结合作为帮助失去伊势讲株的家的集团（关系）就显现出了其重要性。

**史料6-2 伊势讲（宽政元年）**[17]

关于让伊势讲之事

伊兵卫讲（伊势讲的名字）是我们祖先所有的，而这次将其让出是因为本年酉年（宽政元年）的租米困难，收取银款一百二十两充当上纳粮。而且今后也不会不满。如果周围有发牢骚的，盖了印章的人就会出来立刻解决。现立以上内容的伊势讲让出的证明为证。

宽政元年酉年十二月　日

　　　　　　　　　　　上瓦林村　　让出人
　　　　　　　　　　　　　　　　　孙四郎
　　　　　　　　　代理　　总右卫门（印）
　　　　　　　　　同村证人　作左卫门（印）

同村伊兵卫讲的众人

上瓦林村的伊势讲全都有百姓的名字，也许这些名字都和各自的伊势讲的渊源相关，而这一史料中的伊势讲的名称是"伊兵卫讲"。而上缴年贡米不足的B姓的孙四郎无可奈何地出手了从先祖继承下来的伊势讲(伊兵卫讲),将得到的款项补足了年贡米不足的部分,而这时做"代"或"证人"的总右卫门或作左卫门都是 B 姓同族。并非是加入伊势讲所有的家,而是同族结合中的家在买卖伊势讲株时作为保证人来参与。当然,同族不会停止伊势讲株的买卖,自己来替交不足的部分,但它在家陷入困境时起着重要作用确为事实。正是这种存在方式才是家的本来面目。在刚才案例 6-2 的争执中,同族中的家强烈干涉忠兵卫家的户主继承问题也是从他们的立场来看待问题的,即不过是幼儿的金藏成为继承人对家的存在也许太荒唐,这种同族结合在作为其成员的家没有力量而陷入危机时,就会站出来走到前面。

而同族结合存在的意义直至幕末也没有变弱,而是维持下来了。在幕末时期农村在经济上疲敝之时,产生许多破产百姓。其中,文化时期以后的破产百姓中,很多是自己的家一度"户绝",而和其他的家"同家"(同为一家之义。——译者)的。当然不是实际上卖掉家和"同家"的家同居,而是在制度上停止了"一户"的家,成为某一家的一员。这些破产百姓的贡米是否由"同家"的家接过去尚不清楚,但是,至少"同家"的家救助了破产百姓的困境。此外,如果条件具备的话,破产百姓也可以重新建起家(而且在这一场合,在宗门人别改账上采用"同家"的别家的形式)。而如在图 6-8 上看到的那样,这些破产百姓的"同家"多是同族结合中的家,这种情况 11 例中占 7 例。并且,"同家"和去"同家"的家的关系并非是比较近的时期分开的本家和分家,在万治二年(1659)以前,即近世初期,分家的案例也占 3 例。在这种同族存在方式的根基中,当然有着同族是同一家(株)出来的意识或理念。

## 第六章 同族结合和本家分家关系——以上瓦林村为例

### 图 6-8 "同家"的动向

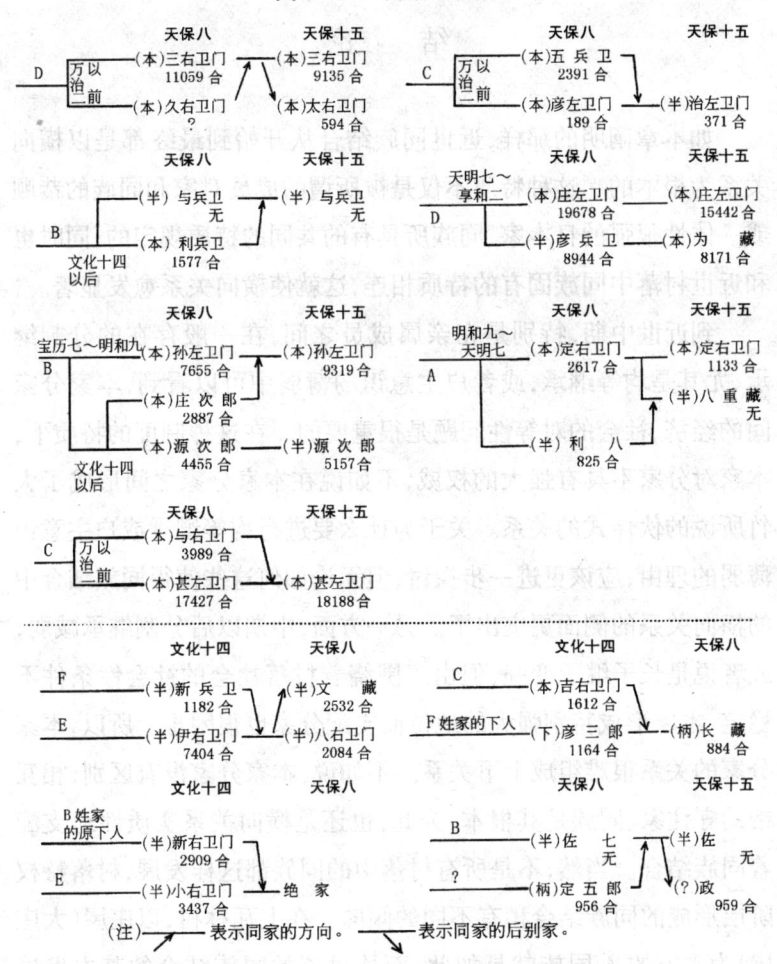

```
        天保八              天保十五                         天保八              天保十五
     ┌─(本)三右卫门 ──── (本)三右卫门                  ┌─(本)五兵卫 ────┐
  万   │   11059 合          9135 合            万   │   2391 合       │
D─以─┤                    ↑                 C─以─┤                   ↓
  前   │                                       前   │
     └─(本)久右卫门        (本)太右卫门             └─(本)彦左卫门 ──── (半)治左卫门
          ?                  594 合                    189 合              371 合

        天保八              天保十五                   天明七～           天保八              天保十五
     ┌─(半)与兵卫 ──── (半)与兵卫                享和二   ┌─(本)庄左卫门 ──── (本)庄左卫门
     │    无                无                        │    19678 合         15442 合
B─文化十四┤                ↑                    D─────┤
  以后   │                                            │
     └─(本)利兵卫                                   └─(半)彦兵卫 ────── (本)为 藏
          1577 合                                        8944 合            8171 合

        天保八              天保十五                        天保八              天保十五
     ┌─(本)孙左卫门 ──── (本)孙左卫门               明和九～ ┌─(本)定右卫门 ──── (本)定右卫门
宝历七～明和九│   7655 合          9319 合           天明七  │   2617 合          1133 合
B────┤                                          A─────┤                  ↑
     ├─(本)庄次郎                                       │                  (半)八重藏
     │    2887 合                                       │                    无
文化十四│                                                │
  以后 └─(本)源次郎 ──── (半)源次郎                    └─(半)利 八
          4455 合          5157 合                          825 合

        天保八              天保十五
     ┌─(本)与右卫门
  万   │   3989 合
C─以─┤
  前   │                    ↙
     └─(本)甚左卫门 ──── (本)甚左卫门
          17427 合         18188 合
```

```
        文化十四           天保八                         文化十四           天保八
F ────(半)新兵卫 ──(半)文 藏                  C ────(本)吉右卫门
          1182 合       2532 合                             1612 合
E ────(伊)右卫门 ──(半)八右卫门              F姓家的下人──(下)彦三郎 ──(柄)长 藏
          7404 合       2084 合                             1164 合          884 合

        文化十四           天保八                         天保八             天保十五
B姓家    ──(半)新右卫门                      B─────(半)佐 七 ──(半)佐
的原下人    2909 合                                          无                无
E ────(半)小右卫门 ──绝 家                  ?─────(柄)定五郎 ──(?)政
          3437 合                                           956 合           959 合
```

(注) ⟶ 表示同家的方向。 ↘ 表示同家的后别家。

在这个意义上的同族结合在构成村落社会家的根本之处起着重要作用,这种作用讲组结合是完全不能替代的。

## 结　论

　　如本章阐明的那样，近世同族结合从开始到最终都是以横向关系为根本的。这种特质不仅是被所谓的成员对家和同族的恭顺或一体性很强的日本家、同族所具有的共同的特质规定的，同时也和近世村落中同族固有的特质相连，这就使横向关系愈发显著。

　　到近世中期，特别是在亲属成员之间，在一般存在的分割继承、尤其是均等继承，或者户主意识的薄弱中可以看到，本家分家间的经济、社会的对等性问题是很重要的。在这种制度的特质下，本家对分家不具有强大的权威，不如说在本家分家之间形成了大竹所说的伙伴式的关系。关于为什么要进行均等继承或户主意识薄弱的理由，应该更进一步探讨，但无论如何这些使得同族结合中的横向关系的侧面更突出了。另一方面，中期以后分割继承减弱，或者说是长子继承变强，但由于围绕着村落社会的社会性条件不稳定，本家形成特别强大的地位而支配分家也很困难。所以，本家分家的关系很难组成上下关系。不如说，本家分家没有区别，相互帮助守住家、同族是其根本，为此，也还是横向关系实质性地支配着同族结合。当然，不是所有村落中的同族都这样发展，村落特权阶层形成的同族结合稍有不同的倾向。在上瓦林村，以庄屋（大庄屋）为本家的 A 同族就是如此，而从村落的同族结合的基本发展轨迹来看，村落特权阶层的结合是支流，本章中对此没有进行分析。这一点想在以下各章中进行讨论。

　　近世村落的同族结合若是以这样的横向关系为根本的话，那么,同族结合和讲组结合在结构上就不是对立的关系。实际上,在上瓦林村近世中期以后同族结合和讲组结合也是共存或并存的,发挥着各自的功能。同族特别是在家的存在、维持上起着重要的作用,而这是因为同族结合是以一个家(株)为本源成立的,所以同族本身作为家的权利、义务扩大的单位必须发挥功能。因此,近世中期以后的村落结构并非同族结合和讲组结合孰优孰劣的问题,而应该是根据二者内部的整合而建立的。

对于上面的结论也许人们会认为这不过是在简单地批判有贺、喜多野,或者会发出这样的疑问:这样做岂不是轻视有贺、喜多野建立起来的同族研究的成果吗?正如住谷一彦说的那样,因为在有贺、喜多野的研究中存在着"被日本资本主义论争所触发的,同时针对论争中奠定的作为旧体制基础的农村的地主/佃农关系,作为彻底地捕捉其独特的社会关系的有效方法或视角而直至构想同族的范畴,这是充满了苦涩思索的进程"(喜多野、住谷,1968,137页)。本书也对他们学问上的营造和其在阐明日本社会中所起的作用表示极大的敬意,日本的社会学能超越社会学的领域而成为社会科学整体的成果,过去只有他们的研究作出了贡献。但是,从今天来看,为开拓同族研究的未来还需要新的研究。本章也是朝着这一方向做了一个尝试。

## 注

[1] 二战前早逝的及川宏的同族理论也是重要的,而这为二战后的喜多野理论所继承。此外,关于及川同族理论中有关佃农的内容,请参照论文

集《同族组织和村落生活》(及川,1967)。

[2] 米村认为:"同族是采用权威性的上下的纵向关系,抑或是采用横向的结构,是根据围绕其社会经济的条件或同族结合的进程的不同而不同"(米村,1974,24页)。并且,这二者的关系不是对等的,就同族的构成原理而言,应该认为"采取横向结构"的契机在基底,在此基础上产生出作为一定发展结果的"上下纵向关系"。

[3] 喜多野对于同族的实证性研究在某种意义上比有贺要广,这和理论上不同的立场无关,应予以评价。特别是若宫村的研究作为社会学的历史性同族研究是很珍贵的。

[4] 本家担任庄屋(大庄屋)的 A 同族和其他一般农民的发展稍有差异(藤井,1982,64页),所以,这一发展差异的理由似乎是这个同族是世袭的庄园同族(指中世的庄园主的同族。——译者)。

[5] 指的是 F 姓的六郎右卫门的分家、A 本家的分家三郎兵卫,或者没有超出推断范围但被认为是 D 姓太郎右卫门的庆长~明历时期的分家久右卫门的各家。

[6] 但是,这次子、三子继承的父名未必由次子、三子的子弟继承。不过,几乎没有向本家返还父名的情况。在这一意义上,世袭名字的想法也许较弱,但这也是从区别本家分家的意识薄弱中产生的。

[7] 这里转载了《西宫市史》中的文章。

[8] 叶山站在宫川的立场上,将宅基地的细分或在周边增加作为下人或旁系亲属自立化过程的一个侧面,但我对此很难苟同(叶山,1981,37页)。

[9] 在作图时,使用了该书的"家屋一览表"和照片,而且从西宫市借用了绘图的底片作为参考。

[10] 这根据题为"恭谨诉诏"文书。此外,这个文书大竹采用过(大竹,1961,91~92页)

[11] 如第三章也提及的那样,役人阶层的地位已株化。如刚才的案例使用了"弥市郎株"一样,这表明要成为役人就必须获得这个株(或役地)。在上瓦林村,近世中期以后役人的分家确实可以成为役人,但不是在任何场合都可以,要限定在持有该株的情况下。

[12] 顺便说一句,在宗门人别改账上,从这一时期以后,泰仙(六兵卫)家消

## 第六章 同族结合和本家分家关系——以上瓦林村为例

失了,大概是因穷困潦倒而户绝了。可见虽然是从近世初期延续下来的本家,但也绝不是稳定的。

[13] 第一章论及了有贺的"嫡系、旁系"论,所以在这里简略地说明一下福武的"兄、弟"论。即"不言而喻,我国的家庭制度是长子优先的直系家庭制度,而最能显示这一点的是几乎遍及全国的兄和弟的区别","兄是应继承家业的长子,弟是所谓吃冷饭的次子、三子"(福武,1949,72页)。而"没有转为外出而分家的弟弟,是以其他农家的没落为鉴而建立起一户","其太过脆弱的经济基础使他被迫成为本家乃至地主的附庸"(同上,45页)。

[14] 这一案例在题为"恭谨诉诏"的史料中,以以下的当事人开始。这一案例大竹也采用过(大竹,1962,178~179页)
恭谨诉诏
　　　　佐藤三四郎阁下知行所摄州武库郡常吉村
　　　　　　　　　　　　　　　　　　　　　　弥左卫门
　　　　长谷川利十郎阁下知行所同国同郡友行村
　　　　　　　　　　　　　　　　　　　　　　善右卫门
　　名迹继承申请
　　　　对方
　　　　松平远江守阁下领地同国同郡上瓦林村
　　　　　　　　　　　　　　　　　　　　　　清右卫门

[15] 这一案例根据题为"恭谨口说之备忘录"的史料,文章是以下方式开始的:"恭谨口说之备忘录　西新田村与次右卫门即申请者"。此外,这件史料没有记载年月日,但有两件相关史料,因此可以推定其时间。

[16] 在天满村(姬路市大津区)内的老地区,"教友"和"组"作为集团尚未分化,因此,"教友"在行使宗教性功能的同时,也起着"组"的作用。比如"入组"手续或成员资格的被认可也是在"教友"的仪式中进行的(小林,1994,128~129页)。近世的上瓦林村在这一点上不得而知,但不能说完全没有。

[17] 但这一史料是上瓦林村吉村家文书。

# 第七章 同族结合和组结合
## ——以今井村为例

### 序

在第六章中，以上瓦林村为例，阐明了近世村落的同族是以横向关系为基本的，但形成同族结合的本家分家关系实际上并非一律。在同族中，根据和本家有无亲属（血缘）关系而存在着亲属（血缘）分家和非亲属（非血缘）分家，如第一章所述，二者的立场是不同的。据长谷川善计所说，亲属分家接受财产的分与，后者原则上是不接受这种分与的，不过是接受"恩给制"的付给，即接受贷与。在这一意义上，第六章主要是论述了本家和亲属分家的关系，而由于加上了非亲属的问题，就不会失去同族结合中横向关系的意义。如第二章中举出的笠谷和比古的理论那样，大名和家臣的关系大致涵盖了横向关系，所以，在以"恩给制"为基本的非亲属分家的场合，基本上也构成了横向关系的一部分。但和接受均分继承那样的亲属分家形成的横向关系性质是完全不同的。在在以今井村为例的本章中，我将把这非亲属分家的问题纳入视野，以考察同族结合的特质。

此外，在第六章中针对福武直的村落类型论，我论述了讲组结合和同族结合在结构原理上的共同性，而其中和同族对比举出的讲组性集团主要是讲组集团的形态，而不是有贺喜左卫门或福武所论述的组。在这个意义上，我的分析尚不充分。同时，虽说同族结合和讲组结合有类似性，但也是在各种层面上推定的。第六章主要论述结构上的类似性方面，但对组织上的类似性问题也不能忽视。像在对上瓦林村的分析中也部分地考察了的那样，近世中期形成的同族结合显露出是和宅基地相关联的、具有半地缘结合的性质。同族的这方面和组（五人组）的组成关系也是意味深长的。因此，本章的考察特别注意组，同时也包括同族结合和组结合关系的组织化的方面。

## 一 同族结合和亲属/非亲属

**从家到同族** 如第四章所述，今井村的近世初期是由"六姓七宅"构成的，但在这些"七宅"相互之间，同族结合几乎尚未形成各个"宅"，即初期本百姓在同族内部形成没有同族的独立的家，具有各不相同的 A、B、C、D、E、F 等姓（此外，其中只有一姓有两户，具有本家分家关系）。从近世初期的这一状态到由于家的分化等形成了同族，即以同族联合那样的形式确立中期的村落结构是历史性的进程。这里，首先以 17 世纪中叶为对象考察同族形成的过程。因为，如表 7-1 所示，宽文元年（1661）的宗旨御改账（和宗门御改账为同类记录文簿。——译者）在今井村现存的史料中恐怕是最古老的了。如第四章所论，宗门改账类不是直接表示家的，但可以依此进行推论。

宽文初年从"六姓七宅"建立后经过约 30 年,这是近世初期结构逐渐变化的时期。如表所示,成为宗旨御改账单位的全部施主数字为 19,和宽永六年(1629)的"七宅"相比有大幅度增加。当然,其和宗门改账的记载原理不完全一致,所以不是宽永期的"七宅"/七个本百姓简单地增加为"十九宅"/十九个本百姓。比如,"抱"身份的(18)五右卫门或(19)善兵卫虽然在账簿的末尾处,但也和一般的村人并列记载,所以,可以认为即使不是村落本来构成单位的"一户"的家,也可以作为施主记载[1]。此外,如第四章的表 4-1 所示,从宽文元年经过十余年,在宽文十一年(1671)和延宝二年(1674)的人别改账上,家的数量分别为 14 和 15,因此,除了上述的两家"抱"外,施主数量是 17,这略有些多,大概其中包括不是本来的家。但是,即使考虑到这一点,和宽永期相比,家也增加了近一倍。在这个意义上,和上瓦林村等比较,初期检地时的宅基地登记人/役人体制没有被那么长期坚持下来。

家的数量增加不言而喻不是由于村外的移居者,而是构成"六姓七宅"的家的分割,即由于分家层出不穷所致。比如,在紧接着宽永六年检地后进行的延宝三年(1675)的检地中,宅基地有 22 笔,合计 8 反 3 亩 27 步。从宽永六年开始的 50 年期间,宅基地的总面积有了一定的扩大,同时旧有的宅基地的分割本身也有相当的进展。即近世初期本百姓的家被分割,同时出现分家。可以推断这和前章考察的上瓦林村或下瓦林村分家层出不穷的过程是共同的。此外,根据以往的记载,可以在相当大的程度上判明宽文元年时的百姓的姓。于是,便在已知的范围内作成表 7-1,以此为

第七章 同族结合和组结合——以今井村为例 257

基础,以同族为单位进行整理,加之,和宽文十一年的人别改账上的土地收入相重合,分家辈出的同族形成过程就更鲜明了。

A姓 (4)权平　　　　十五石　(17)弥五右卫门　二十九石
B姓 (15)伴右卫门　　十六石　(16)长三郎　　　十六石
C姓 (10)忠左卫门　　十四石　(11)助太郎　　　无家　　(12)太四郎　十六石
D姓 (13)七兵卫　　　十六石　(14)传右卫门　　十四石　(19)善兵卫　无家
E姓 (1)长太夫　　　　十八石　(2)长兵卫　　　十四石　(18)五右卫门　五石
　　(5)仁左卫门(根据以往记载,含有不确定的要素)　十四石
F姓 (9)清右卫门　　十五石

第一,几乎所有的姓都是由复数的家组成,即达到了同族关系的形成。17世纪中叶的今井村已经到了从构成近世初期本百姓的"六姓七宅"到分别出现最初的分家的阶段。虽然E姓和F姓倾向稍异,但其他的都是由两户构成。C姓和D姓固然有三户,但C姓的(11)助太郎、D姓(19)的善兵卫在宽文十一年人别改账中作为家尚未独立,所以,在宽文元年阶段也不是独立的家。第二,与其说这种分家是由非亲属的依附身份阶层的身份独立,毋宁说亲属分家的情况占压倒多数。因为与当时的史料契合,(18)五右卫门和(19)的善兵卫及(5)的仁左卫门从各点来看,是非亲属的依附身份阶层的可能性大,但其他几乎都可以认为是亲属。并且根据宽文十一年的人别改账,同族的家相互间土地收入的规模非常接近,因此,可以推定在亲属成员间,因财产分割(以至均分)继承而形成新家。B、C、D各姓因为各家之间的土地收入过于接近,甚至难以断定孰为本家。

这种同族形成过程的特质如图7-1所示,一般维持到近世的村落秩序确立的元禄时期。

表7-1 宽文元年(1661)今井村宗旨御改账

| | | | | | |
|---|---|---|---|---|---|
| 1. | 真言宗正法寺历代施主 | 长太夫 | (44) | 母 | (50) |
| | 同上 | 妻子 | (42) | 子·本多 | (4) |
| | 同上 | 子·传九郎 | (21) | 同·甚国 | (2) |
| | 同上 | 同·乙藏 | (11) | 弟·立 | (15) |
| | 同上 | 同·七藏 | (3) | 下女·时 | (?) |
| | 同上 | 下女·待 | (31) | 同兵卫 | (15) |
| E | 同上 | 下人·太藏 | (7) | 九兵卫妻子 | (?) |
| | 真言宗正法寺历代施主 | 下女·袷 | (5) | 子·作夫 | (8) |
| | | 合8人 | | 合11人 | |
| 2. | 真言宗正法寺历代施主 | 长兵卫 | (52) | 七兵卫 | (61) |
| | 同上 | 妻子 | (49) | 妻子 | (55) |
| | 同上 | 子·市平 | (26) | 子·源太郎 | (32) |
| | 同上 | 妻子 | (24) | 妻子 | (30) |
| | 同上 | 子·代八 | (15) | 女儿·单 | (5) |
| | 禅宗常林寺历代施主 | 女儿·岛 | (9) | 子·先 | (3) |
| E | 同上 | 抱·门十郎 | (29) | | |
| | 同上 | 妻子 | (27) | | |
| | 同上 | 子·旦 | (2) | | |
| | | 合9人 | | 合6人 | |
| 3. | 天台宗新胜寺历代施主 | 加兵卫 | (?) | 下人·庄吉 | (24) |
| ? | 同上 | 妻子 | (?) | | |
| | 同上 | 子·萨坡(音译) | (?) | | |
| | | 合3人 | | | |
| 4. | 真言宗正法寺历代施主 | 权平 | (29) | 传右卫门 | (38) |
| A | 同上 | 妻子 | (26) | 妻子 | (34) |
| | 同上 | 下女·龟 | (?) | 女子·春 | (13) |
| | | | | 子·单 | (2) |
| | | 合3人 | | 合4人 | |
| 5. | 真言宗正法寺历代施主 | 仁左卫门 | (48) | 半右卫门 | (55) |
| B | 同上 | 妻子 | (?) | 妻子 | (47) |
| | 同上 | 子·长九郎 | (25) | 女儿·大 | (15) |
| | 同上 | 妻子 | (21) | 同·夏 | (10) |
| | 同上 | 子·三之助 | (20) | | |
| | 同上 | 女儿·□□ | (2) | | |
| | | 合6人 | | 合4人 | |
| 16. | 真言宗正法寺历代施主 | | | 抱·作兵卫 | (47) |
| B | | | | | |
| | | | | 合5人 | |
| | | | | 长三郎 | (42) |
| | | | | 妻子 | (40) |
| | | | | 子·门太 | (15) |
| | | | | 同·伊势 | (3) |

| 编号 | 寺院 | 家族成员 | （年龄） |
|---|---|---|---|
| 6. | 真言宗正法寺历代施主 | 庄右卫门 | (44) |
|  | 同上 | 妻子 | (40) |
|  | 同上 | 女子·胜 | (12) |
|  | 同上 | 同·九十 | (10) |
|  | 同上 | 同·助叶 | (8) |
|  |  | 合 5人 |  |
| 7. | 真言宗正法寺历代施主 | 平藏 | (36) |
|  | 同上 | 弟·平藏 | (30) |
|  |  | 合 2人 |  |
| 8. | 真言宗正法寺历代施主 | 平四郎 | (22) |
|  | 同上 | 妻子 | (20) |
|  |  | 合 2人 |  |
| 9. | 真言宗正法寺历代施主 | 清右卫门 | (50) |
|  | 同上 | 子·彦三助 | (40) |
|  | 同上 | 同·助 | (20) |
|  | 同上 | 同·七郎 | (15) |
|  | 同上 | 女儿·春 | (8) |
|  | 同上 |  | (2) |
|  |  | 合 6人 |  |
| 10. | 真言宗正法寺历代施主 | 忠左卫门 | (36) |
|  | 同上 | 妻子 | (34) |
|  | 同上 | 女儿·某 | (8) |
|  | 同上 | 子·三郎 | (4) |
|  | 同上 | 同·满足 | (5) |
|  |  | 合 5人 |  |
| 11. | 真言宗正法寺历代施主 | 某·助太郎 | (30) |
|  | 同上 | 弟·玉郎右卫门(音译) | (27) |
|  | 同上 | 妻子 | (65) |
|  | 同上 | 亲·玉郎右卫门·桂郎(音译) | (8) |
|  | 同上 | 女儿·同茎 | (2) |
|  |  | 合 5人 |  |
| 12. | 真言宗正法寺历代施主 | 太四郎 | (30) |
|  | 同上 | 妻子 | (26) |
|  |  | 合 2人 |  |
| 17. | 真言宗正法寺历代施主 | 弥五右卫门 | (56) |
|  | 同上 | 妻子·忠兵卫 | (40) |
|  | 同上 | 子·弥传次 | (34) |
|  | 同上 | 孙·单口 | (29) |
|  | 同上 | 妻子 | (8) |
|  | 同上 | 弟·权平 | (24) |
|  | 同上 | 女儿·昂大(音译) | (17) |
|  | 同上 | 同·奥妹(音译) | (20) |
|  | 同上 | 同·奥巧(音译) | (12) |
|  | 同上 | 下人·长十郎 | (10) |
|  | 同上 | 同·作平 | (8) |
|  | 同上 | 下女·春 | (30) |
|  | 同上 | 同·犬 | (25) |
|  | 同上 | 同·偶 | (20) |
|  | 同上 | 同·开撒(音译) | (42) |
|  | 同上 | 同·那库(音译) | (40) |
|  | 同上 | 同·岛 | (23) |
|  | 同上 | 抱·长五郎 | (15) |
|  | 同上 | 妻子 | (17) |
|  | 同上 |  | (24) |
|  | 同上 |  | (28) |
|  |  | 合 21人 |  |
| 18. | 天台宗新胜寺历代施主 | 长太夫卫·五右卫门 | (?) |
|  | 同上 | 妻子·夫开(音译) | (?) |
|  |  | 合 3人 |  |
| 19. | 天台宗新胜寺历代施主 | 传右卫门抱·善兵卫 | (?) |
|  | 同上 | 妻子 | (?) |
|  |  | 合 2人 |  |

（注）（ ）内为年龄。

**图 7-1 同族的形成过程**

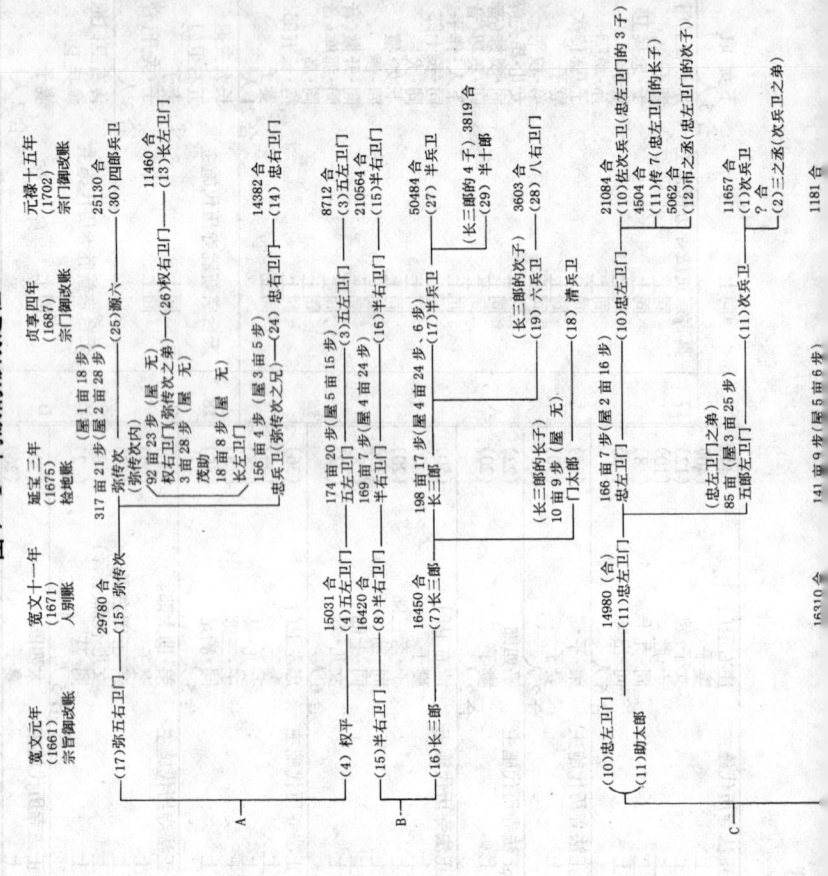

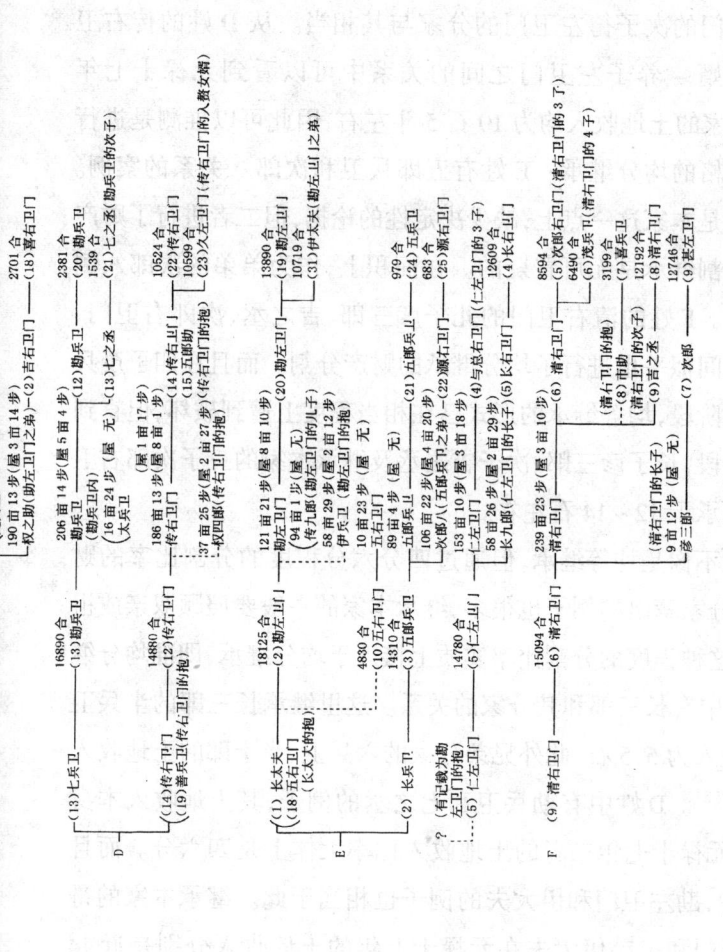

(注)名字前的( )内的数字为史料记载中的顺序。
名字上面的数字是土地收入或登记的面积。但元禄十五年的数字是元禄十七年的。
虚线表示的系谱为"抱"。
有若干不知其关联者,删去。

首先均分继承的案例以后也继续出现在 C 姓中，延宝时期（1673～1680）从助左卫门分家的弟弟权之助就是土地收入不多，而助左卫门的次子德左卫门的分家与其相当。从 D 姓的传右卫门与其女婿－养子左卫门之间的关系中可以看到元禄十七年（1704）两家的土地收入均为 10 石 5 斗左右，因此可以推测是进行了相当严格的均分继承。E 姓有五郎兵卫和次郎八关系的案例。在二者谁是本家这一点上，缺少决定性的论据，但二者进行了财产的均等分割继承是无可置疑的。在面积上，作为弟弟的次郎八倒要多一些。F 姓的清右卫门的儿子彦三郎、吉之丞、次郎右卫门、茂兵卫之间似乎也进行了均分继承的财产分割。而且在四子茂兵卫的分家阶段，均等继承的形式已在相当程度上遭到破坏，但直到此前的阶段，长子彦三郎、次子吉之丞及继承本家的三子次郎右卫门分别继承了 12～14 石左右。

尽管不像是均等继承，但通过四分六分程度的分割比率的财产分割，分家辈出的例子也很多，继承本家的一般要照顾双亲或祖先，所以这种程度的分割比率实质上接近于均分继承，即准均分继承。B 姓中有长三郎和其分家的关系。这里继承长三郎的半兵卫的土地收入为 5.5 石，此外兄弟分家的六兵卫、半十郎的土地收入不到 3 石[2]。D 姓中有勘兵卫和七之丞的例子，其土地收入本身很少，但元禄十七年二者的土地收入比率大体上是四六分。而且在 E 姓中，勘左卫门和伊大夫的例子也相当于此。继承本家的哥哥勘左卫门和弟弟伊大夫在元禄十七年的土地收入分别是近 14 石和近 11 石。而且也有在本家分家中设立明确差别的情况。典型的是世袭名主的 A 姓弥传次家的分割继承。比如，宽文十一年

第七章 同族结合和组结合——以今井村为例 263

以后,出现了权右卫门/忠兵卫的分家,而延宝三年检地账的登记面积和元禄十七年的土地收入一样,弥传次为二,权右卫门和忠兵卫为一。虽然是二对一,但分家的土地收入超过 10 石,所以不是以极少的财产分与形成分家而是分与了在经济上分别可以自立的财产。此外,宅基地的分配比率和田地的分配比率不同,这或许是因为弥传次也有着非亲属的依附身份,他持有 2 亩 8 步和 1 亩 18 步共计两笔宅基地,而至少忠兵卫有 3 亩 5 步宅基地,基本上和本家规模相同。如果宅基地是表示家的等级的重要指标,那么分家和本家有相同规模的宅基地也许就意味着为了分家和本家可以保持相等等级而进行的分家[3]。

使以上的分割继承兴盛成为可能的是在序论中也论述过的近世初期的水利事业。靠着水利事业,荒芜地的耕地化和耕地的水田化同时进行,生产力到了近世中期提高了。以这个生产力的提高为背景,近世初期的家使耕地或宅基地的分割成为可能,不久,村落本身也将这些新的分家的"卵"作为公的单位/本来的家(分家)来承认。

对此,依附身份阶层,特别是非亲属的从属农民阶层在这种到近世中期的同族形成中,地位较低。和家的亲属成员不同,可以推定非亲属的依附身份阶层被授予土地或宅基地而分家的例子几乎没有。在今井村的宗门改账或人别改账中有所谓"抱"的依附身份,而在这"抱"中,不光是家的非亲属成员的依附农民,也包括虽然是亲属成员,但也被置于依附身份中的人。但是,虽然同属于"抱"的依附身份,但亲属的依附身份阶层和非亲属的依附身份阶层到中期发展的存在方式是相当不同的。我想以 A 同族的本家弥传次家为例来说明这一点。

**史料7-1 宽文十一年人别账**(仅为弥传次家的摘录)

高二十九石七斗八升　　弥传次　（三十四）
　　　　　　　　　　　妻子　　（二十七）
　　　　　　　　　　　母亲　　（五十）
　　　　　　　　　　　子　卯之助　（九）
　　　　　　　　　　　同　甚太郎　（七）
　　　　　　　　　　　下人　平八　（二十七）
　　　　　　　　　　　同　鹤　（十六）(被典当者)
　　　　　　　　　　　同　种　（二十）(被典当者)
　　　　　　　　　　　弟　权之臣　（二十九）
　　　　　　　　　　　　妻子　（二十四）
　　　　　　　　　　　子　当(音译)(七)
　　　　　　　　　　　下人　作平　（三十七）
　　　　　　　　　　　同　　宫　（二十二）
　　　　　　　　　　　弥传次抱　忠兵卫　（四十三）
　　　　　　　　　　　　妻子　（三十六）
　　　　　　　　　　　　子　新太郎　（十九）
　　　　　　　　　　　　同　纲　（十四）
　　　　　　　　　　　　下人金藏　（三十九）
　　　　　　　　　　　　同　春　（十六）（被典当者）
　　　　　　　　　　　弥传次抱　长五郎　（四十四）
　　　　　　　　　　　　同　妻子　（三十五）
　　　　　　　　　　　　同　栗　（十五）
　　　　　　　　　　　　同　长七郎　（三十六）
　　　　　　　　　　　　同　妻子　（三十一）

这是以弥传次家为继承中心而整理的。其中依附身份阶层以"下人"、"抱"的名称来表示。下人中有"鹤"、"种"、"春"等被典当者奉公人。其他以谱代奉公人（从属于主人的农民或家人。——译者）的形式存在，都是独身者。另外"下人"与其说是弥传次的直属农民，不如说根据记载的方式来看，作平和宫是权之丞的"下人"，金藏和春是忠兵卫的"下人"。在家中的日常生活中，他们都是相对独立的。另一方面，"抱"和"下人"不同，其特征都是带妻生活的，即是有家庭的依附身份阶层。而在"抱"中，至少可以知道忠兵卫是弥传次的兄长，因此也是权之丞的兄长。即使记载为"抱"，也可认为在家中处于和兄弟同样的地位，而这也表现在是"抱"的忠兵卫本身有"下人"这一点上。

和前图7-1相关联，我们来看一看这些"下人"或"抱"其后展示出何种动向。那么首先是关于"下人"，到元禄时期其维持依附关系或独立的全然没有。如第四章所考察的那样，大体而言到元禄时期村落整体都被年季奉公人取代。另一方面，"抱"展示出亲属和非亲属完全不同的动向。如业已考察的那样，作为亲属的忠兵卫也接受财产的分割，不久就作为家而独立，但长五郎、长七郎在延宝三年的检地账中曾经是稍微做些农活的登记人，可是没有构成一家，到元禄时期就断绝了。恐怕是或者随着家庭迁移他方，或者是死绝了。亲属的"抱"正因为是亲属，接受分割继承而在身份上可以自立，但非亲属的依附身份阶层就得不到这样的待遇，随着在家中作用的丧失而消失。

这种倾向可以说在今井村非亲属的依附农民阶层中是普遍的。同样在宽文十一年的人别改账中仅提取"抱"的阶层，即如下。

## 史料 7-2　宽文十一年人别账（仅为"抱"的摘录）

收获量十六石三斗一升
　助左卫门　（四十）　抱四人
　　（C姓）
　　　　　　　　　　　　九兵卫（五十四）
　　　　　　　　　　　　妻子　（四十六）
　　　　　　　　　　　　半三郎（二十七）
　　　　　　　　　　　　三八　（十七）

高十八石一斗五升
　勘左卫门　（五十四）　抱四人
　　（E姓）
　　　　　　　　　　　　伊兵卫　（三十五）
　　　　　　　　　　　　妻子　　（三十三）
　　　　　　　　　　　　当(音译)（十七）
　　　　　　　　　　　　内内(音译)（十一）

高十六石四斗五升
　长三郎（五十三）　抱四人
　　（B姓）
　　　　　　　　　　　　久右卫门（六十四）
　　　　　　　　　　　　妻子　　（六十）
　　　　　　　　　　　　长助　　（三十五）
　　　　　　　　　　　　鹤　　　（十六）

高十四石八斗八升　　　抱二人
　传右卫门　（四十八）
　　（D姓）
　　　　　　　　　　　　传兵卫　（六十四）
　　　　　　　　　　　　妻子　　（六十二）

高十六石八斗九升
　勘兵卫　（四十二）　抱四人
　　（D姓）
　　　　　　　　　　　　太兵卫　（四十六）
　　　　　　　　　　　　妻子　　（三十八）
　　　　　　　　　　　　甚太郎　（二十）
　　　　　　　　　　　　左太郎

这里显示的"抱"具体记述了第四章表4-1中的"抱"一栏。此外，和弥传次的"抱"同样，是"抱"的九兵卫、伊兵卫、久右卫门、传兵卫、太兵卫都带家庭，但却都不是作为亲属的"抱"，而是非亲属的。如前图7-1所示，在延宝三年的检地账中，九兵卫1反7亩余，伊兵卫5反8亩余，太兵卫1反6亩，分别都是少量土地的登记，登记宅基地的只有伊兵卫。这些是否是从主家得的尚不清楚,但和亲属继承的情况确实大不相同。并且,在这一时段,即使有这样的土地收入,但由于各自的情况不能在村落中长期存在下去,到元禄时期还是全部消亡了。像伊兵卫那样有土地收入,甚至有宅基地的,到延宝八年(1680)也还是消亡了。本来是非亲属的"下人"或"抱",但直至元禄时期还在村落继续存在的案例,除了在近世初期的较早时期,可以认为在身份上已经独立的例子以外,在今井村一个也没有。在这一意义上,即使是同样的横向关系,在亲属和非亲属的地位或关系的性质上是不一样的[4]。

从同族结合形成的视点来看,这展示出中期的同族内部中存在非亲属分家的条件是极其稀少的。为此,中期出现的今井村的近世的同族主要是由亲属构成的同族。而亲属内部的分家习惯如上所述是根据均分继承或与此相近的分割继承,这意味着和上瓦林村一样,在中期的同族结合中,本家分家的横向关系正为此而明显地存在着。并且,在和分家大量出现的过程并行的家继承中,并非长子继承,而广泛存在着包括幼子继承等不确定的继承[5]。从内藤莞尔关于幼子继承习惯的研究来看,在均分继承,并且广泛存在着非长子继承的状况中,户主继承的观念薄弱。此外,即使继承了本家,也不存在以往社会学的家-同族理论所说的本家意识(内藤,1973)。即和上瓦林村隐居分家的习惯相同,可以认为今井村也没有根据门第差别的观念而有本家分家关系很强的上下关系。在这一意义上,近世中期的同族也具有"本分家伙伴型"的特质。

**中期以后的同族结合** 但是,中期同族结合的特质不是一成不变地维持到近世末,并被近代所继承。表7-2中的本家分家间的土地收入比率显示出其一端。这个表因为展示的是分家大量出现后的最近时段的本家分家的土地收入比率,未必能展示出实际构成的分割比率,但在某种程度上可以对此进行推断。这里大体上分为(1)18世纪上半叶[元禄十七年(1704)~明和三年(1766)],(2)18世纪下半叶(明和三年~文化五年(1808)),(3)19世纪上半叶[文化五年~嘉永四年(1851)]。但在18世纪上半叶期间,包含着许多由于土地收入史料不足和由于宽保二年(1742)的大洪水造成的农民没落而使分家大量出现的实际状况不清楚的情况[6]。

表7-2 本家和新分家的土地收入比率

| 分家／本家 | | 元禄十七年~(1704)明和三年(1766) | 明和三年~文化五年(1808) | 文化五年~嘉永四年(1851) |
|---|---|---|---|---|
| | 1/1 | 1 | 2 | |
| | 4/6 | 4 | 2 | 2(1) |
| | 1/2 | 1 | | 4(2) |
| | 这以下 | 1 | 5 | 1 |
| | 不明 | 6 | | |
| | 合计 | 13 | 9 | 7(3) |

(注)土地收入的比较是在新分家出现后知道其土地收入之时做的。
 ( )内是分家方面比本家土地收入多的案例。表示本家/分家的比率。

首先,分家大量出现虽然涉及整个时期,但18世纪上半叶最多,其后的时期分别在10例以下。今井村在18世纪中期由于灾害等的影响,村落凋敝,18世纪末逐渐恢复(长谷川等,1991,258~259页),所以以上的动向也许是意料之外的。应该说18世纪下

## 第七章 同族结合和组结合——以今井村为例

半叶或 19 世纪上半叶分家增多也许是肯定的,但表的数字还是反映了事实。因为,表中 18 世纪上半叶的划分阶段和 18 世纪下半叶或 19 世纪下半叶相比,多出 20 年左右,考虑到划分阶段的长短,18 世纪下半叶分家不会极端减少。当然,即使考虑到这一点,从 18 世纪下半叶分家没有特别增加也不是不可思议的。从 18 世纪下半叶到幕末,村落整体发展的沉滞在步步加重,所以即使从洪水引发的凋敝中恢复,也不可能超过 18 世纪上半叶大量的积极分家。第二,新分家以均分继承的现象出现得也少了。18 世纪下半叶本家分家的土地收入比例在二分之一以下的例子非常多,产生了和中期分家出现的存在方式不同的状况。也许本家本位的分家习惯在某种程度上已出现,而且新分家的土地收入在本家的二分之一以下,应该说这是产生在经济上占优势地位的阶层中。近世后期两户人家进行着地主化(同上,259~260 页),从这些家产生的四户分家都在此例之中。而这些新分家有 10 石左右的土地收入。即维持在一般农民阶层以上的水平,所以,绝不是作为经济上必须依靠本家的存在而分家的。这种分家或财产分割的倾向整体上具有和上瓦林村相同的性质。

在这种整体动向的基础上考察同族单位,可以概括如下。而且,关于每家的系谱关系,主要是根据宗门人别改账和五人组账[7]。还存在着若干系谱关系不明、属于哪个同族不明的家,但这些大体上都从考察对象中剔除了。此外,括号内的号码是为了和其他图表对照而表示的家号码。

首先,近世时期作为名主家的 A 同族的动向如图 7-2a 所示。其特征在于 A1 系本家的四郎兵卫家(A1)大量地创造出分家。明

270　家和同族的历史社会学

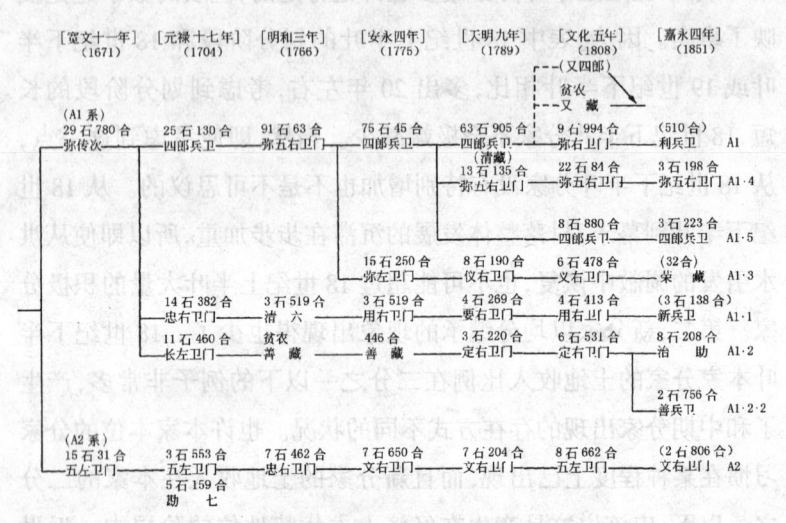

### 图7–2a　同族的发展（A姓）

| [宽文十一年]<br>(1671) | [元禄十七年]<br>(1704) | [明和三年]<br>(1766) | [安永四年]<br>(1775) | [天明九年]<br>(1789) | [文化五年]<br>(1808) | [嘉永四年]<br>(1851) | |
|---|---|---|---|---|---|---|---|
| | | | | | ┌又四郎<br>│ 贫农<br>└又 藏 | | |
| (A1系)<br>29石780合<br>弥传次 | 25石130合<br>四郎兵卫 | 91石63合<br>弥五右卫门 | 75石45合<br>四郎兵卫 | 63石905合<br>四郎兵卫<br>（清藏）<br>13石135合<br>弥右卫门 | 9石994合<br>弥右卫门<br>22石84合<br>弥五右卫门 | (510合)<br>利兵卫<br>3石198合<br>弥五右卫门 | A1<br>A1·4 |
| | | | | | 8石880合<br>四郎兵卫 | 3石223合<br>四郎兵卫 | A1·5 |
| | | | 15石250合<br>弥左卫门 | 8石190合<br>仅right卫门 | 6石478合<br>文右卫门 | (32合)<br>荣 藏 | A1·3 |
| | 14石382合<br>忠右卫门 | 3石519合<br>清 六 | 3石519合<br>用右卫门 | 4石269合<br>要右卫门 | 4石413合<br>用右卫门 | (3石138合)<br>新兵卫 | A1·1 |
| | 11石460合<br>长左卫门 | 3石220合<br>贫农<br>善 藏 | 446合<br>善 藏 | 3石220合<br>定兵卫 | 6石531合<br>定兵卫 | 8石208合<br>治　助 | A1·2 |
| | | | | | | 2石756合<br>善兵卫 | A1·2·2 |
| (A2系)<br>15石31合<br>五左卫门 | 3石553合<br>五左卫门<br>5石159合<br>勘　七 | 7石462合<br>忠右卫门 | 7石650合<br>文右卫门 | 7石204合<br>文右卫门 | 8石662合<br>五左卫门 | (2石806合)<br>文右卫门 | A2 |

(注)每年史料如下：

宽文十一年→人别改账，元禄十七年→年贡名寄账，明和三年、安永四年、天明九年、文化五年→五人组账，嘉永四年→田地差别勘定账。

但嘉永四年数字中的有（）的是嘉永六年的。此外这数字是根据年贡交付账推算的，其公式如下：

原初的收获量＝3/2，双方年贡交付的收获量（＝账簿上的实际数字）×2.7

何为本家，何为分家难以明白，姑且如图设定系谱关系。系谱用虚线表示的是非亲属（几乎都是"抱"）的场合。下面的图7–2之b～g均用同样方法作成。

和时期四郎兵卫的弟弟弥左卫门分家（A1·3），从天明到享和时期，四郎兵卫的儿子们相继分家。特别是在后一过程中，长子清藏（A1）、次子弥五右卫门（A1·4），还有相当于四郎兵卫隐居分家的三子元右卫门（A1·5，图表中以四郎兵卫的名字出现）等各家甚至以连本家分家关系都不明确的形态分家。也许是这一影响，直至今天三家的家徽还不同。但是，通过采访等方法，可以认为开始时清藏家是本家，但其后弥五右卫门家实际上起着本家的作用。至此，一直世袭本家的名主职位到文化初年的是清藏家，其后，由弥五右卫门继承。从天明九年(1789)到文化五年(1808)期间，可以从四郎兵卫(清藏)家的土地收入急剧减少推断(即使有向弥五右卫门家或隐居分家分割的部分，但其减少也是过于激烈的)，清藏家没有继承本家的能力而倾家荡产，为此，将户主转移到次子弥五右卫门家。这种本家分家地位的逆转在当地似乎不少。因为根据采访，今井村曾经存在着"取代庄屋(即本家)"的婉转说法。分家因经济上的优势而改变地位，并以此为自豪。当然，分家不会因此作为新的本家而统制同族。

四郎兵卫家(A1)后期出现许多分家是因为这个家庭在经济上的繁荣。这个家在中期前的分家忠右卫门家(A1·1)或长左卫门家(A1·2)，或者 A2 系的五左卫门家(A2)中期以后土地收入减少，几乎没有出现分家，这个四郎兵卫家在元禄十七年(1704)的土地收入是 25 石左右，但在分家出现前的明和时期甚至超过了 90 石。在大约 50 年期间，怎么会有这样的急速增长，原因不明，但大概和名主的役收入也有关系。此外，到了幕末时期，成为实质上的本家的弥五右卫门家(A1·4)也和同族内的家一样，成为 3 石左右的小农，同族成了小百姓的聚合(但只有长左卫门家随着幕末的到来，经济上卷土重来，也出现了分家)。

如下图 7－2b 所示，B 同族引人注目之处在于其本家阶层在近世后期灭绝了。B1 系的本家半右卫门家(B1)到文化时期户绝，B2 系的本家长三郎家(B2)到明和时期已经户绝。不仅如此，在B2系中，由分割继承而在中期出现的八右卫门家(B2·1)、半十郎

## 图 7-2b 同族的发展（B 姓）

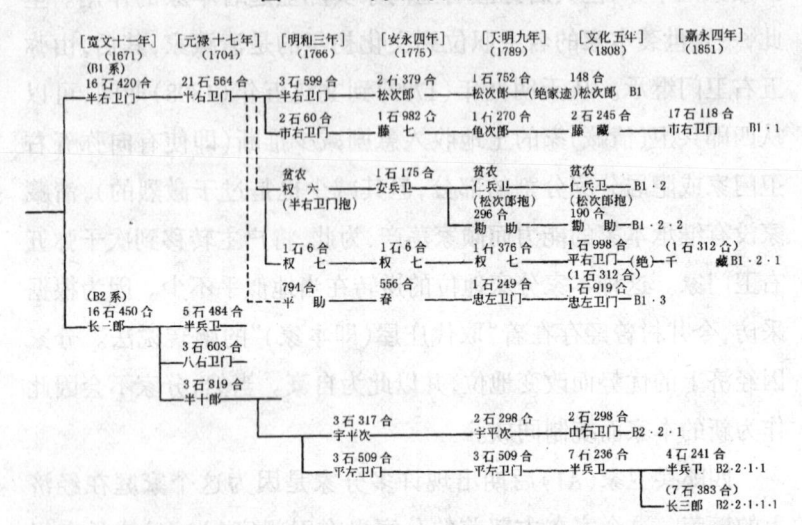

```
[宽文十一年] [元禄十七年] [明和三年] [安永四年] [天明九年]   [文化五年]           [嘉永四年]
  (1671)      (1704)     (1766)    (1775)    (1789)      (1808)              (1851)
(B1 系)
16石420合 — 21石564合 — 3石599合 — 2石379合 — 1石752合 — 148合
半右卫门   半右卫门   半右卫门   松次郎    松次郎（绝家迹）松次郎 B1
           2石60合 — 1石982合 — 1石270合 — 2石245合 — 17石118合
           市右卫门   藤七       龟次郎     藤藏        市右卫门  B1·1
                      贫农        贫农       贫农
                      1石175合 — 安兵卫 —— 仁兵卫 ——— 仁兵卫 —— B1·2
                      权六                 （松次郎抱）
                     （半右卫门抱）         296合        190合
                                          勋助 ——— 勋助 ———— B1·2·2
                      1石6合 — 1石6合 — 1石376合 — 1石998合 — （1石312合）
                      权七      权七     权七       平右卫门（绝）—千 藏 B1·2·1
                                                  （1石312合）
                      794合 — 556合 — 1石249合 — 1石919合
                      半助     春      忠左卫门    忠左卫门 ——— B1·3
(B2 系)
16石450合
长三郎
   — 5石484合
     半兵卫
   — 3石603合
     八右卫门
   — 3石819合
     半十郎
              — 3石317合 — 2石298合 — 2石298合
                宇平次     宇平次     申右卫门 ——— B2·2·1
              — 3石509合 — 3石509合 — 7石236合 — 4石241合
                平左卫门   平左卫门   半兵卫      半兵卫 B2·2·1·1
                                               (7石383合)
                                               长三郎 B2·2·1·1·1
```

家（B2·2）也在长三郎家户绝前后户绝。在中期形成的这个同族的框架在近世后期完全解体。其中，成为发展新的同族结合契机的是 B1 系中非亲属的"抱"的身份阶层。权六（B1·2）、权七（B1·2·1）、平助（B1·3）均属此例。只要是"抱"的身份，那么原则上就不是独立的家（即不是本来的分家），但是这些人可以认为在这个身份之外也是作为 B 同族的一个分家住在村落里。此外，这些"抱"不是近世初期非亲属的依附农民的残余部分，而是在中期以后作为完全新的依附身份而卷入家的人。所以，也和中期村落社会的构成原理相对应。如第四章所论，虽然，今井村"本百姓"、"抱"的身份制在中世以后没有牢固地维持下去，但依附身份阶层本身在中期以后在村落中也有一定数量。但是，这些非亲属的"抱"也许是因为被置于经济上不稳定的状态，后期半数消失了，残存的权七

(B1·2·1)、平助家也在幕末因各种情况离开了同族。[8]

对此,B2系中虽然亲属分家成为系谱关系发展的原动力,但其发展没有那么显著。半十郎家的分家宇平次家(B2·2·1)是靠着均分继承而又产生新的分家,即平左卫门家(B2·2·1·1),其后,从平左卫门家又分出来一户亲属分家。在近世末的B同族中出现的以上结果和中期的结构大相径庭。中期同族的存在方式不是"尾大"式的扩大。在上瓦林村的分析中也曾提及,近世后期的社会变动严酷得不允许同族顺利发展。当然,在这一严酷的条件中,像半右卫门家的亲属分家的市右卫门家(B1·1)那样,在幕末成长为土地收入17石的富裕之家也是有的。

**图7-2c 同族的发展(C姓)**

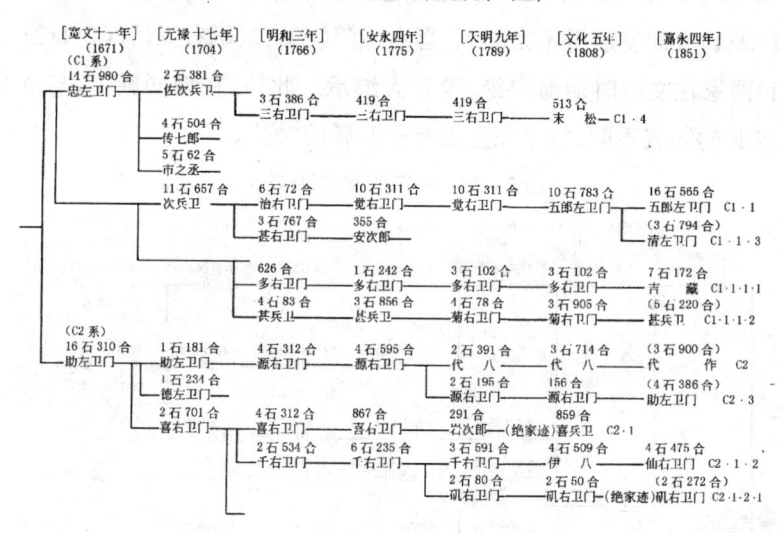

| [宽文十一年] (1671) (C1系) | [元禄十七年] (1704) | [明和三年] (1766) | [安永四年] (1775) | [天明九年] (1789) | [文化五年] (1808) | [嘉永四年] (1851) |
|---|---|---|---|---|---|---|
| 14石980合 忠左卫门 | 2石381合 佐次兵卫 | 3石386合 三右卫门 | 419合 三右卫门 | 419合 三右卫门 | 513合 末 松 | C1·4 |
|  | 4石504合 传七郎 |  |  |  |  |  |
|  | 5石62合 市之丞 |  |  |  |  |  |
|  | 11石657合 次兵卫 | 6石72合 治右卫门 | 10石311合 觉右卫门 | 10石311合 觉右卫门 | 10石783合 五郎左卫门 | 16石565合 五郎左卫门 C1·1 (3石794合) 清右卫门 C1·1·3 |
|  |  | 3石767合 甚右卫门 | 355合 安次郎 |  |  |  |
|  |  | 626合 多右卫门 | 1石242合 多右卫门 | 3石102合 多右卫门 | 3石102合 多右卫门 | 7石172合 吉 藏 C1·1·1 |
|  |  | 4石83合 甚兵卫 | 3石856合 长兵卫 | 4石78合 菊右卫门 | 3石905合 菊右卫门 | (5石220合) 甚右卫门 C1·1·2 |
| (C2系) 16石310合 助左卫门 | 1石181合 助左卫门 | 4石312合 源右卫门 | 4石595合 源右卫门 | 2石391合 代 八 | 2石714合 代 八 | (3石900合) 代 作 C2 |
|  | 1石234合 德左卫门 |  | 2石195合 源右卫门 | 156合 源右卫门 |  | (4石386合) 助左卫门 C2·3 |
|  | 2石701合 喜右卫门 | 4石312合 喜右卫门 | 867合 喜右卫门 | 291合 岩次郎 | 859合 (绝家致)喜兵卫 C2·1 |  |
|  |  | 2石534合 千右卫门 | 6石235合 千右卫门 | 3石691合 千右卫门 | 4石509合 伊 一 | 4石475合 仙右卫门 C2·1·2 |
|  |  |  | 2石80合 矶右卫门 | 2石50合 矶右卫门 | 矶右卫门(绝家迹) | (2石272合) 矶右卫门 C2·1·2·1 |

C同族的情况采取了图7-2c方式的发展。C1系中和B同族同样出现了本家(C1)的户绝,而且,直接分家的传七郎家(C1·2)

和市之丞家(C1·3)以元文时期为界限还是户绝了,稍微迟些分家的三右卫门家(C1·4)也在文政时期前户绝。C1系的一半在近世期间断绝了。但是,C1系中另一方系统的次兵卫家(C1·1)方面的稳定状态一直持续到幕末,次兵卫家本身到后期也几乎维持了中期约11石的土地收入,幕末更增加到16石多,也有了新的分家。此外,正是直接分家(C1·1·1)才很早就户绝,但从其直接分家出来的孙分家系统的多右卫门家(C·1·1·1·1)或甚兵卫家(C1·1·1·2)也是或者增加了土地收入,或者保持了土地收入。他们的土地收入分别为3~7石,在当时的今井村无论怎么说都是平均水平的农民阶层,可以推断本家分家的关系也应该是稳定保持的。此外,在C2系中,助左卫门(C2)方面到近世末还存续着,但在喜右卫门(C2·1)方面发展得不太顺利,喜右卫门(C2·1)、矶右卫门(C2·1·2·1)两家在文政时期前户绝,没有人继承。此外,在该同族中,与A或B的同族不同,似乎完全没有非亲属的"抱"。

图7-2d 同族的发展(D姓)

| 宽文十一年(1671) | 元禄十七年(1704) | 明和三年(1766) | 安永四年(1775) | 天明九年(1789) | 文化五年(1808) | 嘉永四年(1851) |
|---|---|---|---|---|---|---|
| (D1系) 16石890合 助兵卫 | 2石381合 勘兵卫 | 7石822合 源兵卫 | 4石297合 勘右卫门 | 7石473合 勘兵卫 | 10石967合 勘兵卫 | 喜 作 D1 |
|  |  |  |  |  |  | (14石616合) |
|  |  |  |  |  |  | 5石162合 勘三郎 D1·5 |
|  |  |  | 4石177合 万右卫门 | 4石147合 万右卫门 | 6石124合 长次郎 | (1石931合) 庆 藏 D1·4 |
|  |  |  |  |  |  | (5石343合) 佐左卫门 D1·4·1 |
|  |  | 2石935合 政右卫门 | 2石935合 政右卫门 | 2石896合 政右卫门(绝家迹) | 2石896合 政右卫门 | 4石261合 政右卫门 D1·2 |
|  |  | 6石799合 利兵卫 | 6石799合 久左卫门 | 5石179合 久左卫门 | 5石411合 利右卫门 | 4石962合 房 藏 D1·3 |
|  |  | 1石539合 七之丞 |  |  |  |  |
|  |  |  | 2石263合 武右卫门 | 3石263合 宇右卫门 | 2石228合 宇右卫门 | 1石319合 宇右卫门 D1·1·1 |
| (D2系) 14石880合 传右卫门 | 10石524合 安右卫门 D2 |  | 绝家再兴? |  |  |  |
|  | 10石599合 久左卫门 | D2·1 |  |  |  |  |

第七章 同族结合和组结合——以今井村为例 275

D 同族如图 7 – 2d。在 D1 系中,勘兵卫家(D1)在后期有相当多的分家,但这些分家的土地收入和本家的勘兵卫的相比,并不极其少,所以是依据牢靠的分割继承分的家。在这个意义上,这一系统发展到近世后期,但在中期之前,从勘兵卫家分出的七之丞家(D1·1),还有从该家分出的武右卫门家(D1·1·1)在后期户绝。因此,D1 系并非整体上的发展。此外,关于 D2 系,在中期前形成的两家都户绝了,结果是这个系统本身完全灭绝。D 同族作为整体来看,发展得也并不顺利。而且,从勘兵卫家分家的利右卫门家(D1·3)以继承户绝的 D2 系的久左卫门(D2·1)的迹式的形式分家,所以断定久左卫门家户绝不一定适当。这样,D 同族在中期以后的发展中,采取了相当变形的内部结构。因为 D 同族的构成户几乎都是 D1 系,并且,其中只是由勘兵卫家和其近世后期的分家构成的。

图 7 – 2e  同族的发展(E 姓)

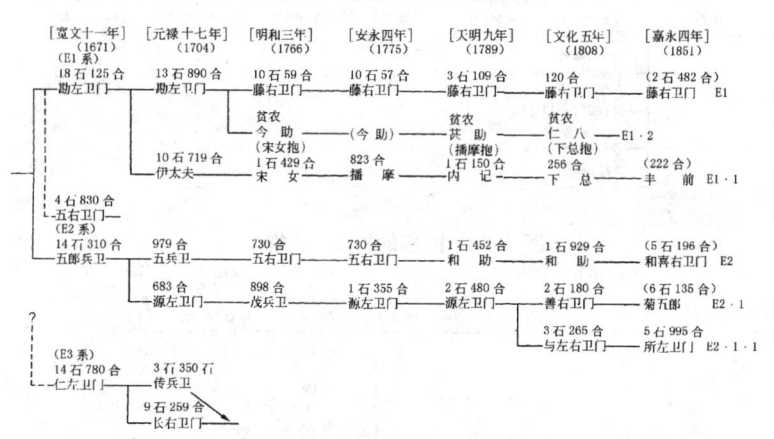

| [宽文十一年] (1671) (E1 系) | [元禄十七年] (1704) | [明和三年] (1766) | [安永四年] (1775) | [天明九年] (1789) | [文化五年] (1808) | [嘉永四年] (1851) |
|---|---|---|---|---|---|---|
| 18 石 125 合 勘左卫门 | 13 石 890 合 勘左卫门 | 10 石 59 合 藤右卫门 | 10 石 57 合 藤右卫门 | 3 石 109 合 藤右卫门 | 120 合 藤右卫门 | (2 石 482 合) 藤右卫门  E1 |
| | | 贫农 今 助 (宋女抱) | (今助) | 贫农 芇助 (捕摩抱) | 贫农 仁 八 (下总抱) | — E1·2 |
| | 10 石 719 合 伊太夫 | 1 石 429 合 宋 女 | 823 合 播 摩 | 1 石 150 合 内 记 | 266 合 下 总 | (222 合) 丰 前  E1·1 |
| 4 石 830 合 五右卫门 (E2 系) | | | | | | |
| 14 石 310 合 五郎兵卫 | 979 合 五兵卫 | 730 合 五右卫门 | 730 合 五右卫门 | 1 石 452 合 和 助 | 1 石 929 合 和 助 | (5 石 196 合) 和青右卫门  E2 |
| | 683 合 源左卫门 | 898 合 茂兵卫 | 1 石 355 合 源左卫门 | 2 石 480 合 源左卫门 | 2 石 180 合 善右卫门 | (6 石 135 合) 菊五郎  E2·1 |
| | | | | | 3 石 265 合 与左卫门 | 5 石 995 合 所右卫门  E2·1·1 |
| (E3 系) 14 石 780 合 仁左卫门 | 3 石 350 石 传兵卫 | | | | | |
| | 9 石 259 合 长右卫门 | | | | | |

而且,在神官的家系中,到中期左右为止,在今井村有着数一数二势力的 E 同族,如图 7-2e 所示,从后期到幕末,其许多构成户由于经济上的疲敝,后期新分家的家也少了。在此间的分家中,今助家(E1·2)是藤右卫门弟弟家的分家,而担当神官的伊太夫的"抱"在史料上出现颇多,并且是没有土地收入的贫农。即使构成同族的家没有大幅度变更,也可以知道其在整体上是相当疲敝的,同族整体最疲敝、衰落的是 F 同族。如 7-2f 所示,近世中期由于分割继承,形成了本家分家关系相当对等的同族结合,即显示出典型的近世同族之例。但是,其后其分家阶层几乎全部户绝,因此,近世后期阶段只留下本家的发展样式[9]。这里甚至可以看到本家的消亡。这象征着近世后期围绕着同族的状况是如何严峻,而同族结合又是如何的不稳定。

**图 7-2f  同族的发展(F 姓)**

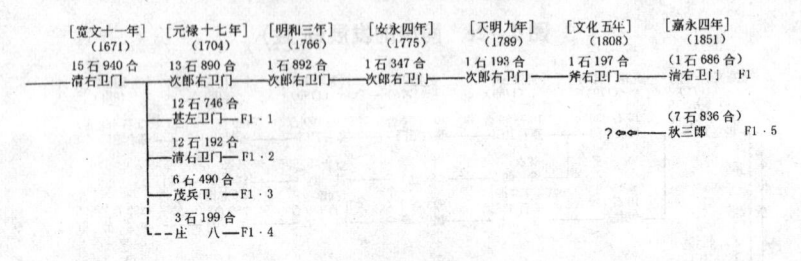

| [宽文十一年](1671) | [元禄十七年](1704) | [明和三年](1766) | [安永四年](1775) | [天明九年](1789) | [文化五年](1808) | [嘉永四年](1851) |
|---|---|---|---|---|---|---|
| 15石940合 清右卫门 | 13石890合 次郎右卫门 | 1石892合 次郎右卫门 | 1石347合 次郎右卫门 | 1石193合 次郎右卫门 | 1石197合 斧右卫门 | (1石686合) 消右卫门  F1 |
|  | | 12石746合 甚左卫门—F1·1 | | | | |
|  | | 12石192合 清右卫门—F1·2 | | | | (7石836合) ?——秋三郎  F1·5 |
|  | | 6石490合 茂兵卫—F1·3 | | | | |
|  | | 3石199合 庄 八—F1·4 | | | | |

**图 7-2g  同族的发展(G 姓)**

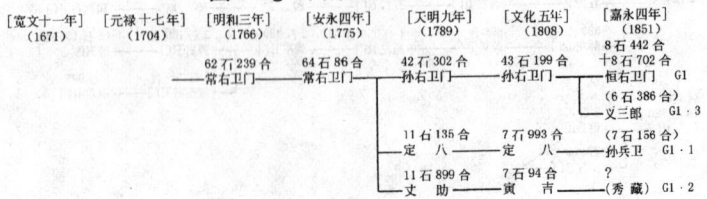

| [宽文十一年](1671) | [元禄十七年](1704) | [明和三年](1766) | [安永四年](1775) | [天明九年](1789) | [文化五年](1808) | [嘉永四年](1851) |
|---|---|---|---|---|---|---|
|  |  | 62石239合 常右卫门 | 64石86合 常右卫门 | 42石302合 孙右卫门 | 43石199合 孙右卫门 | 8石442合 十8石702合 恒右卫门 G1 |
|  |  | | | | | (6石386合) 义三郎 G1·3 |
|  |  | | | 11石135合 定 八 | 7石993合 定 八 | (7石156合) 孙兵卫 G1·1 |
|  |  | | | 11石899合 丈 助 | 7石94合 寅 吉 | ? (秀藏) G1·2 |

但是,另一方面后期有新的同族产生也是事实。这就是图7—2g上的G同族。本家的第一代常右卫门,根据宗门人别改账或旧记录,宝永二年(1705)从布施村作为"年季奉公人"去今井村的E同族的家奉公,不久就定居在村里,成了构成一户的人。恐怕是以像落户的形式开始定居的,但其后在短短的时间里就有了超过60石的土地收入,甚至出了3户分家。新加入者为什么能这样快速地在经济上成长,原因不明。但即使这一同族到了幕末,其势力也相对下降。

近世中期以后的同族发展很难概括为一个特征,但根据以上的动向,围绕着同族的生活条件比想像的要严峻,不能说同族在近世后期稳定繁荣。和上瓦林村的同族一样,横向关系是基本的,同时在困难的生活条件中,可以说每家都保持着相互协作、援助的关系。

## 二 组的发展和同族

**村落制度和组制度** 使今井村组的状态清楚显现的最古老的史料是延宝八年(1680)的宗旨御改账,那里记载着当时的村落里的役职者是由1名名主、3名组头构成的。作为组织有4个组,各组设置组头,可以推定其中只有一个组是采取了名主兼任组头的形态。而且在以前的宽文五年(1665)的宗旨御改账中,在寄出文件开头的末尾有"今井村 弥五右卫门(印) 长太夫 助左卫门"的联名,这是能够得知当时役职者的构成的。从这个记载来看,应该认为弥五右卫门是名主,长太夫和助左卫门是组头,所以当时是名主1名、组头2名的体制，推断是3个组。从已经引用的史料来看，当时的家不足15户，所以一个组以平均5户编成来计算，合计为3组，与组头的数量是符合的。

此外，延宝八年的组的数量推定为4个，这样，差不多15年之间就增加一个组，而这本身也有根据。如第四章所述，延宝三年由于宽永时期以来实行检地，推进了宅基地或耕地的分割，做好了进入近世中期的准备，因此，这时家的数量也更为增多了。而从延宝时期的四组体制维持到了享保时期。因为名主、组头的村落役职体制这时还在持续，名主以外的组头数量就原样维持在3名。而且，元禄时期的今井村的户数，根据宗门人别改账大体上是30户左右，因此，四组也许过少了一些。如果一个组以平均5户来看，单纯计算的结果是30户应有6组左右。但是，考虑到宗门人别改账没有严格地掌握家，所以，如果30多户中也包含着不被承认为正式的家的话，推断近世中期的组数是4个也未必不合理。

中期前组的构成大幅度重组是由于享保末期后的村落体制的变化。在今井村，享保十八年（1733）的史料第一次承认1名名主、1名组头、1名年寄、1名百姓代等4名村落役职者的存在。在附近的五郎兵卫新田村也从享保九年（1724）产生了名主、组头、百姓的"村方三役"的体制（大石，前揭书，415页），所以，今井村的村落役职者体制的变化也是对应着在广义上的地方统治政策的变化而发生的[10]。而且，这一变化当初有很强的役职名称变更的性质。因为这一时期村落役职者由以下人担任。

享保十五年　（名主）弥五右卫门　（组头）权右卫门、文右卫门、源

## 第七章 同族结合和组结合——以今井村为例

四郎

享保十八年 （名主）弥五右卫门 （组头）权右卫门 （年寄）源四郎 （百姓代）文右卫门

享保十九年 （名主）弥五右卫门 （组头）权右卫门 （年寄）文右卫门 （百姓代）源四郎

享保二十年 （名主）弥右卫门 （组头）权右卫门 （年寄）源四郎 （百姓代）文右卫门

看到这些就会明白,享保十五年(1730)的3名组头中,源四郎和文右卫门分别改换为年寄和百姓代而转轨到享保十八年的新体制。并且,年寄和百姓代在其后的一定期间由文右卫门和源四郎一年一任地交替担任。实际上是靠着单纯地改变以前的组头的名称来向新的村落役职者体制转换的。而这里开始的后期村落体制的基本构架到幕末没有大的变化。固然中途组头、年寄、百姓代分别由不只一人担任,但由这四役构成的役职者体制本身没有变化。

在这享保时期的村落体制的变化中,组的编成是如何变化的呢？从村落役职者构成来看,享保十五年前有3名组头(当然,若包括名主就是4名),从享保十八年开始仅存在1名。在转轨时期,如果考虑到以前的组头不过是变换为新的役职名称,那么,可以认为四组体制继续在维持。但是,组体制的变化还在进行。现存今井村的五人组账,如果以明和三年(1766)的为最初的话,那就都是近世后期的,但根据这些五人组账,从后期到幕末的今井村的组的数量常常是7组,也分别有组头。不多也不少。即和享保十八年前后的村落役职者体制转轨相对应,组本身的重组也在进行着,因为可以推断,在享保、元文时期,宗门人别改账上的户数一旦超过35时,实际上就必须增加组的数量。结果,在明和时期前,可

280 家和同族的历史社会学

表7-3 后期五人组的编成

| 〈家的系谱关系〉 | 明和三年<br>(1766) | 安永四年<br>(1775) | 天明五年<br>(1785) | 天明九年<br>(1789) | 文化五年<br>(1808) | 弘化三年<br>(1846) | 嘉永五年<br>(1852) |
|---|---|---|---|---|---|---|---|
| A1 | (1)<br>弥五右卫门<br>(善藏) | 四郎兵卫<br>弥左卫门<br>善藏 | (1)<br>四郎兵卫<br>清藏<br>仅右卫门<br>贞右卫门 | 四郎兵卫<br>仅右卫门<br>定右卫门 | (1)<br>弥右卫门<br>四郎兵卫<br>义右卫门<br>定右卫门 | (1)<br>源六郎<br>丰太郎<br>彦右卫门<br>荣藏<br>定藏 | (1)<br>利右卫门<br>弥五右卫门<br>荣助<br>次助 |
| A2 →(4)向<br>? →<br>? → | 忠右卫门<br>平七<br>清六 | 文右卫门<br>嘉右卫门<br>清六 | 文右卫门<br>嘉右卫门<br>清六 | 文右卫门<br>嘉右卫门<br>清六 | 定右卫门<br>嘉右卫门<br>清六 | 五左卫门─絶<br>嘉右卫门─絶<br>[弥右卫门<br>抱・又藏] | 善兵卫<br>富吉 | 善右卫门<br>文右卫门 |
| E1<br>E2 从D1 | (2)<br>藤右卫门<br>(宋女抱)<br>今助<br>宋女<br>五右卫门<br>茂右卫门<br>武右卫门 | (2)<br>藤右卫门<br>播摩<br>五右卫门<br>源右卫门<br>字右卫门 | (2)<br>藤右卫门<br>播摩抱<br>今助<br>播摩<br>五右卫门<br>源右卫门<br>字右卫门 | (2)<br>藤右卫门<br>播摩抱<br>甚助<br>内记<br>和助<br>善右卫门<br>字右卫门 | (4)<br>藤右卫门<br>下总抱<br>(仁)刀─絶<br>下总七五三郎<br>和吉<br>善兵卫<br>与左卫门<br>所左卫门 | (7)<br>藤右卫门<br>?<br>和吉<br>善兵卫<br>所左卫门 | (7)<br>藤右卫门<br>?<br>和吉<br>善兵卫<br>所左卫门 |
| B1<br>B2 →(4)向<br>→絶 | (3)<br>半右卫门<br>[半右卫门<br>抱・权六]<br>权七<br>市右卫门<br>半六 →絶 | (3)<br>松次郎<br>安兵卫<br>权七<br>藤七<br>平左卫门<br>字平次 | (3)<br>松次郎<br>松次郎抱<br>仁兵卫<br>(6)向<br>权七<br>藤七<br>平左卫门<br>字平次 | (3)<br>松次郎<br>松次郎抱<br>仁兵卫<br>权七<br>藤七<br>平左卫门<br>字平次 | (5)<br>松次郎<br>松次郎抱<br>仁兵卫<br>松次郎抱<br>藤兵卫<br>半兵卫─絶<br>由右卫门─絶 | (4)<br>平右卫门─絶<br>千藏<br>市右卫门<br>半兵卫<br>长三郎 | (4)<br>千藏<br>市右卫门<br>半兵卫<br>长三郎 |
| G<br>F 从A1<br>从B1 | (4)<br>常右卫门<br>清六<br>次右卫门<br>平助 | (4)<br>常右卫门<br>用右卫门<br>治右卫门<br>春 | (4)<br>常右卫门<br>丈助<br>贞八<br>要右卫门<br>次郎右卫门<br>忠左卫门 | (4)<br>孙右卫门<br>丈助<br>定八<br>要右卫门<br>次郎右卫门<br>忠左卫门 | (7)<br>孙右卫门<br>寅吉<br>用右卫门<br>弉右卫门<br>忠右卫门─絶 | (4)<br>常右卫门<br>义三郎<br>寅吉<br>孙兵卫<br>新兵卫<br>吉五郎<br>秋三郎 | (3)<br>恒右卫门<br>义三郎<br>寅吉<br>孙兵卫<br>新兵卫<br>吉五郎<br>秋三郎 |
| C2 →(6)向 | (5)<br>源右卫门<br>喜右卫门<br>三右卫门 | (5)<br>源右卫门<br>喜右卫门<br>三右卫门 | (5)<br>源右卫门<br>喜右卫门<br>三右卫门 | (5)<br>代八<br>源右卫门<br>岩次郎<br>三右卫门 | (3)<br>代八<br>源右卫门<br>喜兵卫─絶<br>末松 | (6)<br>代作<br>源右卫门<br>末松<br>清左卫门 | (6)<br>代作<br>源右卫门<br>末松<br>清右卫门 |
| C1 →絶<br>→絶<br>从C2 | (6)<br>治右卫门<br>甚次郎<br>多右卫门<br>(7)向<br>千右卫门 | (6)<br>觉右卫门<br>安次郎─絶<br>多右卫门<br>千右卫门<br>从B1→ | (6)<br>觉右卫门<br>多右卫门<br>千右卫门<br>矶助 | (6)<br>觉右卫门<br>多右卫门<br>千右卫门<br>矶右卫门<br>勘助 | (2)<br>五郎左卫门<br>多右卫门<br>伊八<br>矶右卫门─絶<br>勘助 | (2)<br>五郎左卫门<br>吉藏<br>千右卫门<br>喜藏 | (2)<br>五郎左卫门<br>吉藏<br>千右卫门<br>喜藏 |
| D1<br>→(2)向<br>从C1 | (7)<br>源兵卫<br>政右卫门<br>利右卫门<br>甚兵卫 | (7)<br>勘右卫门<br>万右卫门<br>政右卫门<br>久右卫门<br>甚兵卫 | (7)<br>勘右卫门<br>万右卫门<br>政右卫门<br>久右卫门<br>菊右卫门 | (7)<br>勘右卫门<br>万右卫门<br>政右卫门<br>久右卫门<br>菊右卫门 | (6)<br>勘兵卫<br>长二郎<br>政右卫门<br>利右卫门<br>菊右卫门 | (5)<br>喜作<br>勘三郎<br>庆藏<br>佐右卫门<br>政右卫门<br>房藏<br>与市 | (5)<br>喜作<br>勘三郎<br>庆藏<br>佐右卫门<br>政右卫门<br>房藏<br>与市 |

(注)所用均为各年次的五人组账。
小字表示的[ ]内的均为除五人组正式成员之外的人。
( )内的数字是各组在五人组账的顺序。因此不能说是组的名称。

以认为确立了七组体制[11]。

**组和同族的关系**　和村落组织的变动相对应,变化后的组具有什么编成原理呢?整理一下我们知道的后期的实际状况,即如表7-3所示。而且,表中的1～7不是组的名称,不过是五人组账中记载的顺序而已[12]。

第一个特质是完全不存在组的编成改变或组的所属改变。近世后期,今井村组的数量一直固定为7组,不但如此,组的构成户基本也是固定的。超出组的界限而出现箭头(即变更所属的组)仅是在安永四年(1775)到天明五年(1785)期间,从(3)组的安兵卫家(B1·2)分家的勘助家(B1·2·2)成为(6)组所属,从文化五年(1808)到弘化三年(1848)之间的(2)组的五郎左卫门家(C1·1)分家的清左卫门(C1·1·3)成为(6)组所属。不言而喻,这些与其说是组的所属变更,不如说是因分家而新加入的组。因此,既有的家变更所属组的例子,至少从明和时期到幕末的100年间全然没有。近世后期,组的所属非常具有固定性。

关于新的分家加入组的情况是这样的:固然以上的两个案例都是分家加入的组和本家的组不同,但原则上应该新分家加入和本家相同的组。除了以上两个案例外,这一期间有以下案例。在(1)组中(在这里根据明和三年五人组账的组号码,下同),有从四郎兵卫(A1)分家的弥左卫门(A1·3)、从四郎兵卫(清藏)分家的弥五右卫门(A1·4),同样隐居分家的四郎兵卫(A1·5)、从定藏(A1·

2)分家的善兵卫。在(2)组中,有从善右卫门(E2·1)分家的与左右卫门(E·2·1·1)。在(3)组中,有从宇平次(B2·2·1)分家的平左卫门(B2·2·2·1)。在(4)组中,有从常右卫门(G1)分出的丈助(G1·2)、贞八(G1·1)、义三郎(G1·3)。在(5)组中,有从代八(C2)分家的源右卫门(C2·3)。在(6)组中,有从千右卫门(C2·1·2)出来的矶右卫门(C2·1·2·1)。在(7)组中,有从勘右卫门(D1)出来的万右卫门(D1·4),从万右卫门再分家的佐左卫门(D1·4·1),还有从喜作(D1)出来的勘三郎(D1·5)。这些都是分家后和本家同属一个组。并且,因新的分家和本家加入同一个组,因而也有组的构成户超过5户的情况,尽管如此,分家还是加入本家的组。

就是说,刚才所举出的两个案例应该说都是例外。近世后期的组绝不是单单根据地缘原理编成的,也考虑到了同族的关系。在和竹内利美的近邻集团类型论的关联上,作为"近邻组"原型的近世五人组至少在今井村,是被同族的(或者组缘的)生活习惯相当限制着的、具有"每家"原则的集团(竹内,1967)。在这种原则的作用下,在出现很多户绝的组中,只要没有从其内部家的分家或户绝再兴,就不能补充新的构成户,而作为组就会弱化。比如,(3)组(从半路开始→5→4)的情况等就是其典型。因此,组是封闭的、命运共同体式的存在。而本家分家同属一组的原则,应当认为从组制度建立当初就有。

当然,如表所示,关于明和时期以前产生的分家,有一定数量的不一定和本家同属一组的案例。在(1)组中,弥五右卫门家(A1)的相当古老的分家之一的清六家(A1·2)属于(4)组。在(3)组中,半右卫门(B1)的古老分家的平助家(B1·3)属于另外的(4)

组。此外,在(5)组中,喜右卫门的分家千右卫门家(C2·1·2)属于(6)组,相反,在(6)组有很多与其属于同一系统的分家的三右卫门家(C1·4)属于(5)组。另一方面,同是(6)组的治右卫门(C1·1)的孙分家的武右卫门家(D1·1·1)属于(2)组。

这种状况大概是在推定的明和时期前数次进行的组的重组时产生的。前文已经说过,首先可以认为从延宝时期,还有享保时期到明和时期间,组数在增加着,所以,在增设组的同时也进行着组的构成户的重组,其中也出现了本家和分家属于另外组的状况。因此,分家和本家同属一组的原则本身应该认为从近世较早的阶段就存在着,其习惯一直维持到近世末。当然明和时期以后,分家的组属原则作为实体也保持着,这是因为如已经考察的那样,在近世后期的家或同族的动向中,没有必要再增加组数来重组构成户。

组的编成就是这样被本家分家关系所影响,为此,近世后期组的结合和同族结合的重合性相当强。首先,(1)组基本上是由 A 同族构成的。遗憾的是在这个组的构成户中,平七和清六是哪个同族的构成户尚不清楚[13],所以,这个组不能断定仅仅是由 A 同族构成的,但大体上是 A 同族确实是事实。关于(2)组,几乎都是由 E 同族构成,仅加入了一户 D 同族的家。(3)组仅由 B 同族构成,是纯粹由同族内的家构成的例子。与此相对,(4)组是由各个不同的同族的家构成的。G 同族成为中心,此外 A、B、F 同族各有一户[14]。(5)组或(6)组主要是由 C 同族构成。C2 系是(5)组的核心,C1 系是(6)组的中心,同族外加入的只有 B 同族一户。最后,(7)组是以 D 同族为中心,而 D 同族中,D2 系到中期断绝,所以,D 同族共同出现的仅是 D1 系构成的那个组[15]。

结果,除了(4)组,每个组都有主要由一个同族的各个家构成的倾向。而且,组的所有构成户完全由同一个同族构成的情况未必多。此外,也必须格外注意,各同族的构成户不是都属于同一个组。即虽说组和同族重合,但并不意味着二者完全一致。但是,各个组的中心为某一同族,或其特定的一个系统,所以,组的运营自然容易影响该同族的立场或习惯行为。这样,组未必是仅仅基于地缘原理的集团,也内含着同族的逻辑,并在现实的村落生活中起着作用[16]。

表7-4 组头担当者的变化

| | (家号码) | 明和三年 (1766) | 安永四年 (1775) | 天明五年 (1785) | 天明九年 (1789) | 文化五年 (1808) | 弘化三年 (1846) | 嘉永五年 (1852) |
|---|---|---|---|---|---|---|---|---|
| (1) | A1<br>A1·4 | ①弥五右卫门 | ①四郎兵卫 | ①四郎兵卫 | ①四郎兵卫<br>分家 | ①弥五右卫门 | ①彦右卫门 | ①弥五右卫门 |
| (2) | E1<br>E2·1·1 | ②藤右卫门 | ②藤右卫门 | ②藤右卫门 | ②藤右卫门 | ④与左右卫门 | ⑦藤右卫门 | ⑦藤右卫门 |
| (3) | B1·1<br>B2·2·1·1 | ③市右卫门 | ③藤 七 | ③藤 七 | ③龟次郎 | ⑤半兵卫 | ④半左卫门 | ⑤半 兵 卫 |
| (4) | G1 | ④常右卫门 | ④常右卫门 | ④常右卫门 | ④孙右卫门 | ④孙右卫门 | ④常右卫门 | ③恒右卫门 |
| (5) | C2·1<br>C2<br>C2·3 | ⑤喜右卫门 | ⑤喜右卫门 | ⑤源右卫门<br>分家 | ⑤源右卫门 | ③源右卫门 | ⑥代 作 | ⑥代 作 |
| (6) | C1·1·1<br>C1·1 | ⑥甚右卫门 | ⑥觉右卫门 | ⑥觉右卫门 | ⑥觉右卫门 | ⑤五郎左卫门 | ②五郎左卫门 | ②五郎左卫门 |
| (7) | D1 | ⑦源 兵 卫 | ⑦勘右卫门 | ⑦勘右卫门 | ⑦勘右卫门 | ⑦勘兵卫 | ⑤喜 作 | ⑤喜 作 |

(注)(1)~(7)是组的归纳。
①~⑦是该组头组在五人组账上的顺序。
同一行的名字表示均为同一家的人。

因此,如表7-4所示,近世后期组头的动向中有同族的影响,使组和同族的重合性很触目。首先,比较各个时期的组头,可看出其中有相当强的世袭性质。在(4)组和(7)组中,这一期间一贯是同一个家当组头,(2)组和(6)组只是在一段时期里,不同的家做组头,在以后的时段里都是同一个家。在有着清楚交替的(1)组、(3)组、(5)组中,(1)组和(5)组是在有直接的本家分家关系的家之间交替。仅(3)组是例外。而这些世袭的当组头的家常常是相当于各同族本家或古老家系,这点也是很重要的。说起来稍稍有些麻烦,简单说一下,(1)组的弥五右卫门家(A1)是 A1 系的,(2)组的藤右卫门家(E1)是 E1 系的,(4)组的常右卫门家(G1)是 G 同族的,(5)组的源右卫门家(C2)是 C2 系的,(7)组的源兵卫家(D1)是 D1 系,每个都是本家门第的家。此外,(6)组的觉右卫门(C1·1)是 C 同族非常古老的分家,当时因本家户绝,它实际上处于本家的地位。今井村的同族基本上不是采取"本家支配型"的形态,但即使在这样的同族结构中,只要本家或古老的家不是极端的弱,其地位还是代表同族的。即本家或古老的分家成为组头是因为其具有代表同族的地位。

而组头不仅代表同族,也代表村落。因为各组之长的组头有着同时兼做村役人的名主、组头、年寄、百姓代的倾向。如业已考察的那样,在享保时期的村落役职者体制变化时,以前的组头都平移到新的役职,这种结构在近世后期也一直维持着。根据表 7 - 5,7 名组头中,兼做村役人的有 3~4 名,约占半数,不是组头而做村役人的只是组头(作为村役人的组头)和百姓代,其中,组头(1)为组内的忠右卫门家(A2)世袭。这家和当名主的弥五右卫门家同样是属于 A 同族的旧家,他所属的组也和弥五右卫门家的相同,所以,可以认为实际上也是他们当组头。五人组账中,作为组头登记的弥五右卫门家不得不专务名主职务,所以,有必要从同组中选择实际上做组头工作的家。这被定为忠右卫门家,给予了此家村役人的组头名称。即在纯粹意义上,在组头以外选择的村役人仅是百姓代。百姓代真正从组头以外录用的只是在原则上百姓代为两名以上的时期。除了安永四年,从百姓代中至少一名兼做组头的情况中也说明了此事。

**表7-5 组头和村中四役的关系**

| 明和三年<br>(1766年) | | 安永四年<br>(1775)年 | | 天明五年<br>(1785年) | | 天明九年<br>(1789年) | | 文化五年<br>(1808年) | | 弘化三年<br>(1846年) | | 嘉永五年<br>(1852年) | |
|---|---|---|---|---|---|---|---|---|---|---|---|---|---|
| 《组头》 | 《4役》 | 《组头》 | 《4役》 | 《组头》 | 《4役》 | 《组头》 | 《4役》 | 《组头》 | 《4役》 | 《组头》 | 《4役》 | 《组头》 | 《4役》 |
| ①弥五右卫门 | | ④四郎兵卫 | 名主 | ④四郎兵卫 | 名主 | ④四郎兵卫 | 名主 | ①彦右卫门 | 名主 | ①彦右卫门 | 名主 | ①弥五右卫门 | 名主 |
| | | | | | | | | ④与左卫 | | | | | |
| ②藤右卫门 | | ②藤右卫门 | | ②藤右卫门 | | ②藤右卫门 | | | | ②藤右卫门 | | ②藤右卫门 | |
| ③市右卫门 | 年寄 | ③藤七 | | ③藤七 | | 龟次郎 | | ⑤半兵卫 | 百姓代 | ⑤半兵卫 | 年寄 | ④半兵卫 | 百姓代 |
| ④常右卫门 | 年寄 | ④常右卫门 | 年寄 | ④常右卫门 | 年寄 | ④孙右卫门 | 年寄 | ④孙右卫门 | | ④常右卫门 | 组头 | ④恒右卫门 | 组头 |
| ⑤喜右卫门 | 百姓代 | ⑤喜右卫门 | | ⑤源右卫门 | 百姓代 | ⑤源右卫门 | | ③源右卫门 | | ⑥代作 | | ③源右卫门 | |
| ⑥甚右卫门 | | ⑥觉右卫门 | | ⑥觉右卫门 | | ⑥觉右卫门 | | ②五郎左卫 | 百姓代 | ②五郎左卫 | | ②五郎左卫 | 组头 |
| ⑦源兵卫 | | ⑦勘右卫门 | | ⑦勘右卫门 | | ⑦勘右卫门 | | ⑦勘兵卫 | | 喜作 | 百姓代 | ⑤喜作 | |
| 《其他》 | | 《其他》 | | 《其他》 | | 《其他》 | | 《其他》 | | 《其他》 | | 《其他》 | |
| 忠右卫门<br>(①组内) | 组头 | 文右卫门<br>(①组内) | 组头 | 文右卫门<br>(①组内) | 组头 | 文右卫门<br>(①组内) | 组头 | 五左卫门<br>(①组内) | 组头 | 富吉 | 组头 | 文右卫门<br>(①组内) | 组头 |
| | | 千右卫门<br>(⑥组内) | 百姓代 | 千右卫门<br>(⑥组内) | 百姓代 | 千右卫门<br>(⑥组内) | 百姓代 | | | 房藏<br>(⑤组内) | 百姓代 | | |
| | | 弥左右卫门<br>(①组内) | 百姓代 | | | | | | | 治平<br>(?) | 百姓代 | | |

(注)①~⑦和表7-4是同样的意义。

→表示特定的家的继承状态。

弘化三年的四役不明,以弘化四年的役职者代替。

由组头兼做村役人的原则如上述那样严格。在这个意义上,从享保时期村落役职者体制变化到幕末为止,说村落役职者组成的母体是组头,即组制度并不为过。而这种组和组的制度如业已考察的那样,是受同族原理的影响,分家和本家属于同一组,其结果是同族和组的重合加强,而且组头由同族的本家(古老的分家)担任,这些都是原则。即村落役职者体制本身虽然是间接的,但受到同族结合相当大的影响。

**家联合的形态** 而这种同族结合或组结合在村落社会的家联合总体上占有什么样的位置呢？根据在今井村世袭名主的 A1 家的宽保元年(1741)的奠仪账(祭奠死者时收到钱或物的记录簿。——译者),可以考察其一端。这个奠仪账上只是记着"花村慈红信女之位",因此,不知道是 A1 家的谁死了的奠仪账,但根据这时的宗门人别改账上来看,当时名字忽然消失的女性只有一个 15 岁左右的姑娘,所以,可能是这个姑娘葬礼的奠仪账,但不能断定。总之,从葬礼时村落的每家拿出的两三件奠仪来看,大体上可以判明其分别是哪家出的。不清楚的只有两家。现以图 7-3 来表示。

引人注目的是从 A 同族内部拿出的奠仪。这是基于同族家的关系拿出来的,其奠仪额除了新右卫门家都是 100 文,是村内各家出的奠仪额中最高的。并且因为第二高的奠仪额是 50 文,所以,100 文是格外高的金额。从对组或村落的制度的同族影响来看,同族结合在村落中是非常重要的家联合,而同族的奠仪额之高反映了这种同族结合的重要性。在村落生活中,同族结合的逻辑起着重要的作用,因此,重视基于同族结合的家的相互交往,故奠仪额也就高。

第二,其他同族的本家,或者近似的家大体上出 50 文左右的奠仪。这包括 B 同族的半右卫门(B1)和长三郎(B2)、C 同族的源右卫门(C2)和 D 同族的源兵卫(D1);E 同族中,和左京共同出钱

## 图7-3 宽保元年(1741)的奠仪账(弥五右卫门家)

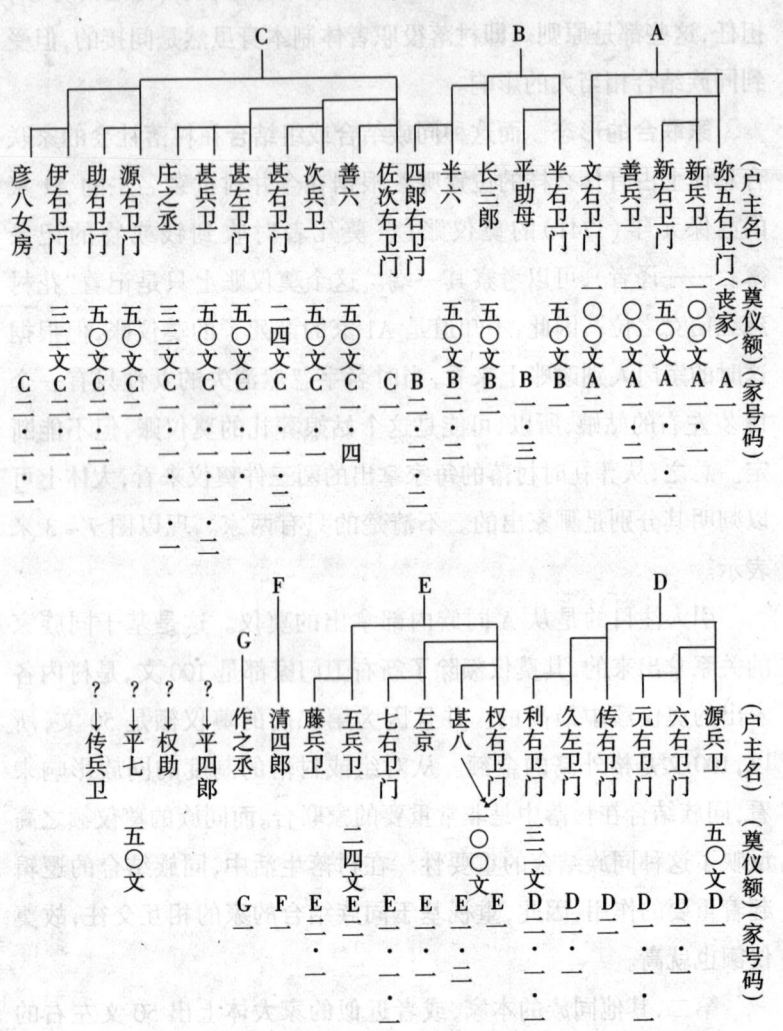

| 户主名 | 奠仪额 | 家号码 |
|---|---|---|
| 弥五右卫门 | (丧家) | A |
| 新兵卫 | 一〇〇文 | A一·一 |
| 新右卫门 | 五〇文 | A一·二 |
| 善兵卫 | 一〇〇文 | A一·一 |
| 文右卫门 | 一〇〇文 | A二·一 |
| 半右卫门 | 五〇文 | A二·二 |
| 平助母 | | |
| 长三郎 | 五〇文 | B一·一 |
| 半六 | 五〇文 | B一·二 |
| 佐次右卫门 | 五〇文 | C一·一 |
| 四郎右卫门 | | |
| 善六 | 五〇文 | C一·二 |
| 次兵卫 | 五〇文 | C二·一·四 |
| 甚右卫门 | 五〇文 | C二·一·一 |
| 甚兵卫 | 五〇文 | C二·一·二 |
| 甚左卫门 | 二四文 | C二·一·三 |
| 庄之丞 | 三三文 | C二·二·一 |
| 源右卫门 | 五〇文 | C二·二·二 |
| 助右卫门 | 五〇文 | C三·一·一 |
| 伊右卫门 | 五〇文 | C三·二·一 |
| 彦八女房 | 三三文 | C三·二·二 |

| 户主名 | 奠仪额 | 家号码 |
|---|---|---|
| 源兵卫 | 五〇文 | D一 |
| 六右卫门 | | D二·一 |
| 元右卫门 | | D二·二 |
| 传右卫门 | | D三·一·一 |
| 久左卫门 | | D三·一·二 |
| 利右卫门 | | D三·二·一 |
| 权右卫门 | 一〇〇文 | E一·一 |
| 甚八 | | E一·二 |
| 左京 | | E二·一 |
| 七兵卫 | | E二·二 |
| 五兵卫 | 二四文 | E二·一 |
| 藤兵卫 | | E二·二 |
| 清四郎 | | F一·一 |
| 作之丞 | | G一·一 |
| ？→平四郎 | | |
| ？→权助 | 五〇文 | |
| ？→平七 | | |
| ？→传兵卫 | | |

(注)各户主的氏名是根据元文二年(1737)和宽保三年(1743)的宗门人别改账确定

的。因史料的缺损或名字不能解读,有两个村人没有记载在表上。奠仪额是100文和32文。

的是权右卫门(E1)和五兵卫(E2)。C同族的佐次右卫门(C1)、D同族的传右卫门(D2)没出奠仪,但这些家不久就户绝了,所以,大概当时已不能起到本家的作用了。此外,在这个时期F同族的分家均户绝,本家的清四郎(F1)也没落了。这样,拿出奠仪的家恐怕是各个同族(或者同族的分立单位)。而这种由村落内部的各同族出奠仪的情况意味着同族并非村落内单纯的私的生活集团,而是具有相当的公的性质的集团。即村落以组为基层单位组成,而同时具有以同族为单位组织起来的侧面,即两重性或两面性。当然,使其成为可能的是同族和组在组织上的重合性问题。

第三,可以知道,家和特定同族之间具有强大的纽带关系。即在C同族中,无论本家分家,几乎所有的家都出了奠仪。这到底是根据和哪家的联系呢?在这家所属的组中完全不存在C同族的构成户,所以这种联系不是以组的契机产生的。此外,A1家的婚姻几乎都是村外婚,因此也不是基于姻戚关系。理由不清楚,但肯定是以什么东西为契机,使许多C同族的家和这个家具有特别的联系[17]。也许存在着几个同族的派阀关系。

而第四,也存在着以组为契机的家的连带关系。但是,没有明显出现组的连带问题。因为,A1家所属的组几乎都是由A同族的家构成,组结合和同族结合在组织上相当重合,因此,很难明确表现出区别于同族的组所固有的家的连带。但是,这时在出奠仪的家当中也包含着其归属于哪个同族不明确(而且确实不是A同族)、却和A1家属于同一个组的平七家。平七出50文奠仪,从这个家当时的经济状况看,是很高的金额,这里显示出组结合重要性的一端。

## 结　论

如本章所明示的,今井村的同族结合也和上瓦林村同样,具有横向关系的特质。此外,成为其契机的大概主要是亲属间的分割继承或均分继承的逻辑,而近世中期以后,家、同族、村落所置身的外在社会条件的问题也有着重要的意义。非亲属的依附农民阶层原则上不接受这种分割继承,此外,其作为家也不是独立的,到近世中期这些家几乎断绝了,这和亲属分家的动向是相对照的。如果用比喻说,家、同族的非亲属也许和"企业战士"很相像,即在对企业的强烈忠诚心下,根据"我们意识",将自己和企业同一化,为了企业发展而干活,虽然如此,在成本核算中他们却被企业残酷地抛弃掉。因此,虽说是同样的横向关系,亲属和非亲属性质明显不同,但在对属家和同族的归属方面,至少包括这些非亲属,家-同族的横向关系的逻辑是成立的。

而这样的同族在今井村是非常重要的家联合。组的编成因为受到同族的影响,采取了组和同族组织上重合、村落的役人也由同族代表担任的形态[18]。从这样的同族存在方式来看,近世的今井村将成为同族结合优势的村落结构的类型。但同时,今井村同族的结构性特质是"本家分家伙伴型",所以,同族和组结合不一定是对立的。应该说,同族结合和组结合在结构上及组织上是融合的,作为整体被整合在一个村落结构中。

## 第七章 同族结合和组结合——以今井村为例

此外,最后我要说的是,近世后期的家联合绝不是在村落内部完结的,即存在着超越村落的家联合。实际上,在考察 A1 家的葬礼时,村外的奠仪占总数的一半,有 24 件。特别是这家担任名主职务的是地域上的有势力者,所以和周边地域的连带非常强。因此,村外家的奠仪就多。其中恐怕既有其他村的名主阶层的奠仪,也有姻戚关系家的奠仪[19]。这些家联合和同族、组性质相异,其以上层为中心具有重要的意义。本章没有充分达到想达到的目的,家联合的超越村落发展方面本也有必要放在分析范围之内。

## 注

[1] 当然,从(1)到(17)的施主中,也有包括"抱"身份的情况,所以,(18)、(19)的"抱"总之是独立地记载在账簿上的,这两个"抱"和其他的"抱"相比,身份上的独立化肯定更得到了推进。

[2] 但门太郎/清兵卫家到元禄时期已户绝,因此,这家最终的土地收入不清楚。在延宝二年(1674)人别改账上它尚未从长三郎家独立,所以,延宝三年(1675)检地账登记的收获量还不是最终的继承部分。

[3] 即使在 C 姓中,忠左卫门和弟弟五郎左卫门之间的关系也还是二对一的关系,延宝三年分别变为 1 町 6 反和 8 反左右。在这种情况下,分家也不是接受很少的财产分与,在宅基地上,它们分别有 2 亩 16 步和 3 亩 25 步,应该说是分家方面持有规模很大的宅基地。而且,弥传次家的分割继承的存在方式和这家是世袭名主职务不无关系。上瓦林村、行延村都是如此,不过一般的村民虽然进行均分继承,但名主、庄屋职务的家有进行不均等分割继承的倾向。从领主的政策性立场来看,领主通过村落掌握村民,所以,村落的领导者名主或庄屋必须有着某种程度的经济力量以稳定地运营村落。虽然在理论上其拥有过大的势力是和幕藩体制的,但作为现实的问题,必须保护名主、庄屋。在年贡或各

种赋役的负担上,对这些村落的役职者优惠也有这样的目的。而从这一立场出发,大概不允许名主、庄屋阶层像一般的村民一样进行均分继承。

[4] 如业已论述过的一样,即使在武士阶层中,大名也并不对家臣进行财产分割,只是将一部分财产作为其世袭俸禄使其放心而已。在这个意义上,这和村落的家与其依附身份阶层的关系相同。以这种主从制的存在为前提,在武士阶层中有着以家中的对等性为基础的集团结合,所以,农民阶层的家、依附身份关系当然也有对等性逻辑的基础。而且这和亲属成员在继承中显示的对等原理的层次是不同的。

[5] 比如在 A 姓中,继承弥五右卫门家的弥传次不是长子。弥五右卫门有忠兵卫、弥传次、权右卫门三个男子。弥传次是次子,这是兄长和弟弟分家,中间的弥传次继承家的状态。B 姓的长三郎家也一样。长三郎的长子门太郎、次子六兵卫、四子半十郎分家,B 姓的长三郎家由三子半兵卫继承。C 同族中的继承和忠左卫门家同样。忠左卫门有传七、市之丞、佐次兵卫等男子,但继承本家的是幼子佐次兵卫,是名副其实的幼子继承。推断为 E 姓的仁左卫门家也是长子长九郎分家,三子与总右卫门继承本家(而且与总右卫门家不久户绝,其家庭加入了长九郎家)。F 姓中的清右卫门家的继承也是同样。有彦三郎、吉之丞、次郎右兵卫、茂兵卫四个男子,而继承清右卫门家的是三子次郎右兵卫。

此外,也有由谁继承家其情况暧昧不明的。比如,C 姓助左卫门和权之助的关系。在延宝二年人别改账中,权之助是以助左卫门为首的家的成员,所以,家应由长子助左卫门继承,但从延宝三年检地账上田地的持有规模而言,未必可以这样断定。E 同族的五郎兵卫和次郎八的关系也是同样。在延宝三年检地账上登记宅基地的是弟弟次郎八,但在前一年的延宝二年人别改账上以五郎兵卫打头,次郎八是五郎兵卫为首的家的成员。

[6] 近世后期也在某种程度上存在着非亲属的依附身份阶层,其中也有被宗门人别改账作为独立的单位来对待的例子,但这里不包含这种被认为是非亲属的依附身份阶层。

[7] 在现在的今井村的同族中,构成户的系谱关系很多未必能被充分认知,

## 第七章 同族结合和组结合——以今井村为例

实际认知的系谱关系也和在史料等上能够确认的有出入。这种倾向也是在"本家分家伙伴型"同族中看到的一般性特质。同时也显示出今井村的同族经历的历史过程是多么的严酷。同族或家中是没有能够稳定维持分家辈出并形成本家分家系谱关系的条件的。

[8] 继承平右卫门的千藏不是亲生子,是以"名迹继承"来继承平右卫门"绝家迹"的他人,这家不久到了近代便和 B 同族分离,形成 A 同族的一个分支。另一方面,忠左卫门家同样以"名迹继承"继承了 B1 系的市右卫门之兄(秋三郎)的"绝家迹",但经过不清楚。而这秋三郎也正式成为 F 同族的一员。家是株意味着继承它的即使是非亲属,但原则上是继承这个家整体的权利义务。因此,祭祀祖先,也必须继承这个家的同族关系。但实际上,再兴这种户绝的同时,也继承了其出身的家的关系等等。特别是到了近代这种倾向更强(长谷川等,1991,355 页)。

[9] 秋三郎家如注[8]所述,成了 F 同族的一员,所以到近世末 F 同族绝不是仅有一户。

[10] 今井村在享保十一年(1726)从幕府直辖领到了旗本领(旗本为江户幕府时期的高级武士,其领地被称作旗本领。——译者),领主变更,所以,村落役职者体制也许也受到这种变更的影响。

[11] 后期的村子四役中的组头确实从事着一个组的组头工作,但不是原来组头本身。

[12] 从明和时期到幕末,组数本身没有变化,但从文化时期(1810 年前后)开始,组记载的顺序变了,所以,也许在这时出现了和组相关的某些变动。

[13] 近世存在的家的系谱不是全都明了。若干家还不清楚,平七家或清六家在这里面也是存续时间特别长的例子。

[14] 其中的平助家(忠左卫门)在近世末姓了 F 姓,属于这一同族,但假如它更早就已经成为构成 F 同族的家,那么,在这个组中 F 同族就有两户。

[15] 仅是(4)组,它没有核心的同族这一情况是有其本身的理由的。因为可以推定这个组是在中期组的重组中,特别以破坏以前的同族原理而编成的组。从这个组是构成中期新加入村子的 G 同族的中心一事上

也显示了这点。即它是从以前的组中一点一滴地汇聚的,为此,构成户内部的同族关系很薄弱。

[16] 不能认为组和同族的重合关系在近世初期或中期比后期更强,或者说近世初期或中期组和同族几乎是同样的集团。如业已论述的那样,今井村近世初期以来的同族是6个,一方面组数变化是 3→4→? →7。因此,如果追溯到近世的早期阶段,仅仅是由复数的同族构成组的可能性就大。应该说,在后期因为组数增加,同族和组的重合性就高了。当然,分家和本家属于同组的原则从近世初期以来是一贯的。

[17] A1家的家系在现代也和C同族的连带关系较强,它们基于"交往"进行着冠婚丧祭的往来。但是在宽保元年的葬礼时,出奠仪的C同族的各家和现在处于"交往"关系的C同族的各家在家系上似乎没有直接的连带关系(长谷川等,1991,400页)。

[18] 喜多野清一也以若宫村为例,对组和同族存在的重合关系进行了考察。据喜多野的考察,在若宫村,同族结合"和五人组组织的特质相融合,应该说代行了五人组的各个功能"(喜多野,1937,448页)。但是其重合的方式和今井村相当不同。

[19] 特别是A1家,从一般还存在着村内婚的元禄时期开始就已经有了村外婚,从糠尾村、岩村田町、濑户村、平贺村、下中人村等附近的村子或町迎娶,出嫁也是早就嫁到村外的家。而实际上,从村外给的24件奠仪中,不少是来自女人们的出生地或出嫁地,其奠仪额也有一半以上是100文,平均起来,比村落内各家的奠仪额还要高。100文的金额和今井村的A同族构成户出的金额相等,所以,可以说这是和村内同族有着同样重要程度的家联合。在近世中期以后的超越村落的家联合中,这种姻戚关系变得重要起来,而今井村在从近世中期到后期的过程中,婚姻圈实际上越过村落,相当大地扩展了(长谷川等,1991,317~318页)。

# 第八章 同族的结构和功能
## ——以行延村为例

## 一 考察的视点

在第六章和第七章中,以上瓦林村和今井村为例考察了近世同族结合的特质,本章从"结构和功能"的视点出发,再次考察同族结合,并作为第三部的归纳。不言而喻,"结构和功能"的视点在第一章为总括家-同族而使用过,是研究家-同族的基本框架。

第一,近世村落的同族结构的方面的特质基于"我们意识"或"共同关系"的牢固存在而明显存在着横向关系。像已经论述过的那样,这种特质和以前的社会学中以上下关系为中心理解的同族迥异。当然,"我们意识"原理的集团结合是一般集团存在的结合样式,其存在本身不经常规定结构,所以,近世村落的同族中,横向关系成为结构性特质说明"我们意识"的结构牢固而独特。即同族中的"我们意识"不单纯是在集团结合的基础上最终连接同族的原理,而且给予了同族构成户之间结合的现实形态以直接的影响。这不是出于在近世的家中第一义地整合家成员对家长自身强烈的恭顺,而是出于和家的一体性或对家的传统的强烈恭顺,其中关系着基于"我们意识"形成的家的整合。即在同族中也不是对本家本身的恭顺，而是基于对同族的一体性或对同族传统的恭顺，由此形成同族结合中的"我们意识"，其间，没有本家分家的区别，而是由横向关系支配着。

本章特以村落特权阶层（即庄屋阶层）为例探讨这种结构性特质。因为在前面的章节中是以普通的村民阶层为主要对象进行了考察，没有考察显示出具有与此不同发展的村落特权阶层的同族固有的特质。此外，通过对这一村落特权阶层的同族结合的分析，再一次思考非亲属的依附身份阶层和同族结合的关系。村落特权阶层的同族内部包含着非亲属依附农民的为数不少，所以，本章试图考察其中的非亲属依附身份阶层的存在方式，明确同族的二重结构的性质。

第二，作为功能性方面的特质，近世村落的同族是权利、义务的分有体（或者是共有体）。这样的特质也和家是株，即是构成权利、义务的单位密切相关。同族渊源于近世初期本百姓的家，是作为其分化结果产生的。这种分化产生的家相互不是没有关系，而是形成所谓同族集团，组合进新的村落秩序中。即在这一过程中，同族不是近世初期的家本身，而是这个家将其作为株所具有的特质以集团性扩大的形式继承下来。当然，权利、义务的直接单位是这新产生的家本身，但同样源于初期本百姓的家扮演了在同一系谱上继承了初期本百姓家所承担的权利、义务的角色，而且协作行使家互相间的权利、义务，并负连带责任。即同族不单结合成生活上的共同关系，而且也承担着这种公的、半公的功能。

此外，本章通过明确作为这种权利、义务分有体（或共有体）的同族结合所起的公的作用的侧面,进一步明确组和同族有共通性的侧面。在第六章的上瓦林村的分析中,阐明了同族结合和讲组结合在结构上的共通性;在第七章的今井村的分析中,明确了同族和组在组织上的重合性;本章更进一步地明确在功能上二者也是类似的。针对以前倾向于认为同族和组是对立的看法,强调同族和组至少在近世的村落社会中应该说是作为具有类似性的家联合而共生共存的。

而关于本章考察对象的行延村的概要在"序论"和第三章已有简单说明,恐怕有所重复,这里只是简单地阐述一下其同族。行延村的同族在近世有两大系统。一个是继承中世在地武士(即在当地从事生产、管理等的武士。——译者)势力的系谱,即 A 同族和 B 同族。E 同族在近世中期有 4 户左右,但其后势力日衰,后期只有本家艰难地存续着。而且,被认为是这一族的谱代的家到中期时也允许姓独自的姓(F 姓),并且作为同族也可以独立,后期成为超过 10 户的村内户数最多的同族。另一方面,A 同族是在近世以前这一地区有势力的 A 一族的后裔,在近世作为同族继续保持着势力,中期以后大约由 6 户构成。但包括 A 姓以外的 B 姓和 C 姓的家,或者也许是应该叫本来的本家早已没落,旧有的有势力的分家很早就发挥着本家的作用,也世袭庄户职务。此外,因为是有势力的一族,所以有很多谱代,而这些谱代到后期几乎都已断绝,仅有一户存在。而这户谱代也被承认有独自的姓(G 姓),作为"株内"(同族)而展示了其独立的发展。

同族的另一个系统更是站在农民的系谱上。而且,其中有村落内部承认姓的阶层和没有被承认姓的阶层。前者是 D 同族,根据史料记录,承应二年(1653)他们被正式许可姓这个姓(矢吹编,1960,6页)。中期以后此同族保持在5户左右,没有扩大势力,但处于比较稳定的状态。但是,农民系谱上的很多阶层的姓没有被承认,这样的同族有三个。而不被承认姓的同族或家到近世后期几乎都户绝了,唯一存续到近世后期的家也在幕末户绝。第三章也曾论述过,在行延村不被承认姓意味着在村落生活上处于非常不利的地位,所以,对没有姓的阶层来说,在村落中维持家或同族是非常困难的。在 A 族的谱代阶层中也有被承认姓而形成独立的同族的,所以,应该说不承认姓也许对普通农民阶层是不利的。让我们记住这种同族的动向来进行分析。

## 二 同族的结构

**祖先祭祀和同族结合** 同族结合的基础在于对同族本身的一体性或对同族传统的恭顺,结果是如果同族构成户之间的横向关系加强的话,那么同族的祖先信仰就具有极其重要的意义。因为,同族的祖先象征着同族或其传统,其信仰成为将同族结合正统化的重要礼仪,以此提高同族构成户的"我们意识",强化横向关系。

从这点来看,以前的祖先信仰理论中存在着问题。比如,在有贺喜左卫门的祖先信仰论中,将同族的祖先和本家的祖先视为一体而轻视同族祖先所固有的意义,结果倾向于和以本家为中心形成同族结合的有贺的论点相整合(有贺,1955b,《著作集 VII》,325页以下)。的确,在现象上二者的一致之处很多,但是,即使是同样的祖先信仰,也必须在逻辑上区别对待在家的层次上的祖先信仰和在同族层次上的祖先信仰。如果站在这种区分立场上，那么即使本家的祖先就是同族的祖先，也不能说对同族祖先的恭顺就意味着对本家的恭顺。实际上，如余田博通或松本通晴研究的近畿的"株讲"一样，根据种种历史情况，即使本家没有明确存在，但有同族也会进行祖先祭祀（余田，1970；松本，1990，第二部第五章）。有贺的祖先信仰论不能充分说明这种祖先信仰的存在方式和同族的关系。如长谷川善计或竹内隆夫也论述过的那样，祖先是家或同族的象征，必须重视其信仰在加强作为集团的结合中存在着第一义功能的视点。

因此，我想首先以从祖先信仰中探索这种结构性的特质为端始。案例是连续出任近世行延村庄屋职务的 A"株内"。这个株内的祖先祭祀直到现在仍在进行，每年二月的第二个星期天在本家宅基地后面的祖灵社前举行祭礼。B 本家的主人登载在"鸳渊通信"（第 103 号）上的明治十四年（1883）的"追福规则"就是展示祖先祭祀形式的珍贵历史资料。规则写道：（一）将本家土地的一部分（1 反 5 亩 13 步田地）作为同族财产，以本家为首的一族 12 人共有；（二）用其生产的佃户米作为祭祀"高祖"A 姓九郎左卫门行季和"中兴"之祖的 A 姓九郎左卫门信正的费用，而且补助继承"株内"各家的"继承人夫妇"的法事等费用。此外，（三）其会计由"株内"每三人一次轮流担任。

从祭礼的场地在本家宅基地内、共有地利用本家土地等现象中能够看出本家中心的性质，但另一方面，也能看出同族本身的祖先观念的存在，以及在此之下作为同族集团结合的存在方式。比如，同族祭祖的对象没有本家祖先和分家祖先的区别，而是以同族的"高祖"或"中兴"之祖和包括本家、分家的各家"继承人夫妇"的区别来掌握。此外,共有地会计,甚至全部祭祖工作也由同族内轮流担任(资料记为"每年轮值")。这里显示了在根基上存在着本家、分家没有区别、以对等的立场参加祭祖的原理,由此产生了"我们意识"。这大概是符合以横向关系为根本而形成同族结合的形态。

并且,可以推断,这完全不是到了近代才新产生的祭祖观念或运营形态,而是在近世就业已存在。所以,比如在 B 本家的日记中,嘉永五年(1852)记载着下面的事项(矢吹编,1971,414~415页)。

### 史料8-1 矢吹日记(嘉永五年)

二月十一日,雨,水平水二尺余。和正富商谈,议论先年再建先祖宫费用由本家及难波幸六、宇兵卫三家出。关于大先祖事,株全体做方可,以下为使用材料

　　　备忘
　　银札一两　　桧皮树费用等
　　同　一两　　地主宫房顶翻修,木匠工钱
　　同　三分　　钉子钱
　　同　六两　　酒二升
　　同　二两五分　初穗,(初穗不光指稻米,包括各种新收获物,而且也是供奉的总称。——译者)米三升
　　同　一两二分　初穗
　　共　银札十二两
　　　　分摊　二两　　本 B　　二两 B 与七郎
　　　　　　　二两　　A 幸六二两 A 政太郎
　　　　　　　二两　　C 百右卫门　二两 B 八百藏
(史料中记着真实的姓,这里省略为字母)

第八章 同族的结构和功能——以行延村为例 301

据史料记载,同族在这时翻盖了"先祖宫"。这所谓的"先祖宫"大概就是今天在 B 本家的宅基地内,成为祭祖场所的祖灵社。而这时材料、木匠工钱等翻盖费用合计花了十二两。这样的费用负担"先年"只是本家和古老的 A 姓两家出。但是,祭祀一族的"大先祖"社的改建费用仅由一部分家来负担不符合道理,便得出了这次同族集体负担的结论。并且,费用的负担方式不是本家或古老的家多负担,而是采用了六家每户二两的方式。而且,这六家确实是当时构成同族的所有的家,这显示了构成同族的家不分本家分家均摊费用的事实。

图8-1 同族的动向(A株内)

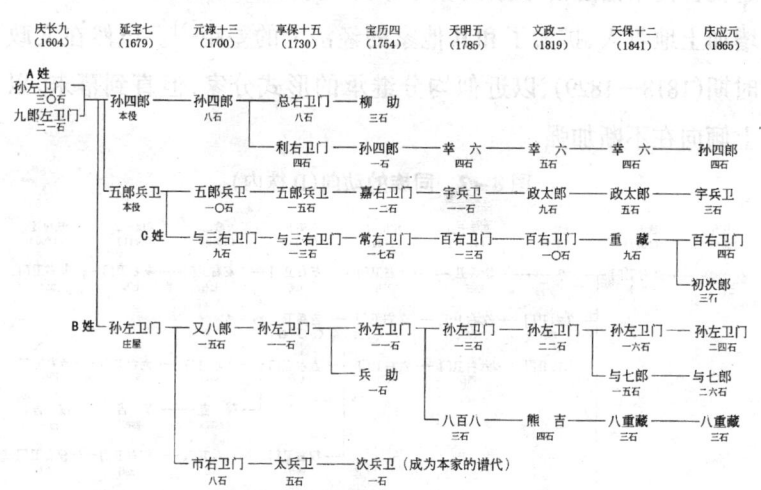

| 庆长九<br>(1604) | 延宝七<br>(1679) | 元禄十三<br>(1700) | 享保十五<br>(1730) | 宝历四<br>(1754) | 天明五<br>(1785) | 文政二<br>(1819) | 天保十二<br>(1841) | 庆应元<br>(1865) |
|---|---|---|---|---|---|---|---|---|
| **A 姓**<br>孙左卫门<br>三〇石<br>九郎左卫门<br>二一石 | 孙四郎<br>本役 | 孙四郎 | 总右卫门<br>八石 | 柳助<br>三石 | | | | |
| | | 利右卫门 | 孙四郎<br>四石 | 幸六<br>四石 | 幸六<br>四石 | 幸六<br>四石 | 孙四郎 | |
| | 五郎兵卫<br>本役 | 五郎兵卫 | 五郎兵卫<br>一五石 | 嘉右卫门<br>一二石 | 宇兵卫<br>一石 | 政太郎<br>九石 | 政太郎<br>五石 | 宇兵卫<br>三石 |
| **C 姓** | 与三右卫门 | 与三右卫门<br>九石 | 常右卫门<br>一七石 | 百右卫门<br>一〇石 | 百右卫门<br>六石 | 重藏 | 百右卫门 | |
| | | | | | | | 初次郎<br>三石 | |
| **B 姓** | 孙左卫门<br>庄屋 | 又八郎<br>一五石 | 孙左卫门<br>一一石 | 孙左卫门<br>一石 | 孙左卫门<br>三石 | 孙左卫门<br>二二石 | 孙左卫门<br>一六石 | 孙左卫门<br>二四石 |
| | | | | 兵助<br>一石 | | | 与七郎 | 与七郎<br>二六石 |
| | | | | | 八百八<br>三石 | 熊吉 | 八重藏<br>三石 | 八重藏 |
| | | 市右卫门<br>八石 | 太兵卫<br>五石 | 次兵卫<br>一石 | (成为本家的谱代) | | | |

(注)庆长九年的数据根据检地账,延宝七年的数据根据书上账,元禄十三年以后的数据根据名寄账,名字下面的数字都是登记的收获量,不足一石的四舍五入。但仅有不足一石的登记,记为不足一石。此外,延宝七年的书上账上的"本役","半役","谱代"等是身份的表示。有关家的谱系是根据嘉永时期制订的"行延村居民略系账"作成。和其他的几种史料相对照,这个家系图是相当可信的。下图也是用相同的方法作成的。

上面看到的同族内部的对等原理不是因中期以后本家大大弱化所产生的。看看同族初期以来土地收入的动向,就像图8-1所示。据庆长九年(1604)的检地账,孙左卫门、九郎左卫门分别有20石左右,其中,只有孙左卫门有宅基地[1]。大概是虽然进行着均分继承,但作为家依然维持着一个家的状态。而此后逐渐地分别作为家而独立,而且直到中期一直在创立着分家。在这个阶段,和村内的其他同族一样,也是以均分继承为基调的,所以,家和家之间处于经济上比较对等的条件之下。从常识来说,这个同族显示出更加强烈的对等原理就是在这个时期。而此后,从相当早的时候起就替代系谱上的本家而做本家并世袭庄户职务的 B 本家逐渐增加土地收入,扩大了和其他家的经济上的差距[2]。虽然在文政时期(1818—1829),以近似均分继承的形式分家,但直到幕末,以上倾向在不断加强。

**图 8-2 同族的动向(D 株内)**

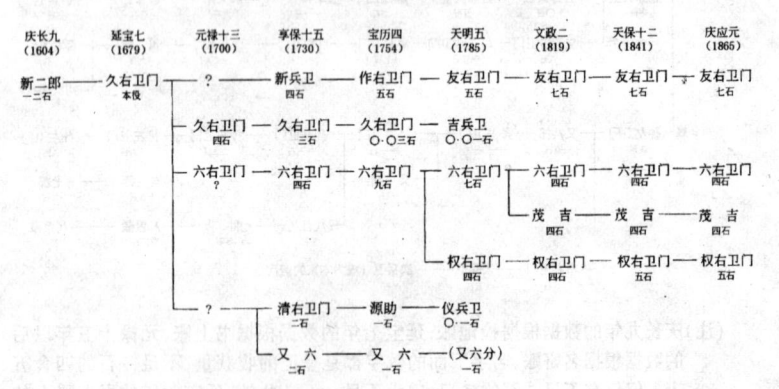

| 庆长九<br>(1604) | 延宝七<br>(1679) | 元禄十三<br>(1700) | 享保十五<br>(1730) | 宝历四<br>(1754) | 天明五<br>(1785) | 文政二<br>(1819) | 天保十二<br>(1841) | 庆应元<br>(1865) |
|---|---|---|---|---|---|---|---|---|
| 新二郎<br>二石 | 久右卫门<br>本役 | ? | 新兵卫<br>四石 | 作右卫门<br>五石 | 友右卫门<br>五石 | 友右卫门<br>七石 | 友右卫门<br>七石 | 友右卫门<br>七石 |
| | | 久右卫门<br>四石 | 久右卫门<br>三石 | 久右卫门<br>〇·〇三石 | 吉兵卫<br>〇·〇一石 | | | |
| | | 六右卫门<br>? | 六右卫门<br>四石 | 六右卫门<br>九石 | 六右卫门<br>七石 | 六右卫门<br>四石 | 六右卫门<br>四石 | 六右卫门<br>四石 |
| | | | | | | 茂 吉<br>四石 | 茂 吉<br>四石 | 茂 吉<br>四石 |
| | | | | | 权右卫门<br>四石 | 权右卫门<br>四石 | 权右卫门<br>四石 | 权右卫门<br>五石 |
| | | ? | 清右卫门<br>二石 | 源助<br>一石 | 仪兵卫<br>〇·一石 | | | |
| | | | 又 六<br>二石 | 又 六<br>一石 | 又 六<br>一石 | (又六分) | | |

从近世后期到近代应该说是本家对分家支配力量增强的时期,而正是在这一时期,以上面的形式出现了对等原理。诚然这个

原理不总是反映在同族运营之上，作为庄屋（或总代庄屋）的 B 本家的权威，或者靠着经济力量加强了对分家的统制，但在同族的祭祖中可以窥见同族的对等原理，这还是显示了同族结合的根基强烈地保持着"我们意识"或"共同关系"的结合原理。即在像 A 同族那样的村落特权阶层的同族中，有贺或喜多野设想的本家分家以上下关系为中心的结合，或者大竹秀男的类型论中的"本家支配型"的结合（大竹，1982，98～105 页）是容易明显化的，但在这样的同族中也有表示横向关系存在的特质。

因此，在行延村普通村民的同族中显露出更为显著的对等原理。比如，D 同族的情况就像图 8-2 所示。D 同族是在中期以由于均分继承产生的 2～5 石左右的土地收入的家为中心而形成的，但在家系图上被作为本家的家在后期土地收入至少也有 7 石左右。在这样的同族中，加大了本来同族结合根底里内在的对等性，再加上分割继承（特别是均分继承）的逻辑产生的对等性，就越发强化了同族的横向关系。

**依附农民和同族** 而基于"我们意识"的结合应该认为只要是构成同族的一员，原则上都适用于所有的家。如第七章业已论述过的，从长谷川的论点来看（长谷川，1983，67～70 页），其存在方式绝非一致。存在着名子或被官等依附身份阶层特别是非亲属的依附农民的问题。而且，这个非亲属中也有几个阶段，基本上是依附农民本身的阶段和在公的方面脱离依附农民地位的阶段。从本书的家理论的立场出发，可以说本来的分家是后者，前者对外依然是主家家成员的一部分，不能说是本来的分家。像以前的同族论那样，这里也主要以前者为念而加以论述，但无论如何，他们没有像亲属那样得到分割继承,更何况均分继承。即从属农民在同族结合中不能说处于和亲属分家同等的立场。

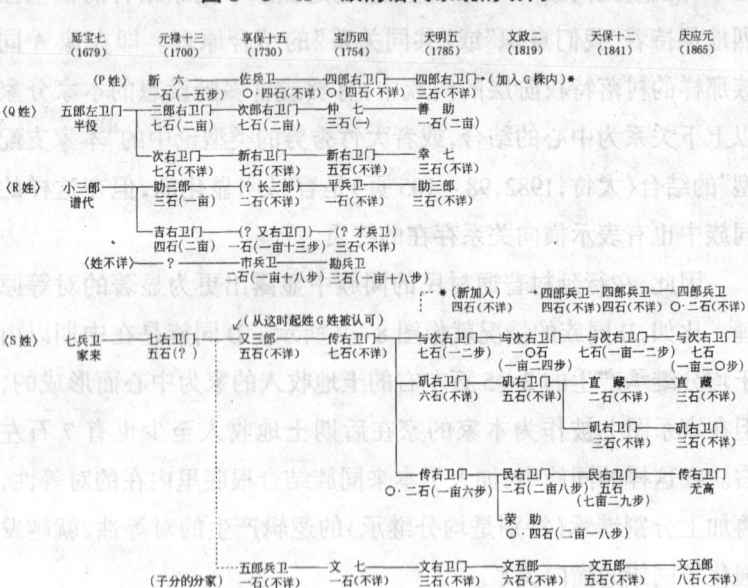

**图 8-3　A 一族的谱代系统的动向**

| | 延宝七<br>(1679) | 元禄十三<br>(1700) | 享保十五<br>(1730) | 宝历四<br>(1754) | 天明五<br>(1785) | 文政二<br>(1819) | 天保十三<br>(1841) | 庆应元<br>(1865) |
|---|---|---|---|---|---|---|---|---|
| 〈P姓〉 | | 新　六<br>一石(一五步) | 佐兵卫<br>〇・四石(一四石)(不详) | 四郎右卫门<br>三石(不详) | 四郎右卫门→加入G株内)* | | | |
| 〈Q姓〉 | 五郎左卫门<br>半役 | 三郎右卫门<br>（?） | 次郎右卫门<br>七石(一亩) | 仲　七<br>三石(一亩) | 善　助<br>一石(不详) | | | |
| 〈R姓〉 | 小三郎<br>谱代 | 次右卫门<br>七石(不详) | 新右卫门<br>七石(不详) | 新右卫门<br>五石(不详) | 幸　七<br>三石(不详) | | | |
| | | 助三郎<br>四石(一亩) | (? 长三郎)<br>一石(一亩一十三步) | 平兵卫<br>一石(不详) | 助三郎<br>(不详) | | | |
| | | 吉右卫门<br>四石(二亩) | (? 又右卫门)<br>一石(一亩一十三步) | (? 才兵卫)<br>三石(不详) | | | | |
| 〈姓不详〉 | ? | 市兵卫<br>二石(一亩一八步) | 勘兵卫<br>三石(一亩一八步) | | | | | |
| | | | | | *（新加入)<br>四石(不详) | →四郎兵卫<br>四石(不详) | 四郎兵卫<br>四石(不详) | 四郎兵卫<br>〇・二石(不详) |
| 〈S姓〉 | 七兵卫<br>家来 | 七右卫门<br>五石(?) | 又三郎<br>五石(不详) | 传右卫门<br>七石(不详) | 与次右卫门<br>七石(一二步) | 与次右卫门<br>七石(一亩二四步) | 与次右卫门<br>七石(一亩一二步) | 与次右卫门<br>七石(一亩二〇步) |
| | | | √从此时起姓G姓被认可 | | 矶右卫门<br>六石(不详) | 矶右卫门<br>五石(不详) | 直　藏<br>二石(不详) | 直　藏<br>三石(不详) |
| | | | | | | | 矶右卫门<br>三石(不详) | 矶右卫门<br>三石(不详) |
| | | | | | 传右卫门<br>〇・二石(一亩六步) | 民右卫门<br>二亩(一亩八步) | 民右卫门<br>五石<br>(七亩二九步) | 传右卫门<br>无高 |
| | | | | | | 荣　助<br>〇・四石(二亩一八步) | | |
| | (子分的分家) | 五郎兵卫<br>一石(不详) | 文　七<br>一石(不详) | 文右卫门<br>三石(不详) | 文五郎<br>六石(不详) | 文五郎<br>五石(不详) | 文五郎<br>八石(不详) | |

(注) 在 A 一族的谱代层中除了这里记载的以外还有一些,但他们都是在比较短的时期内从村子里消失了。
　　登记收获量后的括弧内的数字是表示登记收获量中"宅基地"名目下的登记收获量。但这些土地未必都是宅基地。
　　谱代原本的姓是在其和主家之间私自使用的,不是村落中通用的。

A 同族的依附农民阶层确实显示了这一特质。如图 8-3 所示,除了延宝时期已经成为役人的 Q 姓,"谱代"(这个同族中主要是这样称呼)的土地收入就是未满 3 石或相对很少。当然,难以断定这些土地收入是否是主家分与的。而且,决定性的事实是,在几乎所有的情况下,没有带有"宅基地"地名的土地,所以,本身也没有登记宅基地。从其他史料推断,这些阶层的宅基地基本上为主家B本家所有[3]。即和亲属分家所处的状态有质的区别,很难否定其低下的地位。下面的元禄三年(1690)的史料也说明了这一点(矢吹编,1960,50页)。

**史料8-2 矢吹录(元禄三年)**

一封

此次肝煎、庄屋及村里的诸位,此外还有一门(一族)聚集一处,在了解的基础上,将田地高三石四升四合和大清水林山一处(以我的名义)登记在名寄账上,其他的家从主家山三郎得到各种工具、五斗麦子、五斗稗子、一斗荞麦,实是感激。而且约定为不管是今年年末还是来年春都能够得到。我们在得到的田地中我等耕种的部分好好耕作,租米也不拖欠。其他的田地在本年的各种费用交齐后领取,从来年开始租米一粒不少地缴纳。如果租米、运输银不能支付时,我们即使卖掉所有的田地山林也要缴纳。不给山三郎阁下添麻烦,此外,任何事情都不疏忽,如果有令山三郎阁下不满意的事情,可以开除出山三郎阁下的组,赶出五人组,届时一句牢骚也不会发的。立文书一封为证。

行延村　喜右卫门
　　　　山三郎阁下

这个史料是B本家谱代O姓的喜右卫门在身份的独立过程中,主家(B本家)出具的证明文书。在B本家的日记中,其谱代被冠名称呼的场合很多,这里的O姓也是在这个意义上的姓。但如第三章业已论述过的一样,这种姓是在和主家关系上私的使用的姓,和村落内被公的承认的姓不同。而这喜右卫门这时在村役人、村民及"一门"(同族)的谅解之下将田地3石多记在名寄账上,此外,主家又给了住宅、工具等。这田地似乎基本上是主家给予的[4]，并以誓约说明以后自己负责缴纳被分配的贡租或承担各种差役，所以，土地确实是他的所持份额。在这个意义上，他是相当独立的，但另一方面，他现在还置身于主家的"组"下，处于接受主家保护的立场。而对喜左卫门来说，重要的是"此外，任何事情都不疏忽，如果有令山三郎阁下不满的事情，可以开除出山三郎阁下的组，赶出五人组，届时一句牢骚也不会发的"，表示了恭顺的意思。即依附农民接受和亲属不同的对待，因其自立的条件薄弱，结果就显示了对主人本身的人格上的依附。

但是，如以前论述的那样，本书的论点是，与此同时这种依附农民只要也是同族的一员，就置身于"我们意识"的共有之中。当然，在依附农民那里看到的"我们意识"或横向关系和亲属分家不是同质的。在被分与充分的财产作为家独立的亲属分家阶层中；"我们意识"或横向关系作为更实质、更实体的东西发挥着作用，而非亲属的依附农民正因为没有这种关系，"我们意识"或横向关系才停留在理念性方面。但即便如此，"我们意识"或横向关系的原理是存在的。

从喜右卫门的例子看，在字面上表示恭顺的对象确实是主人"山三郎阁下"，但原理上是对"山三郎阁下"的家、同族的恭顺或一体性，要让这个被家、同族逻辑规定、支配的"山三郎阁下""满意"是基本的。比如，喜右卫门的独立不光要有"山三郎阁下"，而且要有"一门"（同族）的同意，也在暗示着有这种背景。对依附农民的对待不仅是主人的意思，而是作为同族全体的意志来实行。这就存在着连主人也被其约束的同族的意志。依附农民也第一义地服从这一意志，必须确立与其的一体性。恐怕其最后即使作为归属于五人组的家,也要维持这恭顺的立场。

此外,在很后的时代,矢吹家日记写道:"祝贺正昭君花甲,引到亲戚中,承认嫡孙又太郎的名字,时年十三岁,同日,仅家里人并谱代妻子自己人祝贺,此外,亲戚来"(庆应三年四月十一日),另外,"亲戚株内谱代中,按情况在外面坐廿八人,后面坐五人"(同十二日)(矢吹编,1971,604页)。这日记记的"谱代"不是从近世初期出现的谱代,而是近世末期新产生的,而这些谱代和"家里人"一起被当作"自己人"来对待。而且,其中也表明了其他的亲戚或株内也同样坐在正式的祝贺席上。更有这祝贺席的"后排五人"中,"谱代"落座的可能性大,而能够和一般的熟人一起坐在座位上是很重要的。即非亲属的依附农民和主家之间虽没有结成和亲属分家同样给付关系,但在日常生活中,受到和家、同族的亲属成员一样的待遇,由此可以知道是存在着"我们意识"或横向关系的。

而且,依附农民虽然被这样编入同族的共同关系之中,但不可否认,他们最终不能像亲属分家一样,建立在村落内的地位。因为如前图8-3所示,"谱代"阶层中的相当部分到近世后期断绝也是事实。前面的喜左卫门短命得甚至在史料上都没留下姓名,而Q姓、R姓,还有一些姓不详的谱代到后期全部断绝,P姓的谱代中途加入了G同族。而G同族本来是B本家的谱代S姓的系统,其后以被承认使用G姓而形成,所以,幕末前存续着的、成为村落重要结构因素的仅仅是这个系统(但是大体脱离了主家的同族)。

## 三 同族的功能

**生活上的各种功能** 如开始所述,和家是权利、义务的单位对应,同族是这权利、义务的共有集团,所以,同族不单单是在共同生活上的功能集团的结合,应理解为它和家一样担负着公的单位的功能,这点很重要。我想站在这一展望上,论述行延村同族的功能性特质,为此,首先要考察和生活上的功能有关的方面。

生活上的功能,第一要考虑的是农业上的共同作业。行延村有不是领主方面制定的,而是在村落社会实际运营中形成的村规《村法前例账》(近世后期),其中有以下这样的条例。

### 史料8-3 村法前例账(摘要①)

插秧过去一直是以五月的中日为中心进行的。耕作是头等大事,虽说不得急慢,但肥料不到位是不行的。特别是插秧如果晚了的话,庄稼就会不好,所以必须尽量努力插秧。如果有插秧太晚的人,早插完秧的在插秧完了的第二天,如果邻居再等一天也不能插完的话,就必须去帮忙。

但如果有病人、插秧、特别晚的人,株内(同族)的人不要等待,必须帮忙。尽管如此,如果还有未插完的秧的话,邻居家的人应来帮忙,如果晚的人是穷困者的话,即使不准备饭,也要帮助插秧,互相帮忙。

这说到了插秧时的协作关系。早插完秧者,即使在完了之日的第二天,如果有插秧晚的村民,只要这个村民是"邻居",就必须帮忙。此外,史料中的所谓"邻居"和所谓五人组不同,应该认为是附近的家或邻居[5]。而在这农业作业中,存在着比这"邻居"起着更重要作用的集团。这就是"株内"(同族)。根据史料,关于"株内"的家不像"邻居"的家一样,没有帮忙一天的规矩,而是如有有困难的"株内"的家,任何时候都应该帮助。而即使有这"株内"的帮忙,但仍有不足时,"邻居"必须帮助。在行延村,同族深深地关联着农业作业的共同生活的功能,并且在这生活方面,同族也处于最重要的位置。

除此以外,同族担负的生活上的功能还有很多。下面引用的史料是嘉永四年(1851)歉收时对村民援助米时的契纸(矢吹编,1971,421~422页)。

### 史料8-4 矢吹家日记(嘉永四年)

奉上文书申请

1、米四俵

| | 其中 | 一俵 | 行延村 | 幸六 |
| | | 一俵 | | 弥惠藏 |
| | | 一俵 | | 七藏 |
| | | 一俵 | | 八百藏 |

以上的人都是穷困者,加之去年戌年因罕见的歉收,十分困难,所以此次同村的与七郎按上述的数量进行援助。谨呈文书。

亥年六月

三个人的印章

代官所

这时,对援助了四草袋(俵)米的与七郎来说,分别得到一草袋米的穷困者,即幸六、弥惠藏、七藏、八百藏不单单是村民。与七郎是B本家刚创设的分家,土地收入15石,有着和本家几乎相同的经济力量。另一方面,幸六是A姓,七藏是C姓,八百藏是B姓。

关于弥惠藏也有不可确定的方面,但可以推断和 C 姓百右卫门有关系。即这些家都是构成一个同族的家。这些穷困的家都比与七郎的家建立得更早,当时,土地收入也减少到 3~5 石。对这些在这种状况之中由于歉收而穷困的家,作为同族的新的分家但和本家有相同经济实力的与七郎家给予了援助。并且,这里的援助方式是同族内部的扶助,显示出其最终还是基于家和家的相互关系。

而且,同族在冠婚葬祭中也发挥着功能。同是《村法前例账》相关的记载,有以下的资料。

### 史料8-5 村法前例账(摘要②)

关于出席葬礼,当日送终时要在晚饭后提灯参加。翌日送终时,要在下午四时,如果是三日送终的场合,请在午后二时能到达的时间出门。但株内和邻居另当别论。

关于村子的禁忌,谷(村里的地名。——译者)在谷中进行,小坂(也是村里的地名。——译者)在小坂中进行,从第一天服丧起服三天。如果是在除夕,无论是第一天还是第二天,只到除夕。此外,在五月中旬及莳麦最忙时期,两晚和一日之间,终止种田、莳麦,要充分地互相帮助。当然不满三岁的孩子死去时不服丧服,所以村里人没有必要参加聚会,仅株内(同族)进行葬礼。村子没有禁忌。

前面是丧礼时的规定,据此可以明白,在丧礼聚会中,同族和普通村民是区别开来的。普通的村民根据一日送,翌日送,三日送分别确定丧礼集合的时间,但记述着"株内和邻居另当别论"而不遵守这一规定。"株内"或"邻居"在丧礼中担负着特别的角色。第二个规定是关于"村子的禁忌"的,记载着村中有死者的时候,村中服丧的时期或方法。行延村内部分"小坂"和"谷",所以在这个地域单位形成丧服制度。此外,时间是三天,但在大年三十时跨年而不服丧服,还有在插秧或者栽种麦苗期间服丧服时,这些农活必须暂时停止。而这种"村子的禁忌"在不满三岁的孩子死时的丧礼聚会时,不要求普通的村民执行,但只有"株内"例外。服丧服的时间没有规定,但规定至少丧礼仅在死去的孩子家和"株内"中进行。这里没有记述"邻居",所以可以说在冠婚葬祭中,"株内"所起的作用也还是极其重要的。

**作为权利/义务共有体的功能** 近世行延村同族的存在绝不是形式上的。它根据其在共同生活中发挥的功能而在实质上存在。但是,在村落中,近世同族更实质性的存在还是由于和村落中公的方面相关联的功能。比如,下面的嘉永元年(1848)的史料很引人注目(矢吹编,1971,393~394页)。

**史料8-6 矢吹家日记(嘉永元年)**

四月二十二日因为是伊势大神宫的第二十一年捐款,权化(高级神官的官职名称。——译者)柏木正右卫门阁下回来了。如下所记。

| | | |
|---|---|---|
| 15两 | B孙左卫门 | 这是申年四月缴纳完毕 |
| 7两5分 | B与七郎 | 同上 |
| 3两5分 | B八百藏 | 其中1两5分申年四月二十四日缴纳完毕 |
| | | 2两在酉闰年四月二十四日凑齐缴纳 |
| 2两5分 | A幸六 | 其中1两5分申年四月缴纳完毕 |
| | | 2两在酉闰年四月二十四日凑齐缴纳 |
| 3两5分 | A宇平 | 其中1两5分申年四月缴纳完毕 |
| | | 2两在酉闰年四月二十四日凑齐缴纳 |

3两5分　　C七藏　　其中1两5分申年四月缴纳完毕
　　　　　　　　　　2两在酉闰年四月二十四日凑齐缴纳

3两5分　　C初次郎　其中1两5分申年四月缴纳完毕
　　　　　　　　　　2两在酉闰年四月二十四日凑齐缴纳

合计40两　捐助金额
　其中30两　嘉永元年申年四月二十二日柏木正右卫门阁下
　余10两　　未来的酉戌两年凑齐缴纳

这是关于为伊势神宫的捐款而捐赠的事，并且是所谓的"第二十一年捐款"，所以这大概是为祭年迁宫的捐款。众所周知，近世伊势信仰深深地渗透进了村落。从每年进行的村民的初穗料的征收等开始，很多都构成了村落进行的各种公的征收的一部分。这个史料中为了迁宫的捐赠等大概也是属于村中半公的义务。这件嘉永元年的史料记载在B本家的日记上，捐赠采取由B本家（孙左卫门）征收，被推断为伊势御师（即伊势信仰的祭司。——译者）的柏木正右卫门取走的形式。即B本家要收集全部的40目（两）（但多数是分几年支付），收来的除了其本身共是6家。而这6家都是分别有A、B、C姓的家。并且，在当时的A同族中，从前图8-1就能明白，这里不存在记了名以外的家。B本家征收的捐赠意味着A同族整体的东西。根据同一日记，元治元年（1864），残存着征收同族全体合凑的伊势神社的御初穗（供奉神佛的新谷。——译者）钱的记载，所以，可以认为在行延村，同族负责征收是惯例[6]。此外，B本家和其新的分家与其他家相比，捐赠额多，这大概反映了这两家在社会上、经济上都有势力。

第八章 同族的结构和功能——以行延村为例 313

同族在公的方面担负着这样重要的作用以更直接的形式显现出来。在竹内利美有名的奈良井村的研究中,实证性地证明了近世的同族是负有贡租连带责任的单位(竹内,1969),而行延村好像也存在着同样的功能,因为有下面的嘉永二年(1848)的史料(矢吹编,1971,398页)

**史料8-7 矢吹家日记**(嘉永二年)

十月十二日叫来本村 D 权右卫门的同族,交给他们以下的文书

你平常很认真,做事也很好,所以,其株内也都有风纪,每年的租米都早早缴纳,我将此事汇报了上峰,(代官)认为此事应予(御)褒奖,私下里对我说了他的这一心情,决定以后要给予奖赏。特此通达。

嘉永二年酉年十月

　　　　　　　　　　　　　　B 孙左卫门
　　　　　　　　　　　　　　田使正昭　(画押)

　　D 权右卫门阁下

组头权右卫门平时认真,做事很好,所以其株内也都有风纪,年年早纳御贡米银,我将此事汇报给上峰,(代官)认为应(御)褒奖此事,说让我将他的心情告知大家。特此通达。

嘉永二年酉年十月

　　　　　　　　　　　　　　B 孙左卫门
　　　　　　　　　　　　　　田使正昭　(画押)

和前面相同的文书也给 D 茂吉阁下、D 友右卫门阁下,合计四封(原史料记载着姓,这里用符号替代)。

这一史料说的是由庄屋的 B 本家的"通达"[7],"上峰"的"褒奖"送达了 D 株内的每家,共计4家。根据前图8-2,构成当时的

D"株内"的是友右卫门、六右卫门、茂吉、权右卫门等4户,所以,D"株内"全体,即D"株内"所有的家都受到了"御褒奖"。

如果把五人组当作村落内的公的中间集团,同族当作村落内的私的集团来考虑的话,"上峰"从公的立场上说给"株内"以褒奖的话大体上是不可能的。即"株内"从"上峰"受到"御褒奖"本身就表示了"株内"已不单是村落内部私的生活集团,而是被赋予了某些公的地位。而所谓被期待的这种同族应该担负的公的作用是什么呢?从这D"株内"的情况来看,受到"御褒奖"的理由是"其株内也都有风纪,年年早纳御贡米银",考虑到这一点,那么就是维持内部秩序和完纳年贡诸役。在近世的行延村,同族成为在公的方面应该担负这方面的共同责任或共同义务的单位。刚才举出的A同族的与七郎对同族的数户每家给米一草袋的史料,如果考虑到这给的米也充当年贡诸役的缴纳,那么这个案例也可解释为表示了"株内"负有完纳年贡诸役的共同责任。

行延村的同族是这种极其具有公的侧面的集团,为此,其作用或性质也接近五人组。实际上,像已经论述过的一样,近世的行延村存在着邻居意义上的"邻居",但不能确认五人组的存在。在第三章所举的延宝七年(1678)书上账中,存在两个"六人组",各组都有"组头",但以后没有继承的记录。至少在中期以后,五人组作为公的集团没有独自发展,可以推断其功能由同族负担。恐怕是因为同族的力量强大,所以取代了五人组的组织或功能。其结果,同族成了兼有五人组作用的集团。

因此,比如在D"株内"从"上峰"接受"御褒奖"的案例中,权右卫门被记为D"株内"的"组头"。"株内"的代表是"组头",这从表面上看是矛盾的,但这也是由于同族和五人组在组织上浑然一体而产生的。并且如前图8-2所示,权右卫门不是D同族的本家,而是分家,且为比较新的分家。D株内是横向关系较强的同族,所以,本家分家不分,都担任"组头"。显示同族和五人组的这种组织上一体化之现象的案例还有。下面是从《村法前例账》中选出的一个。

**史料8-8 村法前例账**(摘要3)
> 出生了的男女去参拜神宫时,亲戚要集合起来为其起名字,而在这时,是哪年哪月生,起了什么名字,株之组头要提出申请,把这事记录在日记上。最近有人疏忽此事,日记的记录也不充分,今后勿忘。

据此,在行延村孩子新出生时,"亲戚"聚会起名,将名字向庄屋(B本家)申请的是"株之组头"。对于孩子出生,"亲戚"和同族的地位或作用的不同也是很耐人寻味的,而这里只要注意"株之组头"向庄屋出具出生证明就可以了。正因为同族和五人组在组织上的一体化,才可能有这样的记述。

而在文政二年(1819)的名寄账上,最后作为村役人的是"庄屋 孙左卫门,年寄 助左卫门,百姓代 又四郎,组头 幸六,同 权右卫门,同 弥右卫门,同 矶右卫门"。其中"组头"幸六是A姓,权右卫门是D姓,弥右卫门是F姓,矶右卫门是G姓,所以,采取了从当时村落内存在的所有同族中出"组头"的形式[8]。此外,在嘉永六年(1853)"规定书"中也记载着村役人是:"庄屋 孙左卫门,同 林太郎,年寄 与次右卫门,百姓代 又四郎,组头 幸六,同 权右卫门,同 弥右卫门,同 武八"。这里作为"组头"直接记述的幸六是A姓,权右卫门是 D 姓,弥右卫门和武八是 F 姓,所以,除了 G 姓,所有的同族都出"组头"。而作为村役人中的"年寄"记载的与次右卫门是 G 姓,所以实际上可以认为与次右卫门兼任同族的"组头"。此外,F 姓出了两个组头,而当时 F 姓已增加到 10 户以上,同族内部一分为二,分别具有五人组的功能。归根结底,在后期的各同族中分别存在着"组头",在对领主、村落时代表着同族。并且,在几乎所有的同族中,这个"组头"不一定限于本家系统的家,这一点也是很重要的。这和本家系统或旧的分家做"组头"的今井村迥异,也许正因为如此才说明同族结合中横向关系的强大。当然,在 A 同族中,B 本家即使作为庄屋也具有强大的力量,所以,这个家大概在很多时候代表同族。

以前,同族保持着被一直认为是五人组的组织或功能,作为公的集团和村落社会有关联是脱离了同族本来应有的特质吗?从迄今为止的有关家、同族的理论来看,也许应该认为是脱离了,但站在本书的立场上,同族的五人组的特质应该是近世同族本质的一部分。领主方面即使有五人组制度,但如果没有接受它的容器它就不能发挥功能。在这种条件下,在要使五人组发挥功能时,如果同族业已存在,并且在村落内部具有半公的意义的话,该同族之成为组织或功能的容器,也不是不可思议的。这样,同族对领主也加强了公的性质,在这方面分担(或共担)着权利和义务。也许我下这一论断稍微有些唐突,但是否可以推断同族和五人组的这种功能的一体化在中世以后是相当广泛的。

行延村的同族在近世具有这样的特质,也正因为如此,它在村落中占有重要的地位。对村人来说,在村落中有没有应归属的同族也是重大的问题。而因为是这样的村落,像第三章所述及的那样,文化十二年(1815),本为 B 本家谱代的松右卫门要领养附近村落的男子做养子,但因松右卫门"没有名字,没有株内等"而发生了养子关系难以成立的情况。这时,松右卫门请求村役人,无论如何请许可他归属于 G 株内,这是在想方设法排除这一困难。

## 结　　论

本章以近世的行延村为例,再次探讨了同族的"结构和功能"的问题。

关于结构的问题,通过对 A 同族的分析,本章阐明了即使像村落特权阶层那样,能够看到"本家支配型"倾向的同族,横向关系也具有重要的意义。此外,本章考察了同族结合中包含着亲属分家和非亲属分家,而对非亲属分家(或者说是依附农民)来说,各自的"我们意识"或横向关系意味着什么。而且非亲属的依附农民在和同族的关系中,"我们意识"或横向关系是以怎样的结构存在这一问题是有必要进行深入分析的。

此外,在功能方面,特别是从同族担负年贡诸役的连带责任上阐明了同族和组不仅具有结构性的或者组织性的类似性,而且具有功能性的共通性。当然,同族能够担负这种义务而存在是因为同族本来就是建立在株,即权利、义务的分有(共有)体的特质之上的。此外,同族以代替组的形式负有年贡诸役的连带责任之前提是同族和组在结构上有共通性或在组织上重合。但是,同族的这一侧面以前未必被充分阐明,今后更有分析的必要。

## 注

[1] 第三章也谈及过,这时,助右卫门的土地收入是20石左右(但没有宅基地)。助右卫门也可能和A一族有关系。

[2] 这个B本家根据家谱图,是继承了相当于A一族亲戚的B家,详情目前不清。

[3] 没有带有"宅基"地名的土地不一定意味着没有宅基地,在没有进行检地的近世中期以后,从田地向宅基地土地名目转换的土地没有起"宅基"的地名。相反,也有中期以后从宅基地向田地土地名目转换的土地依然用以前的"宅基"地名的情况。

[4] 把史料中"我们在得到的"和紧接着的"田地"连接起来读,就会像本文解释的那样,但这一读法不一定绝对正确。

[5] 今天以葬礼时的交往等为中心的"讲组"继承了近世行延村的"附近的"人家。

[6] 在《近世作南农村史料(第二卷)》中登载的史料省略了记述的后半部分,所以如果不读原史料,从同族全体征收的事是很难明白的(矢吹编,1971,521页)。而且,此时同族中也有一户谱代系统的家。

[7] 这时B本家的主人孙左卫门在文书中,有时从役名目的性质来使用氏名,叫的是武家风格的"田使正昭"。

[8] 当时,E同族仅有一户,是"年寄"役的助左卫门。这个同族的存在是形式上的,并且可以认为助左卫门能够充分代表它。

# 第九章 同族和亲方子方
## ——以上瓦林村 A 本家为例

## 一 考察的视点

**同族论和亲方子方论** 从迄今为止的考察中,明确了同族中含有非亲属成员,此外,他们很多是依附农民(名子、抱、被官、谱代等)。而这些依附农民和主家结成的关系一般属于亲方子方(亲分子分)的关系。本章根据论述这亲方子方的结构或发展来揭示近世村落中同族结合的一个侧面,但我首先根据社会学中的亲方子方论来说明以下的研究方法。

社会学的亲方子方论也是由有贺喜左卫门、喜多野清一为代表,特别是在 1970 年代以后进行过引人注目的议论。

比如,有贺将采取本家分家关系形式的亲方子方和不采用这一形式的亲方子方在质上不加区别地论述,但 70 年代初写的"家和奉公人"(1973)表示了稍有不同的见解[1]。喜多野对这篇论文评论道:"有贺的想法更加明了了"(喜多野,1981,85 页),恐怕他感到了这篇论文和以前有贺的见解有所不同。即有贺在这篇论文中,将在"岩手县二户郡石神村的大家庭制度和名子制度"(1939)

中采用的石神村的亲方子方和有贺自己家的长野县上伊那郡辰野町平出的亲方子方加以比较,着眼于相对于前者的亲方子方是作为本家分家关系出现的、后者的亲方子方则不带有本家分家关系这一事实,明确了此间亲方子方的性质本身有着差异。即石神村的子方接受宅基地或名子地的贷与,还被给予佃耕地而分户,"分家"后也维持着给亲方/"本家"提供赋役劳动等服务关系。另一方面,在平出大体有两个种类的亲方子方(而且我认为有贺本人并没有清楚地作出区别)。第一,宅基地的借贷(支付租借费)[2]或给予租佃地使户独立,之后也保持交往关系,而亲方的自耕经营也缩减了,所以提供劳动力也就不那么重要,同时,存在很多支付雇佣费用的亲方子方。第二,家内奉公的关系完全不作为前提,靠着选择亲方而结成亲方子方关系,这是从亲方领取佃耕地的亲方子方关系。即有贺暂且将亲方子方的形态提示了三个,其中只有石神村存在的形态具有同族结合的性质。

另一方面,喜多野在70年代末以后,发表了"山阴的亲方子方的一个案例"(1979)和"亲方子方关系的问题点(上)"(1981)等两篇论文。特别是前者,他从自己的理论出发再次探讨了山冈荣市曾经进行的有关山阴簸川平野的亲方子方的研究(山冈,1958),详细地论述了以血缘为中心的同族结合及名子和"出入人"(出入即侍奉亲方之义。——译者)两种亲方子方的性质和二者的关联,认为前者是以宅基地的借贷为特质的子方农民,后者基本上是和耕地的租佃关系结合而组成的亲方子方[3]。

长期进行家、同族争论的这两个人在晚年,同时表示了对亲方子方问题的关心,其本身是耐人寻味的。这里暂且不论述其意义,

## 第九章 同族和亲方子方——以上瓦林村 A 本家为例

只是关注在他们两人的见解中,存在着三种亲方子方的形态[4]。(一)在子方从亲方借贷宅基地或名子地,而且子方对亲方的自耕经营提供赋役性劳动为特质的关系下形成的以本家分家的社会关系出现的亲方子方(这里作为"纯粹名子制的"亲方子方)。(二)以从亲方借贷宅基地或相当部分得到有偿地租佃地的子方提供劳动力为特质,作为本家分家的社会关系出现的亲方子方(这里暂且称之为"遗制名子制的"亲方子方)。(三)与租佃关系的结合为基础的提供劳动力等并不重要,但保持着交往关系的亲方子方(暂且称之为"子作制的"亲方子方)[5]。而鲜明地显示(一)、(二)和(三)之间的差异的是宅基地的借贷关系是否和亲方子方的形成有关系,前二者有这种关系。此外,(一)和(二)、(三)的区别是是否参加同族的结合,后者不被作为同族结合的成员。

而且,从本书的理论立场出发,不能原封不动地承袭上述二人的见解。在家是株,是权利、义务的单位时,叫作名子或抱的依附农民本来较之分家,在更大程度上是家的构成者。在近世社会,宅基地的登记成为家的存在的基准或理念,因为名子或抱等依附农民并不持有宅基地,而是从主家借贷宅基地。即他们不是因独立地形成家而成为家成员的一部分,所以,在严格的意义上,不能称之为"分家"。此外,以宅基地为媒介的亲方子方采用了家的依附形态,但如第八章所述,必须正确地判断"依附"性的意义。这些依附农民因为没有独立的家,所以没有被编进主家的家,在这个意义上它们是依附性的;另一方面,因为日本的家是家本位,或者是以家为中心整合的,所以编入家的依附农民和其他家的成员同样都是"家的人",有着一部分"我们意识"。

在即使主家借给宅基地,对这宅基地要缴纳一种借贷费的名子(遗制名子制的依附)的情况下,不言而喻,这种关系将逐渐淡薄。此外,结果是在这种亲方子方关系中,亲方的主家对子方是单方面的支配关系,即纵向关系因此而明显呈现。特别是从遗制名子制变为子作制,亲方子方和家、同族的结构性结合就决定性地丧失了,因而,亲方子方关系向没有"我们意识"或横向关系基础的关系转化,对亲方的依附性名副其实地成为中心。当然,这一阶段的亲方子方也有因为在意识形态上强调家、同族性而形成"我们意识"或横向关系的方面,但不得不和本来的家、同族的内涵相异。

**A本家和子方阶层** 本章以上瓦林村的A本家为例考察这一亲方子方的发展。

因为有贺、喜多野在展示以上的亲方子方三个形态时,重视的是其依附形态的差异不单是类型的差异,而且是在对应村落或村方地主的变化这一点上。有贺研究在从本家分家的亲方子方向其以外的亲方子方的转化过程时,抓住了村方地主经营中的自耕经营的减少/租佃经营的扩大或长季节奉公人减少的进展;在喜多野说的名子向"出入人"的转化中,也还是设定了自耕经营的减少/地主佃农关系的扩大的命题。即家是权利、义务的单位,而为了维持家,经营占有重要的地位。而亲方子方和这一经营,特别是地主的经营性质变化密切相连。而且,亲方子方的发展并非仅仅起因于主家的地主经营,而是和村落结构或统治制度的变化密切结合的,所以当然不能漏过这个侧面。

关于近世的A本家的地主式的发展,已经由今井林太郎、八木哲浩进行过详细的研究(今井、八木,1955)[6],此外,大竹秀男也

第九章 同族和亲方子方——以上瓦林村A本家为例

从把握农业劳动力的性质方面进行了分析(大竹,1955、1956、1983)。根据这些研究,A本家从近世初期到中期因分割继承的分家建立等,土地收入一时减少,到享保末年(实际上限定在享保十七年前后的几年)又一时上升,但明和时期(1764~1771)充其量维持在40石左右,基本上从近世初期一成不变地保持地主的性质直到18世纪中叶。并且,像在这里的农业经营中自耕地率达到60%~80%那样,显示了近世自耕地主的性质。而到其后的安永~宽政时期(1772~1800)的土地收入上升中,自耕地率也呈现了从60%到80%增加的倾向,像宽政初年最高时期自耕经营也超过7町那样,显示了在这个时期土地集中的过程中,作为自耕地主的特质最强化的状况。但其后从文化时期中期到文政时期中期土地收入上升了15石左右,但基本上土地收入是停滞的或甚至有一定的后退。在这一过程中,自耕地率也逐渐降低,天保时期(1830~1843)后,变为20%左右,其以租佃经营为主体的寄生地主制的性质。

本章针对这一发展过程采取以下方法处理:第一,为把握近世中期出现的近世自耕地主的性质,以享保时期(1716~1735)为例;第二,关于近世自耕地主在中期以后采取的发展,将土地集中时期前后,即宝历~文化时期(1751~1817)的变动过程作为问题;第三,在对决定性的依存租佃经营的依存时的文政时期(1818~1829)以后,特别是以弘化、嘉永时期(1844~1853)为对象,举出A本家性质的决定性变化,考察各个阶段的亲方子方的性质。此外,关于近世中期以前,因为不能具体地得知地主经营的内容,所以,不将其作为考察的对象,但不难想像这具有所谓的隶农主的经营性质,形成了纯粹名子制的亲方子方[7]。

而A本家拥有的子方阶层如何从史料中择出呢？为了将亲方子方作为问题,必须首先确定在各个时间段上的子方阶层,而在本章使用的A本家的有关冠婚葬祭的史料中,因为没有以"出入人"或"子分"的名称表示是否是子方阶层,所以就随着分析的综合性判断进行择出。在进行判断时,首先采取这样的方法,即在这些仪礼、仪式中,将作为"帮手"等提供劳动力的人作为子方来掌握的方法。但有的时期的史料中没有记载"帮手",所以,有时从参加仪礼的人,即在多数场合被作为"呼众"记载的人中,根据有无敬称或记载的位置等标准,析出子方阶层。但像A本家这样,担任代代庄屋、大庄屋的家,即使是家的私的仪礼,也有很多是从村落的上层到下层的几乎所有的家都作为"呼众"来参加的,因此,将"呼众"中比较亲近的人集中时的"呼众"作为对象,用以上的方法确定子方阶层。

此外,和这一点相关,在上瓦林村的宗门人别改账上有指称依附农民的"下人"。在宗门人别改账上有在"一打"的单位内部记载的"下人"和其本身以一个"一打"记载的"下人"两种,特别是后者意味着上瓦林村的"本役人"、"半役人"、"柄在家"、"下人"等身份构成中的"下人"身份。前者是所谓下人(或谱代下人),后者是相当于名子的人。在以前的上瓦林村研究中,为区分这两种"下人",前者被称为"家内下人",后者被称为"家持下人"。本章也承袭了这些用语的区别,但这里的"家持下人"未必意味着本书论述的家的"家持"(即拥有家之义。——译者),即构成作为株(权利、义务的单位)的家。

## 二 中期的亲方子方

**地主经营和子方阶层** 享保时期是已论述的地主自耕经营成为中心的阶段。如果根据如表9-1的享保十二年(1727)的状况来掌握当时A本家农业经营的性质,那么,首先,由于当时的A本家有4个男子、5个女子的年季奉公人和4个男子、1个女子的轮流奉公人,自耕经营差不多是可能的,这些是自耕经营的主要承担者。此外,在自耕经营的周边有村落下层身份阶层的临时性日工,在比如需要集中的大量劳动力的插秧、薅草、割稻等短期性工作中使用。此外,关于家持下人的赋役劳动,比如在享保十二年时,弥兵卫等有两天左右,另外在大竹的研究中,在同一家中家持下人存在的期间,即到宽政时期这种提供无偿劳动力的情况没有完全灭绝,但从享保阶段开始,各年度的家持下人的无偿劳动日全部合算也几乎不超过10天,所以,从A本家农业经营的整体来看,不太具有意义(大竹,1955,436~438页)。A本家这时的自耕经营已经在相当程度上丧失了规定为"隶农主的"那样的条件,明显出现了依靠近世的劳动力形态的年季奉公人、轮流奉公人、日工等雇佣性劳动的经营的一面。

另一方面,关于租佃经营,当时的A本家的农业经营中心是自耕经营,所以,村内的租佃经营限定在多余的地上,关于村外,有相当固定的五六户佃农,享保十二年也有4户,关于村内,有A本家的家持下人6户,其他家的家持下人1户,其他的一般百姓3户,表示进入了以自家的家持下人为中心的下人佃耕阶段。并且,

表 9-1　享保十二年(1727)A本家的地主经营

| | 年季奉公人 | 轮流奉公人 | A本家<br>家持下人 | 租子 | 日工 | | |
|---|---|---|---|---|---|---|---|
| 家内 | | 菊入夫与兵卫← | 弥兵卫 | *7 | ○ | | |
| | | | 菊 | *2 | ○ | | |
| | | | 市右卫门 | 20 | ○ | | |
| | | 半三郎　← | 半三郎 | 8 | | | |
| | | | 与市右卫门 | 25 | | | |
| | | | 善九郎 | 19 | | | |
| | | | 藤右卫门后家 | | | | |
| | | | A本家<br>佃农 | 租子 | 日工 | A本家<br>日工 | |
| 家外 | 三介(播磨)<br>传八(?)<br>满(播磨)<br>权助(播磨)<br>石(?)<br>线(丹波)<br>材(播磨)<br>松(丹波)<br>太郎八(?) | A本家分家的家<br>内下人弥兵卫子<br>权四郎 | (村内) | | | (村内) | |
| | | | 半　善右卫门 | 12 | | 半　弥十郎 | |
| | | D姓三郎右卫门<br>家持下人茂兵卫<br>子　清七 | 柄　佐次兵卫 | 24 | | 柄　仁兵卫 | |
| | | | 柄　甚太郎 | 14 | | 柄　仁右卫门 | |
| | | | 下　彦三郎 | 12 | ○ | 下　七兵卫 | |
| | | | (村外) | | | 下　权兵卫 | |
| | | D姓三郎右卫门<br>家持下人前年季<br>奉公人　菊 | 中新田与左卫门 | 8 | | ?　藤十郎 | |
| | | | 荒木新田治左卫门 | 6 | | | |
| | | | 御代村长左卫门 | 22 | | | |
| | | | 同忠兵卫 | 12 | | | |

(注)年季奉公人的()内表示出生地。
　　租子的数字为租佃米,单位为斗。*包括其中也有宅基地的借款。日工的栏
　　中的○表示有日工。

## 第九章 同族和亲方子方——以上瓦林村A本家为例

在佃耕关系中,如表9-2所示,很少超过佃耕米3石(2反3亩左右)[8],是小规模的佃耕关系。地主和佃农之间不能说是牢固的佃耕关系。

表9-2 租佃米收获量别的佃农人数(万治~享保)

|  | 享保十二(1727) | 元文三(1738) | 延享四(1747) | 宝历七(1757) |
| --- | --- | --- | --- | --- |
| 7石以上 |  |  |  |  |
| 7~5 |  |  |  |  |
| 5~3 |  |  | 2(2) |  |
| 3~1 | 7(4) | 7(7) | 3(2) | 3(1) |
| 1~0.5 | 2(2) | 3(2) | 2(1) | 4(2) |
| 0.5未满 | 1(1) | 5(2) | 3(1) | 3(2) |
| 合计 | 10(7) | 15(11) | 10(6) | 10(5) |

(注)佃农仅为村内者。
( )内表示这家的家持下人人数。

表9-3 宗门(人别)改账中的A本家的奉公人·下人

|  | 年季奉公人 | | 家内下人 | | | 家持下人 |
| --- | --- | --- | --- | --- | --- | --- |
|  | 男 | 女 | 单身男 | 单身女 | 家族 |  |
| 万治二 (1659) |  | 1 | 4 | 3 |  | 5 |
| 宽文十三(1673) | 1 | 1 | 2 | 2 |  | 2 |
| 元禄二 (1689) |  | 1 |  | 1 |  | 2 |
| 元禄十五(1702) | 3 | 1 |  | 1 | 1 | 4 |
| 享保二 (1717) | 1 | 2 |  |  |  | 6 |
| 享保十二(1727) | 2 | 5 |  |  |  | 7 |

(注)关于享保十二年的年季奉公人和万觉账中的数字有若干不同。

A本家在从万治时期到元禄初年中,因分割继承不断出现血缘分家,而根据表9-3,家内下人、家持下人的减少也同时进展,化解了隶农主的经营,地主的性质也在稍稍减弱。而在年季奉公人显著增加的同时,残余的家内下人的家持下人化、主家变更的家持下人的获取、元禄时期以后新成为家内下人的家持下人化等,使得家持下人增加。根据这种元禄时期以后的变化,明显地形成了依存自耕经营中的年季奉公人等的雇佣性劳动力和佃农经营中的下人佃农这两根支柱。而且,在享保二年前后,年季奉公人数量少,这也许意味着A本家近世的自耕经营一时受挫,而从元禄到享保中期的长时段来看,这也还是暂时的现象。万治时期存在的家持下人中,到享保时期能够确认存在的不过一户,这也说明了前面的情况。可以说,享保十二年出现的A本家的地主经营在中期近世村落确立的同时,逐渐显现出来,虽然中途有暂时的挫折,但一直发展到享保时期。

到享保时期到底形成了怎样的亲方子方呢?A本家在享保十二年嫁出了女儿尾,我们就根据"万觉账"中的那时的交往关系来考察这一问题。表9-4是整理了"给大岛发行李时"的条项中记载的力工和出力工人家的表[9]。首先可以知道从近世初期到中期形成的同族结合在村落生活中的重要性。从构成B姓、C姓、D姓、E姓的上瓦林村的各同族中,各家分别以代表同族的方式提供出嫁力工,此外,A本家的亲属分家的三郎兵卫、利兵卫的家中也出了出嫁力工。不出出嫁力工的只是当时户数很少的小同族F姓。关于这种同族相互间的交往,在比如享保十八年(1733)的"丛誉清如林贞禅定葬礼"的记录账上也能看到记载着"村役人之分分别叫了隐居本家各一人"[10]。

而和有关村落的同族间关系或A同族内部关系的力工一道，A本家的年季奉公人、轮流奉公人以"家里的某某"的形式被记载下来，此外，A本家的家持下人与市右卫门、弥兵卫、市右卫门也出了力工。此外，"牵线人"（村落里底下做工作的人）德兵卫也出了力工。"牵线人"根据他的工作，和村落之长/庄屋的A本家有着公的关系，同时，在村落生活的场景中，与这关系表里一体而产生了私的关系，所以，大概就出现了提供出嫁力工的现象。此外，"山田男"、"片町男"等像是其他地方的人，名字也不清楚，大概就没有必要作为问题了。从这出嫁力工的构成来看，根据亲方子方关系而出的出嫁力工大概是与市右卫门、弥兵卫、市右卫门的A本家的家持下人的力工。像德兵卫那样的"阿里奇"从其后的亲方子方的发展来看，也不能轻视，应把它看作一种亲方子方，但这里暂且不论。

表9-4 享保十二年(1727)的尾出嫁时的力工和家的关系

| 力工名 | 出力工的家 | | 力工和出力工的家的关系 |
| --- | --- | --- | --- |
| | 身份·家主名 | 属 性 | |
| 久藏 | 本　市郎右卫门 | B姓 | 年季奉公人 |
| 长助 | 同 | 同 | ? |
| 庄兵卫** | 又兵卫* | C姓 | 奉公人吗 |
| 武兵卫 | 本　武右卫 | 同 | 亲属成员 |
| 善六 | 本　介左卫门 | E姓 | 亲属成员 |
| 善七 | 年寄　三郎右卫门 | D姓 | 家持下人的子弟 |

(续表)

| | | | |
|---|---|---|---|
| 弥兵卫 | 本　三郎兵卫 | A本家直接分家 | 家内下人 |
| 嘉右卫门 | 同 | 同 | ? |
| 源太郎*** | 半　利兵卫 | A本家孙分家 | 奉公人吗 |
| 久二郎 | 下　与市右卫门 | A本家家持下人 | 亲属成员 |
| 弥兵卫 | 下　弥兵卫 | 同 | 户主 |
| 太兵卫 | 下　市右卫门 | 同 | 亲属成员 |
| 市右卫门 | 同上 | 同 | 户主 |
| 德兵卫 | 阿里奇　德兵卫 | | 户主 |
| 山田男 | ? | | |
| 片町男 | ? | | |
| 与兵卫 | } A本家自身 | | } 轮流奉公人 |
| 半三郎 | | | |
| 权四郎 | | | |
| 清七 | | | |
| 传八 | | | } 长季节奉公人 |
| 三介 | | | |

(注) 表中从久二郎到片町男,关于出搬运夫的家的记载没有直接记载在万觉账中。此外,对于与兵卫以下的轮流奉公人、长季节奉公人记为"A本家自身"。
*但又兵卫当时作为久四郎(本)的弟弟被记载在宗门人别改账上。**庄兵卫是新兵卫的从弟,所以也许去久四郎那里进行轮流奉公或者做日工。***源太郎是仁右卫门(柄)的弟弟,所以也许去利兵卫处轮流奉公或做日工。

而根据前表9-1,A本家的家持下人除了以上的3人外,还有利、半三郎、藤右卫门后家、善九郎。这些家持下人是否没有交往关系,或者是否和主家关系不强呢？在这4人中,关于利、半三郎,每人都作为当时A本家的轮流奉公人,在出嫁力工的名单中相当于与兵卫、半三郎的名字,所以,实际上可以认为这些家持下人出了力工。同时,在利、半三郎方面也有除了轮流奉公人以外,没有适当的劳动力的情况。半三郎是只有母亲的家户,利的情况是除了与兵卫之外,还有一个25岁左右的弟弟庄五郎,因为这个弟弟在享保十二年病死了,所以,当时他已经是病人了。而且,在直接的、实质上不出力工的两户中,藤右卫门后家除了12岁的市以外,没有男子,出不了力工。而善九郎是50岁左右的仅有夫妻的家户,享保十八年以后甚至连佃耕关系都断了,可以断定他家是由于老龄化而出不了力工。即可以认为,这一时期的和A本家的地主性质相对应而存在的亲方子方是在A本家和家持下人的关系中建立的[11]。

表9-5 A本家和家持下人的关系(享保~宝历)

| | 享保十二<br>(1727) | 享保十七<br>(1732) | 元文三<br>(1738) | 宽保二<br>(1742) | 延享四<br>(1747) | 宝历二<br>(1767) |
|---|---|---|---|---|---|---|
| 市右卫门 | 20 | 他出 | | | | |
| 利 | 1★* | 3★ | (3★) | (3★) | (3★) | (3★) |
| 善九郎 | 19 | 19 | 0 | 绝? | 绝? | 绝 |
| 与市右卫门 | 25 | 25 | 20 | 17 | 0 | 0 |
| 弥兵卫 | 7★ | 7★ | 22★* | 39★ | 30★ | 30★ |
| 半三郎 | 8* | 14★* | 绝 | | | |
| 藤右卫门后家 | 0 | 8 | 19★* | 20★* | 33★* | 42★ |
| 合 计 | 80 | 76 | 64 | 79 | 66 | 75 |

(注)数字表示租佃米,单位为斗,不是一斗四舍五入。
★为宅基地具有借贷关系,表示提供奉公人劳动力。
利从元文三年以后成为柄在家。

**亲方子方的结构** A本家和作为子方的家持下人关系的性质从当时A本家的地主经营的性质大体可以想像，但我想对前表9-1稍加详细地探讨。首先，从A本家对子方的给予关系方面来看，第一是给子方提供租佃地，即下人佃农的存在。当然，在藤右卫门后家的情况中，完全没有租佃关系，但如前所述，当时男子只有12岁的市，此外只有母亲石(31岁)、祖母藤右卫门后家(61岁)两个女人，不能进行下人租佃。也许是因为A本家作为自耕地主的发展相当显著，如表9-5所示，不能说下人佃农本身在享保时期以后扩大了，但即使在藤右卫门后家的场合，随着市(市三郎)的成长，也发展到佃农关系，一般来说，家持下人阶层和A本家处于租佃关系。

而且，关于宅基地的贷与或借贷关系，如前表9-1和9-5所示，向A本家借贷宅基地(宅基地租佃关系)的只有弥兵卫和利，可以设想这个阶段的许多宅基地已经变为家持下人阶层的登记的土地，但事实相反。A本家的家持下人在这个时段除了与市右卫门(土地收入125合)外，都没有土地收入，所以，不得不认为除与市右卫门以外，其他4个人在这一时段都接受了宅基地的贷与。而且，这宅基地的贷与如前表9-5所示，进入元文时期就变弱了，逐渐转换为借贷关系，所以，贷与关系并非永久地被维持下去。在这一意义上是处于过渡时期。此外，名子地的贷与基本上不存在，但根据"万觉账"的记载，享保十六年移居小曾根村的市右卫门恐怕在这一时段前，以及半三郎在享保十七、十八年分别被贷与了少量的相当于名子地的土地，所以，旧有的付给关系还是部分存在的。

## 第九章 同族和亲方子方——以上瓦林村A本家为例

对此,从家持下人给A本家提供劳动力的方面来看,首先,赋役性的劳动如已经论述过的一样,即使存在也不太重要,很多临时劳动因有偿化而成为日工。享保十二年,连弥兵卫、利、市右卫门也出了日工。另一方面,在奉公关系上家持下人的子弟成为A本家的家内下人的例子到宝永、正德时期虽然有一例[12],但进入享保时期以后就没有了,轮流奉公人从全部家持下人中每年出一二名。在劳动力提供方面,可以说雇佣的性质相当强。并且,A本家的自耕经营依靠家持下人出的雇佣劳动的比重并非那么高。年季奉公人没有将A本家的家持下人作为供给源,即便是轮流奉公人,从A本家家持下人外出的人,比如享保十二年也有清七、利、权四郎等三名(而且,权四郎是A本家的亲属分家的家内下人的子弟,不能和其他二人同等对待)。

这样,享保阶段的亲方子方的基本性质是名子制,但很难否认强化了遗制名子制的性质。特别是A本家的地主经营从其自耕经营方面看,就是如此。从元禄时期逐步发展起来的A本家的近世自耕地主的性质,以这一性质规定的形式组成了享保时期的亲方子方。而且,宅基地或名子地的贷与,或者说在宝永、正德时期,A本家的家持下人的子弟成为A本家的家持下人的案例虽然只有一例,但还是存在的,因此,暗示着纯粹名子制性质的特征也部分存在。在这个意义上,不能把纯粹名子制的性质作为过去的亲方子方。即这个时期的子方依然保持着以宅基地为媒介依附主家的方面,此外,在这个意义上,还残留着和家内下人条件完全不同的主家的家成员的方面。此外,遗制名子制的特征固然加强了,但这种家的依附关系或意识仍旧很强,从这家的依附立场出发,加入进

A本家的同族结合之中。实际上,如第三章所述,在上瓦林村的村落制度的发展方面,到18世纪后半叶,"下人"身份(家持下人阶层)不担负役的负担,"下人"阶层和"柄在家"一道被排除在家的组成之外。即像役人制度牢固存在的近世初期,纯粹名子制的形态也占统治地位的中期以前那样,即使不是牢固的形式,但家持下人阶层必须要置身于对主家的依附关系中。

## 三  后期的亲方子方

**地主经营和子方阶层**  享保时期的亲方子方随着其后A本家的地主性质的发展发生了巨大的变化。这里,以从这一特质开始显露的宝历中期,经过安永～宽政时期的土地集中过程,直至文化时期的长时段为对象,将重点放在亲方子方变化的方面。

像已经论述过的那样,从宝历中期到文化中期,A本家的地主经营在从安永初年到宽政初年的土地集聚上显出特色。这一期间,土地收入从约40石上升到80石。但这一过程并不意味着该家在此期间转化为寄生地主。从宝历初年到土地开始集聚的安永初年,自耕地率在60%～80%之间。从宝历初年到末年,自耕地率显示了大体上升的趋向,但到安永初年一路下降到60%左右。但是,在安永～宽政初年自耕地率再度从60%左右上升到近85%,说这一时期的土地集聚并非因租佃经营而是因自耕经营的进展并不过分。在土地集聚达到顶点的宽政初年,达到了超过六町的近世时期最大规模的自耕经营。因此,在这一土地集聚的过程中,虽然卖给了A本家大量的土地,但这卖地是典当地关系,不

### 第九章 同族和亲方子方——以上瓦林村A本家为例

是以后发展成租佃关系性质的土地(今井、八木,1955,197~199页)。卖地是永久卖掉,并且推断土地买卖和租佃关系有关的例子只有安永年间的两例、天明年间的三例、宽政年间的两例,共七例,不过占明和~宽政期间的卖地件数的约20%,从产量看,也不过占总卖地产量的20%(近10石)。A本家的土地集聚绝非租佃经营发展的手段。

如今井、八木所揭示的那样(同上,266-275页;八木,1962,71-86页),使土地集聚作为自耕经营能够发展是基于米和菜种的复合经营的商品性。农业生产发展的条件在这一时期扩大了,A本家也受这一条件的引导,可以不从租佃经营而在自耕经营的发展上加以发挥。即使在"万觉账"上,和享保阶段相比,"搓菜种"的临时雇佣劳动的重要性提高了。从它和插秧或收获并列成为临时劳动力的吸收源这一点来看,也可以得知这种米和菜种的商品性农业生产的发展。因此,作为自耕经营劳动力中心的"年季"、"极"(轮流奉公人)的数量[13]在安永时期每年约10名左右,而天明时期约13名左右,在宽政初年的自耕经营最大规模的时段是18名,在阶段性地增长。并且,劳动力增加在男子奉公人上更为显著,所以,这更说明了奉公人劳动力的需求不是家务劳动,而是农业劳动本身。

出现了像上面那样的A本家自耕经营发展的停滞、倒退的现象是从和土地集聚停止同步的宽政中期开始的。从这时起到文化时期,自耕地率从80%减少到55%左右,A本家作为近世自耕地主的发展开始终止。当然,就连文化时期自耕经营也占经营整体的过半,规模也有五町左右,所以,自耕地主的性质没有决定性的倒退。

表9-6 租佃米收获量别的佃农数（宝历～文化）

| | 宝历二(1757) | 宝历十二(1762) | 安永元(1772) | 天明二(1782) | 宽政四(1792) | 享和二(1802) | 文化九(1812) |
|---|---|---|---|---|---|---|---|
| 10石以上 | | | | | | | |
| 10~7 | | | | | | | 1(0) |
| 7~5 | | | | | | 2(0) | 2(0) |
| 5~3 | 2(2) | | 2(1) | 3(1) | | 5(2) | 4(0) |
| 3~1 | 3(2) | 5(2) | 9(2) | 10(1) | 8(3) | 11(1) | 12(1) |
| 1~0.5 | 2(0) | 2(1) | | 4(1) | 9(1) | 5(2) | 2(0) |
| 0.5未满 | 1(0) | 3(2) | 5(2) | 4(1) | 1★(0) | 2★(0) | 4(0) |
| 合　计 | 8(4) | 10(5) | 16(5) | 21(4) | 18(4) | 25(5) | 25(1) |

（注）佃农仅以村内的为对象。( )是家持下人中的数量。
★表示在宅基地借贷关系上有支付"银50日"的1个人。

此外，作为经营的另一个方面的租佃经营在以上的发展中相对低调，但并非在此期间没有任何变化。在宝历时期以前，主要依靠以自家的家持下人为中心，并在某种程度上包括其他家的家持下人的下人佃农，而佃农约10人左右，租佃米超过3石（约1反3亩）的，除了A本家的家持下人外，尚未形成。但是，如表9-6所示，从安永时期开始，佃农也增加了近20人，其多数不是家持下人阶层，而是普通的村民，在看到佃农的量和质变化的同时，普通村民中出现了交给A本家的租佃米超过3石的阶层。当然，在到宽政初年的A本家自耕经营的发展方面，如已经论述过的那样，有了极其显著的变化，甚至出现了租佃经营的倒退，因此，租佃经营发展显著,形成佃农达 25 人,租佃米 5 石(约 4 反)以上的阶层的出现大概是从宽政中期开始的。此外,在此之前新产生的租佃关系或者中止租佃关系的案例很多,租佃关系的连续性依然很弱。

　　首先以自耕经营的维持、发展的宝历～宽政初年为对象探讨一下在 A 本家的这种发展中,亲方子方是如何变化的。宝历～宽政初年间,从冠婚葬祭的"呼众"或帮手中择出被认为和 A 本家有"出入"关系的家,结果如表 9-7[14]。享保时期,A 本家的子方阶层是 A 本家自身的家持下人,加之,"阿里奇"系统的家也构成一种子方阶层,而宝历时期这种结构虽然被基本保持,但有一定变化,其他家的家持下人也加入了子方阶层。而在 A 本家自身的家持下人减少的同时,出现了 A 本家的子方阶层是以其他家的家持下人或"阿里奇"系统的家为主构成的现象。概观这一期间子方阶层的变化,大体上能够这样概括。而且,"出入"关系中出现的村民除这些以外不是一个没有,但这样的村民只是一时地出现一下名字,这里不想予以研究。此外,和"番(人)"、"山(番)"、"开(番)"(均为隶属农民的称呼。——译者)同时记载的人相当频繁地出现在"出入"关系中,而他们的名字几乎没有出现在宗门人别改账上[15]。恐怕是被委托做和河川水利有关工作的人们,以和"阿里奇"类似的形式与 A 本家有"出入"关系,但在这里不予涉及。

　　即在观察享保时期阶段出现的 A 本家的家持下人的动向时,首先看到的是到宽延时期,市右卫门向附近的小曾根迁移。享保十年(1725)年前后,刚成为家持下人的半三郎不知为何理由成了"人别除"(即没有了身份的人。——译者),善九郎因无子弟,随着夫妻老迈而户绝,而且,利成了"柄在家"。这样,恰好在宝历末年成为新的 A 本家家持下人的喜兵卫加入进来[16]，A 本家的家持下人变成 4 人。这些家持下人如表 9-8 所示，除了宝历后半期新出现的喜兵卫外，租佃关系不断衰退，实质上的经济性关系退潮，到安永中期户绝、外出。而且，其中长三郎和吉次郎迁移到临村荒木新田[17]。

**表 9-7　和 A 本家的出入关系**（宝历 ~ 宽政）

| | | 宝历七 (1757) 法事呼众 | 宝历十四 (1764) 法事呼众 | 明和七 (1770) 法事呼众 | 安永八 (1779) 葬仪呼众 | 天明五 (1785) 法事帮手·返膳 | 天明八 (1788) 婚礼帮手 | 宽政三 (1791) 法事帮手 |
|---|---|---|---|---|---|---|---|---|
| 自家下人 | | 吉次郎 | 吉次郎 | 吉次郎 | 吉次郎 (绝) | (他出) | | |
| | | 与市右卫门 | 与市右卫门 | | | | | |
| | | 长三郎 | 长三郎 | 长三郎 | 长三郎 | (他出) | | |
| | | 喜兵卫 | 喜兵卫 | 喜兵卫 | 喜兵卫 2 名 | 仪八 | 仪八 | 仪八 |
| 他家下人 | | 权四郎 | 权四郎 | 权四郎 | 弥兵卫母 | (出家门) | | |
| | | 善兵卫 | 善兵卫 | 善兵卫 | 善兵卫 | (外出) | | |
| | | 德四郎 | 德四郎 | | | 〈德四郎〉 | 德四郎 | 德四郎 |
| | | 权右卫门 | | | | 〈权右卫门〉 权七 | 尾 | 权七 |
| 阿里奇 | | 八郎兵卫 | | 八郎兵卫 等 2 名 | 八郎兵卫·吉次郎 | 吉三郎 | 吉三郎 | 吉三郎 |
| | | 藤兵卫 | 藤兵卫 | 藤兵卫 | 藤兵卫·藤七 | 藤兵卫·十五郎 | 藤兵卫·十五郎 | 十五郎 |
| 其他的村人 | | 清次郎 | 清次郎 | | | | | |
| | | 总八 | 总八内 | | | | | (绝) |
| | | 与兵卫 | | 与兵卫 | | | | |
| | | 喜十郎 | | | | 喜十郎 | | |
| | | 吉兵卫 | | | | | | 正 |
| | | 善六 | | | | | | 立 |
| | | 九兵卫 | | | | | | 九兵卫 |
| | | ? | | | | | | 八三郎 |
| | | | | 庄七 | 番人庄七 | | | 番喜八等 2 名 |
| | | | | | 山吉平 | | | 山吉兵卫 |
| | | | | | 荒木新田幸三郎 | | | 开长兵卫 |

（注）安永八年的德四郎和权右卫门没出席葬礼，但得到了饭。

## 第九章 同族和亲方子方——以上瓦林村 A 本家为例

**表 9-8　子方和 A 本家的关系**（宝历～宽政）

| | | 宝历七(1757) | 宝历十二(1762) | 明和四(1767) | 安永元(1772) | 安永六(1777) | 天明二(1782) | 天明七(1787) | 宽政四(1792) |
|---|---|---|---|---|---|---|---|---|---|
| 自家下人 | 吉次郎 | ·5 | ·0 | ·0 | ·0 | (他出) | | | |
| | 与市右卫门 | ·0 | 0 | (绝) | | | | | |
| | 长三郎 | ·29★ | ·28★ | ·18★* | ·13 | ·5* | (他出) | | |
| | 喜兵卫 | – | ·5 | ·29 | ·34 | ·35 | ·48 | ·35 | ·0* |
| 他家下人 | 权四郎 | ·2★ | ·2★* | ·2★* | ·2★ | ·9★* | ·3★ | (家出) | |
| | 善兵卫 | ·2 | ·3 | ·1* | ·1 | 1 | 0 | (他出) | |
| | 德四郎 | – | – | – | – | ·2★ | ·8★* | ·12★* | ·25★* |
| | 权右卫门 | 11 | 11* | 11 | 10 | ·11 | | ·13★ | ·14★* |
| 阿里奇 | 八郎兵卫 | | ·1 | ·1 | ·1 | ·1 | ·0 | ·2 | ·5 |
| | 藤兵卫 | ·8 | | ·23 | ·23 | ·23 | ·9 | ·13 | ·9 |
| 一般农民 | 清次郎 | ·10 | 18 | 0 | 0 | | 12 | 82 | 0 |
| | 总八 | ·0 | 0* | 0 | 0 | 0* | 0 | 14 | (绝) |
| | 与兵卫 | 11 | ·12 | 12 | 12 | 12 | 11 | 11 | 11 |
| | 喜十郎 | 0* | 0 | 0 | 0* | 0 | ·14* | 0* | 0* |
| | 吉兵卫 | 0 | 0 | 2* | 0 | 0 | 18 | 23 | ·9 | 9 |
| | 善六 | 0 | 0 | 0 | 0 | 0 | 0 | ·0 | ·0* |
| | 九兵卫 | 0 | 0 | 0 | 0 | 0* | 4 | 银 50 目★ | 银 50 目★ |

（注）数字表示租佃米，单位为斗，不满一半按四舍五入。

★表示宅基地借贷关系。

＊表示奉公人的劳动力提供，但也考虑到了前后年次。

但对于女子名的记载，因许多不知为谁家女子而难以完全把握。

·表示据前表有出入关系。

但 A 本家并没有因这自家家持下人的减少而使亲方子方关系断绝，在宝历时期，它一边编入权四郎、善兵卫那样的其他家的家持下人，作为依附关系，一边确保了自家的子方阶层。而且，关于权四郎、善兵卫，如前表 9-8 所示，没有出现租佃关系的发展，到天明初期走到了离家、外出的道路。

但是，在此前后，德四郎、权右卫门从安永中期成为新的子方阶层。这两人和 A 本家的家持下人喜兵卫相比,虽然租佃关系弱,但比权四郎或善兵卫等的租佃关系强。此外,在自耕经营发展时期的安永到宽政初年,和一般的动向相反,可以看到租佃关系的保持,甚至有像德四郎那样的发展,所以,应该说加强了亲方子方关系。

在其他家的家持下人和 A 本家结成亲方子方关系中,一定存在着这些子方和本来的主家之间允许这一事态的条件。比如,权四郎原来是 A 本家的亲属分家的家持下人,但这一亲属分家以元文时期为界,土地收入从 15 石左右没落到 5 石左右,善兵卫的主家在这一期间,从 20 石没落到 2 石左右。享保末年的天灾等引起的农村的疲敝加速了农民阶层的分化,中期本百姓中一部分中上层也没落了(今井、八木,1955,86～96 页)。以这些没落阶层为主家的家持下人失去了亲方子方的存在条件,其中一部分就寻求像 A 本家那样的强有力的近世自耕地主做实质上的本家。而且,安永时期以后出现的权右卫门或德四郎在成为 A 本家子方的过程中,不能说宗门人别改账上的主家在经济上走向没落,它们都是有 10～15 石左右土地收入的稳定的家。但是,在 18 世纪后半叶,作为 A 本家的自耕经营发展条件的米和菜种的商品性农业生产也规定了普通农民阶层的农业经营发展,所以,这些家持下人的主家经营由于试图进行小农式的扩大,形成亲方子方的条件便逐渐减弱,这是不能否定的。为此,其虽然作为近世自耕地主在发展,但还是被依然有余裕持有子方的 A 本家编入。而这时,宗门人别改账上记载的主家只能认为是极其具有形式上意义的[18]。

第九章 同族和亲方子方——以上瓦林村A本家为例

表9-9 天明八年(1788)的A本家的地主经营

| | 年季·极奉公人 | A本家家持下人 | 佃农 | 出入 | 日工 | A本家日工 | |
|---|---|---|---|---|---|---|---|
| 家内 | | 仪八 | 35 | ○ | ○ | | |
| | | A本家佃农 | 佃农 | 出入 | 日工 | A本家日工 | |
| 家 | 权四郎子霜 ← | 下　　德四郎 | ★12 | ○ | ○ | 年寄 | 平兵卫 |
| | 权七子权吉·仁吉 ← | 下　　权七 | 11 | ○ | ○ | 半 | 利兵卫 |
| | | 阿里奇　藤兵卫 | 13 | ○ | ○ | 半 | 喜十郎 |
| | | 阿里奇　吉三郎 | 3 | ○ | | 半 | 伊兵卫 |
| 外 | 八十郎子政介 ← | 下　　八十郎 | 5 | | ○ | ？ | 久次郎 |
| | | 下　　总兵卫 | 8 | | | | |
| | 七兵卫子岩 | 柄　　清五郎 | 18 | | ○ | | |
| | | 柄　　传八 | 14 | | | | |
| | 善六子洁 | 柄　　长左卫门 | 46 | | | | |
| | | 柄　　勘右卫门 | 11 | | | | |
| | | 半　　孙介 | ★9 | | | | |
| | | 半　　吉兵卫 | 9 | ○ | | | |
| | 和介（近村） | 半　　九右卫门 | 6 | | | | |
| | 藤介（近村） | 半　　与三左卫门 | 66 | | | | |
| | 清八（近村） | 半　　三右卫门 | 17 | | | | |
| | 际　（播磨） | 半　　新兵卫 | 9 | | | | |
| | 竹　（丹波） | 半　　又左卫门 | 19 | | | | |
| | 初　（丹波） | 半　　市郎兵卫 | 20 | | | | |
| | 仁八（？） | 本　　善三郎 | 8 | | | | |
| | 源兵卫（？） | 本　　善右卫门 | 32 | | | | |
| | | 本　　甚左卫门 | 6 | | | | |
| | | （村外略） | | | | | |

(注)和表9-1的作表方式基本相同。

**亲方子方的结构和变质** 这样，A本家的子方阶层被重组了。表9-9的天明八年（1788）的A本家的地主经营和亲方子方的关系也显示了这一点。这时有"出入"关系的是A本家的家持下人仪八，其他家的家持下人德四郎、权七（权右卫门）、阿里奇系统的德兵卫、吉三郎，还有"半役人"的吉兵卫。其中，吉兵卫应该是具有子作制的性质，还没有强韧的纽带。此外，阿里奇系统，特别是德兵卫在A本家的家持下人减少但新的子方阶层没有出现的明和时期是强有力的子方，但在天明时期关系好像减弱了。因此，这一期间亲方子方的重组展示出基本上是自家家持下人减少，被其他家的家持下人替代的现象。特别是在自家家持下人减少的安永中期，在编进子方的德四郎或权右卫门（权七）中，能够找到新的亲方子方的典型。而且，在关系之强上，不言而喻是A本家自身的家持下人的仪八。

成为A本家子方的其他家的家持下人在和A本家的关系上显示的性质基本上是遗制名子制的性质。理由是应当重视他们是"下人"身份的同时，除了善兵卫（如前表9-8所示，天明七年以前外出）之外的权四郎、德四郎、权七（权右卫门）都是以宅基地的借贷关系和A本家结合的[19]。如表9-10所示，到宽政时期为止，和A本家有宅基地借贷关系的，除了处于借贷关系的九兵卫外都成为A本家的子方（但权右卫门在成为子方之后不久就进入宅基地的借贷关系），在这一阶段仍然保持着由宅基地的借贷而产生亲方子方关系的性质。不能将宅基地的这种借贷关系和贷与相提并论，即使在村落社会中，也不能认为宅基地的借贷关系与曾有过的贷与关系具有同样的意义，但家的依附的一面即使在观念上也确实被继承了下来,也正因为如此,他们和 A 本家的纽带大概也很强。

表 9-10 宅基地的借贷关系者和 A 本家(安永~宽政)

|  | 安永元<br>(1772) | 安永六<br>(1777) | 天明二<br>(1782) | 天明七<br>(1787) | 宽政四<br>(1792) | 宽政九<br>(1797) |
|---|---|---|---|---|---|---|
| 权四郎 | ·2★ | ·9★ | ·3★ | (家出) |  |  |
| 权 七 | ·10 | ·11 | ·11 | ·11 | ·14★ | ·24★ |
| 德四郎 | - | ·2★ | ·8★ | ·12★ | ·25★ | ·25★ |
| 九兵卫 |  |  | 4 | 银50目★ | ·银50目★ | ·银50目★ |

(注)数字表示租佃米,单位为斗,不满一斗按四舍五入。
·表示存在出入关系。★表示存在宅基地的借贷关系。

这些子方在宅基地的借贷以外,很多人还接受租佃地。而且,A 本家的自耕经营也有了发展,如前表 9-8 所示,除善兵卫以外都相当经常地向 A 本家提供奉公人。特别是权右卫门从天明末年到整个宽政时期,每年出两个男劳动力做"极奉公人"。此外,这一时期向 A 本家提供叫作"帮手"的各种临时劳动力,也包括帮杂的[20],在这些"帮手"的记录中也记载着这些子方的名字。确实,和享保阶段子方阶层的情况相同,其帮忙的天数都是极少的,但赋役性劳动也绝对没有被消灭。在稍后的宽政十年(1798)的"万觉账"上偶尔会有关于 A 本家插秧的记录。

史料 9-1 "万觉账"(宽政十年)

  插秧
    5町8反余    其中(自己的家)
    此外1町余     权七

德四郎
仪八　　　分担的份额
合计　约7町
其中2町余托付芝村的政左卫门来做

在A本家同年的约7町的插秧面积中，除了A本家原来的家持下人的仪八外，也包括其他家的家持下人权右卫门(权七)、德四郎的1町多耕地[21]。这时，阿里奇系统全部断绝了，但也有其他的若干"出入人"，其中也有比这三户拥有更大规模耕地的，但是，他们并没有被组进A本家的插秧作业之中。这显示出权右卫门或德四郎和A本家的关系特别亲密，并受到和A本家自己的家持下人同等对待的待遇。

这一时期的子方阶层(特别是德四郎或权右卫门的情况)和A本家的关系是和这种经营相关的实质性关系。但是，从这一事实出发并不能得出A本家的亲方子方是保持和发展的结论。如前表9-9所示，对于A本家的租佃经营或自耕经营总体而言，不能说这些亲方子方起的作用特别大，而只是显示了和享保阶段的子方阶层大体处于租佃经营的中心相当不同的状况。此外，也不能忽视这一期间得到其他家的家持下人的通常不超过两户。从A本家作为近世自耕地主发展的性质来看，已经缺乏将亲方子方和这一农业经营结合发展的条件，所以，从享保以来的长时期看，其整体处于衰退过程，虽然衰退中也有着一定的重组过程是从宝历时期到宽政初年的亲方子方发展的时代特质。

但是，一到这自耕经营超过顶点的宽政中期以后，和A本家的地主经营的变化相应，亲方子方的变化也在点滴进行着。如果

第九章 同族和亲方子方——以上瓦林村 A 本家为例

表 9-11 和 A 本家的出入关系（天明~文化）

| | 天明八<br>(1788)<br>婚礼帮手 | 宽政三<br>(1791)<br>法事帮手 | 享和三<br>(1803)<br>法事帮手 | 文化二<br>(1805)<br>法事帮手 | 文化三<br>(1806)<br>法事帮手 | 文化八<br>(1811)<br>法事帮手 |
|---|---|---|---|---|---|---|
| 自家下人 | 仪八 | 仪八 | 仪八 | （绝） | | |
| 他家下人 | 德四郎 | 德四郎 | 德四郎 | 德四郎 | 德四郎·<br>弥兵卫 | （绝） |
| 同 | 权七 | 西盖<br>（音译） | 权七 | 权七等2<br>名 | 权七等2<br>名 | 权七等2<br>名 | 权右卫门<br>等1名 |
| 阿里奇 | 吉三郎 | 吉三郎 | 吉三郎 | （外出） | | |
| 同 | 藤兵卫 | 藤兵卫·<br>十五郎 | 十五郎 | （外出） | | |
| 其他村人 | 九兵卫 | | 九兵卫 | 九兵卫·<br>喜兵卫 | 九兵卫 | 九兵卫 | 九兵卫·<br>喜兵卫 |
| | 新助 | | | | 新助 | 新助 | 新助 |
| | 吉兵卫 | 正<br>立 | | 正 | 吉兵卫内 | 正 | 吉兵卫 |
| | 庄八 | | | 八兵卫 | | | |
| | 喜十郎 | | | | 竹 | 竹 | |
| | 定右卫门 | | | | | | |
| | ? | | 八三郎 | | | | |
| | ? | | | 庄七母 | | | |
| | ? | | | | 良助 | | |
| | ? | | | | | 藤五郎 | |
| | ? | | | | | | □右卫门 |
| | | | 番喜八等<br>2名 | 番喜八 | | | |
| | | | 山吉兵卫 | 山吉兵卫 | | | |
| | | | 开长兵卫 | 开长兵卫 | | 武库 | |

还是用冠婚葬祭的"帮手"来表示从宽政初年到文化时期的子方阶

层的话，即如表9－11[22]。这里值得注意的是，前一阶段的 A 本家的家持下人仪八、阿里奇系统的吉三郎、藤兵卫、德四郎等到文化初年均外出、断绝。在到宽政初年的子方阶层中，直到文化初年还作为子方阶层存续的可以说只有权右卫门一人[23]。另一方面，从宽政中期开始和 A 本家恒久地结成"出入"关系的是九兵卫、新助、吉兵卫、定右卫门和喜十郎，而这些人大体上都不是"下人"身份的普通村人阶层。在这一发展中有着"下人"阶层本身减少的原因。在上瓦林村姑且不论其详细情况，到宝历～明和时期，所谓家

表9－12　子方和 A 本家的关系（天明～文化）

|  |  | 天明七<br>(1787) | 宽政四<br>(1792) | 宽政九<br>(1797) | 享和二<br>(1802) | 文化四<br>(1807) | 文化九<br>(1812) |
|---|---|---|---|---|---|---|---|
| 自家下人 | 仪八 | ·35 | ·0* | ·0 | (绝) |  |  |
| 他家下人 | 德四郎 | ·12★* | ·25★* | ·25★ | ·25★ | (绝) |  |
|  | 权七 | ·13* | ·14★* | ·24★* | ·43★* | ·64* | ·62 |
|  | 吉三郎 | ·2 | ·5 | (外出) |  |  |  |
|  | 藤兵卫 | ·13 | ·9 | (外出) |  |  |  |
| 一般农民 | 九兵卫 | ·银50目★ | ·银50目★ | ·银50目★ | ·银50目★ | ·25* | ·30★ |
|  | 新助 | 11 | 11 | 11 | 11* | ·14★* | ·17★* |
|  | 吉兵卫 | ·9 | 9 | 4 | ·42 | ·42 | ·25 |
|  | 庄八 | ·0* | 0* | 14 | 34* | 0* | 0* |
|  | 喜十郎 | 0 | ·0* | ·25* | ·25* | 25* | 63 |
|  | 定右卫门 | 0 | 0 | 0 | 25 | ·6 | 0 |

（注）数字表示租佃米，单位为斗，不满一斗按四舍五人。
★表示宅基地的借贷关系。＊表示奉公人的劳动力提供，但也考虑到了前后的年次。
·表示与表9－11存在出入关系。

持下人或家内下人(其后立刻成为家持下人或因入赘到其他处)的"下人"身份的引进还在进行,但从安永时期开始,"下人"急剧减少。这种减少几乎都是因为外出等引起的断绝的结果,下人的消失是从宝历中期开始的,文化时期不过只有两户而已。结果,文化末年家持下人仅有一户。从近世中期开始,因后期的农业经营更是小农式的发展,以及在其进展中农民阶层的瓦解,近世本百姓体制开始逐渐解体,其中处于村落下层的"下人"阶层首当其冲。

A本家至宽政初年一直保持的子方以家持下人为主的亲方子方最终就这样解体了,代替其出现的将普通村人作为子方的亲方子方是什么样的呢?这里,过渡性地并存着名子制的亲方子方和子作制的亲方子方的逻辑。如表9-12所示,在九兵卫或新助这种情况下,不能否定其是以宅基地的借贷关系为契机的亲方子方。九兵卫的家是具有近世初期本百姓系谱的家,但从宝历初期没落,天明时期其收获量变为3石左右,从这时起与A本家结为宅基地的借贷关系。也许这是金钱性的借贷关系,他没有立刻成为子方阶层,但无论如何不能否定从宽政初年他成为A本家的子方。

这些人通过宅基地的借贷关系成为子方意味着宅基地的所有在村落社会中有着重要的意义,而另一方面这一点也不能看得过重。如表9-13所示,一到文化时期,从A本家借宅基地的村人相当广泛,因为这其中除了九兵卫、新助,都没有出现在A本家的"出入"关系中。19世纪初,对这些宅基地的特殊意识淡薄了,其借贷关系只是单纯的经济意识。而像吉兵卫或喜十郎那样的以租佃关系为契机建立的"出入"关系的例子就发生了。吉兵卫的这种

表9-13 宅基地借贷关系者和A本家（宽政～文化）

| | 宽政九<br>(1797) | 享和二<br>(1802) | 文化四<br>(1807) | 文化九<br>(1812) | 文化十二<br>(1815) |
|---|---|---|---|---|---|
| 权七 | ·24★ | ·43 | ·64 | ·62 | ·62 |
| 德四郎 | ·25★ | ·25★ | （绝） | | |
| 九兵卫 | ·银50目★ | ·银50目★ | ·25 | ·30★ | ·47★ |
| 新助 | 11 | 11 | ·14★ | ·17★ | ·22★ |
| 新右卫门 | | | 60★ | 8★ | 16★ |
| 彦三郎 | | | 24★ | 25★ | 26★ |
| 弥八 | 4 | 18 | 2★ | 33★ | 6★ |
| 勘左卫门 | | | 53★ | | |
| 元次郎 | 9 | | | | 4★ |
| 隈 | | | | | 2★ |

（注）数字表示租佃米，单位为斗，不满一斗按四舍五入。
·表示存在着出入关系。★表示存在着宅基地的借贷。

倾向特别强。从上一阶段作为子方阶层维持下来的权右卫门也在身份独立的宅基地借贷关系消除的文化时期，和吉兵卫、喜十郎一样加强了以租佃关系为要素的子作制的一面。而且，关于定右卫门，租佃关系的发展没有明确展现，但该家是A本家的亲属分家。而当时收获量后退到5石左右的喜十郎是这家的亲属分家。也许因为分家疲敝，而通过同族结合和A本家结为子方式的关系，而这大概是像有A本家那样强有力的本家的同族才能够采取的形态。

即从宽政中期开始，表现出了以前的名子制逐渐解体，不断向

## 第九章 同族和亲方子方——以上瓦林村 A 本家为例

**表 9-14 文化时期的租佃关系和出入关系**

|  | 租佃米 |  | 出入 |  |  | 地位(文化十) |  |
|---|---|---|---|---|---|---|---|
|  | 田地 | 宅基地 | 文二 | 文三 | 文八 | 土地收入 | 身份 |
| 新六 | 77 |  |  |  |  | 11 | 柄 |
| 喜十郎 | 63 |  |  |  |  | 6 | 半 |
| 权右卫门 | 62 |  | ○ | ○ | ○ | 57 | 柄 |
| 伊右卫门 | 46 |  |  |  |  | 84 | 半 |
| 吉兵卫 | 42 |  | ○ | ○ | ○ | 0 | 半 |
| 伊兵卫 | 33 |  |  |  |  | ? | ? |
| 吉藏 | 31 |  |  |  |  | 12 | 半 |
| 政右卫门 | 30 |  |  |  |  | 115 | 半 |
| 九兵卫·喜兵卫 | 26 | 6 | ○ | ○ | ○ | 43 | 本 |
| 久右卫门 | 24 |  |  |  |  | 29 | 本 |
| 善兵卫 | 23 | 3 |  |  |  | 12 | 下 |
| 武兵卫 | 20 |  |  |  |  | 32 | 柄 |
| 仁兵卫 | 19 |  |  |  |  | 45 | 柄 |
| 三右卫门 | 17 |  |  |  |  | 107 | 本 |
| 仁右卫门 | 17 |  |  |  |  | 41 | 本 |
| 新助 | 14 | 3 | ○ | ○ | ○ | 12 | 柄 |
| 三郎兵卫 | 13 | 2 |  |  |  | 9 | 半 |
| 定右卫门 | 10 |  | ○ | ○ |  | 47 | 本 |
| 新右卫门 |  | 8 |  |  |  | 59 | 半 |
| 兵右卫门 | 6 |  |  |  |  | 11 | 本 |
| 元治郎 |  | 4 |  |  |  | 0 | 柄 |

(续表)

| | | | | | | |
|---|---|---|---|---|---|---|
| 总右卫门 | 4 | | | | 47 | 本 |
| 弥八 | | 3 | | | 0 | 柄 |

(注)数字的单位为斗,不满一斗按四舍五入。
租佃米为文化八年(1811)的数字,出入情况分别是表9-11上的文化二、文化三、文化八年的数据。

以租佃关系为契机的子作制过渡的性质。如表9-14所示,在显示文化时期的租佃关系和子方阶层的关系时,确实能够在和A本家租佃关系强的家中发现A本家的子方阶层,但同时租佃规模不那么大但有着宅基地借贷关系的人也成为子方。在这种并存的状况中也可以看出上面的性质。而这种发展也是符合村落制度的改变的。如第三章考察的那样,上瓦林村从明和时期开始,"下人"身份(即家持下人)等的非役人身份阶层也担负着领主的赋役,所以,可以认为在18世纪末,"下人"阶层被从村落成员中排除的状况减弱了。而这种"下人"身份地位的变化减弱了以前和名子制的亲方子方结合的宅基地所有的观念。

## 四 租佃经营和亲方子方

**租佃经营和子方阶层** 在A本家租佃经营倾向强烈的幕末时期形成了怎样的亲方子方呢? 最后,我想在租佃经营发展中抓住逐渐确立的地主佃农关系,考察在这一关系下的亲方子方。

如前所述,A本家从宽政中期到文化时期,土地集聚停滞,另一方面,自耕地率从80%降到55%,在紧接其后的文政时期的十余年间自耕地率降至20%,天保时期以后大体上维持着20%,形成近世时期自耕经营的基础。在这自耕经营决定性缩小的过程中,像既有的研究所指出的那样(今井、八木,1955,197页),土地买卖确实在进行,也包含着典当地租佃关系,但在从文化中期到文政中期之间土地收入的增加只在15石左右,以后土地收入增长停滞,甚至减少,所以基本上是朝着一边将既有的自耕地转为租佃地,一边形成、发展地主佃农关系的方向进展[24]。这自耕经营的缩小起因于农产品价格低迷或农业劳动力工资的上涨(同上,192~196页)。此外,奉公人在文化时期有14名左右,在自耕经营缩小的过程中,到文政时期以后减少到不足10名;而在租佃经营上,文政末期形成了米租7石以上的阶层,佃农人数也增加到30名左右。

表9-15 租佃米收获量别的佃农人数(宽政~安政)

| | 宽政十三<br>(1801) | 文化十二<br>(1812) | 文政十三<br>(1830) | 弘化三<br>(1846) | 安政七<br>(1860) |
|---|---|---|---|---|---|
| 15石以上 | | | | | |
| 15~10 | | | 3 | 2 | 1 |
| 10~7 | | 1 | 2 | 6 | 8 |
| 7~5 | 1 | 1 | 6 | 2 | 1 |
| 5~3 | 4 | 11 | 5 | 2 | 2 |
| 3~1 | 12 | 10 | 5 | 5 | 3 |
| 1~0.5 | 4 | 3 | 4 | 2 | |
| 0.5未满 | 3 | 4 | 2 | 4 | 7 |
| 合 计 | 24 | 30 | 27 | 23 | 22 |

(注)佃农仅以村内为对象。

租佃经营的这种扩大没有立刻在地主-佃农关系的确立上表现出结果。文政时期是租佃经营决定性扩大的时期,因而如表9-15所示,佃农按米租量区分的阶层构成的上限上升,特别是米租5石(约4反)以上的增加极其显著,但根据其他史料,佃农的变更或替换,或者米租的变动十分剧烈。地主佃农关系这种变化流动大概和近世末期村落的变化不无关系。如业已指出的那样,象征着近世村落社会疲敝的是以天保时期为主的户绝数的增加(同上,114~115页),在这种变化中租佃经营也不容易稳定。于是,与A本家的租佃经营相应,地主佃农关系正式确立是在进入弘化时期以后。这一时期,佃农大体分化为米租7石(约5反4亩)以上的层次和米租3石左右(约2反3亩)的层次,特征是前者的地主佃农关系的固定化和后者的租佃关系流动性变化的持续。而且,即使在弘化时期以后,自耕地率也有20%,规模占2町5反左右,由近10名奉公人劳动力经营,所以和全部放弃自耕经营的近代以后的寄生地主的性质也不完全相同[25]。但是,A本家的性质确实在很大程度上是依赖地主租佃关系的地主。

在提及地主佃农关系确立阶段的亲方子方性质时,必须将焦点集中在弘化时期以后。近世到文政时期以后,也几乎没有年度等明晰的冠婚葬祭的记录,要挑出子方阶层也有困难。但幸运的是还残存着嘉永元年(1848)市之进作为养子入家的记录,即"大道村泽田休左卫门次子养子入家一件",还有和此相关联的几份文件,所以我想可以通过对这时的"出入"关系的分析找出子方阶层,以此考察近世末期的亲方子方关系。在位于发达地区的上瓦林村那样的地方,也许会产生这样的疑问:在近世末期果真在惯例上存

第九章 同族和亲方子方——以上瓦林村A本家为例　353

在着亲方子方吗？但这时的史料中能够确实证明存在着子方。这就是A本家的主人市兵卫和市之进的亲生父亲进行入家商谈的信的"记录"。这里有下面的文字。

### 史料9-2　养子入家一件（嘉永元年）

养子入家的日子想决定在来月的七日。届时特省掉仪式性的东西，简单进行，请事先了解。而且对（养子本来的家的）家人们招待的饭食、钱，我方按你方的意思进行。此外当事人的礼品如下。

扇子　1箱　给市兵卫
延纸　2束　给愚妻
钱每份300文　下男5人
　　　　　　　下女5人

此外，对亲戚们、出入人、厨师、勺人等不用费心。给渡船的贺礼为1两银子。

（中略）

请了解以上的事情。其他如所说的那样全部省掉，尽可能简单。

根据这一史料，在市之进入家时，对A本家的主人"市兵卫"本人和"愚妻"送"扇子"、"延纸"（如同现在的纸巾。——译者），对A本家的"下男"、"下女"（即奉公人，和"万觉账"的人数一致）每人给钱"300文"作为礼品即可，而对其他的"亲戚"、"出入人"、"厨师"、"勺人"（斟酒人。——译者）就不用这些了。"亲戚"、"出入人"意味着A本家的家庭关系，其中"出入人"大概指的正是A本家的子方。

即在当时的A本家将子方作为"出入人"来对待，如果将这"出入人"从前面的"入家一件"中找出，就是以下的情况。

首先，按前所述，这时对"亲戚"、"出入人"不需要送礼品，在实际人家时，市之进直接送的物品有若干不同，而送的人是市兵卫及其妻子、下男（男仆。——译者）、下女（女仆。——译者）和女儿越（当时16岁），这不管怎么说，不过是礼仪性的东西而已。在"人家一件"的后面记有"礼品分配"，将礼物分给亲戚、年寄、寺院和其他村的庄屋等。这些礼物是市之进从原来的家拿来的还是A本家准备的尚不得而知，但其中引人注目的是，史料中对几乎所有场合被分给礼物的人都冠以"样"、"殿"等敬称，可对分给"半纸（书信用的日本纸。——译者）两相，银札三两"的15人和分给"袋装扇子两只，银札三两"的三右卫门却没有用敬称。而15人中记载为"步行"、"发结"、"番人"、"山番"、"开番"（均为对依附农民的称呼。——译者）的5人和其他10人相区别而记在一起，而如同已经考察过的在宝历~宽政时期那样，这个阶层和A本家的"出入"关系和一般的子方阶层性质稍异[26]。即这一阶段显示A本家亲方子方特质的子方阶层应该限定为和这5名相区别记在一起的10人和三右卫门。表9–16的"礼品分配人"就是这11人。

如本章开始时考察的一样，子方阶层在A本家冠婚葬祭时成为帮手、力工的很多。这时搬行李的几乎都是该家的男子奉公人，入家时的"五月廿七"和里开（回娘家。——译者）时的"六月十七"，"座间应酬"各出三名。这是表示出现名字的六名（原文如此），就是表中的"座间应酬"。几乎都是出一天勤，但只有三右卫门在入家和里开时均出。为此，像在"礼物分配"中所见到的那样，也许只有三右卫门被分给"袋装扇子两只"。而且，在这里，"礼物分配"中出现的佐七、定五郎、平右卫门没有上名，而我想这里要注意这三人的子弟、子女当时都成了A本家的奉公人。还有关于

## 第九章 同族和亲方子方——以上瓦林村 A 本家为例

**表 9-16 嘉永元年(1848)市之进入家时的出入关系**

|  | 出现的名字 | |
|---|---|---|
|  | 座间应酬 | 礼品分配 |
| 三右卫门 | 三右卫门 | 三右卫门 |
| 政右卫门 | 政右卫门 | 政右卫门 |
| 源次郎 | 源次郎 | 源次郎 |
| 平右卫门 |  | 平右卫门 |
| 佐七 |  | 佐七 |
| 源五郎 | 友藏 | 友藏 |
| 定五郎 |  | 定五郎 |
| 定右卫门 | 定右卫门 | 定右卫门 |
| ? |  | 尤库(音译) |
|  |  | 滩屋利右卫门 |
|  |  | 西宫当舍或(市三郎末藏) |

行,是在"座间应酬"以外当帮手,还有难屋利右卫门、西宫市三郎等作为"勺人"等,根据宗门人别改账,查不到行这个人,利右卫门、市三郎是其他地方的人,并且也不是农民,所以可以先将其排除。这样就能够确定三右卫门、政右卫门、源次郎、定五郎、定右卫门是当时 A 本家的村内子方。

**亲方子方的结构** 这些子方和 A 本家结成什么样的关系呢?在这时的佃农阶层中寻找子方,就如表 9-17 所示。除了平右卫门以外的 7 人都在佃农中出现了名字,而且可以确定在其内部基本上存在两个阶层。第一,是属于 A 本家佃农中米租 7 石(约 5 反5 亩)以上的子方。当时米租 7 石以上的佃农是 7 人,所以,除了

表 9-17 嘉永元年(1848)的佃农和出入关系

| | 租佃米 | | 出入 | | 佃农的地位 | |
|---|---|---|---|---|---|---|
| | 田地 | 宅基地 | 座间应酬 | 礼品分配 | 土地收入 | 身份 |
| 源五郎 | 110 | | ○ | ○ | 69 | 半 |
| 三右卫门 | 103 | | ○ | ○ | 91 | 本 |
| 三郎兵卫 | 98 | | | | 32 | (同家) |
| 政右卫门 | 92 | | ○ | ○ | 48 | (本) |
| 源次郎 | 77 | | ○ | ○ | 52 | 半 |
| *1 太右卫门 | 75 | | | | 6 | 本 |
| *2 定右卫门 | 72 | 3 | ○ | ○ | 11 | 本 |
| 孙左卫门 | 65 | | | | 93 | 本 |
| 佐七 | 40 | | | ○ | 0 | 半 |
| 长藏 | 36 | 5 | | | 14 | 柄 |
| 孙市 | 35 | 3 | | | 0 | 阿里奇 |
| 定五郎 | 31 | | | ○ | 10 | 无 |
| 孙八 | 29 | | | | 10 | 本 |
| 彦兵卫 | 26 | | | | 82 | 本 |
| 忠次郎 | 24 | | | | 61 | 本 |
| 吉兵卫 | 21 | | | | 18 | 半 |
| 善三郎 | 16 | | | | 4 | 半 |
| 新左卫门 | 9 | | | | 116 | 本 |
| 六右卫门 | 5 | | | | 175 | 本 |
| 作左卫门 | 4 | | | | 127 | 年寄 |
| 喜太郎 | | 2 | | | 14 | (同家) |

## 第九章 同族和亲方子方——以上瓦林村 A 本家为例

(续表)

| | | | | | | |
|---|---|---|---|---|---|---|
| 安兵卫 | 1 | | | | 50 | 半 |
| 五兵卫 | 1 | | | | 14 | (同家) |

(注)佃农仅记载村内的人。

数字单位为斗,不满一斗按四舍五入。

"佃农的地位"栏的土地收入为天保十四年(1843)的数据,"身份"为弘化四年(1847)的,其他的数字均为嘉永元年的。

\*1 也包括久右卫门的租佃米 1.4 斗。

\*2 是定右卫门的 49 斗和定右卫门兄的 25.4 斗的合计。

"出入"为表 9-16 的数据。

三郎兵卫和太石卫门以外的所有佃农都是 A 本家的子方。经过幕末的社会变动而处于固定了的地主佃农关系中心的、米租 7 石以上的阶层是 A 本家的子方农民[27]。而剩下的佐七、定五郎的米租为三、四石,相对要低于上述 5 户,他们之间应划一界线。

而米租 7 石以上的子方确实有着规模较大的租佃地,但他们不是下层。从他们在天保十四年(1843)的土地收入来看,如表 9-17 所示,除了定右卫门都是 5 石左右,而三右卫门竟达 9 石。从当时上瓦林村的土地收入阶层别的结构来看,这些子方与其说是下层,不如说是中层。而且,他们虽说是有 5 石土地收入的村人,但经济上绝不是稳定的(今井、八木,1955,181 页),天保时期户绝的也包括 5 石左右的土地收入阶层。据天保十四年的年贡纳入状况,三右卫门、政右卫门、源次郎等确实是"完成"了年贡缴纳,但 A 本家分别替交了 9 斗、5 斗、2 石,定右卫门有 2 石 5 斗的滞纳。A 本家替交一事也暗示着事实上存在着亲方子方。归根结底,在幕末的变动时期,村落内村人整体的自立条件薄弱,如果丧失和 A

本家的租佃关系,可能会急剧没落。另一方面,对于 A 本家来说,将所谓无产农民置于租佃经营的中心,在他们缴纳的租金上寻求经营基础,风险也是极大的。不如以有一定的土地收入、自立基础没有全部丧失的阶层为租佃经营的中心更为有利。在这二者的利害上,土地收入 5 石左右的家就成了 A 本家的主要佃农之家,其中形成了亲方子方关系。另外,虽然定右卫门只有很少的土地收入,但该家和其他 4 人的性质不同,是 A 本家的亲属分家,所以给其规模较大的租佃地是有其理由的。

另一方面,被给予规模较小的租佃地的定五郎、佐七明显是下层,如前表 9-17 所示,是土地收入 1 石或者没有土地收入的人。他们的租佃地相对少,但如表 9-18 所示,向 A 本家长期提供奉公人。阿里奇系统的孙市当时米租为 3 石 5 斗左右,此外还长期地给 A 本家出奉公人,在这个意义上,可谓是低于定五郎、佐七的子方。他们的特征是和 A 本家的自耕经营相结合及租佃规模相对小,因此,亲方子方的性质有着和宽政初年以前的权右卫门、德四郎相似的一面。在这一意义上,在市之进入家、里开时,他们没有出席"座间应酬"一事也许具有超过单纯的其子弟、子女是奉公人的意义。"座间应酬"不单是在下面干活[28],所以即使是 A 本家也要考虑出工的子方的性质。A 本家虽然将上面的 5 户和这 3 户都作为子方,但有着将二者区别对待的态度和意识。而虽然定右卫门和定五郎等都是同样的仅有少量土地收入的家,但却接受和三右卫门等同等的对待,这也还是因为定右卫门是 A 本家的亲属分家。

表 9-18　A 本家的奉公人（弘化~安政）

| | | 弘化二(1845) | 弘化五(1848) | 嘉永三(1850) | 嘉永七(1854) | 安政二(1855) |
|---|---|---|---|---|---|---|
| 出入人 | 源五郎<br>三右卫门<br>政左卫门<br>源次郎<br>定右卫门<br>佐七<br>定五郎<br>平右卫门 | 亥藏·佐吉<br>政吉<br>开撤(音译) | 佐吉<br>正<br>开撤(音译) | 佐吉<br>正 | 佐吉·太藏<br>正 | 佐吉·太藏 |
| | 孙市 | 利 | 利 | 利 | 利 | 利·正 |
| 村内 | 喜太郎<br>吉兵卫<br>兵右卫门 | | 吉兵卫 | 舍<br>吉兵卫 | 治下 | |
| 村外 | 男子<br>女子 | 1<br>2 | 3<br>2 | 2<br>1 | 2<br>2 | 1<br>2 |
| 合　计 | | 8 | 10 | 8 | 9 | 7 |

在这一时期的子方中存在着以上两个阶层,而如果站在和地主佃农关系相应发展而形成子方阶层的观点上,应该说上述的 5 户是有着重要意义的子方阶层。即这些子方按本章开始提出的亲方子方三形态来看,符合子作制的亲方子方。此外,定五郎、佐七、孙市是村落的下层,其亲方子方的关系和宽政初年前的权右卫门、德四郎相近,但他们和权右卫门、德四郎不同,甚至不是家持下人

或者没有那个系谱。孙市固然和 A 本家有着宅基地的借贷关系，但其他人不一定能找出这种关系。当时，和 A 本家处于宅基地的借贷关系中的子方只有定右卫门和孙市，但从文化时期开始，宅基地的借贷和依附关系结合的状况不断减弱，所以，以宅基地的借贷关系就断定其为名子制的依附是很困难的。在这一意义上，定五郎、佐七、孙市也应该被看作基本上是子作制的亲方子方，他们仍然以提供作为奉公人的劳动力而和 A 本家结合，在很大程度上这是因为 A 本家没有完全放弃自耕经营。

并且，连下层的子方和 A 本家的关系也没有一成不变地固定下来。从安政时期开始，也许是因为 A 本家的租佃经营的稳定性增加，定五郎、孙市的米租也变为 7 石以上，佐七的米租虽然也是变化的，但并非经常停留在三、四石米租的规模上。如果租佃规模也变大的话，这三家的子作制的亲方子方性质就愈发显著。而且，定五郎在弘化时期或者文政末年也被给予了较大规模的租佃地，所以和佐七、孙市不能等而视之。

表 9-19 文化时期的佃农和子方的动向

| | 租佃米 | | | 土地收入 | |
|---|---|---|---|---|---|
| | 文化八 (1811) | 文政十三 (1830) | 弘化三 (1846) | 文化十四 (1831) | 天保十四 (1843) |
| 新六 | 77 | | | 11 | 0 |
| 喜十郎 | 63 | | | 64 | 61 |
| 权右卫门 | ˚62 | 100 | ˚110 | 57 | 69 |
| 伊右卫门 | 46 | | | 74 | 21 |
| 吉兵卫 | ˚42 | 31 | 33 | 25 | 18 |

## 第九章 同族和亲方子方——以上瓦林村 A 本家为例

(续表)

| | | | | | |
|---|---|---|---|---|---|
| 伊兵卫 | 33 | | | | |
| 九兵卫 | °32★ | 70 | (2★) | 43 | (14) |
| 吉藏 | 31 | (4) | | 12 | 0 |
| 政右卫门 | 30 | 104 | °92 | 115 | 48 |
| 善兵卫 | 26★ | | 56★ | 12 | 14 |
| 久右卫门 | 24 | 53 | 95 | 29 | 6 |
| 武兵卫 | 20 | | | 32 | 22 |
| 仁兵卫 | 19 | 9 | | 45 | 90 |
| 新助 | °17★ | 14★ | · | 29 | · |
| 三右卫门 | 17 | 39 | °103 | 147 | 91 |
| 仁左卫门 | 17 | 60 | 24 | 40 | 36 |
| 三郎兵卫 | 15★ | 18 | (80) | 9 | (32) |
| 定右卫门 | °10 | | °79★ | 47 | 11 |
| 新右卫门 | 8★ | 62★ | · | 16 | |
| 兵右卫门 | 6 | 58 | | 77 | 92 |
| 元治郎 | 4★ | · | · | 0 | |
| 总右卫门 | 4 | | 4 | 9 | 11 |
| 弥八 | 3★ | · | · | 0 | · |

(注)数字的单位为斗,不满一斗按四舍五入。
°表示当时的出入关系。·表示家不存在。★表示宅基地的借贷。( )表示成为同家。

而地主佃农关系确立的弘化时期的亲方子方和在近世自耕地主的变化过程中出现的文化时期的亲方子方有什么关系呢?如业

已论述的那样,弘化时期的佃农关系是经过到天保时期的社会变动而形成的,所以,文化时期的佃农阶层中米租3石以上者,而且如表9-19所示,此后表示出租佃关系顺利发展的仅限于权右卫门(源五郎)、政右卫门两户,其他的租佃关系都衰退以至消亡。并且,这个过程不是因租佃经济性增长的结果而产生的,除喜十郎以外,都是由于土地收入减少而造成的,就像天保十四年(1843)的土地收入大体上不到2石的事实所显示的那样,应该认为在和这些佃农的租佃关系中因为经营不稳定,才使得租佃关系衰退、消亡。因此,当然会有像新助那样从名子制的亲方子方不能转化为子作制的亲方子方的子方;靠着租佃关系的发展和宅基地的借贷关系的解除,文政时期转化为子作制的亲方子方的九兵卫和已经在文化时期具有子作制的亲方子方性质的吉兵卫,在自立基础弱化中,也都招致租佃关系的停滞、衰退,从而从子方中脱落。而最终只能是其后能够顺利发展租佃关系的权右卫门(源五郎)家[29]和A本家亲属分家的定右卫门家一直到嘉永时期还是子方。

经过这一过程,嘉永初年的亲方子方的形成,必然需要相当长的时间。如文化时期的佃农中的租佃规模大的不都是A本家的"出入人"这一事实所示,虽说文化时期出现了子作制的亲方子方,但还是开端性的。租佃关系即使发展,但米租7石以上的阶层还没有正式出现;给佃农的租佃地规模也是变化流动的。可以断定这种状况从米租7石以上的子方正式形成的文政末年到天保时期也基本上没有改变。因为租佃关系,也包括租佃规模大的阶层,仍然是变化流动的。

关于嘉永元年(1848)的子方阶层,从这一期间和A本家的租

## 第九章 同族和亲方子方——以上瓦林村A本家为例

佃关系的变化来看,可以推定在米租7石以上的子方中,在天保时期已经成为A本家子方的除了权右卫门(源五郎)外,也只有政右卫门。此外,除权右卫门(源五郎)外,政右卫门、三右卫门在文化时期也已经有了一定的租佃关系,但其规模还是米租不足5石,即使从如表9-20所示的当时的土地收入来看,也不存在着成为子方的必然性。嘉永时期,米租7石以上阶层的子方阶层的正式形成必须以A本家的租佃经营成熟为前提,所以,也还是应该认为这在弘化时期才能看到[30]。

米租7石以上的子方的出现包含着更令人感兴趣的问题。像第三章也论述过的那样,近世的上瓦林村在中期以后,因为身份的固定化在进行,所以近世后期的"本役人"的中心是中期的本百姓的中上层,"半役人"在即使从中期开始的役人阶层中也是下层,而且,"柄在家"被原来的"下人"所占据。比较文化时期和嘉永时期的佃农层,即如前表9-14、9-17所示,在文化时期"半役人"、"柄在家"身份的佃农所占比例依然很高,即使米租3石以上的人家,除一户外,都属于这一阶层;与此相对,嘉永元年(1848)时,"本役人"阶层中佃农占的比例相对扩大,即使除去米租6石以上的佃农,大半还是"本役人"。即从文化时期开始,从身份阶层或门第来看嘉永时期佃农构成变化的话,整体是从以"半役人"、"柄在家"为主体向"本役人"、"半役人"为主体转化。和文化时期佃农是村落内门第相对低的阶层相对,嘉永时期的他们成为近世村落秩序的中心阶层。结果,这种事态意味着近世的村落秩序/近世本百姓体制最终解体,在这解体之上,A本家的地主-佃农关系得以形成。因此,这也意味着这一时期的亲方子方关系以近世的村落秩序的解体为前提而得以确立。

表9-20 嘉永元年出入关系者土地收入的变化

| | 文化十四<br>(1831) | 天保八<br>(1837) | 天保十四<br>(1843) |
|---|---|---|---|
| 源五郎 | 57 | 42 | 69 |
| 三右卫门 | 157 | 101 | 91 |
| 政右卫门 | 115 | 48 | 48 |
| 源次郎 | 35 | 52 | 52 |
| 定右卫门 | 47 | 25 | 11 |
| 佐七 | - | 0 | 0 |
| 定五郎 | 10 | 10 | 10 |
| 平右卫门 | 71 | 0 | 0 |
| 孙市 | | 0 | 0 |

（注）数字的单位为斗，不满一斗按四舍五入。
孙市可以认为是宗门改账上的与兵卫。

特别是在 A 本家的上述 5 户的子方中，三右卫门、源次郎（但当时成了"半役人"）、定右卫门明显地具有这一性质。并且，三右卫门在 D 姓中，源次郎在 B 姓中分别都是继承初期本百姓的系谱。此外，关于定右卫门，像反复讲过的那样，他是 A 本家从初期开始，在中期的变化中以分割继承而建立的亲属分家。正是这个阶层位于 A 本家子方阶层中心这一事实隐含着子作制的亲方子方和名子制的亲方子方从根本上属于不同的历史阶段这一的真正意义。

## 结　论

如上所述，本章结合上瓦林村的 A 本家性质的变化，论述了亲方子方诸形态的存在方式。

享保时期的亲方子方关系处于从纯粹名子制的形态向遗制名子制的形态转移的时期。因此，可以看到以宅基地的贷与或借贷关系为媒介的亲方子方关系维持着和 A 本家的家的依附关系，而特别是在纯粹名子制形态的情况下，这种倾向较强。子方处于亲方 A 本家的一员，或者是准一员的地位，以此加入到基于同族结合的共同生活中来。但是，同时遗制名子制的子方的增多，将亲方子方关系的性质变成接近于城市的"地主"和"租地"关系，因此以前的家-同族和亲方子方的结合也减弱了。

和近世后期的 A 本家作为近世自耕地主的发展相关联，这一倾向前进得更快。享保时期的 A 本家在其家持下人逐渐走向消亡的方向中，以宅基地的借贷关系为契机将其他家的一部分家持下人作为子方，而新形成的亲方子方关系更强化了遗制名子制的性质。这种亲方子方确实存在着"出入"关系，也和 A 本家的生活习惯相关联，但和家或同族纽带的关联已然减弱。而到 18 世纪末，宅基地的借贷关系和亲方子方的形成没有了关联，家的依附关系本身也衰退了。

这种名子制的亲方子方决定性地解体是在幕末时期。这一时期，A 本家的自耕经营受到挫折，租佃经营成为地主经营的中心，租佃关系也逐渐固定化了。此外，从村落整体来看，由于农民的穷困等原因,这时是中期建立的本百姓体制解体的时期,也是以役人、非役人为基准的身份制空壳化的时期。这里新形成的亲方子方是以租佃关系为契机的,也应该说是子作制的亲方子方。喜多野将子作制的亲方子方和名子制的亲方子方对比,认为它是"功能性"的(喜多野,1979,395、402页),但这和加强子作制的亲方子方维持租佃关系的手段的性质大概不无关系。而这子方阶层几乎都是"本役人"或"半役人",分别都构成了家,所以,亲方子方关系不是作为家的依附关系,而基本上是作为家和家的关系形成的。而且,这个时期的子方分别都具有自身同族的结合,绝没有以亲方子方关系为契机而成为亲方的非亲属分家的。

而且,将从名子制的关系向子作制的关系的发展视为依附性关系从强向弱转变是片面的。像本章开始时所述,在没有和家-同族结合的子作制的亲方子方关系中,因为不是以家-同族根底中的"我们意识"或横向关系为基础,所以,亲方对子方的支配明显的是纵向关系(上下关系)。

最后,本章中对阿里奇系统和亲方子方的关系的问题,以及亲属分家组进亲方子方的过程的问题没能进行充分的探讨,而这些问题也是重要的题目。特别是对后者的分析,也许会对自喜多野进行了大垣外(山梨县)的研究(喜多野,1940)以来,社会学一直关心的亲属的本家分家和亲方子方的关系这一问题给予启迪。

## 注

[1] 有贺在这篇论文的开头就说,长期在主家住而作为奉公人的劳动者"应

## 第九章 同族和亲方子方——以上瓦林村 A 本家为例

该将其看作家庭成员,这是我最先提出的,但我不认为在任何场合下,都必须将其看作家的成员。"(有贺,1973,11页)。在这一点上,我们可以感受到其背景。

[2] 在本章中"贷与"和"借贷"区别使用。"贷与"是借贷给的意思,不伴随着所谓借的东西(既有实物也有现金)。应该认为这是通过子方对亲方日常的服务行为,进行对"贷与"的偿还。与此相对,"借贷"则是有着明确的借的东西来付给子方,在近世的村落中,多以宅基地的租金形式以实物缴纳。

[3] "出入人"并不全是以租佃关系为契机产生的,他和地主的地域社会支配相结合,不是佃农,甚至连经济地位高的也甚至结成出入人关系,这种情况喜多野自己也论述过(喜多野,1979,399~401页)。但在这里,和喜多野一样,暂不考虑这些子方的问题。

[4] 如何将所谓契约亲子等和这三种亲方子方形态联系起来把握,确是个问题,而这里认为只要它是以经济的依赖关系为基础建立的,那么就是子制形态的礼仪化的东西。而且,关于在更广义的拟制亲子关系和亲方子方的关系,确实有进一步研究的必要。

[5] 晚年的喜多野是从抚养家的观点来理解的,并且有将抚养的本来意义过份限定于亲属成员的取向,结果他对即使是对亲方子方层次的本家分家关系的存在也采取消极的态度(喜多野,1982,94、101页)。所以,对喜多野在这里揭示的亲方子方中的第(一)种形态,能否确认是本家分家关系尚有怀疑的余地。

[6] 以下文中使用的 A 本家的经营规模或自耕地率等,依据的是今井、八木《封建社会的农村结构》中的第 170~171 页的表。

[7] 关于从近世初期到中期的亲方子方问题,笔者从上瓦林村整体的动向方面进行考察的另有一篇论文,请参考(藤井,1982)。而且,关于中期以前的问题,本章将在对享保时期的亲方子方的分析中稍加整理。

[8] 这一换算是根据今井、八木的分析。即每反地租近世中期以后没显示出显著的下降,在以文政时期的"所持田地调查"为基础时是 1 石 3 斗 5 升,按片段出现的数字计算时,是 1 石 1 斗 3 升。这里暂且换算为 1 石 3 斗。以下将米租改为面积时也是同样(今井、八木,1960,183~184

[9] 关于出力工的家,笔者不是任意选定的。在其他同族的家或 A 本家的血缘分家出力工时,像"市右卫门内"那样,力工名字的右边记载着出力工家的百姓名。另一方面,A 本家的家持下人出的力工则没有这样的记载,只有力工名。而且,这时没有给这些力工工钱的记录。

[10] 如果这"之分"是"子分"的误写的话,那么,依附农民也和亲属分家一道都被叫来参加了冠婚葬祭。

[11] 但看享保二年(1717)的"德誉宗林往往之节香奠记录"中的"遣物记录"和享保五年(1720)的"德誉宗林三回忌"之夜的集合的人中,在表示子方部分记录的名字里,均只有享保十二年直接出力工的弥兵卫、市右卫门、与市右卫门等家,所以,也可能这三户和 A 本家的连带较强。但是,即使从后面考察的宝历时期的 A 本家和家持下人的"出入"关系的特征来看,不能仅将上面的三户限定为 A 本家的子方。

[12] 这个家内下人从 A 本家的家内奉公中娶妻,本人不久死去,其妻和其他家内下人结成亲子关系而成为家持下人,这是半三郎的情况。

[13] 这一点请参见大竹的关于农村奉公人的研究(大竹,1955,465～468 页)。而且,"极奉公"包括轮流奉公,是年季奉公以外长期雇佣的奉公。在 A 本家是一年契约的"丸居",更新这一契约的奉公形态中期以后逐渐增加。

[14] 这里使用的史料如下:
(宝历七年)松誉净月寿清信女一周忌留,(宝历十四年)宗贞居士七回忌留,(明和七年)实净院融誉圆应宗贞十七回忌留,(安永八年)随誉圆山宗顺禅定门往往留,(天明五年)教善院随誉圆山宗顺居士七回忌留,(天明八年)婚礼仪式一式万留账,(宽政三年)教善院随誉圆山宗顺居士十三回留。

[15] 因此作为"山番"出现的吉平(兵卫)也和宗门人别改账上有名字的吉兵卫不是同一人的可能性是非常高的。

[16] 来历不明,但在成为家持下人前,宝历初年作为轮流奉公人出现过他的名字,所以,他应该是从其他地方作为轮流奉公人来的,并成为家持下人。

## 第九章 同族和亲方子方——以上瓦林村 A 本家为例

[17] 长三郎和吉次郎外出后的一段时间和 A 本家保持着关系。当然不是像村内的子方那样频繁的"出入"关系,而是在 A 本家做法事等仪式时将村内大范围的人作为"呼众"集合等场合时,和"呼众"的名字连在一起,不过是这种程度的关系。此外,吉次郎在他外出前有土地收入近 10 石,所以可以认为其移居是在下人独立过程中产生的。因为在上瓦林村即使经济上增强了,但从"下人"身份上升到役人身份是很困难的。

[18] 从享保中期开始,和以前不同,没有宗门人别改账上的主家变更。因此,新成为 A 本家子方的家持下人在宗门人别改账上还是沿用以前主家的名字。但这种关系归根结底是形式上的。

[19] 但 A 本家的家持下人仪八没有显示出宅基地的借贷关系。仪八是否已经登记了宅基地,不得而知,但他至少在没有土地收入的安永前大概和本来的名子同样接受了宅基地的贷与。因此,宅基地的贷与关系并没有完全消亡。

[20] 关于"帮手"、"帮杂的"需要今后的研究(今井、八木,1955,160~164 页,大竹,1955,444~445 页)。

[21] 这些可以认为是由 A 本家的租佃地和各个子方的登记地构成的。这一年的米租,德四郎是 2 石 5 斗,权右卫门是 2 石 4 斗,仪 11 是 1 石 3 斗左右,合计 6 石 3 斗(面积约 5 反),将仪八和权右卫门的土地收入合计为 2 石左右(面积 2 反 5 亩)合算,面积则约为 7 反 5 亩。似乎是少了一些,但如果考虑到对这些子方的米租有变小相对低的可能性的话,大体可以做出以上的判断。

[22] 这里使用的史料如下:
(享和三年)教善院随誉圆山宗顺居士二十五回忌留,(文化二年)教信院松誉净月寿清大姐五十回忌留,(文化三年)实净院融誉圆扇宗贞居士五十四回忌留,(文化八年)元祖光荣御惠成张大师六百回忌御回向,德应院莲誉妙祐信女百回忌,教善院随誉圆山宗顺居士三十三回忌留。

[23] 这个权右卫门在文化初年也和 A 本家没有了宅基地的借贷关系,身份上也从"下人"变为"柄在家",总算进了普通村人中。土地收入也从宽

政中期的 1 石 6 斗左右增至文化末年的近 6 石,因此,靠着这样的经济增长,可以留在村落内。

[24] 不能完全无视典当地的关系。后面论述的嘉永元年(1848)的 A 本家的佃农也有通过这一期间的典当地关系形成租佃关系的。

[25] A 本家基本放弃自耕经营是在明治十年(1877)前后(今井、八木,1955,173 页)。

[26] 但"步行"、"发结"在宗门人别改账上也记着名字,这也许是为了和其他的人相区别。此外,其中"步行"的孙市如后所述,对 A 本家的地主经营是相当重要的。

[27] 关于三郎兵卫、太右卫门没有作为 A 本家的子方出现的理由,虽然没有明确的答案,但引人注目的是三郎兵卫是同家的身份,太右卫门也在一个时期(天保十一~十五年)成为三右卫门的同家。此外,平右卫门连与 A 本家的租佃关系也没有,却出现在子方中,其原因不明。

[28] "座间应酬"的"贵宾"数量从史料来看,入家时有 4 名,里开时有 2 名,因此,为接待这个数量的"贵宾"而各出三名子方是很难想像的。应该说"座间应酬"比入家、里开时更多地照顾全面,和单纯在下面干活的力工不同。在"人家之节"中也记述着"对不知道地方的,让三右卫门去迎接、指路"。而进行这种照顾也是不久就成为亲方的市之进的子方的工作。

[29] 关于源五郎,今井、八木已经指出他有"依附的性质",其理由举出了"明治以后有事时也出入 A 本家"(今井、八木,1955,181 页)。源五郎是安永时期以来的子方,所以其关系也许更为亲密。

[30] 在文化时期的子方也减少了的文政、天保时期,A 本家并不是几乎失去了子方。在现存的文政十一年(1828)的"教善院随誉圆山宗顺居士五十五回忌留"中,从那时的"呼众"中剔出子方的话,除从文化时期到嘉永时期持续为子方的定右卫门、源五郎外,在文化时期的子方中,有天保时期以后从子方中脱落的喜兵卫(九兵卫)、"步行"、"发结"、"山番"等,还有佐七、定五郎的名字。政右卫门在其后由于米租急剧增加,在这一时段是 3 石左右,所以,还没有出现在"出入"关系上。定五郎、佐七等存在的意义也许更有单独研究的必要。

# 后　记

本书在以前的家-同族研究发展的基础上,对近世村落社会的家-同族进行了历史社会学的分析。

如第一章所示,关于家-同族功能的经营论、抚养论,还有关于结构的纵向关系论(主从关系论等)是代表家-同族理论的有贺喜左卫门、喜多野清一的重要论点,以前的社会学或社会科学整体上也对此广泛地予以接受。但是,1980年代以后的长谷川善计的研究提出了株(权利、义务的单位)论和横向关系论(而且,长谷川主要使用"我们意识"和"共同关系"的概念),由此,将有贺、喜多野的理论相对化了,同时给予了家-同族理论的发展以新的契机。尽管长谷川的理论主要是以近世的家-同族为对象,但近代乃至今天存续的家-同族的历史性形成、确立正是在近世时期,所以,长谷川的理论是阐明家-同族起点的理论。作为关于近世这一时代的家-同族的理论是不能轻视的。

此外,如第二章详细论述的那样,长谷川的理论对日本社会论也有冲击。长期以来,家-同族论不仅论述的是家-同族,而且是和阐明日本社会本身相联系的。即在家-同族中看到的逻辑规定着日本社会整体的特质,日本社会的结构收敛在经营的逻辑及纵向社会的特质上。因此,长谷川的理论从根本上质问以前的日本社会论的妥当性。并且,如果将日本社会特质之"原型"放在近世社会的话,以近世的家-同族为对象的长谷川理论的存在就迫使我们对日本社会论进行再探讨。在"原型"的近世社会中到底存在着具有何种性质的家-同族而形成社会的基础呢？对近世的家-同族的阐明不仅是家-同族理论,而且对日本社会论的发展也具有极其重要的意义。

关于家,本书首先在第三章综合性地论述了株的特质,其中重要的是,所谓近世村落的家是在村落的政治的、经济的、文化的、宗教的场合作为"一户"担负着各种权利、义务的主体。近世初期,初期本百姓是这种株的存在本身,近世中期以后,在近世本百姓体制中,和门第制度复杂地纠缠在一起,维持着作为株的家。而从近世史料中如何实证性地把握这作为权利、义务单位的家,以前没有明确的定论。第四章以今井村为例,尝试性地表述了不能依靠宗门改账或宗门人别改账的史料,毋宁说近世初期的人别改账及近世中期以后的五人组账、夫钱割付账更有用。另一方面,关于家的结构方面,如在第五章的父系家长制论中所论述的那样,并非家长个人使用强有力的支配权力,应该注意到其被家的传统强有力地束缚着。存在着对包括家长在内的全体家庭成员的家（还有其传统）的强烈的顺从,结果形成了强烈的"我们意识"或横向关系。没有必要否定家具有父系家长制的特质,但这是以横向关系为根底的父系家长制。

同族基本上是在与家共通的原理上建立的,但其作为实际上的集团却有所不同,在某种程度上显示出其独立的特质。对同族的横向关系的逻辑或实际状态的考察主要是将焦点放在以同族层次为中心的各种习惯(继承等)或共同生活的实际状态上,这是第六章的分析,通过这一分析使以上方面相当鲜明地显露出来。同族是以株的家为单位构成的,所以,同族的自立性或对等性能够比家更发达。但是,也如长谷川论述的那样,家-同族的亲属和非亲属在继承等方面受到迥然不同的对待,所以,亲属(分家)、非亲属(分家)不完全形成同质的横向关系。对这一点,通过第七章、第八章的对依附农民的分析,还有第九章的对 A 本家的亲方子方关系的分析,进行了具体的考察。但同时,虽然有这样的事实,也不能否定横向关系甚至是包括着非亲属(分家)而成立的。在第八章的 B 本家和诸世代阶层的关系,还有第九章的 A 本家和名子制的子方阶层的关系中可见其一端。另一方面,关于功能的侧面,同族不是株本身,而是株的分有体(或共有体)。本书虽然没有像对结构的侧面那样对其详细论述,但通过第七章、第八章的分析,在某种程度上阐明了功能的特质。第七章阐明了同族和组(五人组)在组织上的重合性,而在第八章中具体展示了一直认为对组(五人组)来说是本来的功能(年贡缴纳的连带责任等)由同族担当这一事实。

而且,本书始终重视横向关系,因此也许会被当作在否定纵向关系的存在,但我未必是站在这一立场上的。应该说是对纵向关系的理解不同。包括中根千枝以前的纵向关系理论或者纵向社会论是将纵向关系理解为构成集团成员间的关系。那是宗家制度的师父和徒弟、公司里的上司和部下的关系,在家或同族中则是家长和家庭成员、本家和分家之间的关系。但是,从本书的立场出发,纵向关系不是在这种成员之间的关系中,而首先应该是在成员和集团(社会单位)本身之间显著发达,即在家和家庭成员、同族和其构成户,或者公司和职工的关系中。如果允许把这种关系表现为纵向关系的话,在这个意义上可以说,日本社会的"原型"中纵向关系是牢固的。但同时不要忘了这个纵向关系和本书强调的横向关系,即集团成员之间的"我们意识"或横向的关系是表里一体的。

而近世社会及其根底村落社会的家-同族的特质原封不动地被近代以至现在所继承。近代的社会变动——产业化(资本主义化)、寄生地主制的形成、家庭制度的形成等,不管哪一个都成为家-同族变化的要因,这是不可否定的。正因为如此,其中株的理论或横向关系也就有了弱化的可能性。比如可以预想第九章论述的亲方子方也由于寄生地主制度的建立而产生巨大的变质,即以前的家-同族理论或者日本社会论强调的纵向关系得以强化。但是,近世社会被作为"原型"是有其自身的理由的。比如,可以称作"日本的"特质之代表的"日本的集团主义",关于集团的团结或集团的统一性的逻辑,仅用以前的经营论或纵向关系论是有其不能解释的一面的,在注意到近世家-同族具有的株的理论或横向关系的重要性时,才能准确地予以理解。在这个意义上,近世社会的原理直到今天仍起着酿成"日本的"社会特质的作用。

笔者最初接触到村落研究是20年前左右,那还是笔者在神户大学的学生时代。那时以研究室的老师们为中心,进行以同族为题目的村落调查,幸运的是我可以作为一个学生调查员参加这一调查。但是,我当时对家或同族几乎没有什么兴趣,在毕业论文中写了那个村子的事,加入刚上任的北原淳老师的讨论课后,选择了和社会经济史或农业经营论相近的题目。后在研究生院硕士课程中,转向欧美的地域社会研究的题目,因此,不要说家-同族的研究,就是离日本的村落研究也远了。

真正开始以家-同族为研究对象是进入博士课程之后。当然,这是受到了当时全力以赴进行同族研究的长谷川善计、竹内隆夫老师很大的影响。此外,数次从东京都立大学来讲课的石川荣吉老师也通过社会人类学的亲属论或共同体论的讲义,引发了我对亲属或家的兴趣。加上有长谷川老师的推荐,我又恳求给我指导的八木哲浩老师教给我史料分析的基础,并且,八木老师让我利用作为《封建社会的农村结构》(有斐阁,1955)的主要舞台的上瓦林村的史料,同时,数次给我以研究发表的机会。

此外,在学校以外,以关西为中心的村落社会研究者的学习会"村子研究会"很活跃,通过这个场所,我得以接触到余田博通先生、松本通晴先生、光吉利之先生、鸟越皓之先生等家-同族的研究者。特别是松本先生在(神户大学)研究生院曾指导过我,而且请我去他在同志社大学自己的研究室开设的研究会。在研究会上,话题不限于家-同族,人们也谈论着村落或地域的情况。而和当时还是(京都大学)研究生的兰信三、古川彰、中道仁美等能够进行研究交流,使我受到很大的启示。

于是,笔者开始了家-同族的研究,不知不觉迎来厄年(42岁。——译者)。在此期间,并非没有搞其他研究,但不管怎样没有离开家-同族的研究,直至现在。特别是在名古屋大学教养部(现为信息文化系)奉职的数年间,是变更研究题目的绝佳机会,并受到上司中田实老师、文学系的北川隆吉老师的宽容对待,结果仍是在以前的研究题目中逡巡徘徊。但是,因为本人有些凡庸,因此研究的进展没有像时间流逝那样取得进展,拖到了今天。这是实情。

在研究生时代有颓丧的时候,平常不喜说教的杉之原寿一老师对我说过大意是"干应该干的事,道路会开的"的话。这话一直留在我的耳朵里,有时像忽然想起来一样地自问道:"你做了应该做的事吗?"本书就是笔者半怀着自责的念头写成的。有段时间因为自己的原因断了出版的念头,但在北原老师的鼓励下本书得以出版,只是遗憾溘然逝世的长谷川老师、松本老师没能看到本书。

本书题目用的是"历史社会学",但实际上这是在种种困惑后的选择。现在"历史社会学"像在社会学中得到了市民权一样,显示出兴盛的征兆,但笔者的研究和近来的研究或许在性质上稍有差异。近年的"历史社会学"强烈地关注"近代"或"现代化",但对笔者来说,则将其定位于将焦点设置在社会关系或社会集团上分析历史现象的社会学。但从以下理由出发,还是使用了"历史社会学"这一术语。

第一是因为兰先生的《"满洲移民"的历史社会学》(行路社,1994)出版时,我被其题目强烈地吸引住了,就是这么个单纯的原因。第二是因为我接受了以日本代表性的历史社会学者筒井清忠先生为中心撰写的"战后日本历史社会学的发展"("社会学评论"四十七之一,1996)中的定义,它将"历史社会学"的涉及面设定得很广。并且,在此论文中,以长谷川先生为中心编集、笔者也参加了一部分撰写的《日本社会的基层结构》(法律文化社,1991)也被加进"历史社会学"领域的研究中。最后的理由是和大体10多年前在讨论课上发表的研究构想有关。那时在研究题目中使用了"历史社会学的研究"这一概念。当然,构想没有完全实现,但我自己理解是在此构想的延长线上完成本书的。谨慎地说,也是为了再次确认自己研究的出发点而使用了"历史社会学"这一题目。

笔者的研究是到地方上去,并得到当地人的帮助才得以成立的。生来腿脚懒的笔者能够迄今持续研究是沾了当地人的深情厚谊和宽容的光。在资料收集时走投无路、感到绝望的时候也不少,但人们总是伸出温暖的手使我得以走出困境。和作为本书实例的三个村落相关的诸位先生,特别是冈本家的前主人俊二先生(已故)和现在的主人纪士生先生、矢吹家的主人修先生和继承人宏先生,此外还有分家的矢吹圭司先生,霞田宽治、笃子夫妇给我以很大的照顾,借此场合表示谢意。

感谢和笔者同去调查的各位研究生、大学生,还有帮助校对本书的大搠文彦(神户大学研究生院)、平井晶子(日文研研究生院)等诸位。

最后,在本书出版时,岩本由辉先生费心费力。在爱知县的知多半岛的村研(日本村落研究学会)大会上,先生偶然听到笔者想出版此书,立刻当场和刀水书房取得联系。而刀水书房的桑原迪也先生在出版竞争激烈的情况下,痛快地答应了出版尚未成熟的本书。如果没有这二人的恩惠,本书也许永远不会问世。如果本书能于万一报答二人的尽心尽力则称万幸。

以下是本书的各章和原来论文的关系。

序论　除去一部分,其他均为新写的

第一章 "日本的家和同族"（北原淳、大野道邦编《社会学——理论、比较、文化》，晃洋书房，1994）

第二章 新写（但有概括性的论文"日本社会论和家、同族论"（《社会学杂志》14，神户大学社会学研究会，1996）

第三章 "村落社会和家"（《文化学年报》6，神户大学，1987）

第四章 "村落史中的家"（《名古屋大学社会学论集》11，1990）及"佐久市今井的家、同族、村落"（长谷川善计等《日本社会的基层结构》，法律文化社，1991）中的一部分

第五章 "近世农民的家和父系家长制"（永原庆二、住谷一彦、镰田浩编《家和父系家长制》，早稻田大学出版部，1992）

第六章 "村落社会中的同族结合"（《文化学年报》3，神户大学，1984）

第七章 "佐久市今井的家、同族、村落"（长谷川善计等《日本社会的基层结构》，法律文化社，1991）的一部分

第八章 "村落中同族的结构和功能"（《名古屋大学社会学论集》15，1994）

第九章 "近世村方地主的发展和子方从属"（《地域史研究》12之3，尼崎市，1983）

笔者关于家、同族的论文除本书所收之外，还有数篇，都难以舍弃，但考虑到本书的宗旨和长度只好割爱。特别是"再考・日本的'家'"（"近代"61，神户大学，1985）是笔者由最初主要研究同族

而转向家的研究的契机式的论文,是难以忘怀的。和现在笔者对家的见解不一定一致,不成熟也是很明显的,但因撰写这篇论文总算看到了家的研究的整体情况和论点。此外,本书中收录的各篇论文在收录时也做了大幅度的修改,所以本书不是已经发表的论文的汇编。

1996年 初冬

藤井 胜

附记 1986年度、1989年度和1992年度的文部省科学研究费(都是奖励研究A)赞助了笔者以同族为中心的各个研究。此外,出版时也接受了1996年度文部省科学研究费的补助金"研究成果公开促进费"(普通学术图书)的赞助。

# 参考文献

\*以下文献是以本书引用文献为主。

■あ行

青山道夫　1974「家長の法的地位」(『講座　家族2』弘文堂)
──　1976「日本の『家』の本質について」(福島正夫編『家族──政策と法──7』東京大学出版会)
──　1978『日本家族制度論』九州大学出版会
明石一紀　1979「日本古代家族研究序説」(『歴史評論』347)
赤田光男　1988『家の伝承と祖先観』人文書院
アジア経済研究所調査研究部編　1974『M・ウェーバーの「家共同態」論』非売品
尼崎市編　1974『尼崎市史・第五巻』尼崎市
網野善彦　1990『日本論の視座』小学館
有地　亨　1977『近代日本の家族観』弘文堂
有賀喜左衛門　1932「棄児を通じて見をる関東地方の生活の今昔」(『蕗原』特輯号)〈著作集 VIII　1969 所収〉
──　1932「村の家」(『蕗原』特輯号)〈著作集 IX　1970 所収〉
──　1933「捨子の話」(『法律新聞』3508~20)〈著作集 VIII　1969 所収〉
──　1933・4「名子の賦役〈上・下〉」(『社会経済史学』3-7・10)〈著作集 VIII　1969 所収〉
──　1939「南部二戸郡石神村における大家族制度と名子制度」(『アッチク・ミューゼアム彙報』43)〈著作集 III　1967〉
──　1943a『日本家族制度と小作制度』河出書房〈著作集 I・II　1966 所収〉

―― 1943b「上代の家と村落」(『東亜社会研究』1)〈著作集Ⅶ 1969 所収〉
―― 1947「同族と親族」(『日本民俗学のために〔柳田国男先生古稀記念論文集〕』2)〈著作集Ⅹ 1971 所収〉
―― 1948a『村落生活』国立書院〈著作集Ⅴ 1968 所収〉
―― 1948b「都市社会学の課題」(民族文化調査会編『社会調査の理論と実際』青山書院)〈著作集Ⅷ 1969 所収〉
―― 1949「日本の家」(日本人類学会編『日本民族』岩波書店)〈著作集Ⅶ 1969 所収〉
―― 1952「村落協同体と家」(『村落社会研究会年報Ⅲ〔村落協同体の構造分析〕』時潮社)〈著作集Ⅷ 1969 所収〉
―― 1959a「親分子分」(岩村忍編『日本の民俗と文化』講談社)〈著作集Ⅸ 1970 所収〉
―― 1959b「日本における祖先の観念」(岡田謙・喜多野清一編『家―その構造分析』創文社)〈著作集Ⅶ 1969 所収〉
―― 1960「家族と家」(『哲学〈慶応大学〉』38)〈著作集Ⅸ 1970 所収〉
―― 1962「同族団とその変化」(『社会学評論』46)〈著作集Ⅹ 1971 所収〉
―― 1965『日本の家族』至文堂(改題『家』1972)〈著作集Ⅺ 1971 所収〉
―― 1968「家族理論の家への適用」(『社会学評論』19‐2)〈著作集Ⅸ 1970 所収〉
―― 1966~71『有賀喜左衛門著作集Ⅰ~Ⅺ』未来社
―― 1973「家と奉公人」(喜多野清一博士古稀記念論文集編集委員会『村落構造と親族組織』未来社)
―― 1976『一つの日本文化論』未来社
―― 1980『文明・文化・文学』〔中野卓編〕御茶の水書房
飯沼賢司 1981「『在家』と『在家役』の成立」(『歴史評論』374)
家永三郎 1977『日本道徳思想史〈改訂版〉』岩波書店
井ケ田良治 1981「法制史上の『家』」(同志社大学人文科学研究所編『共同研究―日本の家―』国書刊行会)
―― 1984『近世村落の身分構造』国書刊行会
石井紫郎 1971「『いえ』と『家父長制』概念」(『社会科学の方法』4‐12)

石井良助　1972「石井教授の『「いえ」と家父長制概念』を読んで」(『社会科学の方法』5－12)
石　田　雄　1954『明治政治思想史研究』未来社
石田善人　1963「郷村制の形成」(『講座・日本歴史 8』岩波書店)
磯　田　進　1951a「村落構造の二つの型」(『法社会学』1)
——　1951b「村落構造の『型』の問題」(『社会科学研究』3－2)
——編　1955『村落構造の研究』東京大学出版会
磯野誠一・磯野富士子　1958『家族制度』岩波書店
磯野富士子編　1965『家(現代のェスプリ)』至文堂
伊藤幹治　1982『家族国家観の人類学』ミネルヴァ書房
伊藤正敏　1991『中世後期の村落』吉川弘文館
井戸田博史　1986『「家」に探る苗字となまえ』雄山閣
猪俣津南雄　1934『踏査報告　窮乏の農村』改造社〈岩波文庫版、1982〉
今井林太郎・八木哲浩　1955『封建社会の農村構造』有斐閣
岩本由輝　1989『村と土地の社会史』刀水書房
——　1990『柳田國男を読み直す』世界思想社
ウェーバー，マックス　1954・55『一般社会経済史要論〈上・下〉』〔黒正・青山訳〕岩波書店
——　1960・62『支配の社会学〈I・II〉』〔世良晃志郎訳〕創文社
潮見俊隆編　1962『日本林業と山村社会』東京大学出版会
——他編　1957『日本の農村』岩波書店
江馬三枝子　1975『飛驒白川村』未来社
江守五夫　1966「同族共同体の構造分析」(『明大社会科学研究所紀要』4)
——　1976『日本村落社会の構造』弘文堂
——　1986『日本の婚姻』弘文堂
及　川　宏　1938「信州諏訪塚原村に於ける分家について」(『民族学研究』4－3)〈『同族組織と村落生活』所収〉
——　1940「同族組織と婚姻及び葬送の儀礼」(『民族学年報』2)〈『同族組織と村落生活』所収〉
——　1967『同族組織と村落生活』未来社

大石慎三郎　1968『近世村落の構造と家制度』御茶の水書房(増補版,1976)
――編　1980『日本史小百科・農村』近藤出版社
大島真理夫　1978『近世における村と家の社会構造』御茶の水書房
――　1991『近世農民支配と家族・共同体』御茶の水書房
大島美津子　1989「村と家の法制度」(海野・大島編『家と村〔日本近代思想大系 20〕』岩波書店)
大竹秀男　1955・6「近世期の農村奉公(上・下)」(『神戸法学雑誌』5－3・4)
――　1962『封建社会の農民家族』創文社(改訂版,1982)
――　1977『「家」と女性の歴史』弘文堂
――　1983『近世雇傭関係史論』有斐閣
――　1988「奉公人養子における親子擬制」(大竹秀男・竹田旦・長谷川善計編『擬制された親子〔シリーズ家族史2〕』三省堂)
大塚久雄　1955『共同体の基礎理論』岩波書店
大藤　修　1980「身分と家―身分制下の家と村―」(深谷・松本編『幕藩制社会の構造』有斐閣)
――　1989「近世」(関口裕子ほか『日本家族史』梓出版社)
――　1996『近世農民と家・村・国家』吉川弘文館
大橋　薫　1953「同族並びにその類縁諸概念の再検討」(『ソシォロジ』4)
――・増田光吉編　1966『家族社会学』川島書店
大林太良　1975『日本古代文化の探求―家』社会思想社
大間知篤三　1950「家の類型」(『民間伝承』14－12)〈著作集 I,1975 所収〉
――　1957「家族の構造」(『日本民俗学大系 3』平凡社)〈著作集 1,1975 所収〉
――　1975～82『大間知篤三著作集〈全6巻〉』未来社
――編　1935『山村生活報告書・第1回報告書』非売品
大山喬平　1978『日本中世農村史の研究』岩波書店
岡　正雄　1979『異人その他』言叢社
――・石田英一郎・江上波夫・八幡一郎　1858『日本民族の起源』平凡社
岡正雄古稀記念論集刊行委員会編　1970『民族学からみた日本』河出書房新社

岡田謙・喜多野清一編　1959『家―その構造分析』創文社
岡田謙・中野卓　1954「鴨居瀬及び周辺地域の村落組織」(九学会連合編『対馬の自然と文化』古今書院)

■か行

柿崎京一・黒崎八州次良・間宏編　1988『有賀喜左衛門研究』御茶の水書房
笠谷和比古　1988『主君「押込」の構造』平凡社
――　1993『近世武家社会の政治構造』吉川弘文館
――　1993「主君「押込」の慣行と日本型組織の原型」(濱口惠俊編著『日本型モデルとは何か』新曜社)
鎌田浩　1970『幕藩体制における武士家族法』成文堂
――　1972「近世の家秩序と家父長制概念」(『社会科学の方法』5-6)
――　1987「法史学界における家父長制論争」(『比較家族史研究』2)
神島二郎　1961『近代日本の精神構造』岩波書店
上村正名　1996『村落社会の史的研究』東京堂出版
蒲生正男　1958「親族」(『日本民俗学体系3〈社会と民族Ⅰ〉』平凡社)
――　1960『日本人の生活構造序説』誠信書房(増補版、ぺりかん社、1979)
――　1979「日本のイェとムラ」(梅棹忠夫監修『世界の民族13』平凡社)
――・坪井洋文・村武清一　1975『伊豆諸島―世代・祭祀・村落』未来社
川島武宜　1950『日本社会の家族的構成』日本評論新社
――　1957『イデオロギーとしての家族制度』岩波書店
河音能平　1971『中世封建制成立史論』東京大学出版会
――　1982「中世前期村落における女性の地位」(女性史総合研究会編『日本女性史2』東京大学出版会)
河村望　1973「日本資本主義の展開と農村社会」(蓮見音彦編『農村社会学〔社会学講座4〕』東京大学出版会)
――　1975『日本社会学史研究・下』人間の科学社
川本彰　1972『日本農村の論理』龍渓社
――　1978『家族の文化構造』講談社
菊池清人・上原邦一編　1980『佐久の歴史年表』佐久教育会歴史委員会

北佐久郡編　1956・57『北佐久郡志(第2巻)(第3巻)』北佐久郡志編纂会
北島正元　1956「江戸時代の農民の『家』」(日本法社会学会編『家族制度の研究(上)』有斐閣)
喜多野清一　1937「信州更級村若宮の同族団」(『民族学研究』3-3)
───　1938「信州更級村の同族組織」(『年報社会学』5)
───　1940「甲州山村の同族組織と親方子方慣行」(『民族学年報』2)
───　1947「町人請負田の小作関係」(『社会学研究』1-1)
───　1949「新田開発村の同族組織」(戸田貞三博士還暦祝賀記念論文集『現代社会学の諸問題』弘文堂)
───　1951「同族組織と封建遺制」(日本人文科学会編『封建遺制』有斐閣)〈同『家と同族の基礎理論』所収〉
───　1956「村落共同体に関する覚え書」(『村落社会研究会年報Ⅲ』時潮社)
───　1958「同族の相互扶助」(中川善之助ほか編『扶養〔講座・家族問題と家族法〕5』)酒井書店〈『基礎理論』所収〉
───　1959a「江戸中期甲州山村の家族構成」(岡田謙・喜多野清一編『家──その構造分析』創文社)
───　1959b「身分と家格」(『日本民俗学大系4〔社会と民俗Ⅱ〕』平凡社)
───　1961「同族における系譜関係の意味」(『九州文化史研究所紀要』8・9)〈『基礎理論』所収〉
───　1965「日本の家と家族」(『大阪大学文学部紀要』11)〈『基礎理論』所収〉
───　1968「鈴木農村社会学における村と家」(『鈴木栄太郎著作集Ⅱ』未来社)〈『基礎理論』所収〉
───　1971a「鈴木栄太郎博士の家族論」(『近代社会と社会学〔武田博士古稀記念論文集〕』早大出版部)〈『基礎理論』所収〉
───　1971b「日本の家と村」(『早稲田大学社会学年誌』12)
───　1976『家と同族の基礎理論』未来社
───　1979「山陰農村における子方従属の一事例」(『地域社会学の諸問題〔山岡栄市教授古稀記念論文集〕』晃洋書房

──　1981「親方子方関係論の問題点〈上〉」(『家族史研究』4)
──・住谷一彦　1968「日本の家と家族」(『思想』527)
──・正岡寛司編　1975『「家」と親族組織』早稲田大学出版部
喜多野清一古稀記念論文集編集委員会　1973『村落構造と親族組織』未来社
木下　彰　1979『名子遺制の構造とその崩壊』御茶の水書房
木下礼二　1964「近世百姓株の成立と展開」(『社会経済史学』29-5)
木村　礎　1978『日本村落史』弘文堂
黒田俊雄　1961「村落共同体の中世的特質」(清水・会田編『封建社会と共同体』創文社)
後藤陽一　1982『近世村落の社会史的研究』溪水社
小林和美　1994「混住化と伝統的社会集団」(『ソシォロジ』38-3)
近藤康男　1955『むらの構造』東京大学出版会

## ■さ行

阪倉篤義・淺見徹　1996『一語の辞典　家』三省堂
桜井徳太郎　1962『講集団成立過程の研究』吉川弘文館
──　1982『日本民俗宗教論』春秋社
佐々木潤之介　1958「幕藩体制下の農業構造と村方地主」(『日本地主制史研究』岩波書店)
司馬遼太郎、ドナルド・キーン　1992『世界のなかの日本』中央公論社
島崎　稔　1959「村落共同体論の系譜と文献解題」(『村落社会研究会年報Ⅳ〔村落共同体論の展開〕』時潮社)
──　1965『日本農村社会の構造と論理』東京大学出版会
柴田　一　1962「幕藩体制社会の農民家族の相続形態」(『岡山史学』12)
──　1984「近世初期の県南の村」(『岡山県史6〔近世1〕』)
清水昭俊　1987『家・身体・社会』弘文堂
清水盛光　1971『集団の一般理論』岩波書店
──・前田正治編　1963「続近世後進地域の農村構造」(『京大人文科学研究所調査報告』20)

シュー、F.L.K., 1971『比較文明社会論』(作田啓一・濱口惠俊訳)培風館
Hsu, Francis L. K., *Clan, Cast, and Club: A Comparative Study of Chinese, Hindu, and American Way of Life*, Van Nostrand & Co., 1963
──, *Iemoto: the Heart of Japan*, Schenkman (or Halsted Press), 1975
鈴木栄太郎　1940『日本農村社会学原理』日本評論社〈著作集Ⅰ・Ⅱ,未来社, 1968所収〉
──　1968〜77『鈴木栄太郎著作集Ⅰ〜Ⅷ』未来社
鷲見等曜　1983『前近代日本家族の構造』弘文堂
スミス、T.C., 1970『近代日本の農村的起源』(大塚久雄監訳)岩波書店
スミス、R.J., 1977「日本の家族」(『講座　比較文化・6〔日本の社会〕』研究社)
──　1981・83『現代日本の祖先崇拝(上・下)』(前山隆訳)御茶の水書房
住谷一彦　1963『共同体の史的構造論』有斐閣
──　1973「村落構造の類型分析」(喜多野清一博士古稀記念論文集編集委員会『村落構造と親族組織』未来社)
関島久雄・古島敏雄　1938『徭役労働制の崩壊過程』育生社

## ■た行

高木侃　1987『三くだり半』平凡社
高瀬小学校編　1975『高瀬小学校開校百周年記念誌』非売品
高群逸枝　1963『日本婚姻史』至文堂
武井正臣　1971「『西日本型家族』における相続と扶養」(潮見・渡辺編『法社会学の現代的課題』岩波書店)
竹内隆夫　1977「同族団分析の集団論的視角について」(『日本の社会』晃洋書房)
──　1983・9「初期本百姓の家族構造と同族団の編成過程〈1・2〉」(『金城学院大学論集』101・130)
竹内利美　1937「検地と分家慣行」(『社会経済史学』7)〈『家族慣行と家制度』所収〉
──　1944『中世末における村落の形成とその展開』伊藤書店(改訂版『「熊

谷伝記」の村々』御茶の水書房,1978)
—— 1962「同族団とその変化」(『社会学評論』12 – 2)〈『家族慣行と家制度』所収〉
—— 1967「近隣組織の類型」(『東北大学教育学部研究年報』15)
—— 1969『家族慣行と家制度』恒星社厚生閣
——編 1976『信州の村落生活(全3巻)』名著出版
竹田 旦 1964『民俗慣行としての隠居の研究』未来社
—— 1967『日本の家と村』岩崎美術社
—— 1970『「家」をめぐる民俗研究』弘文堂
竹田聴洲 1957『祖先崇拝』平楽寺書店
—— 1976『日本人の「家」と宗教』評論社
—— 1977『村落同族祭祀の研究』吉川弘文館
竹村卓二編 1986『日本民俗社会の形成と発展』山川出版社
田中久夫編 1986『祖先祭祀の歴史と民俗』弘文堂
玉城 肇 1953『日本家族制度論』法律文化社(新版、1971)
坪井洋文ほか 1984『村と村人〔日本民俗文化大系8〕』小学館
——ほか 1985『家と女性〔日本民俗文化大系10〕』小学館
坪内玲子 1992『日本の家族』アカデミア出版会
ドーア、R.P., 1962『都市の日本人』岩波書店
—— 1965『日本の農地改革』岩波書店
同志社大学人文科学研究所編 1967『林業村落の史的研究』ミネルヴァ書房
—— 1981『共同研究・日本の家』国書刊行会
所理喜夫 1975「近世村落の構造と族制史についての一試論」(『近世封建支配と民衆社会〔和歌森太郎還暦記念〕』弘文堂)
戸田貞三 1937『家族構成』弘文堂(復刻版,新泉社,1970)
—— 1944『家と家族制度』羽田書店(復刻版,クレス出版,1990)
——・鈴木栄太郎監修 1939・42『家族と村落〈1・2〉』日光書院
戸田芳実 1963「中世の封建領主制」(『岩波講座・日本歴史』岩波書店)
富永健一 1986『社会学原理』岩波書店

豊田　武　1963『武士団と村落』吉川弘文館
鳥越皓之　1982『トカラ列島社会の研究』御茶の水書房
──　1985『家と村の社会学』世界思想社(増補版, 1993)
──　1991「書評『日本社会の基層構造』」(『ソシォロジ』36-2)

■な行

内藤莞爾　1973『末子相続の研究』弘文堂
内藤二郎　1968『本百姓体制の研究』御茶の水書房
直江広治　1966『屋敷神の研究』吉川弘文館
中尾英俊　1976「日本の家族における東北型と西南型」(『家族の法と歴史〔青山道夫博士追悼論文集〕』法律文化社)
長岡新吉　1984『日本資本主義論争の群像』ミネルヴァ書房
中川善之助　1938「末子相続」(『家族制度全集・史論篇5〈相続〉』河出書房)
──他　1938『家族制度全集　法律篇IV―家―』河出書房
中島恵子　1980「一軒前」(最上編『講座・日本の民俗2〔社会構成〕』有精堂)
中島玉吉　1938「戸主権論」(『家族制度全集　法律篇IV―家―』河出書房)
永島福太郎　1954「公事屋考」(『史学雑誌』63-3)
中田　薫　1923『徳川時代の文学に見えたる私法』岩波書店(岩波文庫版、1984)
──　1926『法制史論集1』岩波書店
中田実ほか編　1986『農村(リーディングス日本の社会学6)』東大出版会
中野　卓　1964『商家同族団の研究』未来社
──　1968『家と同族団の理論』未来社
──　1978『商家同族団の研究・第2版(上・下)』未来社
中根千枝　1962「日本同族構造の分析」(『東洋文化研究所紀要』28)
──　1967『タテ社会の人間関係』講談社
──　1968「『家』の構造」(大河内一男編『家〔東京大学公開講座11〕』東京大学出版会)
──　1970『家族の構造』東京大学出版会
──　1978『タテ社会の力学』講談社

―――  1987『社会人類学』東京大学出版会
―――  1989「社会構造」(江上波夫編『日本民族と日本文化〔民族の世界史2〕』山川出版社)
長野県編　1973・77・82『長野県史・近世史料編(5-1)(4-1)(4-2)』長野県史刊行会
永原慶二　1968『日本の中世社会』岩波書店
中村吉治　1978『家の歴史』農山漁村文化協会
―――編　1956『村落構造の史的分析』日本評論社
―――編　1965『社会史Ⅱ〔体系日本史叢書9〕』山川出版社
中　村　研　1984『中世惣村史の研究』法政大学出版局
日本人文科学会編　1951『封建遺制』有斐閣
西川善介　1957『林野所有の形成と村の構造』御茶の水書房
西宮市編　1962・63『西宮市史(第4巻)(第5巻)』西宮市
西宮市教育委員会編　1981『西宮の民家』西宮市
西山松之助　1959『家元の研究』校倉書房〈著者集1,吉川弘文館,1982〉
二宮宏之編　1983『家の歴史社会学』新評論
野崎敏郎　1991「村・村中入会・家の連関構造」(『ソシォロジ』36-1)

## ■は行

萩原龍夫　1975『中世祭祀組織の研究(増補版)』吉川弘文館
橋浦泰雄　1950『日本の家族』日本評論社
蓮見音彦　1969『日本農村の展開過程』福村出版
―――　1970『現代農村の社会理論』時潮社
―――編　1973『日本の農村(現代のエスプリ)』至文堂
長谷川昭彦　1986『農村の家族と地域社会』御茶の水書房
長谷川善計　1977~8「有賀社会学の理論構成と問題点〈上・中・下〉」(『新しい社会学のために』12・13・15)
―――　1979「同族理論の発展と問題点」(『神戸大学文学部三十周年記念論集』)
―――　1982・3「同族団の初源的形態と二つの家系譜」(『神戸大学文学部紀

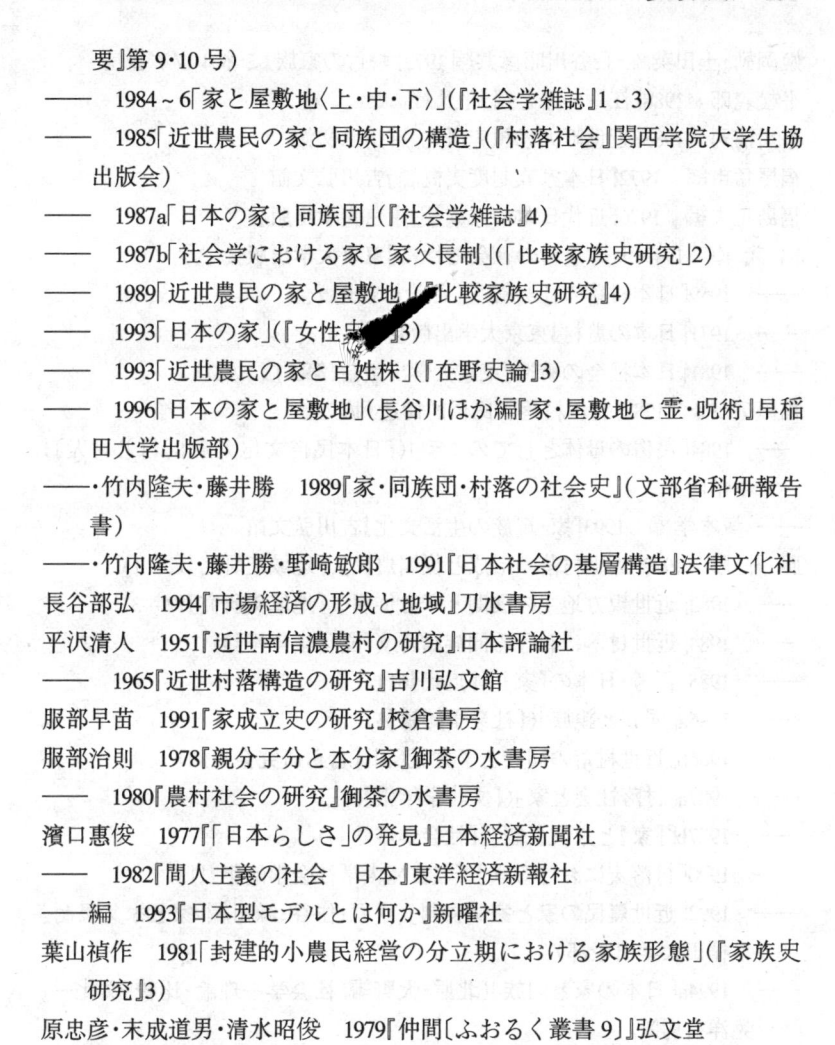

要』第9・10号)
――　1984～6「家と屋敷地〈上・中・下〉」(『社会学雑誌』1～3)
――　1985「近世農民の家と同族団の構造」(『村落社会』関西学院大学生協出版会)
――　1987a「日本の家と同族団」(『社会学雑誌』4)
――　1987b「社会学における家と家父長制」(「比較家族史研究」2)
――　1989「近世農民の家と屋敷地」(「比較家族史研究」4)
――　1993「日本の家」(『女性史学』3)
――　1993「近世農民の家と百姓株」(『在野史論』3)
――　1996「日本の家と屋敷地」(長谷川ほか編『家・屋敷地と霊・呪術』早稲田大学出版部)
――・竹内隆夫・藤井勝　1989『家・同族団・村落の社会史』(文部省科研報告書)
――・竹内隆夫・藤井勝・野崎敏郎　1991『日本社会の基層構造』法律文化社
長谷部弘　1994『市場経済の形成と地域』刀水書房
平沢清人　1951『近世南信濃農村の研究』日本評論社
――　1965『近世村落構造の研究』吉川弘文館
服部早苗　1991『家成立史の研究』校倉書房
服部治則　1978『親分子分と本分家』御茶の水書房
――　1980『農村社会の研究』御茶の水書房
濱口惠俊　1977『「日本らしさ」の発見』日本経済新聞社
――　1982『間人主義の社会　日本』東洋経済新報社
――編　1993『日本型モデルとは何か』新曜社
葉山禎作　1981「封建的小農民経営の分立期における家族形態」(『家族史研究』3)
原忠彦・末成道男・清水昭俊　1979『仲間〔ふぉるく叢書9〕』弘文堂
原田敏明　1970「近江の近世村落における家格について」(『社会経済史学』36－3)
――　1976『村祭と座』中央公論社
姫　岡　勤　1983『家族社会学論集』ミネルヴァ書房

姫岡勤・土田英雄・長谷川昭彦共編 1973『むらの家族』ミネルヴァ書房
平松義郎　1988『江戸の罪と罰』平凡社
布川清司　1983『近世町人思想史研究』吉川弘文館
福尾猛市郎　1972『日本家族制度史概説』吉川弘文館
福島正夫編　1976『近代日本の家族観』東京大学出版会
福武 直　1949『日本農村の社会的性格』東京大学出版会
── 1959『日本村落の社会構造』東京大学出版会
── 1971『日本の農村』東京大学出版会
── 1981『日本社会の構造』東京大学出版会(第2版、1987)
福田アジォ　1982『日本村落の民俗的構造』弘文堂
── 1984「民俗の母体としてのムラ」(『日本民俗文化大系 8〔村と村人〕』小学館)
──・塚本学編　1993『家・親族の生活文化』吉川弘文館
藤井 勝　1982「近世村落の形成と従属農民」(『地域史研究』12-1)
── 1983「近世親方地主の展開と子方従属」(『地域史研究』12-3)
── 1984「近世村落における同族結合」(『文化学年報』3)
── 1985「再考・日本の『家』」(『近代』61)
── 1986a「同族と親族」(『社会学雑誌』3)
── 1986b「近世村落の同族と子方従属」(『むら研究会報』2)
── 1987a「村落社会と家」(『文化学年報』6)
── 1987b「『家』と家父長制」(『社会学雑誌』4)
── 1990「村落史における家」(『名古屋大学社会学論集』11)
── 1992「近世農民の家と家父長制」(永原・住谷・鎌田編『家と家父長制』早稲田大学出版部)
── 1994a「日本の家と同族」(北原・大野編『社会学―理論・比較・文化―』晃洋書房)
── 1994b「村落における同族の構造と機能」(『名古屋大学社会学論集』15)
藤田五郎　1952『封建社会の展開過程』有斐閣〈著作集 4, 御茶の水書房, 1971〉

古川 彰　1984「家・同族をめぐる有賀・喜多野理論のパースペクティブ」(『ソシォロジ』91)
古島敏雄　1943『近世日本農業の構造』日本評論社〈新版〔同著作集3〕,東京大学出版会,1974〉
──　1978『近世経済史の基礎過程』岩波書店
──編　1952『山村の構造』御茶の水書房
──編　1953『割地制度と農地改革』東京大学出版会
ベネディクト,R.,1948『菊と刀』(長谷川松治訳)社会思想社
細谷昂ほか　1993『農民生活における個と集団』御茶の水書房
穂積重遠　1933『親族法』岩波書店

## ■ま行

前田 卓　1965『祖先崇拝の研究』青山書店
牧田 勲　1978a「家格制研究の問題点」(『家格制と村落構造〔社会伝承研究 VI〕』)
──　1978b「法社会学における階層研究の批判的再検討」(同上)
正岡寛司　1975「同族と親族」(喜多野・正岡編『「家」と親族組織』早稲田大学出版部)
松本三之介　1974「家族国家観の構造と特質」(『家族観の系譜〔講座　家族8〕』弘文堂)
松本通晴　1974「同族の構造と機能」(『家族・同族・親族〔講座　家族6〕』弘文堂)
──　1974「同族結合の解体」(『家族・同族・親族〔講座　家族6〕』弘文堂)
──　1990『農村変動の研究』ミネルヴァ書房
マードック,G.P.,1978『社会構造』(内藤莞爾監訳)新泉社
水林 彪　1977「近世の法と国制研究序説1」(『国家学会雑誌』90-1・2)
──　1987『封建制の再編と日本的社会の成立』山川出版社
水本邦彦　1987『近世の村社会と国家』東京大学出版会
光吉利之　1966「書評・中野卓著『商家同族団の研究』」(『社会学評論』17-1)

―――― 1971「親族の構造」(『関西学院大学社会学部紀要』22)
―――― 1977「親族組織と村落構造」(『日本の社会〔西村勝彦先生退官記念論文集〕』晃洋書房)
――――・松本通晴・正岡寛司編 1987『伝統家族〔リーディングス日本の社会学3〕』東京大学出版会
三戸公 1981『日本人と会社』中央経済社
―――― 1987『恥を捨てた日本人』未来社
―――― 1991『家の論理〈1・2〉』文眞堂
―――― 1994『「家」としての日本社会』有斐閣
宮川満 1957『大閤検地論Ⅱ』御茶の水書房
宮本常一 1954「岡山県御津郡加茂川町円城の祭祀組織」(『日本民俗学』1-3)〈『著作集11〈中世社会の残存〉』未来社,1972所収〉
宮本棠三 1938「入村者と定住の手続き」(柳田国男編『山村生活の研究』国書刊行会)
武笠俊一 1982「系譜問題と親方子方関係」(『社会学評論』32-4)
村上泰亮・公文俊平・佐藤誠三郎 1979『文明としてのイェ社会』中央公論社
最上時敬 1938「同族結合」(中川善之助ほか『家〔家族制度全集 史論編4〕』河出書房)
―――― 1958「村の組織と階層」(『日本民俗学大系3〔社会と民俗Ⅰ〕』平凡社)
森嘉兵衛 1969・70『日本僻地の史的研究(上・下)』法政大学出版局
森謙二編 1989『出作りの里』新葉社
森岡清美 1978『真宗教団における家の構造』御茶の水書房
―――― 1984『家の変貌と祖先の祭』日本基督教団出版局

■や行

八木哲浩 1962『近世の商品流通』塙書房
柳田国男 1946『家閑談』鎌倉書房〈『定本柳田国男集15』筑摩書房,1969所収〉
―――― 1946『先祖の話』筑摩書房〈『定本柳田国男集10』筑摩書房,1969所収〉

――編　1936『山村生活調査・第2回報告書』非売品
――編　1938『山村生活の研究』国書刊行会(復刻版,1975)
――編　1945『海村生活の研究』国書刊行会(復刻版,1975)
栅原町史編集委員会編　1978『郷土の文化資料・第4集』栅原町
矢吹修編・1960・71『近世作南農村史料〈1・2〉』栅原町郷土文化研究会
――編　1976『美作国行延村矢吹家文書目録』日本文教出版
――編　1973〜94『鴛渕舎通信』1〜103(現在も継続中)
山岡栄市　1958「斐川村の村落構造」(『島根大学論集〔社会科学〕』4)
――編　1959『山陰農村の社会構造』東京大学出版会
山崎　圭　1995「近世村落の内部集団と村落構造」(『歴史学研究』670)
山路勝彦　1975「家の暮らし」(『社会伝承〔日本民俗学講座2〕』朝倉書店)
山田　舜　1955「寄生地主制の前提」(『寄生地主制の研究』御茶の水書房)
山田盛太郎　1934『日本資本主義分析』岩波書店(岩波文庫版、1977)
山根常男　1972『家族の論理』垣内出版
義江彰夫　1970「初期中世村落の形成」(『講座日本歴史2』東京大学出版会)
吉川秀造編　1964『近畿郷士村落の研究』同志社大学人文科学研究所
余田博通　1961『農業村落社会の論理構造』弘文堂
――　1970「株講の成立と変遷」(『村落社会研究』6)
余田博通追悼集編集委員会編　1983『村落社会―構造と変動』関西学院大学生協出版部
米村昭二　1974「同族をめぐる問題(1)」(『社会学評論』25‐1)

## ■ら行

テドクリフ＝ブラウン、A.R.,1975『未開社会における構造と機能』〔青柳まち子訳〕新泉社
李　光　奎　1978『韓国家族の構造分析』国書刊行会
歴史科学協議会編　1992『歴史における家族と共同体』青木書店
渡辺洋三・北条浩編　1975『林野入会と村落構造』東京大学出版会

图书在版编目(CIP)数据

家和同族的历史社会学/(日)藤井胜著;王仲涛译.
北京:商务印书馆,2005
(日本社会学名著译丛)
ISBN 7 – 100 – 04305 – 0

Ⅰ.家… Ⅱ.①藤… ②王… Ⅲ.家族—研究—日本 Ⅳ.K833.130.9

中国版本图书馆 CIP 数据核字(2004)第 121675 号

所有权利保留。
未经许可,不得以任何方式使用。

日本社会学名著译丛
### 家和同族的历史社会学
〔日〕藤井胜 著
王仲涛 译

商 务 印 书 馆 出 版
(北京王府井大街36号 邮政编码 100710)
商 务 印 书 馆 发 行
北京瑞古冠中印刷厂印刷
ISBN 7 – 100 – 04305 – 0/C · 110

2005 年 7 月第 1 版　　开本 850×1168　1/32
2005 年 7 月北京第 1 次印刷　印张 13
定价:22.00 元